Das Überleben hat gelohnt

Walter Stern

Das Überleben hat gelohnt

Erinnerungen eines Metallarbeiters und Betriebsrates

ÖGB VERLAG

Die Inhalte in diesem Buch sind vom Autor und vom Verlag sorgfältig erwogen und geprüft, dennoch kann eine Garantie nicht übernommen werden. Eine Haftung des Autors bzw. des Verlages und seiner Beauftragten für Personen-, Sach- und Vermögensschäden ist ausgeschlossen.

Verlag des Österreichischen Gewerkschaftsbundes GmbH
Johann-Böhm-Platz 1
1020 Wien
Tel. Nr.: 01/662 32 96-0
Fax Nr.: 01/662 32 96-39793
E-Mail: office@oegbverlag.at
Web: www.oegbverlag.at

3. durchgesehene Auflage 2014
ISBN 978-3-99046-088-7

Redaktion: Mag. Sabine Lichtenberger
Layout und Grafik: Dietmar Kreutzberger
Umschlaggestaltung: Kurt Schmidt

Medieninhaber: Verlag des ÖGB GesmbH, Wien

Hersteller. Verlag des ÖGB GmbH, Wien
Verlags- und Herstellungsort: Wien
Printed in Austria

INHALTSVERZEICHNIS

Vorwort zur 2. Auflage

Die erste Auflage der „Erinnerungen“ von Walter Stern hat ein lebhaftes Echo gefunden. Buchpräsentationen in der Gewerkschaft Metall-Textil-Nahrung (27. November 2008), in der Sozialakademie in Mödling (19. Februar 2009) sowie im Bezirksmuseum Hietzing (23. April 2009) trugen wesentlich zum Erfolg des Buches bei. Darüber hinaus fanden noch Zeitzeugengespräche im Bezirksmuseum Mariahilf (9. Juni 2009) und im Büro der AUGE statt.
Im Rahmen des Projektes „Erinnern für die Zukunft“ wurde für 24 von den Nationalsozialisten ermordete Menschen am Eingang der Berufsschule Mollardgasse (Mollardgasse 87) eine Gedenktafel angebracht. Unter den Namen befinden sich auch Josef und Sara Stern (Sie wohnten in der Fallgasse 1).
In der Sendung „Von Tag zu Tag“ (Ö 1, 26. Mai 2009) sprach der Journalist und Literaturkritiker Günter Kaindlstorfer mit Walter Stern. In der „Presse“ vom 30. Mai 2009 wurde er vom Schriftsteller Erich Hackl portraitiert („In Zeiten geringer Zuversicht. Lebensberichte zweier Glückssuchender“). In den „Mitteilungen des Dokumentationsarchives des österreichischen Widerstandes“ (März 2009) erschien eine ausführliche Rezension.
Mittlerweile konnte Walter Stern noch ein letztes Foto seines Vaters auftreiben. Aufmerksam gemacht auf zwei Beiträge von Claudia Spring in den Heften „Zeitgeschichte“ (3/2003 und 2/2005), die sich mit anthropologischen Studien an 440 Juden im Wiener Stadion im September 1939 auseinandersetzte, nahm der Autor Kontakt mit dem Naturhistorischen Museum auf und erhielt von der anthropologischen Abteilung (Dr. Margit Berner) das Vermessungsblatt von Josef Stern (siehe Anhang Seite 287).

Für den Verlag des ÖGB GesmbH
Dr. Peter Autengruber

Dank an all jene Menschen, die durch Ermutigung, Schreibarbeiten und Korrekturen zur Entstehung dieses Buches beigetragen haben. Erwähnt seien vor allem Dr. Peter Autengruber, Eva Geber, Dr. Peter Kreisky, Ulli Lehner, Mag. Sabine Lichtenberger, Renate Sassmann, Elfriede und Andreas Stern und Bruno Wittels.

Walter Stern

Vorwort

Die Erinnerungen von Walter Stern sollen unter anderem Beleg dafür sein, dass Betriebsrätinnen und Betriebsräte an der wirtschaftlichen und sozialen Entwicklung unseres Landes immer großen Anteil hatten. Die Memoiren des Metallarbeiters und Betriebsrates Walter Stern sind Teil des ZeitzeugInnenprojekts des Instituts für AK- und Gewerkschaftsgeschichte und sollen einen Beitrag zur Aufarbeitung der Geschichte der österreichischen Gewerkschaftsbewegung leisten. Denn allzu oft wurde und wird die Geschichte der ArbeitnehmerInnen und ihrer Interessenvertretungen aus der „offiziellen" Geschichtsschreibung ausgeblendet.
Walter Stern hat auf seinem Lebensweg vielfältige Erfahrungen gemacht, die von Anfang an davon geprägt waren, sich gegen Unterdrückung aufzulehnen: Antisemitismus in der Jugend, Sozialisation in der sozialdemokratischen Jugendbewegung, die Ermordung seiner Eltern im Konzentrationslager, aktiver Kampf gegen den Faschismus, Hinwendung zur Kommunistischen Partei, von der er sich 1968 wieder abwandte, und schließlich sein Engagement als Betriebsrat und Gewerkschafter. Mit einer Reihe von Gleichgesinnten gründete Walter Stern die Gewerkschaftliche Einheit (GE).
Ab Mitte der 1950er Jahre vertrat er als Betriebsrat die Interessen der Belegschaft der Firma Goerz und hat sich auch aktiv in die Gewerkschaftspolitik der Metallarbeitergewerkschaft (heute Metall-Textil-Nahrung) eingebracht. Aktive Mitgestaltung und solidarisches Handeln waren dabei immer die Triebfedern seines gewerkschaftlichen Handelns und seines Bekenntnisses zur überparteilichen Gewerkschaftsbewegung. Die Zusammenarbeit mit der Gewerkschaft Metall-Bergbau-Energie (heute Metall-Textil-Nahrung), dem ÖGB und der AK war ihm über alle ideologischen Grenzen hinweg stets ein zentrales Anliegen. Walter Stern war in seinem gewerkschaftspolitischen Handeln bewusst, dass unsere Stärke in unserer Einheit und Geschlossenheit liegt. Das ist heute aktueller denn je.

Erich Foglar
Bundesvorsitzender der Gewerkschaft
Metall-Textil-Nahrung

Wien, im November 2008

Einleitung

„Es wäre interessant, wenn man einmal zu klären versuchte, wie sich im Laufe der Geschichte ein Subjekt konstituiert, das nicht ein für alle Mal gegeben ist, das nicht diesen Kern bildet, von dem aus die Wahrheit Einzug in die Geschichte hält, sondern ein Subjekt, das sich innerhalb der Geschichte konstituiert, das ständig und immer wieder neu von der Geschichte gegründet wird. In Richtung solch einer radikalen Kritik des menschlichen Subjekts durch die Geschichte müssen wir uns bewegen".

(Michel Foucault)[1]

Warum werden Erinnerungen geschrieben? Für Walter Stern waren zunächst die Kinder und Enkelkinder die Adressatinnen und Adressaten. Freundinnen, Freunde und Bekannte konnten ihn überreden, „seine" Geschichte auch einer breiteren Öffentlichkeit zugänglich zu machen. Um dieser Herausforderung gerecht zu werden, hat er über Vermittlung von Peter Kreisky, der uns auf die außergewöhnliche Lebensgeschichte Walter Sterns aufmerksam gemacht hat, mit dem Institut für Gewerkschafts- und AK-Geschichte Kontakt aufgenommen.[2] Nach den ersten Gesprächen im Jahr 2006 wurde ich auf seinen Wunsch hin von der damaligen Leiterin des Instituts für Gewerkschafts- und AK-Geschichte, Dr. Brigitte Pellar, mit der Unterstützung zur Herausgabe der Erinnerungen betraut. Zum Zeitpunkt als ich Walter Stern kennenlernte, hatte er etwa ein Drittel seines Manuskripts bereits vorliegen, den Rest hat er nach und nach verfasst, ergänzt und immer wieder korrigiert. Er ist dabei mit der akribischen Genauigkeit eines „Werkzeugmachers" ans Werk gegangen und hat mit „Argusaugen" seine zum Teil handschriftlich verfassten, zum Teil auf Band gesprochenen und zu Papier gebrachten Texte immer wieder überarbeitet und ergänzt. Um die Authentizität der Erinnerungstexte zu wahren, wurde nur in seltenen Fällen korrigierend eingegriffen. Inhaltliche Korrekturen oder Änderungen der Texte wurden ausschließlich vom Autor selbst vorgenommen.

Die Genauigkeit der Erinnerungen von Walter Stern ist beeindruckend, ebenso die kritische Reflexion über seine persönlichen und politischen Handlungen und Entscheidungen. Die schriftlichen Aufzeichnungen, wie etwa über seine Betriebsratstätigkeit und die private Sammlung von historischen Doku-

---

[1] Foucault, Michel: Die Wahrheit und die juristischen Formen. In: Dits et Ecrits. Schriften. 2. Band. Frankfurt am Main, S 672. Zit. nach: Sieder, Reinhard: Die Rückkehr des Subjekts in den Kulturwissenschaften, S 15

[2] In der Zeitschrift „Mitbestimmung" erschien 2005 erstmals ein Interview mit Walter Stern: Mitbestimmung. Zeitschrift für Demokratisierung der Arbeitswelt. Heft 6/2005, 34. Jg., S 27 ff.

menten, Protokollen, Fotos, Zeitungsausschnitten, Briefen und Broschüren waren ihm eine große Unterstützung bei der Aufarbeitung seiner Lebensgeschichte. Zahlreiche Gespräche, im Besonderen mit Peter Kreisky und mit Peter Ulrich Lehner halfen seine Erinnerungen zu chronologisieren und in einen gesamthistorischen Zusammenhang zu stellen und damit auch der Nachfolgegeneration verständlich zu machen.

Geschichte und Lebensgeschichte sind untrennbar miteinander verbunden. Die wechselseitige Bezugnahme der individuellen Lebensgeschichte und des historischen Verlaufes hat auf die Identität eines Menschen wesentlichen Einfluss: Wer man ist und werden kann, hängt maßgeblich an den politischen und gesellschaftlichen Rahmenbedingungen, aber auch vom individuellen und fremden Handeln ab. Schon Johann Wolfgang Goethe hat sich mit der Wechselwirkung von Geschichte und Individuum auseinandergesetzt: *„Denn dieses scheint die Hauptaufgabe der Biographie zu sein, den Menschen in seinen Zeitverhältnissen darzustellen und zu zeigen, inwiefern ihm das Ganze widerstrebt, inwiefern es ihn begünstigt, wie er sich eine Welt- und Menschenansicht daraus bildet und wie er sie …. wieder nach außen spiegelt.“*[3] Die Identität eines Menschen, die im Rahmen der Biographieforschung besonders im Vordergrund steht, wächst innerhalb einer Lebensgeschichte nicht nur im Kontext mit der Geschichte, sie wird auch entscheidend durch die persönlichen Brüche und Umbrüche im historischen Ablauf geprägt.[4]

Die vorliegenden Erinnerungen von Walter Stern sind von den zentralen Umbrüchen der österreichischen Geschichte (1918–1934–1938–1945) und zum Teil von damit in Zusammenhang stehenden persönlichen Brüchen geprägt, die seine Lebenserinnerungen auf vielen Ebenen außergewöhnlich machen: Kind jüdischer Eltern in Wien, Kindheit und Jugend im „Roten Wien“ in den 1930er Jahren als jüdischer „Halbwüchsiger“, sein Interesse gilt mehr dem Fußball als der Politik, erste Kontakte und Erfahrungen mit dem stark zunehmenden Antisemitismus und immer stärker aufkeimenden Nationalsozialismus.

Die Familie sympathisiert trotz kleingewerblichem Milieu mit der Sozialdemokratie, die Ereignisse im Zusammenhang mit dem 12. Februar 1934 bringen erste einschneidende Veränderungen der Lebensbedingungen seiner Jugendzeit mit sich und haben sich tief in sein Bewusstsein eingeprägt, schreibt Walter Stern über diese auch für die österreichische Zeitgeschichte einschneidenden Ereignisse. Walter Stern gibt aber auch Einblick in die

[3] Goethe, Johann Wolfgang: Aus meinem Leben. Dichtung und Wahrheit. Zit. Nach: Goethes Werke. Hg. von Karl Heinemann. Bd. 12, S 17 f.

[4] Sieder Reinhard (Hg.): Brüchiges Leben. Biographien in sozialen Systemen. Wien 1999, S 17 ff.

Wohn- und Familienverhältnisse einer Familie in Wien der Zeit zwischen den zwei Weltkriegen.
Nach dem nationalsozialistischen Einmarsch in Österreich lernt Walter Stern im Rahmen der Jugendaliyah den Beruf eines Bäckers und eines Schlossers. 1939 flüchtet er über Italien nach Palästina. Die Eltern werden vom NS-Regime ermordet, den beiden Brüdern gelingt die Flucht ins Ausland. In Palästina arbeitet Walter Stern im Kibbuz Tell Joseph und schließt sich dem dortigen Kommunistischen Jugendverband an. Er ist er auf der Suche nach einer neuen Heimat, sowohl in physischer als auch in psychischer Hinsicht. Doch seine Träume und Hoffnungen von einer neuen Heimat und Gerechtigkeit werden bitter enttäuscht: Die Ungerechtigkeiten gegenüber der arabischen Bevölkerung, wie Walter Stern es formuliert, lassen in ihm den Wunsch reifen, unter veränderten politischen Verhältnissen möglichst bald wieder in seine alte Heimat Österreich zurückkehren zu können. 1942 tritt er in die britische Armee ein und nimmt zur Freien österreichischen Bewegung Kontakt auf. Durch die Begegnung mit österreichischen Spanienkämpfern in Italien bekommt Walter Stern Verbindung zu US-amerikanischen Stellen und kehrt mit der US-Armee, als Mitglied des Office of Strategic Services (OSS), dem Vorläufer des CIA, wieder nach Österreich zurück, wo er zunächst in Linz bei der Suche nach Nazi-Kriegsverbrechern mitarbeitet.[5]
Im Herbst 1945 kehrt Walter Stern in seine „Heimatstadt" Wien zurück. Die Stadt ist zerstört, die Menschen hungern, doch im Vordergrund seines Interesses steht die Frage nach dem Überleben der geliebten Mutter. Die Nachricht von der Ermordung des Vaters in Buchenwald erhielt er schon 1940. Dann die Gewissheit, auch sie wurde von den Nationalsozialisten ermordet. Walter Stern ist wieder auf der Suche: Er wird Mitglied der Freien österreichischen Jugend (FÖJ) und 1947 Mitglied der Kommunistischen Partei (KPÖ). Ebenfalls im Jahr 1947 beginnt Walter Sterns Tätigkeit als Betriebsrat in der 1905 gegründeten Firma Goerz, Anfang 1955 wurde er Betriebsratsvorsitzender. 1984, nach mehr als 40-jähriger Berufstätigkeit, tritt er in den wohlverdienten Ruhestand. Die Haltung der KPÖ zur Niederschlagung des Prager Frühlings im Jahr 1968 gibt auch für ihn letztlich den Anstoß zum Austritt aus der KPÖ. Damit findet sein politisches Engagement kein Ende, sondern einen neuen Anfang: Mit vielen Gleichgesinnten gehört er zu den Gründerinnen und Gründern der Gewerkschaftlichen Einheit (GE), die sich von der KPÖ-nahen Gewerkschaftsfraktion im

---

5 Vgl. dazu: Beer, Siegfried: Die Geheimdienste im besetzten Österreich. In: Menschen nach dem Krieg. Schicksale 1945–1955. Katalog zur Ausstellung Schloss Schallaburg 1995.

ÖGB abgespalten hat.[6] Erinnerungen bekannter und weniger bekannter Persönlichkeiten werden seit den 1980er Jahren vermehrt niedergeschrieben. Die Erinnerungen Walter Sterns sind da keine Ausnahme. Aber seine jüdische Herkunft, seine Sozialisation im Rahmen der Arbeiterbewegung, seine politische Einstellung und sein politisches Engagement, aber auch sein Wissen über Politik, Zeitgeschichte, Kultur und Literatur, machen die vorliegenden Erinnerungen zu einem außergewöhnlichen Dokument. Sein kritischer Geist, seine fehlende Furcht vor Konflikten, seine Offenheit und sein zeitweiliger Wortwitz geben den niedergeschriebenen Erinnerungen eine zusätzliche Nuancierung.
Erinnerungstexte werfen freiwillig oder unfreiwillig eine Reihe von Fragen auf: Welche Ereignisse wurden herausgegriffen? Warum gerade diese und nicht andere? Welche Botschaft soll durch diese Auswahl übermittelt werden? Der Verfasser von Erinnerungen steht zweifellos unter einem gewissen „Rechtfertigungsdruck". Auch der Vorwurf der „Subjektivität" steht im Raum. *„Um so entscheidender ist es …"* wie in einem Werkstattgespräch der österreichischen Akademie der Wissenschaften über Methoden, Theorien und Praxis der Biografieforschung und Oral History kürzlich festgestellt wurde *„… zu betonen, dass die Stärke von biographischen oder Oral History Ansätzen in den Fragen nach Wirkungen liege und nicht als Weg zu Facts and Figures zu verstehen sei. Stattdessen könne der Weg zu einer demokratisierenden Geschichtsschreibung beschritten werden."*[7]

An dieser Stelle sei dem Institutskomitee des Instituts für Gewerkschafts- und AK-Geschichte, im besonderen auch der ehemaligen Institutsleiterin Dr. Brigitte Pellar gedankt, die die Herausgabe der Erinnerungen von Walter Stern abseits von „mainstream" und „bequemer Gefälligkeitsforschung" initiiert hat und ihrem Nachfolger Dr. Klaus-Dieter Mulley, der sowohl die Rahmenbedingungen für die Fertigstellung als die „kritische Offenheit" weiter ermöglicht hat. Last but not least sei auch Dr. Peter Autengruber gedankt, der durch sein besonderes Engagement für dieses Projekt wesentlich zur Veröffentlichung der vorliegenden Erinnerungen von Walter Stern im Rahmen des ÖGB-Verlages beigetragen hat.

Sabine Lichtenberger

---

6 Vgl. dazu: Mugrauer, Manfred: Der „Prager Frühling" und die Parteikrise der KPÖ. In: Karner, Stefan, Tomilina, Natalja, Tschubarjan, Alexander u. a. (Hg): Prager Frühling. Das internationale Krisenjahr 1968. Köln-Weimar-Wien 2008, S 1060 f.

7 Tagungsbericht Biographieforschung und Oral History – Methoden, Theorien, Praxis. 26.5.2008–27.5.2008, Wien. In: H-Soz-u-Kult, 07.8.2008, <http://hsozkult.geschichte.hu-berlin.de/tagungsberichte/id=2219>

ABKÜRZUNGSVERZEICHNIS

AG	Aktiengesellschaft
AK	Arbeiterkammer, Kammer für Arbeiter und Angestellte
AMM	Archiv der Gedenkstätte Mauthausen
ANC	Afrikanischer Nationalkongress
ASVG	Allgemeines Sozialversicherungsgesetz
ATUF	Austrian Trade Union Federation (ÖGB)
A&W	Arbeit und Wirtschaft
AZ	Arbeiter-Zeitung
BAWAG	Bank für Arbeit und Wirtschaft
BKP	Bulgarische Kommunistische Partei
BR	Betriebsrat
CA	Creditanstalt
CIA	Central Intelligence Agency (Zentraler Nachrichtendienst der VereinigtenStaaten)
SSR	Tschechoslowakische Sozialistische Republik
CTIF	Internationaler Feuerwehrverband
DAF	Deutsche Arbeitsfront
DDR	Deutsche Demokratische Republik
DÖW	Dokumentationsarchiv des österreichischen Widerstandes
FDJ	Freie Deutsche Jugend
FÖJ	Freie Österreichische Jugend
GE	Gewerkschaftliche Einheit
GESMBH	Gesellschaft mit beschränkter Haftung
GESTAPO	Geheime Staatspolizei
HG	Herausgeber
HJ	Hitler-Jugend
IAEO	Internationale Atomenergieorganisation
IFES	Institut für empirische Sozialforschung
IPS	Internationale Presseschau
KIV	Konsequente Interessenvertretung
KK	kaiserlich-königliche (Armee)
KJV	Kommunistischer Jugendverband
KOMINFORM	Kommunistisches Informationsbüro
KOMINTERN	Kommunistische Internationale
KP	Kommunistische Partei der Tschechoslowakei
KPDSU	Kommunistische Partei der Sowjetunion
KP	Kommunistische Partei
KPD	Kommunistische Partei Deutschlands
KPÖ	Kommunistische Partei Österreichs
KPP	Kommunistische Partei Palästina
KZ	Konzentrationslager
MEF	Middle East Forces

NATO	North Atlantic Treaty Organization, auch: Nordatlantikvertrag-Organisation
NSBO	Nationalsozialistische Betreibsorganisatio
NSDAP	Nationalsozialistische Deutsche Arbeiterpartei
NS	nationalsozialistisch (e, er)
NR	Nationalrat
NÖ	Niederösterreich
Ö1	Österreich 1 (Rundfunksenung)
ÖAAB	Österreichischer Arbeiter- und Angestelltenbund
ÖGB	Österreichischer Gewerkschaftsbund
OMV	Österreichische Mineralölverwaltung
ORF	Österreichischer Rundfunk
OSS	Office of Strategic Service (Geheimdienst der USA, Vorläufer des CIA)
OT	Organisation Todt
ÖVP	Österreichische Volkspartei
PCI	Kommunistische Partei Italiens
PCE	Kommunistische Partei Spaniens
PWD	Amt für psychologische Kriegsführung
ROA	Russische Befreiungsarmee
ROH	Revolutionäre Gewerkschaftsbewegung in der SSR
RSHA	Reichssicheheitshauptamt
SA	Sturmabteilung
SD	Sicherheitsdienst (der SS)
SDAP	Sozialdemokratische Partei
SDAPR	Sozialdemokratische Arbeiterpartei Russlands
SDSS	Sozialdemokratische Partei der Slowakei
SED	Sozialistische Einheitspartei Deutschlands
SPD	Sozialdemokratische Partei Deutschlands
SP	Sozialistisch bzw. sozialdemokratisch
SPÖ	Sozialdemokratische Partei Österreichs
SS	Schutzstaffel
TBC	Tuberkulose
TGM	Technologisches Gewerbemuseum
UDSSR	Union der Sozialistischen Sowjetrepubliken, Sowjetunion
UG	Unabhängige GewerkschafterInnen im ÖGB
USIA	Uprawlenije Sowjetskovo Imushtshestwa Awstrii = Verwaltung des sowjetischen Eigentums in Österreich)
VdS	Verband demokratischer Studenten
VdU	Verband der Unabhängigen
VF	Vaterländische Front
VGA	Verein für Geschichte der Arbeiterbewegung
VPN	Öffentlichkeit gegen Gewalt
WAC	Wiener Athletik Sportclub
ZK	Zentralkomitee

Meine Herkunft

Meine Mutter stammte aus Wanowize, einem kleinen Dorf in der Nähe von Sambor, mein Vater ebenfalls aus Sambor. Mein Bruder Max kam dort im September 1917 zur Welt. Da gehörte diese Gegend noch zu Österreich-Ungarn. Mein Bruder Emil erblickte im selben Ort das Licht der Welt, aber schon in Polen. Da meinen Brüdern 1938 noch rechtzeitig die Ausreise nach England gelang, wurde mein Bruder Emil als Pole wie ein Alliierter behandelt, während mein Bruder Max als „feindlicher Ausländer" angesehen, interniert und nach Kanada in ein Lager geschickt wurde. Als ich mit meinen Aufzeichnungen an meinen Erinnerungen begann, war diese Gegend Teil der Union der sozialistischen Sowjetrepubliken. Heute liegt Sambor in der Ukraine. Wann meine Eltern nach Wien kamen, weiß ich nicht genau. Ich wurde bereits am 11. April 1924 im 9. Bezirk in Wien geboren.
Mein Vater diente in der k.k. Armee am Isonzo. Er hatte dort einige Orden bekommen, mit denen ich als Kind manchmal spielte. Österreichische Staatsbürger wurden wir jedoch nicht, da das Geld zur Einbürgerung fehlte.
Mein Vater sprach kaum über den Krieg, und wenn, dann nur über dessen Grauen. So hatte sich mir schon als Kind eingeprägt, dass Krieg etwas Schreckliches sei, das man ablehnen müsse. Heute weiß ich nicht mehr, ob dies auf die eher sehr seltenen Erzählungen meines Vaters über seine Erlebnisse an der Front zurückzuführen gewesen ist oder auf bebilderte Antikriegsbücher, die bei uns im Haus waren. „Die letzten Tage der Menschheit" von Karl Kraus gab es bei uns auch, doch habe ich dieses Buch als Kind sicher nicht gelesen. Zwar kenne ich das Gedicht „Ich sterb für keinen Kaiser nicht", doch das geht auf eine spätere Lektüre zurück. Aber Bilder vom Krieg habe ich mir schon früher angesehen, und diese haben mich gegen den Krieg eingenommen.

Kindheit

Ich kann mich beim besten Willen nicht entsinnen, dass ich mit drei Jahren Lungenentzündung hatte (meine beiden älteren Brüder hatten zur selben Zeit beidseitige Rippenfellentzündungen). Aber an den Mann mit grauem Bart, der kam, um mir das Leben zu retten, kann ich mich sehr wohl erinnern.
Wir waren arm, fünf Personen wohnten in einem Untermietzimmer beim Bruder meines Vaters im neunten Bezirk in der Bindergasse. Aber meine Eltern scheuten keine Mühen und Kosten, um mich am Leben zu erhalten. Es kam (und dieser Name hatte sich mir aus späteren Erzählungen so eingeprägt, dass ich ihn bis heute nicht vergessen habe) ein Professor Dr. Knöpfelmacher ins Haus. Wir hatten nichts, nicht einmal eine Krankenversicherung, und so hat er nichts verlangt. Mein Vater wollte unbedingt zumindest ein kleines

Honorar zahlen. *„Schenken Sie lieber dem Kleinen etwas"*, war die Antwort. Und so bekam ich einen Bierwagen mit zwei Pferden und Bierfässern – so wie eben damals noch das Bier in die Gasthäuser geliefert wurde. Heute kann ich mich noch an einzelne Details dieses Spielzeugs erinnern. Viele Jahre war es mein einziges.

Später, wir wohnten schon im sechsten Bezirk, fühlte ich mich dann zu alt für das Spielen mit diesem Bierwagen, aber sehen wollte ich ihn trotzdem noch. Daher wanderte er auf den Kasten im Wohnzimmer. Er hatte nicht nur auf mich einen großen Eindruck gemacht. Als in der berüchtigten Reichskristallnacht vom 9. auf 10. November 1938 SA-Leute in unserer Wohnung angeblich nach Waffen und Flugblättern suchten, da nahmen sie, da sie weder Waffen noch Flugblätter fanden, neben vielen anderen Dingen auch meinen Bierwagen mit.

Eine sehr beliebte Erzählung meiner Eltern, die sich in mir lebendig hielt, war mein erstes Durchbrennen im Alter von drei Jahren. Wir waren auf Sommerfrische in Gainfarn bei Vöslau. Mein Vater versprach mir, dass er mich ins Vöslauer Thermalbad mitnehmen werde, tat es aber nicht. Ich blieb im Garten zurück. Dann war ich einfach weg. Niemand ahnte, dass ich schon in der Lage war, die Gartentür zu öffnen. Versprochen ist versprochen, also machte ich mich allein auf den Weg nach Vöslau ins Bad.

Die Aufregung meiner Mutter war groß. Insbesondere, da in der Gegend „Zigeuner" lagerten und sich damals hartnäckig das Vorurteil in die Bevölkerung eingefressen hatte, dass „Zigeuner" Kinder stehlen. Es ist zwar kein Fall bekannt gewesen, dass „Zigeuner" fremde Kinder mitgenommen hätten, aber in der Vorstellungswelt vieler Menschen, offenbar auch meiner Eltern, glaubte man das. Meine Eltern ahnten damals nicht im Entferntesten, dass ein anderes, in die Bevölkerung eingefressenes Vorurteil, nämlich der Antisemitismus, zu ihrem gewaltsamen Ende führen sollte.

Sommeraufenthalt mit den Eltern und dem älteren Bruder Max in Bad Vöslau 1929.

In Vöslau angekommen ließ mich der Bademeister in das Bad, als ich bei der Sperre sagte: *„Ich möchte zu meinem Papa"*. Er kannte mich ja. Und so stand ich am Rande des Bassins und suchte meinen Vater, als mich jemand packte und rief: *„Da bist Du ja!"* An dieses Gepacktwerden und das *„Da bist Du ja!"* kann ich mich heute noch erinnern, aber ich kann beim besten Willen nicht mehr sagen, wer es war. Laut Erzählung meiner Eltern hätte ich auf die Frage, „*Hast Du keine Angst vor den vielen Autos gehabt?*" geantwortet, „*Dei, nur dei Autos habe ich gesehen*". Das „R" konnte ich mit drei Jahren noch nicht aussprechen.

Sommeraufenthalt in Bad Vöslau 1929.

Mein erstes politisches Erlebnis (soweit man es als solches bezeichnen kann) hatte ich auf dem WAC-Platz im Prater. Es muss 1929 gewesen sein. Meine Mutter ging mit mir zu einem Sportfest des Arbeiterturnvereins. Es war unvermeidbar, dass ich aufs Klo musste. Den Weg dorthin fand ich ja, aber den Weg zurück zu meiner Mutter nicht mehr. In Erinnerung ist mir geblieben, dass ich kleiner Knirps auf einmal auf der Laufbahn war und mich einer Marschkolonne kräftiger, für mich wie Riesen anmutender Arbeiter-Turner gegenüber sah und jämmerlich weinte. Sie ahnten sofort, dass ich ein „verlorener Sohn" war. Auch wenn es möglicherweise ihr Programm durcheinander brachte, hob mich einer von ihnen in die Höhe und marschierte mit mir auf der Laufbahn entlang der Zuschauerräume, bis mich meine Mutter erblickte und in Obhut nahm.

Knapp bevor ich in die Schule kam, übersiedelten wir in den sechsten Bezirk. Eine eigene Wohnung für die Familie, zwei Zimmer für fünf Personen, Küchenfenster auf den Gang, wenn auch kein Bad, so doch das WC in der Wohnung. Welch gewaltiger Fortschritt! Besonders für meine Mutter! Endlich eine eigene Küche! Welch aufregendes Erlebnis, wenn mich meine Mutter in der Küche in einen Holzbottich stellte, in dem ansonsten die Wäsche eingeweicht wurde, und in warmem Wasser badete. Oder wenn ich mit einem meiner größeren Brüder das Tröpferlbad besuchte. Heute gibt es diese Tröpferlbäder kaum mehr, aber in den 1920er und 1930er Jahren waren diese billigen Badeanstalten wirklich eine stolze Errungenschaft der sozialdemokratischen Stadtverwaltung, eine Lebensnotwendigkeit für die ärmere Bevölkerung.

Dann kamen der Arbeiterturnverein, die Kinderfreunde, die Kinderfeste im Lainzer Tiergarten am „Tag des Kindes" und die unvergesslichen Stunden im Sommer im Kinderfreibad beim St.-Johann-Park am Margaretengürtel.[1]

---

1 2005 in Bruno-Kreisky-Park umbenannt. Vgl. dazu: Autengruber, Peter: Parks und Gärten in Wien. Wien 2008, S. 71.

Volksschule

Die Volksschule besuchte ich in der Sonnenuhrgasse. Ich hatte während der vier Schuljahre eine mir damals sehr groß erscheinende Lehrerin, die ich heute noch in lieber Erinnerung habe, Hermine Appel. Meine Schrift und mein Zeichnen waren einfach schrecklich, dennoch hatte ich in der Volksschule ausschließlich Einser, da war sicher mancher geschenkt. Aber es gab bei uns in der Volksschule kaum Schüler, die nicht überwiegend Einser hatten, und deshalb gingen wir gerne in die Schule.
Sehr früh kam ich in den „Blau-Weiß", eine zionistisch-sozialistische Jugendorganisation. Das hatte ich meinen älteren Brüdern zu verdanken, die mich mitnahmen. Das Heim war im neunten Wiener Gemeindebezirk in der Währinger Straße, neben dem Anatomischen Institut, und ich marschierte meistens zu Fuß dorthin. Damals wurden Straßenbahnfahrscheine nach einem bestimmten System gelocht (oder gezwickt), wodurch der Schaffner erkannte, ob ein Fahrschein noch gültig war. Wir kannten dieses System auch und durchsuchten die Papierkörbe bei den Haltestellen nach weggeworfenen Fahrscheinen, die eine Weiterfahrt ermöglichten. Fahrgeld für die Straßenbahn war ein Luxus. Das war aber kein Einzelschicksal, sondern so lebte die Mehrheit der Wiener Bevölkerung.
Ich gehörte eher noch zu den „begüterten" Kindern, weil ich manchmal eine Buttersemmel oder einen Apfel in der Schule mit hatte. Der „Apfelputzen" wurde dann noch weitergegeben und von den anderen bis zum Kerngehäuse abgenagt. Durch den „Blau-Weiß" hatte ich meine schönsten Erlebnisse im Winterlager bei Lilienfeld und im Sommerlager 1932 in Auen bei Velden am Wörthersee. Meine Mutter schärfte mir ein, dass ich stets auf meine Sachen aufpassen sollte. Daher habe ich nie etwas aus dem Koffer genommen und bin die ganze Zeit in Turnhose und Blauhemd herumgelaufen. Bis auf ein Taschentuch habe ich auch alles wieder nach Hause gebracht. Im Jahr 1933 war ich im Sommerlager in Lahnsattel bei Kernhof.
Meine Eltern waren religiös, jedoch nicht orthodox. Es wurden nur die großen jüdischen Feiertage gefeiert, und an diesen Tagen wurde auch der Tempel aufgesucht, nicht jedoch am Freitagabend. Meine Mutter zündete jeden Freitag Kerzen an, es wurde auch koscher gegessen und mit entsprechendem Geschirr gekocht und zu Pessach gab es kein gesäuertes Brot im Haus.

Erste Politisierung

Meine Eltern waren durchaus keine politischen Menschen, aber ihre Sympathie galt der Sozialdemokratie. Ich war als Volksschulkind wie schon erwähnt im Arbeiter-Turnverein. Meine Mutter ist mit mir auch auf den Mai-Auf-

marsch gegangen. Der sechste Bezirk versammelte sich vor dem Verbandsheim in der Königseggasse und marschierte in die Stadt. Eine Parole riefen wir immer wieder: *„Horuck nach links, denn rechts, da stinkts!"*
Wir waren die letzten im sechsten Bezirk. Damals bewegte sich der Zug viel rascher über die Ringstraße als heute. Nach uns kamen schon die Schutzbündler des nächsten Bezirkes mit riesigen roten Fahnen anmarschiert. Meine Mutter hielt mich fest an der Hand und wir liefen, damit wir wieder Anschluss an den sechsten Bezirk fanden.
In meinen Kindheitserinnerungen war der 1. Mai ein Volksfest, aber vor allem eine politische Demonstration. Es begann schon am Vorabend, da gingen wir auf den Gürtel, vor allem zum Reumann-Hof, und bewunderten die wundervoll geschmückten Fenster. Man steckte damals nicht bloß Fahnen hinaus, sondern fast jeder setzte seinen Ehrgeiz daran, seine Fenster mit Girlanden, Lampions und Blumen zu schmücken. Schon am frühen Morgen, wir wohnten in einem Eckhaus an der Linken Wienzeile, konnten wir die Musikkapellen der äußeren Bezirke, die durch die Schönbrunner Straße in die Stadt zogen, hören.
Der letzte 1.-Mai-Aufmarsch, der mir in Erinnerung ist, war im Jahr 1932. 1933 gab es keinen 1.-Mai-Aufmarsch mehr. Die Sozialistische Jugend veranstaltete jedoch am Abend vor dem 1. Mai eine Demonstration im Wienerwald. Lagerfeuer wurden entzündet. Auf der Heimfahrt schritt die Polizei ein und nahm zahlreiche Verhaftungen vor. Mein Bruder Emil, der im „Blau-Weiß" war und an dieser Aktion teilgenommen hatte, wurde ebenfalls verhaftet und im Kommissariat Wehrgasse festgehalten. Übrigens im selben Kommissariat, in das ich siebzehn Jahre später im Zusammenhang mit dem Oktoberstreik 1950 eingeliefert wurde, und in dem einige Jahre später meine Frau Elfriede als Polizeiangestellte Dienst machte.

Der 12. Februar 1934

Die Ereignisse im Zusammenhang mit dem 12. Februar 1934 haben sich tief in mein Bewusstsein eingeprägt. Als ich an diesem Tag zu Mittag von der Schule nach Hause ging, standen in der Gumpendorfer Straße die Straßenbahnen still. Am nächsten Tag gab es keine Schule. In einer Ankerbrotfiliale in der Stumpergasse wurden abends Brot und Semmeln bei Kerzenlicht verkauft. Das E-Werk hat gestreikt, aber Generalstreik gab es offensichtlich nicht. Auch zu Hause gab es keinen Strom. Das betraf nur das Licht, da es damals in unserem Haushalt keine elektrischen Geräte gab. In der Nacht hörte man dann Schüsse vom Gürtel her, Gewehr- und Maschinengewehrfeuer. Und dann dumpfe Töne. Mein Vater, der im Krieg war, sagte: *„Das sind ja Haubitzen! Wohin soll das noch führen?"*

Als Zehnjähriger machte ich in meiner naiven Unschuld kein Hehl aus meiner Sympathie für die „Sozis". Ich fand auf der Gasse ein Abzeichen mit den drei Pfeilen, bei dem die Sicherheitsnadel fehlte. Mit schwarzem Zwirn nähte ich die drei Pfeile umständlich auf meinem Rockaufschlag an, holte meine rote Papiernelke hervor, die ich noch vom Mai-Aufmarsch des Jahres 1932 sorgfältig zu Hause aufbewahrt hatte, steckte sie neben die drei Pfeile ins Knopfloch und ging so auf die Straße. Niemand beachtete offensichtlich diesen Knirps, denn ich lief fast eine Woche so herum, bis schließlich Nachbarn meine Eltern darauf aufmerksam machten und diese gefragt wurden, ob sie verrückt seien: *„Willst Du uns ins Unglück stürzen?"*, waren die erregten Worte meines Vaters, und damit hatte meine Aufmachung mit roter Nelke und drei Pfeilen ein Ende.
Mitte der Woche war ich bei meinem Freund Turi Singer in der Mollardgasse 20 zu Besuch, als gegen Mittag das Radio plötzlich wieder zu senden begann: *„Die Regierung ist im ganzen Land Herr der Lage"*, tönte es aus dem Apparat. Der Streik im E-Werk war zu Ende.
Nicht zu Ende waren jedoch die Diskussionen. Ich spielte damals oft bei meinem Freund Turi Singer im Hof des Hauses Mollardgasse 20. Im selben Haus wohnte auch der um zwei Jahre ältere Hansl Portisch, dessen Mutter Modistin und dessen Vater damals Gardehauptmann und später Adjutant des Heeresministers General Zehner war.
Hansl erzählte, wie er es offensichtlich von seinem Vater hörte, dass die „Roten" ihre Kinder in die Fenster stellen und dass sie dahinter Maschinengewehre in Stellung gebracht haben, mit denen auf die Exekutive geschossen wird. Mit Zornestränen in den Augen sagte ich immer wieder, dass das nicht wahr ist, dass das eine Lüge ist, obwohl ich eigentlich nicht wissen konnte, ob es nicht doch stimmte.
Tatsache ist, dass dieses Gräuelmärchen immer wieder verbreitet wurde, dass es sogar Menschen gab, die es glaubten, dass es aber in Wirklichkeit nie belegt wurde, und auch nicht belegt werden konnte, ob es einen solchen Vorfall auch tatsächlich gegeben hat.
Als alles vorbei war, gab es ein feierliches Begräbnis für die Gefallenen der Exekutive und der Heimwehren. Frau Macholt, unsere Hausbesorgerin, die eine Christlichsoziale war, nahm mich zu diesem Begräbnis auf die Ringstraße mit. Es waren etwa fünfzig Särge, und die ganze Regierung nahm am Begräbnis teil.
Das war das einzige Mal, dass ich Dollfuß gesehen habe. Wo war die Beerdigung der Schutzbündler? Von den damals geehrten Helden habe ich mir keinen einzigen Namen gemerkt. Aber die Namen der Hingerichteten, Georg Weissel, Karl Münichreiter und Koloman Wallisch, prägten sich mir schon damals ins Gedächtnis ein.

Der Naziputsch am 25. Juli 1934

Am 25. Juli 1934 gegen zehn Uhr abends sollte ich mit dem „Blau-Weiß" ins Sommerlager nach Kranjska Gora in Slowenien, unweit der österreichischen Grenze, fahren. Es waren bereits Ferien, und so verbrachte ich den Vormittag in meinem heiß geliebten St.-Johann-Park. Für den Nachmittag war das Mitropacup-Spiel Admira gegen Bologna im Wiener Stadion angesetzt. Eine Gruppe Buben aus dem Park beschloss, zu Fuß von Margareten bis ins Stadion zu gehen. Da meine Eltern in der Arbeit waren, marschierte ich mit, ohne auch nur irgend jemanden davon in Kenntnis zu setzen. Als wir, vom Karlsplatz kommend, durch die Stadt zum Schwedenplatz und von dort über die Praterstraße ins Stadion wollten, versperrte uns ein Polizeikordon den Weg. Die Polizisten trugen Gewehre und Stahlhelme. Wir konnten nicht durch, hatten jedoch keine Ahnung, was los war. Rund um die Innenstadt wollten wir nicht, die Verzögerung hätte Zeit gekostet. Also bestiegen wir die Stadtbahn und fuhren zum Schwedenplatz und dann zum Stadion. Auch dort war Polizei mit Stahlhelm, Gewehren und aufgepflanzten Bajonetten.

Das Stadion war voll, wie das damals bei Mitropacup-Spielen noch üblich war. Die italienischen Gäste wurden beim Einlaufen auf das Fußballfeld mit Applaus begrüßt. Als sie sich aber dann aufstellten und das Publikum mit dem italienischen Faschistengruß begrüßten, wurden sie vom ganzen Stadion ausgepfiffen. Auch das war damals üblich, wenn italienische Mannschaften im Wiener Stadion spielten. Der Applaus beim Einlaufen auf das Spielfeld sollte dokumentieren, dass das Pfeifkonzert nicht den Spielern, sondern lediglich dem Faschistengruß galt. Das Spiel endete mit einem Sieg der Wiener Mannschaft.

Man kann sich den Schreck meiner Eltern vorstellen, als sie an diesem turbulenten Tag nach Hause kamen und mich mit meinen gerade zehn Jahren nicht antrafen. Etwa um 22:00 Uhr abends sollte der Zug ins Sommerlager abgehen, aber ich war um 19:00 Uhr noch immer nicht zu Hause, und niemand kam auf die Idee, dass ich im Stadion war. Meine Eltern wussten aus den Nachrichten, dass Dollfuß im Bundeskanzleramt angeschossen wurde, aber noch nicht, dass er bereits verblutet war. Als ich gegen 20:00 Uhr endlich nach Hause kam, waren sich meine Eltern noch nicht im Klaren, ob sie mich überhaupt ins Ausland fahren lassen sollten. Kamen die Nazis nun auch in Österreich an die Macht? Das war die Frage, die meine Eltern an jenem denkwürdigen 25. Juli 1934 bewegte.

Ich habe mich auf dieses Sommerlager so gefreut und wollte unbedingt fahren. Hatte ich doch die schönsten Erinnerungen an das Sommerlager 1932 in Auen am Wörthersee und 1933 in Lahnsattel an der niederösterreichischsteirischen Grenze. *„Wenn die Nazis wirklich kommen, ist wenigstens der Walter vorerst im Ausland"*, entschied mein Vater, dass ich doch fahren sollte. Gepackt wurde ja schon am Vortag, und so fuhren wir zum Südbahnhof, zu jenem Bahnhof, von dem ich fünf Jahre später von meinen Eltern das letzte Mal Abschied nehmen sollte. Bis Klagenfurt gab es einige Langsam-Fahrstellen, weil Nazis die Schienen gesprengt hatten. Damals ahnte ich auch noch nicht, dass ich elf Jahre später über viel mehr Langsam-Fahrstellen durch Österreich fahren würde, weil die Eisenbahnstrecken durch Bomben beschädigt waren. Für mich, als Kind, war die Welt noch heil und ich genoss vier wunderschöne Sommerwochen mit gleichaltrigen Kindern bei Sport und Spiel in Kranjska Gora.

In der Hauptschule

Vier Jahre Hauptschule schienen damals endlos für mich. Das Lernen hielt ich nicht für wichtig. Den „ideologischen Überbau" gegen das Lernen in der Schule bezog ich aus der zionistischen Bewegung: *„Es gibt genügend jüdische Doktoren, wir müssen wieder ein Volk von Arbeitern und Bauern werden, wie unsere Ahnen vor zweitausend Jahren"* (als ob Arbeiterinnen, Arbeiter, Bäuerinnen und Bauern nichts lernen müssten). Also verbrachte ich meine Freizeit im St.-Johann-Park anstatt bei meinen Schulheften. Die Aufgaben wurden meistens schon während der Pausen, manchmal auch während des Unterrichts, in der Schule gemacht. Die schönsten Erinnerungen galten den späteren Ferienaufenthalten in Steinhaus am Semmering und in Seebenstein. Abgesehen vom Turn- und Naturlehreunterricht hatte die Schule absolut keine schönen Erlebnisse für mich zu bieten. Wenn heute Arik Brauer singt: *„Wenn i mi so an mein Lehra erinna"*, dann muss ich an den Fachlehrer Priller denken. Er ließ keine Gelegenheit vorbeigehen, um mich vor der ganzen Klasse zu demütigen.
Die Jahre 1934 bis 1938 waren für den Großteil der Bevölkerung durch Armut geprägt. Aber es gab natürlich auch sehr reiche Leute. Mein Vater war selbständiger Kaufmann, besser gesagt, er betrieb eine „Sortieranstalt". Hinter diesem hochtrabenden Namen verbarg sich ein Kellerlokal in der Schweglerstraße, in dem Textilabfälle sortiert und dann wieder an andere Textilfabriken weiterverkauft wurden. Er kämpfte ständig um das Überleben der Firma. Ein jüdischer Arbeiter, mein Vater, meine Mutter, später mein älterer Bruder (und nach Hitlers Einmarsch sogar ich) arbeiteten dort.

Familien- und Wohnverhältnisse

Gegenüber einem Großteil meiner Mitschüler in der Hauptschule galten wir zweifellos als wohl situiert. Wir bewohnten eine Zwei-Zimmer-Parterrewohnung, etwas feucht, mit Küchenfenster auf den Gang, so wie eben die meisten dieser Wohnungen. Immerhin hatten wir die Toilette und Wasser in der Wohnung. Der große Traum meiner Mutter, eine Wohnung mit Badezimmer, ging ihr nie in Erfüllung. Oder doch, als nach der Pogromnacht vom 9. auf den 10. November 1938 mehrere jüdische Familien im ersten Bezirk am Salzgries in eine Wohnung zusammen eingewiesen wurden, weil man schon lange vor dem Holocaust jüdische Wohnungen für „arische" Mieter freimachte. Dort gab es ein Badezimmer.

Meinen Vater sah ich fast nur am Sonntag. Er verließ das Haus, als ich noch schlief, und wenn er heimkam, schlief ich meist schon wieder. Obwohl das Einschlafen sehr problematisch war. Von den zwei Zimmern diente das eine Zimmer als „Speisezimmer" und wurde lediglich zu den Feiertagen benützt. Außerdem standen dort zwei Sofas, auf denen meine großen Brüder schliefen. Das Familienleben spielte sich im anderen Zimmer ab. Dort schliefen meine Eltern und ich. Und so kam es, dass ich meistens bei elektrischem Licht einschlafen musste, während die Erwachsenen und meistens auch meine Brüder noch bei Tische plauderten. Das war für mich eine Qual. Kinder wollen doch ohnedies nie ins Bett.

In einem alten Wienerlied führen die Mütter ihre Kinder auf den Kahlenberg und zeigen ihnen von dort aus die Wienerstadt. Bei uns war es umgekehrt. Meine Mutter war keine Wienerin und führte mich nicht auf den Kahlenberg. Sie lernte durch mich den Wienerwald kennen. Ich war durch den „Blau-Weiß" schon sehr früh mit dem Wienerwald vertraut geworden, und so zeigte ich ihn meiner Mutter. Meine Brüder waren schon zu alt, um mit der Mutter auszugehen. Sie genoss diese Ausflüge sehr. Ein großes Ereignis war es, wenn auch der Vater Zeit für einen gemeinsamen Ausflug hatte.

Meine Mutter nahm mich dafür manchmal ins Kino mit. Unvergesslich blieb mir eigentlich nur ein Film: „Der Weg ins Leben" im Apollo-Kino.

Walter Stern als 13-jähriger in der Nähe der Wohnung im 6. Bezirk, Linke Wienzeile.

Ein Film über Makarenkos[2] Versuch, die verwahrloste Jugend Russlands nach der Oktoberrevolution in das normale Leben einzugliedern. Heute erinnere ich mich noch, wie sehr meine Mutter weinte, als im Film der Vater zu saufen anfing, alles zertrümmerte und der Sohn aus dem Hause lief. Dies geschah, nachdem die Mutter dieser Familie von verwahrlosten Jugendlichen erschlagen worden war. Und eben dieser Bande schloss sich der Sohn dann an. Meine Mutter weinte, weil sie ähnliche Schicksale aus jener Gegend kannte, in der sie als Mädchen aufgewachsen war. Ich habe den Film nach dem Krieg wieder gesehen und dann erst die ganze Problematik begriffen. Auch ich war den Tränen nahe, doch nicht so sehr wegen des tragischen Endes des Films, sondern weil ich immer wieder an meine Mutter denken musste.
In den Jahren bis zum Anschluss 1938 verlebte ich eine fast ungetrübte Kindheit. Natürlich gab es Antisemitismus, aber man lebte eben damit. Wenn ein Gleichaltriger *„Saujud"* zu mir sagte, dann schlug ich gleich zu, obwohl ich einer von den kleineren Schülern war. In der Klasse wurde ich akzeptiert, weil ich in der Klassen-Fußballmannschaft spielte und im Völker- und im Festungsball zu den besseren Spielern zählte. Außerdem war ich Zielscheibe des Spottes eines der unbeliebtesten Lehrer, und das verschaffte mir auch einige Sympathie, wenn auch vielleicht aus Mitleid.

Wie ich erfuhr, dass ich ein „Kohen" bin

Es war in den dreißiger Jahren. Den genauen Zeitpunkt weiß ich nicht mehr. Ich fuhr mit meiner Mutter in ihr Heimatdorf Wanovice bei Sambor. Sie nahm mich mit, weil ich noch nie meine Großmutter gesehen hatte. Es war ein typisch jüdisch-galizisches Dorf. Meine Großmutter lebte allein in einem Holzhaus mit einem kleinen Gemüsegarten, einem Stall und einer Kuh. Im Dorf gab es auch ein jüdisches Bethaus aus Holz.
Es muss irgendein Feiertag gewesen sein. Ich war jedenfalls allein im Tempel. Da fragte mich ein Mann: Bist du a Kohen? Da es sich bei mir in jenen Jahren alles um den Sportverein Hakoah drehte, meinte ich, er wolle wissen, ob ich Hakoah-Anhänger sei und bejahte seine Frage. Darauf hin antwortete er: „Da musst du jetzt, wenn die Gemeinde gesegnet wird, aus dem Tempel gehen." Daheim angekommen, fragte ich meine Mutter, warum ein Hakoah-Anhänger beim Segnen der Gemeinde nicht im Tempel bleiben darf. Meine Mutter

---

[2] Anton Semjonowitsch Makarenko (1888–1939): sowjetischer Pädagoge und Schriftsteller. Der Film „Der Weg ins Leben" stammte aus dem Jahr 1931, Regie führte Nikolai Ekk. Der Film war einer der ersten Tonfilme der Sowjetunion und handelte von verwahrlosten Jugendlichen, den Besprisorni, die nach kommunistischen Idealen erzogen und auf diese Weise resozialisiert werden sollten.

klärte mich auf. Der Mann wollte wissen, ob ich ein Kohen bin. Denn ein Kohen darf einen anderen Kohen nicht segnen. Meine Mutter sagte mir, dass ich zu Recht den Tempel verlassen habe, weil mein Papa ein Kohen ist und alle Nachkommen daher Kohanim wären (Anm.: Die Kohen übten im Tempel den Dienst am Altar aus. Der Kohen Gadol – „Großer Kohen" – war die höchste religiöse Autorität im Judentum).

Politik zu Hause

Über Politik wurde zu Hause nur von meinen Brüdern gesprochen. Besonders Max, hatte einige sehr „links" eingestellte Freunde. Hansl Neumann, an den ich mich noch heute erinnern kann, kam öfters zu Besuch. Er war viel gereist, war schon in Amerika, kämpfte im Spanischen Bürgerkrieg[3], kehrte jedoch nach Österreich zurück und musste sich wöchentlich bei der Polizei melden. Mussolinis Abessinien-Feldzug[4] und der Spanische Bürgerkrieg waren Gesprächsstoff auch von uns Kindern. In unserem Umfeld waren alle auf Seiten der Abessinier und der Republikaner in Spanien.

Walter Stern mit der Mutter zu Besuch beim Onkel in Wien-Hietzing 1938.

Meine Eltern politisierten in meiner Gegenwart nie. Meine Mutter hatte alle Mühe, uns durchzufüttern. Sie war eine Meisterin in der Kunst, die verschiedensten, und wie mir schien, die erlesensten Speisen aus Erdäpfeln zuzubereiten. Und mein Vater, der tagsüber im Keller Stoffreste sortierte, war

3 Am Spanischen Bürgerkrieg (1936–1939) nahmen auf der Seite der Spanischen Republik knapp 1400 Österreicherinnen und Österreicher teil. Der Großteil hatte sich nach den verlorenen Februarkämpfen 1934 entschlossen, in Spanien den Kampf um Demokratie und Sozialismus wieder aufzunehmen. Vgl. dazu: Landauer, Hans, Hackl, Erich: Lexikon der österreichischen Spanienkämpfer 1936–1939. Wien 2003.

4 Der Abessinien-Feldzug: Ein erster Versuch Italiens, im Kaiserreich Abessinien (Ostafrika) Fuß zu fassen, scheiterte 1896. Seit Beginn der 1930er Jahre erhielten Mussolinis imperialistische Pläne durch die Weltwirtschaftskrise neue Impulse. 1935 rückten italienische Truppen gegen die Hauptstadt Adis Abeba vor.

abends damit beschäftigt, Lieferanten und Kundschaft zu finden. Sein Geschäftsdomizil war das Café Westend am Gürtel, Ecke Mariahilfer Straße. Eine auch für mich spürbare Besserung der finanziellen Situation trat nach 1936 ein, zweifellos auf Kosten der armen Abessinier. Als 1936 der Völkerbund Sanktionen wegen des Überfalls Mussolinis auf Abessinien beschloss, suchte eine Reihe englischer Firmen diese Sanktionen dadurch zu umgehen, dass sie Güter, die für Italien bestimmt waren, einfach über Länder lieferten, die sich nicht an den Sanktionen beteiligten. Auf diese Art wurde auch mein Vater von einer englischen Firma, die Textilabfälle nach Italien verkaufen wollte, eingeschaltet. Dies brachte ihm einen regelmäßigen Umsatz. Für mich war zu diesem Zeitpunkt Fußball das Wichtigste, vor allem die spannenden Mitropacupspiele. Ich sah den legendären 2:1-Sieg Österreichs über England und freute mich wahnsinnig darüber. Tieftraurig war ich jedoch, wenn der jüdische Fußballklub Hakoah verlor, und das geschah meistens.

Nachdem Schuschnigg im Februar 1938 nach Berchtesgaden zu Hitler gereist war, dramatisierte sich die Situation derart, dass man auch bei uns zu Hause an der Politik nicht mehr vorbeischauen konnte. Meine Brüder haben ohnedies nie vorbeigeschaut. Aber wir hörten ständig Nachrichten. Und so auch die Rede Schuschniggs, die er mit den Worten schloss: *„Rot-Weiß-Rot bis in den Tod!“* Es gab fast allabendlich Demonstrationen.

Ich nahm an den Demonstrationen nicht teil. Aber an einem Sonntag Abend, als ich mit Freunden vom Hakoah-Platz kam und vom Schwedenplatz zum Karlsplatz durch die Stadt ging, da bemerkten wir eine Menge Nazis, die auf beiden Gehsteigen auf und ab gingen und sich gegenseitig *„Heil Hitler“* zuriefen. Meine Brüder aber nahmen an den Anti-Nazi-Demonstrationen teil. Max in der Inneren Stadt und Emil im zehnten Bezirk. Beide berichteten davon zu Hause, vor allem darüber, dass viele Demonstrierende die Losung Schuschniggs *„Rot-Weiß-Rot bis in den Tod!“* aufgegriffen, später aber dann das „Weiß-Rot“ weggelassen und nur mehr „Rot bis in den Tod“ gerufen hatten.

Der Nazi-Einmarsch

Dann kam Freitag der 11. März 1938. Am Nachmittag sollte unsere Klassenmannschaft am „Weiß-Elf-Platz“ in Meidling gegen die Klasse einer Meidlinger Schule ein Fußballspiel absolvieren. Wir waren schon auf dem Spielfeld, da kam ein Bub von der anderen Mannschaft zu uns herüber und sagte: *„Mit Juden spül ma net“*, deutete auf mich und setzte fort, *„ ...den da miaßt´s aus der Mannschaft stell´n. Früha fang ma net an.“* Das war noch bevor die Nürnberger Rassengesetze für Österreich Geltung erlangten. War der Bub mit vierzehn Jahren schon ein eingefleischter Nazi? Oder wollte er bloß einen Vorteil für seine Mannschaft erreichen, indem ich aus der Mannschaft genommen werden sollte? Die Buben unserer Klasse wollten aber nicht auf mich verzichten. War es Solidarität mit mir? Oder wollten sie einfach nicht geschwächt antreten? Sie lehnten ab, und so kam es, dass das Spiel nicht stattfand und wir nach Hause gingen. Ich kam also früher als erwartet nach Hause. Eigenartigerweise war auch mein Vater schon da. Außerdem meine Mutter, mein Bruder Max und dessen Freund Hansl Neumann. Es fehlte nur mein Bruder Emil, der wieder in Favoriten (er arbeitete damals in einer Weberei in der Absberggasse) bei einer Demonstration war. Das Radio war eingeschaltet. Und dann die letzte Rede Schuschniggs: *„Gott schütze Österreich!"*, und danach die Bundeshymne, noch langsamer und getragener als sonst üblich, damit man sie, ein letztes Mal, von *„Deutschland, Deutschland über alles"* unterscheiden könne.

Mein Vater erblasste, meiner Mutter standen Tränen in den Augen. Hansl Neumann meinte lakonisch: *„Juden Koffer packen"*. Als mein Bruder Max ihn am nächsten Tag aufsuchen wollte, hieß es nur, er sei schon abgereist. Unverbürgten Erzählungen zufolge soll er später als Mitglied einer trotzkistischen Widerstandsgruppe in Frankreich der Gestapo in die Hände gefallen sein. Als mein Bruder Emil aus Favoriten nach Hause kam (er wusste noch nichts von der letzten Entwicklung), berichtete er von einem vollkommen veränderten Bild auf der Straße: *„Heute waren nur mehr Nazis auf der Straße, und sogar Polizisten haben Armbinden mit Hakenkreuzen getragen."*

Am Samstag war schulfrei. Ich ging zu meinem Freund Turi Singer in die Mollardgasse. Sein Vater war Direktor in einer Strick- und Wirkwarenfabrik und sie bewohnten die Wohnung oberhalb der Fabrik. Ein Maschinenarbeiter war dort Vertrauensperson der Schuschnigg-Gewerkschaft[5], aber machte nie ein Hehl daraus, dass er ein alter „Sozi" war. Auf dem Weg zur Wohnung meines Freundes musste ich durch einen kleinen Vorraum, von dem aus es in die Fabriksräume ging. Dort war eine Stempeluhr für die Arbeiterinnen und Arbeiter. Wie staunte ich da, als ich sah, dass jener „Sozi" eine Anschlagtafel anbrachte, auf der Nationalsozialistische Betriebsorganisation (NSBO)[6] stand. Ja, er sei Obmann der NSBO, wurde mir später erzählt.

---

[5] Im Ständestaat gab es keine eigenständigen Gewerkschaften. An ihre Stelle trat der durch Verordnung des Sozialministers eingerichtete „Gewerkschaftsbund der österreichischen Arbeiter und Angestellten", die staatlich kontrollierte „Einheitsgewerkschaft" (auch Schuschnigg-Gewerkschaft genannt) mit den Arbeiterkammern als Geschäftsstellen. Die verbotenen Freien Gewerkschaften bildeten im Untergrund eine eigene neue Organisation. Das sozialdemokratische „Siebenerkomitee" und die kommunistische „Wiederaufbaukommission" schlossen sich zum illegalen „Bund der Freien Gewerkschaften" zusammen.

[6] Nach der Machtübernahme durch Hitler-Deutschland wurden die Einheitsgewerkschaft und mit ihr die Arbeiterkammern aufgelöst. Für die ArbeitnehmerInnen gab es nur mehr die Deutsche Arbeitsfront (DAF), eine von Reichsorganisationsleiter Robert Ley gelenkte und der NSDAP angeschlossenen Einheitsorganisation von Arbeitgebern und Arbeitnehmerinnen und Arbeitnehmern mit Führerprinzip. Die schon in den 1920er Jahren gegründete Nationalsozialistische Betriebsorganisation ging schließlich in der DAF auf.

Und dann kamen die persönlichen Demütigungen. Der Lebensmittelkaufmann in der Mollardgasse, Herr Schäfer, ein Christlichsozialer, bei dem wir jahrelang einkauften, ließ uns durch unsere Hausbesorgerin, Frau Macholt, ausrichten, dass er keinen Wert mehr auf uns als Kundschaft lege und dass wir uns nicht mehr in seinem Geschäft blicken lassen sollten.

Es ist verständlich, dass wir dem Einzug Hitlers fernblieben und auch nicht auf den Heldenplatz gingen. Aber von wo kamen auf einmal die vielen Hakenkreuze auf den Rockaufschlägen her? Wenn einer ohne Hakenkreuz ging, konnte man fast mit Sicherheit annehmen, dass er Jude sei. Und da bin ich nicht sicher, ob nicht auch Juden, die nicht allzu jüdisch aussahen, ebenfalls ein Hakenkreuz ansteckten, damit sie nicht auffielen. Hitlers Anschlussrede hörten wir natürlich im Radio.

Wie würde der erste Schultag nach dem Anschluss sein? Während in den Tagen davor heftigste Diskussionen abrollten und ich einer der eifrigsten Diskutanten war, hatte ich mir nun vorgenommen, mich nicht in politische Diskussionen verwickeln zu lassen. Aber an einige Aussprüche erinnere ich mich noch heute fast wortgetreu. *„Mussolini hat Österreich nicht verraten, er hat es selbst gesagt"*, meinte einer meiner Mitschüler. Er bezog sich auf meine Äußerung am Tag vor dem Anschluss (die ich sicherlich zu Hause gehört habe), Mussolini werde Österreich im Stich lassen. Ein anderer Schüler, aus sozialdemokratischer Familie, gab die Meinung seiner Eltern wieder: *„Die Sozis wären uns lieber, aber Hitler ist immer noch besser als Schuschnigg."* Auch Äußerungen wie: *„Das ist die Rache fürs Vierunddreißigerjahr"* konnte man hören.

Der Fachlehrer Priller, der bis zum 12. März 1938 wie ein Zerberus darüber wachte, dass auch alle Schüler das „Seid einig!"-Abzeichen, das Schülerabzeichen der Vaterländischen Front[7], kauften und auch trugen, gebärdete sich als „Obernazi". Rabiater Antisemit war er immer schon gewesen. Der Fachlehrer Hauser, der Naturlehre und Turnen unterrichte, den ich sehr ins Herz geschlossen hatte, entpuppte sich als „Illegaler". In der Turnstunde mussten wir drei oder vier jüdischen Schüler in der letzten Reihe marschieren, aber ansonsten hatte ich den Eindruck, dass wir ihm Leid taten. Fachlehrer Dietrich, ein aufrechter Demokrat, verhielt sich betont anständig.

Wir, die jüdischen Schüler in der Klasse, blieben nur mehr kurze Zeit in der Schule und wurden bald in der so genannten „Judenschule" in der Stumper-

---

[7] Vaterländische Front: 1933 von Engelbert Dollfuß als Sammelbewegung aller „vaterlandstreuen" Österreicherinnen und Österreicher gegründet. Nach dem Verbot aller anderen politischen Parteien hatte die Vaterländische Front (VF) eine politische Monopolstellung inne. Sie war in eine Zivil- und Wehrfront gegliedert. Entgegen den Bestrebungen von Dollfuß wurde die Vaterländische Front jedoch keine Massenbewegung und konnte die politischen Gegnerinnen und Gegner des Ständestaates nicht für sich gewinnen.

gass zusammengefasst. Dort gab es auch jüdische Lehrer, die aus den anderen Schulen entfernt worden waren. Von Unterricht war in diesem Restschuljahr kaum mehr die Rede, hatten doch alle andere Sorgen und Ängste.
Mein Vater, Jahrgang 1889 wie Hitler, und auch im April geboren, dachte vorerst nicht ans Auswandern. *„In Deutschland gibt es auch noch Juden, die ihre Geschäfte weiterführen. Ich habe doch niemandem etwas getan."* Er ist offensichtlich auch auf die Nazipropaganda hereingefallen, die sich vor allem auf die „jüdischen Ausbeuter" Kruppnik und Schiffmann konzentrierte. Das waren zwei große Textilkaufhäuser in der Kaiserstraße und in der Taborstraße, die sehr billig verkauften und daher bei der Konkurrenz verhasst waren, aber auch die Arbeitslosigkeit ausnützten und die Heimarbeiterinnen sehr schlecht entlohnten. Er glaubte offensichtlich, dass ihm nichts passieren würde. *„Ich habe doch für Österreich am Isonzo gekämpft"* war ein weiteres unsinniges Argument.
In der Öffentlichkeit, auf den Straßen sowie in der Straßenbahn und Stadtbahn herrschte in den ersten Anschlusstagen Hochstimmung. Was hinter verschlossenen Türen in den Wohnungen gesprochen wurde, wusste ich nur von den mir bekannten jüdischen Familien, und das war deprimierend. Man erfuhr von Bekannten, die verhaftet und nach Dachau gebracht worden waren. Die Situation war nicht in allen Bezirken gleich. In den St.-Johann-Park durfte ich nicht mehr gehen. Im zehnten Bezirk in der Favoritenstraße wurden die jüdischen Schuhgeschäfte einfach geplündert.

Auswanderungsbemühungen

Nun dachte auch mein Vater ans Auswandern. Er fühlte sich allerdings schon zu alt, um irgendwo, wo er die Sprache nicht konnte, ein neues Leben zu beginnen. Ich wurde in die Brückengasse zu einer alten Englischlehrerin geschickt. Sie hasste die Nazis, aber ich wagte selbst in ihrer Gegenwart nichts Abfälliges über die Nazis zu sagen. Ich glaube, damals suchte jede Jüdin und jeder Jude nach Verwandten in Amerika. Ich weiß nicht wieso, aber meine Mutter bekam die Adresse eines Cousins in Kansas City in Amerika, von dessen Existenz sie bis dahin nicht die geringste Ahnung hatte. Er hieß Philipp Wang, war Pelzgroßhändler und Pelzmantelfabrikant und enorm reich. Er erklärte sich bereit, zwei Affidavits[8] für meine Brüder zu schicken, da die-

[8] Affidavit: der Begriff kommt aus dem Englischen; es handelt sich um eine Urkunde, die Aufschluss über die (Vermögens-) Verhältnisse eines Menschen gibt. Sie spielten während der NS-Zeit eine bedeutende Rolle: Freunde, Bekannte und Verwandte außerhalb des Deutschen Reiches konnten mit einem beglaubigten Affidavit den NS-Verfolgten eine Ausreise ermöglichen, v. a. nach England oder in die USA und sie dadurch vor der Ermordung durch die Nationalsozialisten retten.

se altersmäßig am meisten gefährdet schienen. Ein Affidavit war eine Bürgschaft, dass die einwandernde Person dem amerikanischen Staat nicht zur Last fallen würde. Für den Rest der Familie konnte er damals keine Bürgschaft mehr übernehmen, da er bereits für dreizehn Verwandte aus Polen Affidavits ausgestellt hatte. Als er dann nach 1939 auch für meine Eltern ein Affidavit besorgte und später meiner Mutter sogar die Schiffskarte für die Fahrt von Lissabon nach New York schickte, war es bereits zu spät.
Mit dem Affidavit in der Hand konnte man aber noch nicht ausreisen. Es bestand damals eine so genannte Quotenregelung, wonach aus jedem europäischen Land nur einige tausend Bürgerinnen und Bürger pro Jahr in die USA einreisen durften. Da meine Brüder in Polen zur Welt gekommen waren, fielen sie unter die polnische Quote und hätten einige Jahre warten müssen, bis sie in die USA auswandern hätten können. Da bot sich ein junger jüdischer Mann an, der sagte, er habe Beziehungen zur US-Botschaft und könne für Geld erwirken, dass meine Brüder vorgezogen würden. Ein Großteil der Ersparnisse meines Vaters musste daran glauben, doch der Mann war ein Betrüger. Ich erinnere mich noch gut an die Diskussionen meiner Brüder mit dem Vater. Welche Vorwürfe machten sie ihm, dabei wollte er ihnen doch nur helfen. Aber anzeigen? Einen Juden der Gestapo ausliefern? Das brachten meine Eltern und auch meine Brüder nicht übers Herz.
Dann versuchte mein Bruder Max, der ein ausgezeichneter Skiläufer und Bergsteiger war und sich in den Bergen gut auskannte, illegal über die Grenze in die Schweiz zu gehen. Man sagte mir nichts von seiner Abreise, man hatte Angst vor den eigenen Kindern, dass sie aus Unüberlegtheit etwas ausplaudern könnten. Ich merkte, dass Max seit einigen Tagen nicht da war. Eines Nachmittags waren meine Mutter und ich allein zu Hause. Sie stopfte Socken, ich holte unser altes Koffergrammophon, kurbelte und legte die Platte aus Zarewitsch auf. Franz Völker sang *„Es steht ein Soldat am Wolgastrand ...“*, eine wehmütige Weise. Meiner Mutter liefen die Tränen über das Gesicht, sie wusste vom waghalsigen Unternehmen meines Bruders. Jetzt endlich sagte sie es auch mir. Sie hatte noch keine Nachrichten von ihm. Ihr 21jähriger Sohn ging in die Fremde, und sie wusste nicht, ob er noch am Leben war. Ich glaube, nur wer selbst Kinder hat, kann begreifen, wie schwer ihr ums Herz war.
Damals, 1938, bangten nur jüdische Mütter um ihre Kinder. Später waren es in Europa Millionen Mütter, die nicht nur in Ungewissheit um das Schicksal ihrer Söhne lebten, sondern auch die Gewissheit ihres Todes betrauern mussten. Max wurde in St. Moritz von der Schweizer Polizei aufgegriffen und zurückgeschickt.

Der Pogrom vom 9./10. November 1938

Im November 1938 geschah die Wahnsinnstat des jungen Juden Herschel Grynszpan[9], der in Paris auf den deutschen Diplomaten Ernst Eduard von Rath[10] geschossen hat. Von Rath wurde schwer verletzt, und die Jüdinnen und Juden beteten, dass er überlebe. Doch von Rath starb. Dieser Fall wurde von der Nazi-Propaganda weidlich ausgeschlachtet und als Vorwand genommen, um zum Kampf gegen alle Jüdinnen und Juden aufzurufen. Es kam zur berühmt-berüchtigten „Kristallnacht" vom 9. auf den 10. November, in der die Tempel angezündet und zahlreiche jüdische Bürgerinnen und Bürger verhaftet und in NS-Konzentrationslager deportiert wurden. Die Zeitungsberichte und Rundfunkkommentare waren die Haupthebel, über die die Pogrommaschinerie in Bewegung gesetzt wurde.

Mein Vater konnte über die schweren Tage im Evangelischen Krankenhaus in Purkersdorf untertauchen. Ich arbeitete damals in einer Bäckerei in der Schönlaterngasse, um das Bäckerhandwerk zu erlernen. Ich weiß heute nicht mehr, ob es sich um einen jüdischen Bäcker gehandelt hatte oder um einen Bäcker, der gegen Bezahlung von der Kultusgemeinde einigen jüdischen Jugendlichen in kurzer Zeit das Bäckerhandwerk beibringen sollte.

Ich war dort schon mehr als vier Wochen, konnte schon Striezel backen, Salzstangerl und Kaisersemmeln formen, und an jenem denkwürdigen 10. November buk ich meinen ersten Brotwecken. Wir hatten schon Tage vorher den Sauerteig in einem Trog hergerichtet. Ich durfte den Wecken in den Backofen einschießen (so nannte man das Beschicken des Backofens mit den Brotlaiben und Wecken). Die Backstube war im Keller, und die Fenster waren in Gehsteighöhe. Vor dem Haus ging ein SS-Mann auf und ab. Wir konnten nur die schwarzen Stiefel sehen, und das Klopfen der Stiefelabsätze auf dem Gehsteig hören.

Wartete er auf uns? Ich kann nicht einmal sagen, ob der SS-Mann nicht zufällig in der Schönlaterngasse auf und ab ging. Aber wir Kinder hatten einfach Angst. Hitler war erst acht Monate im Land, aber in mir kam immer ein Angstgefühl hoch, wenn ich einer Naziuniform begegnete, weil ich einfach nicht wusste, ob ich „ungeschoren" vorbeikam.

„Waunst den Mund aufmachst, kommst nach Dachau", war damals ein geflügeltes Wort. Die Nationalsozialisten versuchten gar nicht, die Existenz von Kon-

---

9 Herschel Grynszpan (geb. 1921, Todesdatum unbekannt): polnischer Jude, der sich in Paris versteckt aufhielt. Als er von der Deportation seiner Familie aus Hannover nach Polen erfuhr, erschoss er den deutschen Diplomaten Ernst Eduard von Rath. Das Attentat war Vorwand für die so genannte „Reichskristallnacht".

10 Ernst Eduard von Rath (1900–1938): Diplomat, ab Juli 1938 Legationssekretär in Paris. Rath galt bei den Nationalsozialisten als Märtyrer. In Düsseldorf fand ein Staatsbegräbnis im Beisein von Adolf Hitler statt.

zentrationslagern abzuleugnen. Im Gegenteil. Sie begannen von Anfang an eine Einschüchterungskampagne gegen allfällige Oppositionelle, und dazu gehörte auch die Drohung mit Konzentrationslagern sowie der Nimbus der allmächtigen und allgegenwärtigen Gestapo, die überall ist und alles weiß.
Man erzählte sich damals folgenden Witz: Erster Mann: *„Der Mayer ist vor einer Woche aus Dachau entlassen worden. Er erzählt, dass es ihm dort sehr gut gegangen ist. Das Essen war ausgezeichnet. Es war ein richtiger Erholungsaufenthalt."* Zweiter Mann: *„Komisch, der Kohn ist auch vor einer Woche nach Hause gekommen, aber er erzählte das Gegenteil. Fast kein Essen, aber Schläge und Misshandlungen jeden Tag."* Erster Mann: *„Ja, aber der Kohn ist auch schon wieder in Dachau."*
Bereits vor dem 9. November 1938 lief die Hetze gegen die jüdische Bevölkerung über Radio und Presse auf Hochtouren. Als die Nachricht vom Tod des Botschaftsrates durchkam, ahnten wir, dass etwas geschehen würde, aber was, das wussten wir nicht. Für mich, mit meinen vierzehn Jahren, war das erste selbständig gebackene Brot das Wichtigste. Ich war riesig stolz darauf, und am Heimweg ging ich noch zur Familie Singer, um mein Brot, das ich mit nach Hause nehmen durfte, herzuzeigen. Dort war eine Hektik. Sie wussten schon, dass man eine Unzahl jüdischer Männer verhaftete, und sie berieten, wie man sich am günstigsten verstecken könnte. Keiner beachtete mein Brot. Sie hatten ja wirklich andere Sorgen. Sie drängten mich buchstäblich aus der Wohnung und meinten, ich solle mich nach Hause beeilen.
Hier gab es schon „Besuch". Vor der Tür stand ein Mann, der mich fragte, was ich in dieser Wohnung wolle. Als ich ihm sagte, dass ich hier wohne, ließ er mich hinein, aber nicht mehr heraus. Meine Brüder waren zu Hause, meine Mutter war in Purkersdorf im Spital bei meinem Vater. Nachmittags wurde uns mitgeteilt, dass wir unsere Matratzen, etwas Bettzeug und Waschzeug nehmen und zu einer anderen jüdischen Wohnpartei, die wir bis dato nicht kannten, ziehen sollen. Unsere Wohnung wurde versiegelt, und erst nach einer Woche durften wir wieder hinein. Noch eine oder zwei jüdische Familien wurden bei diesem kinderlosen Ehepaar einquartiert, das wir zwar vom Sehen kannten, bei dem wir aber nie auf die Idee gekommen wären, dass es „Juden" seien. Ich kann mich an deren Namen nicht mehr erinnern.
Wir saßen auf den Matratzen und sprachen über unsere Lage und dann über Politik. Ich Naseweis, mit meinen vierzehn Jahren, warf ein: *„Die Leute sagen, dass es in Wien am besten war, als noch die Sozialdemokraten regierten."* Darauf meinte unser unfreiwilliger Quartiergeber, ein pensionierter Beamter (einen Menschen, der noch unter dem Kaiser gedient hatte, hatte ich vorher überhaupt noch nie zu Gesicht bekommen): *„Alle werden bestätigen, am schönsten war es unter dem Franz Joseph. Mit Victor Adler hat das Unheil begonnen. Er hat die Arbeiter aufgehetzt. Er hat auch den Antisemitismus provoziert. Ein Jude sollte sich nicht in die Politik einmischen."* Eine Formel übrigens, die ich schon vor Hitler

sehr oft in jüdischen Wohnungen gehört hatte, besonders auch im Zusammenhang mit dem seinerzeitigen französischen Ministerpräsidenten Léon Blum[11]. Dieser Beamte konnte offensichtlich über seine Beamtennase nicht hinaussehen. Er hatte keine Ahnung, wie die Arbeiterinnen und Arbeiter in Ottakring und Favoriten unter seinem „geliebten" Kaiser Franz Joseph lebten und daher niemanden brauchten, der sie „aufhetzte", um für bessere Lebensbedingungen zu kämpfen.
Mein Bruder Emil verließ die Wohnung. Er, nach den Vorstellungen der nationalsozialistischen Rassentheoretiker der Typus eines „rassereinen Ariers", sportlicher Körperbau, hellblondes Haar, gerade Nase und blaue Augen, fühlte sich auf der Straße sicherer als zu Hause.
Ich hielt die Atmosphäre in dieser Wohnung auch nicht aus. Mich trieb es aus mir unbekannten Gründen auf die Straße, doch ich kam nicht weit. Kaum hatte ich das Haus verlassen, sah ich auf der gegenüberliegenden Straßenseite eine Gruppe junger Burschen in Uniformen der Hitler-Jugend (HJ). *„Da is der Jud"*, hörte ich und fing zu laufen an. In der Mollardgasse kannte ich ein Durchhaus zur Wienzeile. Dorthin flüchtete ich und dachte zu entkommen. Doch vergeblich. Im Haus erwischten sie mich und droschen auf mich ein. *„Ihr Juden habt unseren Volksgenossen ermordet, dafür müsst Ihr büßen!" „Ich war´s nicht"* oder *„Was kann ich dafür?"* oder Ähnliches sagte ich, aber es war sinnlos. Ich versuchte, so gut es ging, mit den Armen meinen Kopf zu schützen. Trotzdem hatte ich ein blutunterlaufenes Auge und mehrere geschwollene Stellen im Gesicht abbekommen. Mir schien die Prügelei endlos. Die Stimme des HJ-Führers klang direkt menschlich, als er sagte: *„So, jetzt hat er genug."*
Ich blieb noch einige Zeit benommen im Hausflur liegen, dann ging ich auf die Straße und wanderte ziellos durch die Gassen. Ich konnte nicht nach Hause, das im Moment nur ein Ausweich-Zuhause war. Ich schämte mich bitterlich. *„Warum hast du nicht zurückgeschlagen?"*, brannte die Schmach in meinem Kopf. Natürlich hätte ich sie noch wilder gemacht, aber vielleicht hätte wenigstens einer von ihnen auch ein blaues Auge gehabt. Aber die Angst vor einer Verhaftung war enorm. Was ist denn das für ein Heldentum, über einen wehrlosen Knaben einfach herzufallen? Den Ausdruck „pervers" kannte ich mit vierzehn Jahren noch nicht.
Erst spät abends kam ich heim. Auch meine Mutter war bereits da und sorgte sich wie gewöhnlich um mich. Mein Bruder Emil berichtete. Er war im

[11] Léon Blum (1872-1959): Jurist, Schriftsteller, französischer Politiker und mehrfacher Ministerpräsident jüdischer Herkunft. Der junge Sozialist schrieb im Jahr 1935 seine Erinnerungen an die Dreyfußaffaire des Jahres 1898 nieder, bei der er sich für die Rehabilitierung des als Spion verurteilten Hauptmanns Dreyfuß eingesetzt hatte.

15. Bezirk in der Herklotzgasse gewesen, dort war die Gefahr geringer, dass ihn wer aus der Nachbarschaft oder ehemalige Mitschülerinnen bzw. Mitschüler erkennen würden. Er sah, wie der Tempel brannte. Er war einer unter vielen, die zusahen. Die Feuerwehr war dort, löschte aber nicht, sondern achtete lediglich darauf, dass das Feuer nicht auf die benachbarten Häuser übergreife. Ein frommer Jude stürzte in den brennenden Tempel, um die Thorarollen zu retten. Er trug sie heraus, als ob es um das Leben seiner Kinder ginge.

Offiziell wurde uns mitgeteilt, dass die Wohnung nach Waffen und Flugschriften durchsucht werde. Als wir nach einer Woche wieder in die Wohnung durften, war alles, das nur irgendeinen Wert hatte, aus der Wohnung verschwunden. Radio, Koffergrammophon, der Schmuck meiner Mutter, Fotoapparat, Füllfeder und Uhren, fast alle Geschenke, die ich zur „Bar Mitzwa"[12], zu meinem dreizehnten Geburtstag, bekommen hatte, waren weg – auch mein geliebter Bierwagen.

Als ich 1945 in amerikanischer Uniform nach Wien zurückkehrte und sich verschiedentlich Wienerinnen und Wiener bei mir, dem „Amerikaner", Liebkind machen wollten, indem sie mir von den „bösen Russen" erzählten, die geplündert haben, da erzählte ich ihnen, was ich 1938 im tiefsten Frieden ohne „Russen" im Lande erlebt hatte.

Wir wohnten dann nicht mehr lange im sechsten Bezirk. Einmal wurden uns noch durch Steinwurf die Fenster eingeschlagen, aber was war das denn schon gegen das, was später folgte. Wir mussten dann die Wohnung verlassen und übersiedelten in den ersten Bezirk auf den Salzgries in ein Haus, das noch in jüdischem Besitz war. Wir wohnten mit zwei weiteren jüdischen Familien in einer Wohnung. Als ich eines Abends nach Hause kam, saß ein „Schupo"[13] auf einem Stockerl unten im Stiegenhaus neben einem großen Bogen Packpapier, aus dem Füße mit Schuhen herausragten. Ich ahnte, dass da etwas passiert sei, zu Hause erfuhr ich, dass sich der Hausherr, vom obersten Stockwerk in die Tiefe gestürzt hatte. Er hat aufgegeben, hieß es.

1939 – das letzte Jahr in Wien

Es mag eigenartig klingen, aber für mich, als Kind, begann eine Zeit, die mir in schöner Erinnerung haften blieb. Das Geschäft meines Vaters wurde von einem Konkurrenten arisiert. Deshalb war er oft zu Hause, ebenso meine

[12] Bar Mitzwa: religiöse und rechtliche Reifeerklärung für Buben mit dem abgeschlossenen 13. Lebensjahr. Die Bar Mitzwa verpflichtet die männlichen Juden, die religiösen Gesetze voll einzuhalten. Sie ist eine Initationsfeier ähnlich der katholischen Firmung.

[13] Schupo: Angehöriger der Schutzpolizei.

Mutter. Nie zuvor war ich so viel mit meinen Eltern zusammen. Auf Grund des Affidavits, das meine Brüder hatten, bekamen sie eine Zwischenaufenthaltserlaubnis für England und wurden auf diese Art gerettet. Ich kehrte wieder in den „Blau-Weiß" zurück und begann mit verschiedenen Kursen meine Auswanderung nach Palästina vorzubereiten.

Es war eine herrliche Gemeinschaft junger Menschen, die durch den äußeren Druck zusammengeschweißt wurde. Wir verbrachten vier Wochen in Ottertal bei landwirtschaftlicher Arbeit. Dort erhielt ich meine erste Tetanusinjektion, damals noch sehr schmerzhaft, weil ich beim Stallausmisten mit einem schweren Schubkarren ausrutschte und mit dem Kinn auf den Schubkarren gefallen war. Wir arbeiteten dann in einer Gärtnerei in der Krottenbachstraße, und im dritten Bezirk wurde ich in die Grundbegriffe der Metallarbeit von Meister Bergmann eingeweiht, der seine Arbeit bei Simmering-Graz-Pauker verloren hatte. Dort machte ich meinen ersten Hammer, nicht ahnend, dass ich einmal als Werkzeugmacher arbeiten würde.

In den sechsten Bezirk kam ich nicht mehr. Der Kontakt zu den alten Freunden in der Schule war vollkommen abgerissen. Ein Teil wollte aus Angst nicht mehr mit jüdischen Mitbürgerinnen und Mitbürgern verkehren, und jene, die das Naziregime ablehnten und keine Angst hatten, wollte ich nicht gefährden. Das Land schien sich in einem Freudentaumel zu befinden. Für unpolitische Menschen hatte es wirklich den Anschein, als ob hier ein tausendjähriges Reich entstehen würde. Wir waren ausgeschlossen und sahen keine Hoffnung, dass sich jemals etwas ändern würde. Wir jüdischen Kinder träumten von einem eigenen Land, Erez-Israel, in dem wir keine Ausgeschlossenen sein würden. Daher bereiteten wir uns mit vollem Einsatz auf die Aliya[14] nach Palästina vor. Wir waren Ausgestoßene, und für mich stellte sich die Situation so dar, als ob alle, die nicht „jüdisch" sind, einfach Nazis seien, was keineswegs der Fall war. Hauptangriffsziel der Nazi-Propaganda waren die „Juden und die Bolschewiken", wie es im nationalsozialistischen Sprachgebrauch hieß. Daher entstanden damals meine gefühlsmäßigen Sympathien für die kommunistische Idee, ohne genau zu wissen, warum. Die Idee vom Leben im Kibbuz erschien mir ebenfalls großartig und hatte in meinen Vorstellungen auch etwas mit Kommunismus zu tun. Ich widersprach daher meinem Vater ganz empört, als er, Monate vor dem deutsch-russischen Nichtangriffspakt[15],

---

[14] Aliya: hebräisch „Aufstieg" (nach Zion); gebräuchliche Bezeichnung für die Einwanderung nach Palästina/Israel.

[15] Deutsch-russischer (sowjetischer) Nichtangriffspakt: wurde am 23. August 1939 in Moskau auf 10 Jahre mit einjähriger Kündigungsfrist nach Ablauf zwischen dem Deutschen Reich und der Sowjetunion geschlossen. Mit dem Überfall auf die Sowjetunion am 22. Juni 1941 brach Deutschland den Vertrag.

sagte: *„Ihr werdet sehen, die beiden Verbrecher* (gemeint waren Adolf Hitler und Josef Stalin[16]) *werden sich noch die Welt aufteilen."*
Die Demütigungen in dieser Zeit standen in keinem Vergleich zu dem, was nach Ausbruch des Krieges folgte, aber uns genügte es. Heute frage ich mich, wieso man einen Großteil der Jüdinnen und Juden als solche erkannt hatte, zu einer Zeit, da sie noch keinen Davidstern tragen mussten. Ich spreche nicht von den orthodoxen Juden, die man an der Haartracht und der Kleidung erkannte. Es waren wahrscheinlich die Niedergedrücktheit, Hoffnungslosigkeit und Angst im Gesichtsausdruck, die uns von der anderen Bevölkerung unterschied.
Es gab Parkanlagen mit Aufschriften „Hunden und Juden Eintritt verboten", oder am Kai „Judenbänke". Wir, drei jüdische Buben, wurden einmal am helllichten Tag auf der Oberen Donaustraße von einer Streife der Hitlerjugend (HJ) angehalten, in einen Hausflur gezerrt, dort an die Wand gestellt und blutig geschlagen, bis die Hausbesorgerin herauskam und dem ein Ende bereitete. Ihre Worte werde ich nie vergessen: *„Das will unser Führer nicht."* Die „HJler" ließen einfach von uns ab und verschwanden.
Glaubte die Frau wirklich, was sie da sagte? Sie hat sicherlich nicht Hitlers „Mein Kampf" gelesen. Ich vermute, diese einfache, mutige Frau wollte uns helfen und hat dies auf ihre Weise sehr geschickt getan. Bis heute weiß ich natürlich nicht, ob sie es sich nur ersparen wollte, unser Blut wegzuwischen oder ob sie tatsächlich helfen wollte. Entscheidend für uns war, dass sie uns geholfen hat.

---

[16] Josef Stalin (1878–1953): Sohn eines Schuhmachers. 1899 vom Priesterseminar in Tiflis wegen Verbindungen zu marxistischen Kreisen (seit 1898 Mitglied der SDAPR) ausgeschlossen. Nach der Spaltung der SDAPR geht Stalin auf die Seite der Bolschewiken unter Waldimir I. Lenin. Kurz darauf erfolgt seine Verbannung nach Sibirien. Seit 1912 Mitglied des ZK und seit 1917/19 des Politbüros der Bolschewiki. Nach der Oktoberrevolution wurde er Volkskommissar für Nationalitätenfragen (1917–23) und setzte mit der Roten Armee gewaltsam die Wiedereingliederung der vom russischen Gesamtstaat abgefallenen Nationalitäten des Kaukasus durch. 1922 übernahm Stalin das neu geschaffene Amt des Generalsekretärs des ZK der Partei. Zwischen 1924 und 1929 gelang es ihm, seine Konkurrenten, darunter L. Trotzki, nach und nach auszuschalten. Ab Ende der 1920er-Jahre war er unumschränkter Diktator und sicherte er in der Folgezeit seine Macht durch eine rücksichtslose Vernichtung politischer Gegner und Gegnerinnen, die ihren Höhepunkt mit den Schauprozessen der 1930er-Jahre erreichte. Innenpolitisch forcierte Stalin die Industrialisierung und Zwangskollektivierung in der Landwirtschaft. Außenpolitisch schloss er kurz vor Ausbruch des 2. Weltkrieges einen Nichtangriffspakt mit Deutschland. Nach der Besetzung Ostpolens im September 1939 löste er den finnisch-sowjetischen Winterkrieg (1939/40) aus und gliederte 1940 die baltischen Staaten als Sowjetrepubliken der UdSSR an. 1941 wird Stalin Vorsitzender des Rates der Volkskommissäre (des späteren Ministerrates) und übernimmt nach dem deutschen Überfall auf die Sowjetunion die Kriegsführung. Er proklamiert den „vaterländischen Krieg" gegen Adolf Hitler. Auf den Konferenzen von Jalta und Potsdam und mit der Förderung kommunistischer Parteiregime in den osteuropäischen Staaten setzt sich Stalins expansionistisches Machtstreben erfolgreich durch. Mit der Blockade West-Berlins versucht Stalin, die Kontrolle über die gesamte Stadt zu erlangen. Im Koreakrieg (1950–1953) zeigt sich der Gegensatz der beiden Weltmächte UdSSR und USA sowie der Wille Stalins zur Ausweitung seines Einflussbereiches. Ab 1956 beginnende „Entstalinisierung", außerdem werden die Verbrechen aus der Stalin-Zeit veröffentlicht und verurteilt.

Das Drauflosdreschen der HJ-Streife war offensichtlich eine praktische Schulung für das, was einige Jahre später in viel grausamerer Weise in Polen folgte. Ich kann die Mentalität solcher Menschen bis heute nicht begreifen. Einfach auf schwächere, wehr- und rechtlose Menschen einzuschlagen. Aber solche Typen sind ja bis heute leider noch nicht ausgestorben.

Vorbereitung für die Jugend-Aliya

Wir bereiteten uns auf die Auswanderung nach Palästina gründlich vor. Wir sagten natürlich nicht Auswanderung, sondern „Aliya". In das Land unserer Väter, wenn diese auch schon vor fast zweitausend Jahren von den Römern vertrieben worden waren und man über die Verwandtschaft nach so langer Zeit streiten könnte. Aber wir Jungen, die offensichtlich in unserem Geburtsland nichts mehr zählten, waren voll Hoffnung, in ein Land zu kommen, das „unser" Land sein sollte. Wir wurden untersucht und, nach mir nicht bekannten Kriterien, überprüft und ausgesucht. Erst im Jahr 1986, als ich mit meiner Frau Elfi nach all den Jahren wieder in Israel, das 1948 gegründet wurde, bei Freunden zu Besuch weilte, habe ich von einem Freund, Manu Neumann, der ein genaues Tagebuch über jene Tage führte, erfahren, dass aus einer Gruppe von hundert Kindern lediglich dreißig ausgesucht wurden, um nach Palästina zu fahren, da es zu jenem Zeitpunkt nicht mehr Einreisebewilligungen von der englischen Mandatsbehörde von Palästina gab. Was mit dem Rest geschah, kann man sich ausrechnen.

Bei diesem Besuch traf ich eine Frau, ein Mädchen aus unserer damaligen Gruppe, die nicht mitgenommen wurde, weil sie im Vorbereitungslager Ottertal ein- oder zweimal ohnmächtig geworden und man der Meinung war, sie würde der schweren Arbeit im Kibbuz nicht gewachsen sein. Sie kam in das Konzentrationslager Auschwitz, meldete sich dort zu den schwersten Arbeiten – und überlebte! Wie man sich in der Beurteilung oft täuschen kann. Es ist keine Anklage. Jene Menschen, die damals die dreißig Kinder aussuchten, konnten nicht ahnen, dass diese Auswahl eine Entscheidung über Leben und Tod war.

Ein junger Arzt im Rothschild-Spital in Wien Währing hätte mir beinahe die Ausreise verpatzt. Nach der Durchleuchtung meiner Lunge schrieb er in den Befund „Verdickung der rechten Pleuropartie". In Jerusalem hat daraufhin ein britischer Mandatsbeamter die Erteilung einer Einreisebewilligung abgelehnt, da Lungenkranke nicht einreisen durften. So ist der erste Teil unserer Gruppe ohne mich abgereist.

Irgendwo gab es dann aber dennoch einen rettenden Engel, der die Mandatsbehörden überzeugen konnte, dass diese „Verdickung" nichts anderes als die Narbe meiner überstandenen Lungenentzündung war. Ich bekam also doch

noch ein „Permit".[17] Der 21. August 1939 war das Abreisedatum (damals ahnte ich natürlich nicht, dass ein anderer 21. August, nämlich 1968, ein weiterer Wendepunkt in meinem Leben sein würde). Während meine Mutter am Vormittag ein Abschiedsmittagessen vorbereitete, ging ich mit meinem Vater in den nahe gelegenen Börsepark. Heute, da ich selber Söhne habe, kann ich erst begreifen, wie ihm damals zumute gewesen sein muss. Zwei Söhne hatte er schon im Ausland, aber die waren immerhin schon zwanzig und zweiundzwanzig Jahre alt. Aber nun sollte er seinen jüngsten, erst fünfzehn Jahre alten Buben in eine unbekannte Welt hinausschicken?
Er ahnte nicht, dass er zehn Tage später, bei Ausbruch des Krieges verhaftet und ins KZ Buchenwald geschickt werden würde. Er versuchte, mich von meinem Plan, nach Palästina zu gehen, abzubringen. *„Vielleicht können wir Dich nach England schicken? Dort sind Deine Brüder, die könnten sich um Dich kümmern, meinte er. Dort ist das Leben nicht so schwer wie in Palästina."* Da rührte er aber sehr an meinem Stolz. Schließlich ist die Erziehung im „Blau-Weiß" nicht spurlos an mir vorübergegangen. Ich war Zionist, fünfzehn Jahre alt, und weil man mich als Juden gedemütigt hatte, wollte ich als Jude in einem freien, eigenen Land leben. Daran, dass in diesem Land schon Menschen mit anderer Kultur und anderer Religion lebten, dachte ich damals im Börsepark bestimmt nicht. Ich blieb fest entschlossen, und mein Vater, der selbst nicht wusste, was die Zukunft bringen würde, sah ein, dass ein Verzicht auf die Reise möglicherweise dazu führen könnte, dass ich dann zwischen zwei Sesseln säße, und gab nach. Am Abend fuhren wir mit der Straßenbahn zum Südbahnhof. Ich war wie für ein Ferienlager ausgerüstet. Ich bekam noch ein Taschenmesser und eine Umhängefeldflasche samt Becher.

Abschied von meinen Eltern

Wie oft haben mich meine Eltern zum Südbahnhof begleitet, wenn es ins Ferienlager ging. Aber diesmal war es anders. Aschfahl war das Gesicht meines Vaters, und auch meine Mutter brachte kein Wort heraus. Ich kann mich einfach nicht erinnern, ob meine Eltern am Bahnsteig noch etwas zu mir sagten. Ich war bestrebt, so zu tun, als ob es in die Ferien ginge. Ich war übermütig und blödelte, was das Zeug hielt. Dann rollte der Zug aus der Halle, und ich habe meine Eltern nie mehr wieder gesehen. Der Südbahnhof wurde später zerbombt, wieder aufgebaut und hat heute überhaupt keine Ähnlichkeit mit dem damaligen Südbahnhof. Wann immer ich aber diesen Bahnhof

---

[17] Permit: Einreiseerlaubnis.

betrete, packt mich ein eigenartiges unbeschreibliches Gefühl, als ob das alles erst gestern gewesen wäre.
Die Fahrt war wie in den Urlaub. Morgens am Wörthersee entlang, Tarvis, die Grenze, die Julischen Alpen, Udine und dann das Meer. Triest hatte damals noch einen einigermaßen geschäftigen Hafen. Wir gingen an Bord eines weißen Schiffes, war es die „Jerusalem" oder die „Galiläa"? Wieso kam die italienische Schifffahrtslinie zu solchen Namen? War das eine andere Art von Faschismus in Italien? Wir zerbrachen uns nicht den Kopf. Wir freuten uns auf die Seereise. Irgendeine jüdische Organisation hat die Reise für uns bezahlt, und wir lebten wie die Fürsten. Noch nie in meinem Leben hatte ich so gegessen. Frühstück mit Ei und Sardinen und noch und noch und noch. Ich wusste gar nicht, dass es so etwas gab. Wie im Film. Tagsüber tanzten wir „Hora" auf dem Hinterdeck und sangen hebräische Lieder. Aber auch sozialistische Kampflieder: „Die Arbeiter von Wien", „Brüder zur Sonne, zur Freiheit" und dann noch „Avanti Popolo"[18]. Bis uns die Erwachsenen darauf aufmerksam machten, dass wir verrückt seien. Das Schiff ist italienisches Hoheitsgebiet. Italien ist ein faschistisches Land, da seien solche Lieder verboten. Wir bremsten uns ein, aber sangen dennoch leise weiter. Wir glaubten, wir wären schon in Freiheit.

Die Landung in Palästina

In Brindisi machten wir eine Zwischenlandung und ich schrieb eine Ansichtskarte an meine Eltern nach Wien. Damals ahnte ich nicht, dass ich Brindisi als Soldat wieder sehen werde. Die nächste Station machten wir auf der Insel Rhodos. Von Rhodos lief das Schiff nach kurzer Zeit wieder aus. Allerdings wieder in die Richtung, aus der wir gekommen waren. Erst waren es nur Gerüchte, doch dann kam die Bestätigung: Wir fahren zurück. Die italienische Regierung hat alle Schiffe in die Heimathäfen zurückberufen.
Auf dem Zwischendeck gab es eine kleine jüdische Betstube, eine Art Tempel, die bis Rhodos keine Beachtung fand. Aber nach Rhodos, als bekannt wurde, dass das Schiff nach Italien zurückfahre, war der Tempel überfüllt. Die betenden Jüdinnen und Juden fanden nicht genügend Platz und füllten das Zwischendeck auch außerhalb des Tempels. Ich, ein fünfzehnjähriger Knabe, konnte einfach nicht begreifen, dass diese erwachsenen Menschen tatsächlich

[18] Avanti Popolo: Das Lied „Bandiera rossa", oft auch nach seinem Liedanfang „Avanti Popolo" genannt, gehört zu den bekanntesten internationalen Arbeiterliedern. Es widmet sich der „Roten Fahne", der „Bandiera rossa", dem Symbol der sozialistischen, später der kommunistischen Bewegung. Es wurde 1908 vermutlich von Carlo Tuzzi verfasst.

glaubten, dass Gebete helfen würden, damit wir nicht wieder ins „Deutsche Reich“ zurückgebracht werden. Ich fragte mich auch, warum diese Menschen, falls sie wirklich fromm waren, den Tempel nicht auch aufgesucht hatten, als die Welt für sie noch in Ordnung war?
Das Schiff wurde nach Fiume, dem heutigen Rijeka, zurückgebracht, und dann begannen bange Tage des Wartens. Was wird geschehen? Werden wir nach Deutschland zurückgeschickt? Werden wir in Italien interniert? Solange wir an Bord waren, bestand Hoffnung, dass wir doch noch nach Palästina kommen konnten. Dann kam die Nachricht, dass die deutsche Regierung die Grenzen gesperrt habe und dann, am 1. September 1939, der Überfall auf Polen. Wenn Italien auch in den Krieg eintritt, dann können wir die Hoffnung, Palästina zu erreichen, begraben, denn dann ist das von England verwaltete Palästina Feindesland. Italien war aber noch nicht in den Krieg eingetreten, sondern erst später, als Hitler den Frankreich-Feldzug begann.
Die italienische Regierung hatte beschlossen, das Schiff nach Alexandrien zu schicken, um die in Ägypten lebenden italienischen Staatsbürgerinnen und Staatsbürger nach Hause zu holen. Das Schiff fuhr vorerst nach Triest, dort stiegen Auswandererinnen und Auswanderer an Bord, die ursprünglich mit einem anderen Schiff nach Palästina fahren sollten. Wir hatten also doppelte Belegung. Das Luxusessen hörte auf, wir bekamen fast ausschließlich Fische und Salzerdäpfel, aber das spielte überhaupt keine Rolle. Hauptsache, wir fuhren Richtung Palästina. Denn dorthin wurden wir gebracht, bevor die italienischen Staatsangehörigen aus Alexandria abgeholt wurden.
Am 21. August 1939 hatten wir Wien verlassen. Als ich in Palästina ankam, war der Krieg in Polen bereits in vollem Gange. Bevor das Schiff in Haifa anlegte, ging es bei Tel Aviv vor Anker, weil einige Passagiere dort an Land gingen. Es kamen Motorboote zum Schiff, um die Menschen und ihr Gepäck abzuholen. Die Boote waren mit der jüdischen Flagge, weiß mit zwei blauen Streifen und in der Mitte dem Davidstern beflaggt.
Ich stand an der Reeling und beobachtete den Vorgang. Mir liefen die Tränen über die Wangen. Welche Freude. Nach all den vielen schrecklichen Hakenkreuz-Fahnen. Endlich in einem Land, in dem unsere, die jüdischen Fahnen wehen. Das Glück war unbeschreiblich. Ich war noch nicht sechzehn, ich ahnte nicht, dass das Leben nicht so einfach ist, wusste nicht, welche Probleme mich in „unserem“ Land erwarteten. Der erste Schock kam wenige Stunden später, als wir im Hafen von Haifa anlegten und an Land gingen. Arabische Arbeiter schleppten schwere Kisten auf dem Rücken, und ein Europäer, offensichtlich ein englischer Hafenaufseher mit Tellermütze, trieb diese Arbeiter mit einer Peitsche an. Wenn die Arbeiter nicht schnell genug liefen, scheute der Aufseher nicht davor zurück, sie mit der Peitsche auf die Beine zu schlagen.

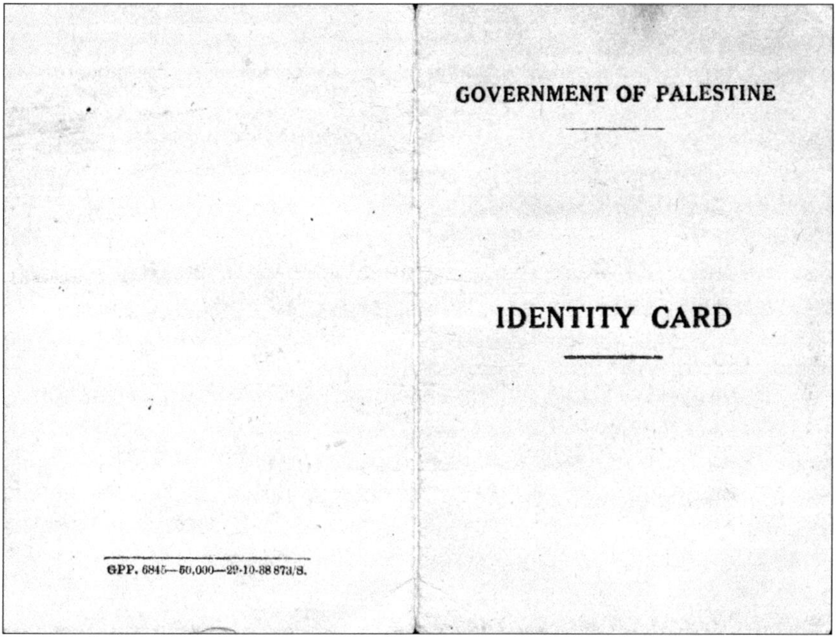

GOVERNMENT OF PALESTINE

IDENTITY CARD

GPP. 6845—50,000—29-10-38 873/S.

Personalausweis Walter Sterns von der Britischen Mandatsbehörde 1940.

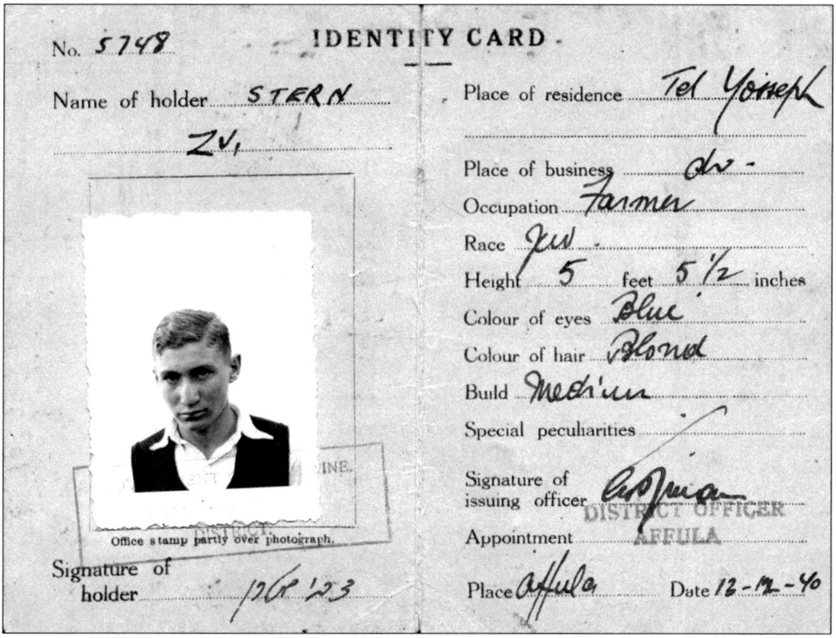

IDENTITY CARD

No. 5748

Name of holder STERN

ZVI

Office stamp partly over photograph.

Signature of holder

Place of residence Tel Yoseph

Place of business do -

Occupation Farmer

Race Jew.

Height 5 feet 5 1/2 inches

Colour of eyes Blue

Colour of hair Blond

Build Medium

Special peculiarities

Signature of issuing officer

DISTRICT OFFICER

Appointment AFFULA

Place Affula Date 12-12-40

Ich war deprimiert. War das die Demokratie? Danach hatte ich mich gesehnt? So vereinfacht dachte ich damals. Heute ist mir dieses Bild noch in Erinnerung. Dieses Erlebnis hat möglicherweise eine große Rolle für meine spätere politische Auffassung gespielt. Jedenfalls diente es mir oft als Rechtfertigung dafür.
Dann ging es in Autobussen ins Tal Israel in den Kibbuz Tell Joseph[19], etwa zwischen Affula und Bejt-Shaan (damals noch eine rein arabische Stadt). Dieser Kibbuz war von zumeist russischen Einwandererinnen und Einwanderern gegründet worden. Wir waren eine Gruppe von etwas über dreißig Jugendlichen, Mädchen und Burschen aus Österreich, und vier Burschen aus Deutschland, die es nicht leicht mit uns hatten. Manche dieser Jugendlichen hatten ihre Eltern, denen es gelungen war illegal einzuwandern, im Land. Aber die meisten Kinder unserer Gruppe hatten ihre Eltern noch in Österreich (damals „Ostmark"). Geplant war, uns auf die Gründung eines neuen Kibbuz vorzubereiten. Das Ziel der Jugend-Aliya war es, dass wir innerhalb von zwei Jahren in diesem Kibbuz darauf vorbereitet werden sollten, Neuland zu besiedeln. Im Fall unserer Gruppe ist dies nicht gelungen. Aber in den meisten Fällen der deutschen, österreichischen und tschechoslowakischen Jugend-Aliya-Gruppen erfolgten nach der zweijährigen Vorbereitung Kibbuz-Neugründungen. Die Gründung dieser neuen Kibbuzsiedlungen erfolgte in arabischer, meist feindlicher Umgebung. Als erstes wurden Schutzwälle errichtet, zwei Holzwände, die mit Schotter gefüllt waren, für Beton reichte es meistens nicht, und außerdem konnte man solche provisorischen Schutzwälle viel leichter wieder erweitern. Innerhalb dieses Schutzwalles wurden dann die Wohnzelte aufgestellt, meist runde, alte englische Militärzelte. Später kamen dann Wohnbaracken und dann erst richtige Häuser.

Leben und arbeiten im Kibbuz

Wir arbeiteten vormittags auf dem Feld, im Stall oder in handwerklichen Berufen, je nach unseren Neigungen, um uns alle Qualifikationen anzueignen, die im neuen Kibbuz erforderlich waren. Nachmittags lernten wir vor allem Hebräisch anhand der fünf Bücher Moses, und am Abend hatten wir Seminare über das Kommunistische Manifest und Lohn, Preis und Profit von Karl Marx.

[19] Tell Joseph: hebr. für Hügel Joseph; Name eines Kibbuz der zionistischen Arbeiterpartei, benannt nach Joseph Trumpeldor, einem im Kampf gegen die Araber gefallenen Helden der zionistischen Frühgeschichte im Galil. Trumpeldor wurde von der rechtsextremen zionistischen Bewegung, die sich Brit-Trumpeldor (Bund Trumpeldor) nannte, vereinnahmt. Der Brit-Trumpeldor ist die Vorläuferorganisation der Likud-Partei, des rechtskonservativen Parteienbündnisses in Israel.

Daneben mussten wir auch außerhalb der Landwirtschaft verschiedenste Berufe erlernen. Jakob Baer erlernte das Schlosserhandwerk, Manu Neumann wurde Traktorfahrer, Rifka Granik arbeitete im Hühnerstall, Otto Suschny in der Tischlerei, Amon Urmann aus Graz wurde Schafhirte (später wurde er ein wohlhabender Transportunternehmer). Er brachte mir bei, wie man Ziegen melkt. Ich arbeitete am Bau. Alle mussten wir natürlich während der Erntezeit auf den Feldern oder in den Obstgärten arbeiten. Am Anfang wohnten wir in Zelten. Das war kein besonderes Problem, da wir noch vor der Regenzeit ins Land gekommen waren. Vier Betten in einem Zelt und zum Schutz gegen die Moskitos Moskitonetze über den Betten.
Gleich nach unserer Ankunft führte man uns auf einen Hügel in der Nähe von Tell Joseph, von dem aus man die Gegend überblicken konnte. *„Das gehört jetzt alles Euch."* Unser Lehrer beziehungsweise Ausbildner zeigte auf alle Felder ringsum, die Grapefruit-Plantagen und Weingärten, die Olivenpflanzungen, Gemüsegärten, Stallungen und was es so alles gab. Wir nahmen das natürlich wörtlich.
Zum ersten Krach kam es, als wir uns auf einem großen Wassermelonenfeld mit einigen Wassermelonen versorgten, um unsere bescheidene Ernährung aufzubessern. So war das mit dem Besitz nicht gemeint. Sämtliche Mahlzeiten nahmen wir im „Chadar Ochel"[20] ein. Trotz Krieg hungerten wir nie, auch wenn das Essen spartanisch war. Grapefruits, Oliven, weißes Brot und Öl gab es unbeschränkt. Wenn wir mit den Mahlzeiten nicht genug hatten, dann gossen wir Öl auf den Teller, salzten es, tunkten Weißbrot ein und aßen es. Am Abend gab es auch unbeschränkt russischen Tee. Nur Zucker war Mangelware.
Damals lernte ich, dass man mit einem Stück Würfelzucker fünf Tassen Tee und sogar mehr trinken konnte, indem man ein kleines Stück Zucker abbiss und im Mund den heißen ungezuckerten Tee darüber laufen ließ (angeblich ein aus Russland importiertes System).
Ich arbeitete beim Bau der Häuser, in die wir später einzogen, mit. Wir hatten nicht einmal eine Betonmischmaschine und mussten den Beton auf großen Blechen händisch mit Schaufeln mischen, dann in Kübel füllen, zu den vorbereiteten Schalungen transportieren und einfüllen. Die Haut an den Fingerspitzen war bald von Zement zerfressen. Bei der jeweiligen Erntezeit halfen wir mit, Oliven, Trauben, Grapefruits und viele andere Früchte zu ernten. Das Land ist trotz Wassermangel fruchtbar, und manches Grünfutter wurde bis zu dreizehn Mal im Jahr geerntet.

---

[20] Chadar Ochel: hebr. für Speise- bzw. Esszimmer.

Die Nachricht vom Tod meines Vaters

Über das Rote Kreuz gab es eigenartigerweise eine Postverbindung über die Türkei nach Wien. Es waren spezielle Briefformulare, die natürlich von beiden Seiten zensuriert wurden. Ich habe diese letzten Briefe meiner Mutter bis nach dem Krieg aufbewahrt und dann dummerweise weggeworfen. Gleich im ersten Brief teilte mir meine Mutter mit, dass Vater am 1. September abgeholt und ins „Spital" gebracht worden sei. Sie wagte nicht, „KZ" zu schreiben. Aber da sie ja keine Krankheit angab, wusste ich sofort, dass man meinen Vater ins Konzentrationslager gebracht hatte.

Mein Bruder, der in England lebte, teilte mir schließlich in einem Brief mit, dass mein Vater im KZ Buchenwald gestorben sei und die Urne meiner Mutter zurückgeschickt wurde.

Fünfzig Jahre später erzählte mir mein Bruder, wie er zu dieser Nachricht gekommen war. Meine Mutter hatte diese Nachricht jenem italienischen Textilkaufmann in Italien mitgeteilt, mit dem mein Vater zur Zeit des Abessinienkriegs geschäftlich in Verbindung stand, und dieser übermittelte meinem Bruder (Italien war ja noch nicht im Krieg mit England) diese Nachricht nach England.

Die Post wurde beim Speisesaal verteilt. Alle, die Post bekamen, waren freudig erregt. Die, die keine bekamen, schlichen traurig davon. Als ich den vorhin erwähnten Brief las, war ich im wahrsten Sinn des Wortes sprachlos. Ich schlich davon, ging auf mein Zimmer, das ich mit drei anderen Burschen teilte, warf mich auf mein Bett und konnte keinen Gedanken fassen. Ich wunderte mich nur, dass ich keine einzige Träne verlor. Ich konnte mit niemandem sprechen und teilte niemandem mit, was geschehen war.

Ich war schon sechzehn, aber noch nie mit dem Tod eines von mir geliebten Menschen konfrontiert, weder von Verwandten noch von Freunden oder Bekannten.

Ich war traurig. Immer wieder vergegenwärtigte ich mir das betrübte Gesicht meines Vaters beim Abschied am Südbahnhof. In meinen Vater hineindenken, ihn begreifen und verstehen, konnte ich allerdings erst viele Jahre später, als ich selber Kinder hatte.

Erste Lektüre von Ernst Fischer und Begegnung mit David Ben Gurion

Wir waren natürlich vor allem mit unseren Problemen, aber auch mit der Politik beschäftigt. Es gab im Kibbuz eine große Bibliothek, in der es auch deutschsprachige Literatur, und auch, wieso weiß ich nicht, die „Internationale Literatur", eine von der Komintern[21] herausgegebene Literaturzeitschrift gab.

Dort beeindruckten mich vor allem zwei Artikel von Ernst Fischer[22], dessen Namen ich bis dahin nie gehört hatte. Der eine schilderte die Ereignisse, die zum 12. Februar 1934 geführt hatten, und im zweiten Artikel erzählte Fischer, warum er die Sozialdemokratische Partei verlassen hatte und Kommunist geworden war. Es war alles so klar, einfach und einleuchtend formuliert. Ernst Fischer hat wesentlich dazu beigetragen, dass ich Kommunist geworden bin.

In unserer Gruppe gab es einen Knaben (seinen Namen will ich nicht nennen, da er später einen hochrangigen Posten bei der Internationalen Atomenergieorganisation/IAEO in Seibersdorf innehatte), dessen Vater Kommunist war. Noch ein zweiter Knabe, heute ein in Israel lebender fanatischer Zionist (der alles hasst, was nur irgendwie links ist), und ich haben uns in unserer jugendlichen Romantik entschlossen, eine „kommunistische Zelle" zu gründen. Dazu haben zweifellos das Erbe des einen Knaben, aber vor allem die Artikel von Ernst Fischer beigetragen, aber auch die Erfahrungen, die wir mittlerweile im Kibbuz gemacht hatten.

Der Kibbuz gehörte zur Arbeiterpartei und am 1. Mai 1940 war eine große Versammlung, bei der David Ben Gurion sprach. Er war knapp vor Kriegsausbruch noch in Polen gewesen, um die Einwanderung nach Palästina zu organisieren, damals schon eine imposante Erscheinung mit seinem dichten weißen Haar. Niemand ahnte damals, dass er acht Jahre später der Staatsgründer Israels sein würde. Mir ist aus seiner Rede eigentlich nichts außer einem Satz in Erinnerung geblieben: *„Obwohl Stalin Hitlers Stiefel putzt, ist er doch nicht ein so großer Antisemit wie Hitler."*

Das Verhältnis zur arabischen Bevölkerung

Oberhalb des Kibbuz gab es ein arabisches Dorf, schrecklich arm, die Menschen wohnten in Lehmhäusern, sofern man überhaupt von Häusern sprechen konnte. Dieses Dorf existiert, wie so viele andere auch, heute nicht mehr.

---

21 Komintern: Kurzbezeichnung für „Kommunistische Internationale". Internationaler Zusammenschluss kommunistischer Parteien zu einer weltweiten Organisation. Wurde 1919 auf Initiative Lenins eingerichtet und wurde 1943 von Josef Stalin wieder aufgelöst.

22 Ernst Fischer (1899–1972): 1927–1934 Redakteur der sozialdemokratischen Arbeiter-Zeitung, wandte sich 1934 der KPÖ zu, Emigration nach Prag und 1939 nach Moskau. 1945 Rückkehr nach Österreich, Staatssekretär für Volksaufklärung, Unterricht, Erziehung und Kultur. 1945–59 Abgeordneter zum NR, 1945–69 Mitglied des Zentralkomitees der KPÖ. 1969 nach Kritik an der Niederschlagung des „Prager Frühlings" Ausschluss aus der KPÖ.

(Ich glaube, solche Dörfer gibt es überhaupt nicht mehr in Israel. Bei meinem Besuch im Jahr 1987 habe ich in Israel zwar unweit von Jerusalem Beduinen in Zelten wohnen gesehen, daneben stand ein Traktor, aber Lehmhütten sah ich keine mehr). Wir sollten nicht in dieses arabische Dorf gehen, aber wir waren neugierig und gingen dennoch. Nichts geschah.

Der Kibbuz war von einer primitiven Schutzmauer umgeben, und es gab Wachtürme, auf denen die ganze Nacht Wachen, „Schmira“, aufgestellt waren. Sollte das Wienerische „Schmiere“ stehen vom Hebräischen „Schmira“ (Wache) abgeleitet sein? Die Wächter hatten Gewehre, und wir waren stolz, als wir das erste Mal auf Wache mitgehen durften.

Die Weingärten von Tell Joseph waren am Fuße des Berges Gilboa unweit der Stelle, wo angeblich David Goliath besiegt hatte. Die „Kibbuzniks“[23] wurden manchmal vom Berg Gilboa aus beschossen. Deshalb gab es dort auch einen Betonbunker. Verletzt wurde in der Zeit, in der ich dort war, niemand. Die „Araber“, wie die arabische Bevölkerung damals kurz genannt wurde, galten als unsere „Feinde“. Sie gönnen uns nicht unser Land, sie wollen uns vertreiben beziehungsweise nicht hereinlassen. Das war die offizielle Einstellung.

Da die Position der englischen Regierung zu Beginn des Krieges im Nahen Osten sehr schwach war, unternahm sie einiges, um die arabische Bevölkerung zu beruhigen. Sie erließen einen Einwanderungsstopp und ein Bodengesetz, wonach die arabische Bevölkerung an Jüdinnen und Juden keinen Boden mehr verkaufen durfte. Mit dem Boden hatte es folgende Bewandtnis: Das arabische Land hatte stark feudalistische Strukturen. Der überwiegende Teil des Bodens gehörte reichen Großgrundbesitzern, den so genannten „Efendis“, und der Boden wurde von Bauern, den so genannten Fellachen, zumeist Pächter, bearbeitet. Die Efendis verkauften das Land zu enormen Preisen, investierten beziehungsweise verprassten das Geld an der Riviera oder in der Schweiz, die Fellachen verloren jedoch ihre Lebensgrundlage. Gegen dieses Bodengesetz, dem so genannten „Chog Hakarka Ot“, wurden wieder jüdischerseits große Demonstrationen organisiert, bei denen zwei jüdische Schüler in Jerusalem von der englischen Polizei (Militär) getötet wurden. Auch wir wurden in Autobussen nach Affula, in die nächstgelegene Kreisstadt, gebracht, um gegen dieses Gesetz zu protestieren. Wir gingen mehrere Male rund um den Hauptplatz. Vor dem Postamt standen englische Polizisten mit großen Schlagstöcken, und ich hatte jedes Mal, wenn wir an ihnen vorbeizogen, Angst, dass sie auf uns einschlagen würden. Die Demonstration verlief jedoch friedlich.

---

[23] Kibbuzniks: hebr. für die Mitglieder eines Kibbuz, einer ländlichen Kollektivvsiedlung in Israel. Charakteristisch für einen Kibbuz: gemeinsames Eigentum und basisdemokratische Strukturen.

Ein Streik im Kibbuz

Wir verlebten zwei Jahre im Kibbuz mit allen Problemen, die Jugendliche in der Pubertät haben, mit dem ständigen Drang nach Aktivität. Die Freunde in der Gemeinschaft waren mir in jeder Beziehung, nicht nur räumlich, näher als meine Brüder in England. Die Rot-Kreuz-Briefe aus Wien über die Türkei kamen nicht mehr, ich konnte auch nicht mehr nach Wien schreiben, und so war der Kontakt zu meiner Mutter abgebrochen.

Als die von uns erbauten Häuser fertig waren, zogen wir ein. In den Zimmern hatten gerade vier Betten und ein kleines Kästchen Platz. Platz für die Schuhe beziehungsweise für die Gummistiefel, die wir in der Regenzeit benötigten, war auf dem Gang vor dem Zimmer. Wir benötigten ja nicht mehr, da wir unsere Wäsche im „Machsan"[24] abgaben und von dort immer gereinigt und repariert zurückbekamen. Die Duschen und Toiletten waren ebenfalls für mehrere Häuser und Zelte zentral gelegen.

Leider hatten wir in den Fenstern keine Fliegengitter und wurden in der Nacht von den Moskitos und Fliegen sehr geplagt. Wir wurden, als wir den Einbau verlangten, dauernd vertröstet. Als wir dann jedoch erfahren hatten, dass die Verwaltung der Jugend-Aliya dem Kibbuz Geld für die Häuser, also auch für Fliegengitter, gegeben hat, beschlossen wir zu streiken, um den Einbau der Fliegengitter zu erzwingen. Natürlich steckte unsere „kommunistische Zelle" hinter dieser Idee, und ich fühlte mich als großer Revolutionär.

Die Kibbuzniks waren natürlich böse auf uns. Ein Streik im Kibbuz, das hatte es in der ganzen Geschichte der Kibbuzbewegung nicht gegeben! *„Ihr könnt doch nicht gegen Euch selber streiken"*, sagte man uns. *„Wer nicht arbeitet, soll auch nicht essen"*, meinten die aggressiveren Kibbuzmitglieder (wir hatten damals noch nicht begriffen, dass ein Hungerstreik die wirksamere Methode gewesen wäre).

Wir marschierten also bei jeder Mahlzeit demonstrativ im Gänsemarsch in den Speisesaal gemeinsam ein. Wir nannten den Streik natürlich nicht Streik, sondern sagten, *„... da wir bei Nacht wegen der Moskitos nicht schlafen können, können wir bei Tag nicht arbeiten."* Die Kibbuzleitung wollte schon aus Prestigegründen nicht nachgeben, und wir wollten auch nicht klein beigeben. Einige brave Zionistinnen und Zionisten unserer Gruppe wollten von Anfang an nicht streiken, machten aber aus Solidarität mit.

Nach einer Woche wurde jedoch die Lage kritisch. Da schickten wir einen Delegierten nach Jerusalem zur Verwaltung der Jugend-Aliya. Das war gar

---

[24] Machsan: hebr. für Zentrallager.

nicht so einfach, da wir ja kein Geld hatten. Die unterhalb von Tell Joseph gelegene Molkerei schickte jeden Morgen einen Lastwagen mit Milch von Affula über Nablus nach Jerusalem, also durch rein arabisches Gebiet, dem heutigen Westjordanland. Das wäre einige Jahre vorher nicht möglich gewesen, auch damals war die Strecke nicht harmlos. Und so fuhr Manu, unser Delegierter, mit diesem Milchtransport mit, um unsere Forderung in Jerusalem zu vertreten. Er kam mit der Nachricht zurück, man werde sich der Sache annehmen, wir sollten jedoch sofort zur Arbeit zurückkehren. Also gingen wir aufgrund dieser „Zusagen" wieder zur Arbeit und feierten den „Sieg". Nach einer Woche bekamen wir tatsächlich die Fliegengitter eingebaut.

Kontakte zur Kommunistischen Partei Palästinas (KPP)

Der ältere Bruder eines Mädchens unserer Gruppe (später ein renommierter Wasserbauingenieur des Landes, auch mit internationalen Projekten betraut) studierte an der Technischen Universität in Haifa und war Mitglied der Kommunistischen Partei Palästinas (KPP).

Die KPP war eine so genannte Kaderpartei, illegal, und viele ihrer Mitglieder waren damals im Gefängnis von Akkon eingesperrt, in jener Festung, bei deren Eroberung während der Kreuzzüge es zum Streit zwischen dem Babenberger Herzog Leopold und dem englischen König Richard Löwenherz gekommen war. Wegen dieses Streits wurde ja bekanntlich Löwenherz auf seiner Durchreise durch Österreich gekidnappt, in Dürnstein gefangen gehalten und erst gegen ein beachtliches Lösegeld freigelassen.

Dieser Student brachte unsere Gruppe mit der KPP in Verbindung, ohne uns jedoch in die Partei aufzunehmen, und versorgte uns mit ihrem schriftlichen Material. Sie war damals die einzige Partei, die sowohl jüdische als auch arabische Mitglieder hatte.

Einer unserer Ausbildner überraschte mich eines Tages, als ich ein mit der Maschine geschriebenes Material der KPP gelesen hatte. Völlig unerfahren, wie ich war, ließ ich mir dieses Material aus der Hand nehmen. Und dann kam es zum Krach. Das sei kein normales Propaganda-, sondern internes KP-Material, und ich müsse sofort bekannt geben, woher ich es habe. Meine Ausrede, ich hätte es gefunden, glaubte natürlich niemand. Wenn ich nicht innerhalb von 24 Stunden bekannt gebe, von wem ich dieses Material hatte, müsste ich den Kibbuz verlassen.

Der Besitz solchen Materials deutete auf Verbindung mit der verbotenen KPP hin und wäre nach den Gesetzen der englischen Mandatsverwaltung strafbar, drohte man mir. Und dann spürte ich eine große Welle der Solidarität. Während ein sehr zionistisch eingestelltes Mädchen (sie war eine der wenigen in

dieser Gruppe, mit denen ich heute wieder in Kontakt bin) versuchte, mich zu überreden, den Lieferanten des Materials preiszugeben, hat der Großteil der Gruppe erklärt, dass auch sie den Kibbuz verlassen würden, falls man mich hinauswürfe.
Die Kibbuzleitung war deshalb so erzürnt, weil sie vermutete, dass ich das Material von einem Kibbuzmitglied erhalten habe. Ich versicherte, dass ich das Material von keinem Kibbuzmitglied erhalten hätte, dass ich aber den Namen nicht nennen könne. Ich wurde nicht hinausgeworfen, aber die Folge von dieser Affäre war, dass sich die meisten unserer Jugend-Aliya-Gruppe unserer KJV Gruppe, die bis dahin nur drei Jugendliche umfasst hatte, angeschlossen haben.

An der Quelle (Ejn) Charod

Unsere arbeitsfreien Tage (Sabbat) verbrachten wir am liebsten in der Nähe der Quelle des kleinen Baches Charod. Das war ein lieblicher Platz in einem kleinen Wäldchen am Fuße des Berges Gilboa auf der anderen Seite des Tales. Ein biblischer Ort, wie man uns erzählte. An dieser Quelle ließ ein jüdischer Feldherr seine Krieger vor der Schlacht Wasser trinken, und er wählte nur jene dreitausend aus, die beim Trinken nicht niederknieten, sondern sich auf den Bauch legten. Hier, in diesem Tal, am Fuße des Berges Gilboa hat laut biblischer Geschichte David Goliath erschlagen. Dort zeigte man uns auch die Höhle, in der sich David vor Saul versteckt hatte. Saul, der in derselben Höhle übernachtete, ihn aber nicht fand. David schnitt dem Saul ein Zipfel seines Mantels ab. Wie singt doch Spotting Life in „Porgy und Bess“ über die biblischen Geschichten: *„It ain't necessarily so“, „... es ist nicht unbedingt so gewesen.“*
Hier begegneten wir australischen Soldaten, die uns erzählten, dass sie mit einem der letzten Schiffe aus Griechenland evakuiert wurden. Churchill bezeichnete die Landung der deutschen Truppen auf Kreta als „Phyrrhussieg“ der Deutschen Wehrmacht und als großen Erfolg für England, weil Deutschland einen Großteil ihrer gut ausgebildeten Luftlandestreitkräfte verloren hat, während die Engländer den wichtigsten Teil seiner Truppen evakuieren konnten.
Was Churchill in seinen Memoiren nicht erwähnte, erzählten uns jene australischen Soldaten (wir haben dies später aus anderen Quellen auch noch erfahren), nämlich, dass australische Truppen englische Offiziere unter Androhung von Waffengewalt gezwungen haben, die in Palästina rekrutierten jüdischen Hilfstruppen auch an Bord zu nehmen, damit diese nicht in deutsche Gefangenschaft gerieten. Für englische Kolonialoffiziere waren das bloß „Natives“, also Eingeborene.

Der Krieg vor der Haustür

Dann kam ein kurzer Krieg nach Palästina und damit vor die Haustür von Tell Joseph. Nach der Besetzung Kretas befürchtete England eine Landung der Deutschen in Syrien, das Frankreich vom Völkerbund als Mandatsgebiet zugesprochen worden war. Es unterstand einem französischen Gouverneur, der seine Befehle und Weisungen von Marschall Pétains Vichy-Regierung, also praktisch eines Verbündeten Deutschlands, erhielt. Von Kreta nach Syrien wäre es nicht weit gewesen, deshalb marschierten französische Truppen mit britischer Unterstützung in Syrien ein. Es gab nur kurze Kämpfe. Ein französisches Flugzeug warf sogar einige Bomben auf Tel Aviv. Bei diesen Kämpfen hat der später legendär gewordene General Dayan ein Auge verloren. Die Franzosen kapitulierten bald, und der Großteil der dort stationierten Truppen schloss sich General de Gaulle an, der nach der französischen Kapitulation eine französische Exilregierung bildete, um den Kampf gegen Hitlerdeutschland fortzusetzen.

In unserem Kibbuz wurde ein Tscherkessenregiment einquartiert. Die Tscherkessen sind ein Volk, das es vor vielen Jahren aus dem Gebiet des Kaukasus nach Syrien verschlagen hatte. Mir sind die kunstvollen Reiterspiele in Erinnerung, die sie uns vorführten. Ich habe solche Reiter später bestenfalls im Zirkus erlebt.

Zionistische Aktionen

Nach zwei Jahren haben wir alle den Kibbuz verlassen, aber vorher gab es noch zwei Ereignisse, die sich in mein Gedächtnis einprägten. Eines Tages trugen einige junge Kibbuzniks Kopfverbände und hatten auch Gliedmaßen eingebunden. Das war das Ergebnis einer Schlägerei mit arabischen Burschen aus der Nachbarschaft, als die Kibbuzniks mit Traktoren Felder neu bepflügen wollten, die von beiden Seiten beansprucht wurden. Die Aktion gelang, die arabischen Burschen wurden von den Feldern vertrieben (wie diese ausgesehen haben, habe ich nicht gesehen), und die jungen Kibbuzniks wurden als Helden gefeiert.

Um die arabische Bevölkerung nicht zu verärgern, haben die Engländer, wie schon erwähnt, die Einwanderung nach Palästina vollkommen gestoppt. Jüdische Organisationen mieteten oder kauften alte Schiffe, um die Jüdinnen und Juden illegal nach Palästina zu bringen. So manches dieser Schiffe erreichte nie das Land. Ein Schiff, ich entsinne mich nicht mehr des Namens, wurde von einem englischen Kriegsschiff aufgebracht und in den Hafen von Haifa dirigiert. Es sollte, mit Treibstoff und Lebensmitteln versehen, nach Madagaskar weiterreisen und die Menschen dort an Land bringen. Dort hätten sie

zumindest bis Kriegsende bleiben sollen. Auf keinen Fall wollte die englische Mandatsregierung die Flüchtlinge in Palästina an Land gehen lassen.
Um die Weiterreise nach Madagaskar zu verhindern, brachten zionistische Aktivisten im Hafen von Haifa das Schiff zum Sinken. Die Aktion wurde bis zur letzten Minute geheim gehalten, so dass mehr als zweihundert Personen dabei ums Leben kamen. Da es sich ja um einen illegalen Transport handelte, hat man die Anzahl der Toten nie genau ermitteln können.
So jung ich damals auch war, begriff ich (und das wurde mir später oftmals bestätigt), dass Fanatiker, insbesondere nationalistische und religiöse, vor keinem Opfer zurückschrecken, selbst wenn es sich dabei um Menschen handelt, die sie zu vertreten vorgeben. Man hatte sogar den Eindruck, dass ihnen Märtyrer stets willkommen seien.
In der jüdischen Öffentlichkeit feierte man den Erfolg, dass es gelungen sei, den Weitertransport nach Madagaskar zu verhindern. Man betrauerte die Opfer, doch gab man überwiegend England die Schuld daran. Schuld ist immer der andere.

Tel Aviv

Nach der Auflösung unserer Jugend-Aliya-Gruppe gingen die meisten von uns nach Tel Aviv. Nur wenige hatten ihre Eltern im Land. Ich hatte den Bruder meines Vaters mit seiner Familie im Land, der nach der ersten Bombe auf Tel Aviv nach Herzliya[25] übersiedelte, sich aber um mich kaum kümmerte.
Es war nicht leicht, Arbeit zu finden. Zu Beginn wohnte ich in einem Jugendheim. Die Eltern eines Mädchens unserer Gruppe bestritten ihren Lebensunterhalt, indem sie Heringe und Rollmöpse einlegten und verkauften. Sie boten mir Arbeit bei einem ihnen bekannten Bäcker an. Da ich ja in Wien schon vier Wochen in einer Bäckerei gearbeitet hatte, stimmte ich sofort zu, in der Hoffnung, meine Kenntnisse zu erweitern.

Tel Aviv 1940 – im Hintergrund ein gestrandetes Einwandererschiff.

[25] Herzliya: nach Theodor Herzl benannte, 1924 gegründete Stadt, 15 km nördlich von Tel Aviv.

Der Chef der Bäckerei führte mich durch den Betrieb und erklärte mir die Arbeit. Mir fiel auf, dass keine Menschen im Betrieb waren. Bäcker arbeiten zeitig in der Früh, wurden meine diesbezüglichen Fragen beantwortet. Nachdem ich den Betrieb verlassen hatte, ersuchte mich ein Mann, mit ihm ins nahe gelegene Kaffeehaus zu kommen. Dort war das Streikkomitee versammelt. Der Betrieb wurde nämlich bestreikt, und der Bäcker war auf der Suche nach Streikbrechern. Das kam für mich nicht in Frage. Somit war meine Bäckerkarriere beendet, ehe sie begonnen hatte.
Da ich aus Wien gewisse Vorkenntnisse auf dem Gebiet der Metallbearbeitung hatte, wurde ich in die Firma Argas vermittelt, die Autobusse und Panzerautos herstellte. Das Fahrgestell, Motor, Getriebe kamen von Ford aus Amerika, und der Aufbau wurde bei Argas hergestellt. Die Autobusse waren für die Autobuskooperative „Egged" und die Panzerautos für die jordanische Armee, die damals einem englischen Kommandanten unterstellt war, bestimmt.
Dort war ich einem älteren Schlosser zugeteilt. Sein Wahlspruch bei jeder passenden und unpassenden Gelegenheit lautete: *„Lo Ba Koach, Rak Ba Moach" („Nicht mit Kraft, sondern mit Verstand").* Als wir eines Tages zu zweit eine schwere Panzertüre nicht einhängen konnten, bediente ich junger Frechdachs mich seines Wahlspruches. Er ärgerte sich maßlos über mich und warf einen Hammer nach mir.
Später wurde mein rechter Daumen eitrig, wahrscheinlich habe ich einen Span übersehen. Ein vierzehntägiger Krankenstand folgte, daraufhin wurde ich gekündigt. Kein Unternehmen möchte einen Arbeiter, der krank und obendrein noch „goschert" ist. Das scheint in der ganzen Welt so zu sein. Mittlerweile habe ich mit einem jungen Mann, den ich aus Tell Joseph kannte, ein Zimmer in einer Baracke in Nachlat Jitzchak, in der Nähe von Tel Aviv bezogen. Bald darauf bekam ich Arbeit bei „Egged" in der Schlosserei.
„Egged" ist eine Autobuskooperative, die den gesamten Autobusverkehr in dem jüdisch besiedelten Landesteil versah. Für dreißig Pfund (damals ein kleines Vermögen) konnte sich ein Autobuschauffeur in die Kooperative einkaufen und war somit an der Firma beteiligt.
Auch die leitenden Angestellten der Reparaturwerkstatt waren Mitglieder der Kooperative. Ich war in der Schlosserei beschäftigt und natürlich nicht Mitglied der Kooperative. Ich wurde sehr bescheiden entlohnt. Es reichte für die Miete und das Essen. Neben der Werkstatt war eine große Orangenplantage, die nicht bearbeitet wurde, da damals der Export von Zitrusfrüchten ruhte, weil man den begrenzten Schiffsraum für kriegswichtige Güter benötigte (aus demselben Grund wurden im Kibbuz Tell Joseph die Grapefruits an die Kühe verfüttert). Also brauchte ich mich jeden Tag nur der Orangen zu bedienen, und daher machten diese einen großen Teil meiner Ernährung aus.

In Tel Aviv kam ich dann auch mit der kleinen Gruppe des Kommunistischen Jugendverbandes in Kontakt.
Im Juni 1941 überfiel die Hitler-Armee die Sowjetunion. Bis dahin vertrat auch die palästinensische Kommunistische Partei (KPP), so wie alle übrigen an Stalin orientierten Parteien, den Standpunkt, dass es sich bei diesem Krieg um einen imperialistischen Krieg handelt, der die Arbeiterschaft nichts angehe und der daher zu bekämpfen sei.
Was da los war, habe ich damals mit meinen siebzehn Jahren nicht begriffen. Und dann, eines Tages (es war keineswegs unmittelbar nach dem Überfall auf die Sowjetunion), prangte auf der großen weißen Wand eines Kinos in der Allenby-Road in Tel Aviv ein großes Portrait Stalins und darüber die Losung: *„Alle Kraft für den antifaschistischen Krieg gegen Hitler"*, verziert mit Hammer und Sichel. Diese Losung war bei Nacht illegal angebracht worden, und so erfuhren wir von dem Sinneswandel des Zentralkomitees der KP über Nacht.
Es gab natürlich auch einige, die behaupteten, dies sei eine Provokation des englischen Geheimdienstes. Aber diese Behauptungen verstummten, als auch den Funktionärinnen und Funktionären des Jugendverbandes bekannt gegeben wurde, dass dies nun die neue Linie der Partei sei. Auf einmal wurde die englische Regierung kritisiert, weil sie nicht energisch genug den Krieg gegen Hitler betrieben hatte.
Dieser Widerspruch ist mir, wie gesagt, mit meinen siebzehn Jahren nicht aufgefallen, aber wissend, dass mein Vater von den Nazis umgebracht wurde und dass ein Wiedersehen mit meiner Mutter nur möglich wäre, wenn Hitler besiegt werden würde, habe ich mich bei dieser neuen Linie der KP wohler gefühlt.

Im kommunistischen Jugendverband (KJV)

Ein Element, das für die Beurteilung des politischen Verhaltens junger Menschen oft zu wenig Beachtung findet, ist deren freundschaftliche Bindung zu einer Gemeinschaft. Ich war allein in der Stadt. Meine Verwandten waren mit ihren eigenen Problemen beschäftigt und haben sich über meine Zukunft überhaupt nicht den Kopf zerbrochen. Die alte Gruppe aus Tell Joseph war zerfallen und meine neue Heimat war daher der Kommunistische Jugendverband in Tel Aviv.
Nach der viel beachteten Rede Churchills, wonach er von nun ab die Sowjetunion als Verbündeten im Kampf gegen Hitler betrachtete, wurde zwar die KP nicht legalisiert, jedoch ihre Tätigkeit in der Öffentlichkeit von England toleriert, nicht jedoch von den Zionistinnen und Zionisten, weil ja die KP dem antizionistischen Kurs treu geblieben ist. Es wurde innerhalb

der Histadruth[26], die „Sia Proletarit", die Proletarische Fraktion gegründet. Histadruth ist eine Gewerkschaftsbewegung und doch nicht ganz mit unserer Gewerkschaft zu vergleichen, zumal damals die meisten Kibbuzim der Histadruth angehörten. „Solel Boneh", das damals landesweit größte Bauunternehmen, sowie der landesweite Molkereiverband „Tnuwah", der die Produkte der Kibbuzzim auf den Markt brachte, gehörten der Histadruth. Die Genossenschaftsmitglieder von „Egged" waren ebenso wie die bei den Genossenschaften beschäftigten Arbeiterinnen und Arbeiter in der Histadruth organisiert.

Bei der Gründungsversammlung der proletarischen Fraktion, einer Vorfeldorganisation der KPP, der Kommunistischen Partei Palästinas, beteiligte ich mich an der Diskussion. Ich begann meinen Beitrag so: *„Ich komme aus dem bestorganisierten Betrieb des Landes. Bei uns sind nicht nur alle Arbeiter, sondern auch alle Chefs Mitglieder der Histadruth."* Bei dieser Versammlung war auch ein „Zuhörer" der Histadruth, der offenbar alles mitschrieb.

Ich wurde in das Haus der Histadruth vorgeladen, wo mir ein junger Funktionär mitteilte, dass ich aufgrund der Teilnahme an dieser „kommunistischen" Versammlung aus der Histadruth ausgeschlossen werde. Heute ist mir noch gegenwärtig, wie mächtig sich jener Jugendfunktionär hinter seinem Schreibtisch fühlte. *„Ihr seid ein Stück Eiter an unserem Volkskörper"*, sagte er zu mir. Der Ausschluss aus der Histadruth bedeutete für mich auch den Verlust meines Arbeitsplatzes. Der Leiter der Werkstatt ließ mich rufen und teilte mir mit, dass er mich kündigen müsse, da „Egged" ein „closed shop", ein geschlossener Betrieb sei, in dem nur Mitglieder der Histadruth arbeiten dürfen. Er würde mich gerne behalten, aber die Histadruth würde den Betrieb bestreiken, falls er ein Nicht-Mitglied beschäftigen würde. (Ach, welche Revolutionäre!). Wegen höherer Löhne hätten sie damals keinen Streik organisiert.

Ein älterer Funktionär des Betriebs, dem ich offensichtlich leid tat, lud mich zu einem Gespräch ein und sagte mir, dass er versuchen würde, den Ausschluss rückgängig zu machen, wenn ich erklären würde, dass ich zu dieser Gruppe nicht dazugehöre und nur zufällig bei dieser Versammlung dabei war. Für mich war das gleichbedeutend damit zu lügen oder mit meinen einzigen

---

[26] Histadruth: aus dem 1920 gegründeten Allgemeinen Gewerkschaftsverband Histadruth (Organisation) hervorgegangen. Sie war eine gut organisierte Gewerkschaft und ein mächtiges Handels- und Industrieunternehmen. Zu den wichtigsten Wirtschaftszweigen der Gewerkschaft gehörten die Arbeiterbank Bank HaPoalim, der Baukonzern Solel Boneh, die Lebensmittelkooperative Tnuwah und der Industriekonzern Koor. Die Histadruth unterhielt ein dichtes Netz medizinischer, sozialer und kultureller Dienstleistungseinrichtungen. Nachfolgeorganisation ist der neue allgemeine Gewerkschaftsverband HaHistadruth HaChadaschah, der sich auf seine Rolle als Arbeitnehmerorganisation beschränkt. Die Unternehmenszweige wurden aufgelöst. Quelle: http://www.dija.de/wai1/showcontent.asp?ThemalID=1385

Freunden zu brechen. Keines von beiden wollte ich, und so saß ich wieder einmal auf der Straße.
Damals habe ich das keineswegs so tragisch genommen, aber heute sehe ich das Ganze anders. Was waren das für Menschen, diese Funktionäre in der Histadruth?
Da war ein siebzehnjähriger Knabe, gerade noch dem Hitler-Regime entkommen, dessen Vater bereits im Konzentrationslager umgekommen war, das Schicksal der Mutter ungewiss, allein in diesem Land, und nur weil er bei einer kommunistischen Versammlung den Mund aufgemacht hatte, brachte man ihn um seinen Arbeitsplatz.
Sollte er vor die Hunde gehen, das spielte keine Rolle. Hatte England zu jenem Zeitpunkt, im Hinblick auf das Bündnis mit der Sowjetunion, die Kommunistinnen und Kommunisten nicht bereits aus den Gefängnissen entlassen, dann hätte man mich wahrscheinlich, so wie in vielen Fällen vorher, sogar bei den Engländern denunziert.

Versammlung mit Arnold Zweig und Polizeiarrest

Kurz nach dem Überfall der Hitlerarmee auf die Sowjetunion wurde in Palästina eine „Liga V“ zur Hilfe für die Sowjetunion gegründet. Diese Organisation lud zu einer öffentlichen Versammlung in einem großen Kino auf dem Dizengoff-Platz ein.
Als Hauptredner war der deutsche Schriftsteller Arnold Zweig (1887–1968) eingeladen, der damals in Palästina lebte. Da Arnold Zweig kein Wort Hebräisch sprach, hielt er seine Rede in deutscher Sprache. Das wurde von Jugendlichen des „Brit Trumpeldor“, einer sehr weit rechts stehenden Organisation, zum Anlass genommen, die Versammlung zu sprengen. *„Er spricht die Sprache unserer Feinde“*, war die offizielle Argumentation. In Wirklichkeit aber störte es diese Gruppe, dass es eine Organisation gab, die der Sowjetunion helfen wollte.
Diesem rechtsradikalen Umfeld entstammte auch die so genannte „Stern-Bande“ (Anm. des Autors, die Namensgleichheit ist rein zufällig!), die mitten im Krieg nichts Besseres zu tun wusste, als eine englische Polizeistation in die Luft zu sprengen und dabei zwei Polizisten zu töten. Wir waren auf diesen Überfall nicht vorbereitet und hatten deshalb keinen Saalschutz organisiert.
Diese Burschen stürmten die Bühne und warfen die Tische um. Arnold Zweig, damals kein Jüngling mehr, konnte nur mit großer Mühe in Sicherheit gebracht werden. Nach dem ersten Schrecken stürmten wir die Bühne und vertrieben die Ruhestörer. Ich hatte einen breiten Gürtel zusammengerollt und an einem dünnen Schulterriemen befestigt – so wie ich es als Kind in

Erinnerung hatte, als sich die „Schutzbündler“[27] mit den Nationalsozialisten im sechsten Wiener Gemeindebezirk prügelten – und das verwendete ich als Waffe, um die Eindringlinge zu vertreiben.
Ich verfolgte sie bis auf die Straße, bis ich von zwei englischen Polizisten festgenommen wurde. Auf der Polizeiwache war ich der einzige „Linke“ unter lauter rechtsgerichteten Festgenommenen. Diese kamen sich wie große Helden vor. Nach Aufnahme der Personalien wurde ich wieder nach Hause geschickt.
Ich war bereit, jede Arbeit anzunehmen, da ich ja keine Ersparnisse hatte. Den Kibbuz verließ ich ohne einen Piaster[28] in der Tasche, und von den Einkünften aus beiden Arbeitsverhältnissen war alles für Kost und Quartier aufgegangen.
Ich nahm eine Arbeit als Gärtner an (obwohl ich keine Ahnung von Gärtnerei hatte), weil diese Arbeit auch Kost und Quartier bot. Ein älteres kinderloses Ehepaar, in getrennten Schlafzimmern lebend, bewohnte eine Villa mit Garten in einer Ortschaft, deren Namen ich vergessen habe, in der Nähe von Tel Aviv. Meine Arbeit bestand nicht nur in der Gartenpflege, sondern auch darin, die Zimmer aufzuräumen und die Betten zu machen. Die Frau war zu Hause, und der Mann war ein leitender Bankangestellter.
Dort habe ich das erste Mal in meinem Leben einen großen „Frigidaire“, also einen elektrischen Kühlschrank, gesehen, der immer voll mit Lebensmitteln gefüllt war. Ich hatte das Recht, mir zu nehmen, was immer ich brauchte. Man kann sich vorstellen, was so ein Knabe verzehrte. Meine Arbeitgeberin und mein Arbeitgeber hatten eine herrliche Bibliothek mit Büchern in den verschiedensten Sprachen, und ich fand dort das 1925 erschienene Buch „Napoleon“ von Emil Ludwig in deutscher Sprache, das habe ich ebenso verschlungen wie den Inhalt des Eiskastens. Ich habe dort sicher mehr gelesen und gegessen als gearbeitet.
Da ich keinerlei Ahnung von Gartenarbeit hatte, also auch keinerlei Initiative in diese Richtung entwickelte, sondern immer nur das machte, was mir die Hausfrau anschaffte, dauerte dieses Intermezzo lediglich vier Wochen. Immerhin habe ich in dieser Zeit das Buch über Napoleon ausgelesen. Dann zog ich wieder in ein Junggesellenheim nach Tel Aviv. In der Gruppe des KJV

[27] Schutzbündler: Angehöriger des Republikanischen Schutzbundes. Es handelt sich dabei um die 1923/24 gegründete paramilitärische Organisation der Sozialdemokratischen Arbeiterpartei (SDAP). Er ist zum Teil aus der nach dem Ersten Weltkrieg formierten Volkswehr hervorgegangen und sollte das Gegengewicht zu den 1920 gegründeten christlichsozialen Heimwehren und dem ebenfalls von Christlichsozialen dominierten Bundesheer bilden.

[28] Piaster: damalige Währung in Palästina.

fühlte ich mich wohl und sang sogar im Chor revolutionäre Arbeiter- und Spanienlieder. Ein Sympathisant der KP hatte eine Spenglerei, und der gab mir Arbeit.

Der Vormarsch der deutschen Truppen in Russland erschreckte uns alle. Wie war das möglich? Für den leichten Sieg der deutschen Truppen in den anderen Ländern gab es eine einfache Erklärung: die fünfte Kolonne, jene „Nazifreunde" wie Laval[29] in Frankreich oder Quisling[30] in Norwegen, und die mangelnde Kampfbereitschaft Englands. Aber in der Sowjetunion?

Wir waren, da wir ja die kommunistische Propaganda glaubten, natürlich von der Stärke der Roten Armee überzeugt. Vom Ausmaß der stalinistischen Säuberung in der Roten Armee hatte ich damals keine Ahnung. Und da nicht wahr sein konnte, was nicht wahr sein durfte, trösteten uns die Parteifunktionäre der KP mit dem Märchen (das ich damals noch nicht als Märchen erkannte), dass der Vormarsch der Deutschen nur durch einen Trick Stalins zustande kam, der die deutsche Armee ins Land lockte, um sie dann zu vernichten, ähnlich wie seinerzeit die Truppen Napoleons.

Italien war ja schon nach dem deutschen Sieg über Frankreich in den Krieg eingetreten, um sich an der Beute in Südfrankreich zu beteiligen. Groß war diese Beute keineswegs, und Italien musste dieses kleine Stück Landgewinn bitter bezahlen. Und Hitler hat Südtirol endgültig an Mussolini preisgegeben.

---

[29] Pierre Laval (1883–1945): Seit 1914 sozialistischer, 1919 parteiloser Abgeordneter, 1925–31 verschiedene Ministerposten, 1931/32 und 1935/36 Ministerpräsident in konservativen Kabinetten. Nach der Besetzung Frankreichs durch Deutsche Truppen 1940 stellvertretender Ministerpräsident der Vichy-Regierung, konnte die Nationalversammlung dazu bewegen, alle Vollmachten an Marschall Pétain zu übertragen und ihn selbst als dessen Nachfolger zu nominieren. Nachdem er seine Politik der Kollaboration mit den Deutschen öffentlich vertreten hatte, wurde Laval im Dezember 1940 wieder abgesetzt. Im April 1942 wurde er unter deutschem Druck wieder zum Ministerpräsidenten ernannt. 1944 wurde seine Regierung nach Belfort verlegt und im September nach Deutschland verschleppt. Fluchtversuche nach Deutschland und Spanien misslangen. Er wurde von amerikanischen Truppen festgenommen und im August 1945 nach Frankreich ausgeliefert. Er wurde als Kollaborateur verurteilt und erschossen.

[30] Vidkun Quisling (1887–1945): 1922–26 an Hilfsmaßnahmen für die hungernde sowjetische Bevölkerung beteiligt, 1927/28 Legationssekretär an der norwegischen Botschaft in Moskau. Zunächst begeistert von der russischen Revolution, wandelte sich Quisling nach seiner Heimkehr (1930) zum radikalen Antibolschewisten und gründete 1933 die faschistische „Norwegische Volkserhebung", die er später „Nasjonal Samling" nannte. Im Krieg setzte er dann ganz auf die deutsche Karte, wurde am 14. Dezember 1939 von Hitler empfangen und warnte vor einer britischen Invasion Norwegens. Nach der deutschen Landung am 9. April 1940 rief er zur Beendigung des Widerstands auf und stellte sich dem Reichskommissar Terboven zur Verfügung. Zwar wurde seine Partei zur einzig zugelassenen erklärt und Quisling 1942 zum Ministerpräsident einer nationalen Regierung gemacht, doch blieb sein Einfluss auf die deutsche Besatzungspolitik unbedeutend. Am 9. Mai 1945 wurde er festgenommen und am 10. September 1945 zum Tod verurteilt. Die internationale Presse machte seinen Namen zur allgemeinen Bezeichnung für Kollaborateure und Landesverräter.

Dafür kamen deutsche Truppen unter Generalfeldmarschall Erwin Rommel[31] nach Libyen. Rommel siegte in der Schlacht bei Tobruk, und seine Truppe marschierte gegen Alexandrien und gegen Kairo. Eine Panzerkolonne Rommels kam sogar bis 35 Kilometer vor Kairo. Die englische Armee stellte sicherheitshalber den ägyptischen König Faruk unter Hausarrest.

Eintritt in die englische Armee

In Palästina entbrannte eine Diskussion: Sollte man zu den „Gafirim", einer militärischen Hilfstruppe der englischen Mandatsverwaltung, die im Lande blieb, gehen, um das Land gegen die heranrückenden Deutschen zu verteidigen, oder sollte man zur englischen Armee gehen, um schon außerhalb der Grenzen Palästinas den deutschen Armeen gegenüberzutreten?

Walter Stern als Soldat der englischen Armee.

Die Meinungen waren geteilt, insbesondere auch deshalb, weil zum damaligen Zeitpunkt (wir galten ja für die Engländer als „Natives", Eingeborene) und wurden nicht für kämpfende Einheiten in die englische Armee, sondern nur für Transport- und Pionierarbeiten, aufgenommen. Die jüdische Infanteriebrigade, die „Jewish Brigade"[32], wurde erst zu einem etwas späteren Zeitpunkt gegründet. Ich meldete mich nun freiwillig zur englischen Armee.

Als schon klar war, dass ich zur Armee gehen würde, sollte ich auf Beschluss des Kommunistischen Jugendverbandes noch rasch heiraten. Verheiratete Männer in der britischen Armee bekamen Familienzulage. Daher heirateten laut Parteibeschluss ledige Kommunisten vor dem Eintritt ins Militär eine Kommunistin zum Schein, die dann diese Familienzulage an die Partei ablieferte.

---

[31] Rommel Erwin (1891–1944): Seit 1942 Generalfeldmarschall. Im Verlauf des 2. Weltkrieges befehligte Rommel eine Panzerdivision im Frankreichfeldzug, die deutsch-italienischen Truppen in Libyen (u. a. Deutsches Afrikakorps) sowie schließlich die deutsche Heeresgruppe B, die bei der Landung der Alliierten in der Normandie diesen gegenüberstand. Sein riskanter Einsatz der Panzertruppe in Frankreich und in Nordafrika trug ihm Bewunderung, aber auch Kritik ein. Nach dem Attentat auf Hitler am 20. Juli 1944 wurde er wegen seiner Verbindung zu den Attentätern zum Selbstmord genötigt.

[32] Jewish Brigade: Die Jüdische Brigade war eine kämpfende Einheit in der britischen Armee während des 2. Weltkrieges, die auf Seiten der Alliierten gegen die Achsenmächte kämpfte. Sie setzte sich aus Freiwilligen aus dem Gebiet des Völkerbundmandats für Palästina zusammen.

Ich war jedoch kein Parteimitglied, galt aber als verlässlich und war daher für eine solche Scheinehe vorgesehen. Mir war zwar nicht wohl zumute, aber den Mut zur Ablehnung hatte ich auch nicht. So wurde der Termin festgesetzt, eine Braut auserkoren und Trauzeugen bestellt.

Ich wohnte damals außerhalb Tel Avivs und musste per Bus in die Stadt. Ich versäumte den Bus. Der nächste Bus ging erst zwei Stunden später, und da wartete niemand mehr auf den Bräutigam. Also trat ich ledig in die Armee ein. Es war keine Gelegenheit mehr, mich zur Rede zu stellen. Tragischerweise starb die mir zugedachte Braut, ein sehr hübsches Mädchen, später an einer Blutvergiftung. Ich war also schon damals nicht ganz verlässlich. Aber Bedenken über die Unverfrorenheit, wie die Partei mit Menschen umgeht, sind mir keineswegs gekommen. Dann kam die Ausbildung, erst als Lastwagenchauffeur und dann das Exerzieren mit Gewehr. Das Exerzieren ersparte ich mir, da ich mir beim Fußballspielen die Hand gebrochen hatte. Ich spielte im Tor, wehrte den Ball ab und brach mir dabei an der Stange des Tores den linken Unterarm. Als ich ins Feldlazarett mit der Beschreibung „beim Fußballspiel den Unterarm gebrochen" kam, wurde ich fast wie ein Held behandelt. Man schenkte mir mehr Beachtung als so manchem Schwerverwundeten von der Front.

Erster Armeeurlaub in Tel Aviv 1942.

Meine Englischkenntnisse waren damals praktisch Null. Aber jede Visite der Ärzte wurde von einem Patienten begleitet (er hatte auf mich weder einen kranken noch einen verletzten Eindruck gemacht), der als Dolmetsch wirkte.

Es war ein stattlicher junger blonder Mann mit Vornamen Leser, ein Wiener, der es dann in der israelischen Armee bis zum General im Generalstab bringen sollte.

Unmittelbar nach der Ausbildungszeit in Palästina kam ich zu den Royal Engineers nach Ismailia am Suezkanal, wo es dann noch eine spezielle Ausbildung im Entschärfen von Tellerminen und für den Brückenbau gab. Dort lernte ich auch den Staff Sergeant Fred Margulies kennen, dem ich später als Bezirksobmann der KPÖ im vierten Bezirk, als Sekretär der Privatangestellten und als Mitbegründer der Gewerkschaftlichen Einheit (GE) nach der Trennung von der KPÖ immer wieder begegnete.

Zu jener Zeit übernahm General Montgomery das Kommando der 8. Armee der Middle East Forces (MEF) und besiegte die deutschen Armeen unter Erwin Rommel bei El Alamein.[33] Ich kam zum 738. Royal Engineers Regiment, wo ich meinen Freund Manu Neumann wieder traf. Von da an begann der englische Vormarsch über Tobruk, Bengasi bis Tripolis.

Am Bahnhof von Ismailia traf ich meinen Freund Georg Schwarz, den ich schon von Tel Aviv aus dem Jugendverband kannte. Sein Vater war ein reicher Textilfabrikant in Wien, mein Bruder Emil arbeitete vor 1938 in dessen Textilfabrik in der Absberggasse im zehnten Wiener Gemeindebezirk. Georg kam aus Palästina und informierte mich über die neuen Geschehnisse in der KPP. Aba Musa, der arabische Parteiführer, wurde als englischer Agent „entlarvt“ und aus der Partei ausgeschlossen, worauf sich die Partei spaltete. Georg wollte mich überzeugen, einer der Parteien beizutreten. Für mich war die Angelegenheit zu verworren. Vielleicht waren diejenigen, die Aba Musa ausgeschlossen hatten, englische Agenten? Da ich, bei aller Freundschaft zu Georg, nicht wusste, welche der beiden Parteien die richtige war, zog ich es vor, keiner von ihnen beizutreten. Damals glaubte ich noch, dass Spaltungen in der KP lediglich in Palästina vorkommen.

Kontakt zur Freien Österreichischen Bewegung (FÖJ)

In mir reifte der Entschluss, nach Österreich zurückzukehren. Ich fühlte mich nicht mehr als Zionist, wollte auch nicht, dass auf Kosten der arabischen Bevölkerung das Unrecht, das Hitler an uns begangen hat, gesühnt werden

[33] General Montgomery (1887–1976): Im 2. Weltkrieg übernahm er im August 1942 das Kommando über die 8. Britische Armee (Ägypten) und konnte in der zweiten Schlacht von El Alamein die deutsch-italienische Front durchbrechen. Diese leitete die Wende in der westalliierten Kriegsführung ein: Am 4. November muss General Rommel den Rückzug antreten. In den folgenden Monaten drängte Montgomerys Armee, gemeinsam mit den im November 1942 in Nordafrika gelandeten amerikanischen Truppen, die deutsch-italienischen Truppenverbände bei Tunis zusammen und zwang sie am 13. Mai 1943 zur Kapitulation.

könnte. (Ich sah das damals als noch nicht Neunzehnjähriger sicher auch sehr vereinfacht). Außerdem, so dachte ich, herrsche in der österreichischen KP Ordnung, und da könne ich mich dann immer noch der Partei anschließen. Ich nahm brieflichen Kontakt zur Freien Österreichischen Bewegung in London auf. Sicher spielte auch die Sehnsucht nach Wäldern, Bergen, Schnee und Schifahren eine Rolle. Deutsch war meine Muttersprache. Ich sprach wohl schon sehr gut Hebräisch, die Schrift beherrschte ich nicht absolut perfekt. Ich konnte wohl Briefe schreiben, tat mich aber etwas schwer beim Lesen von Büchern und hatte wahrscheinlich auch nicht genügend Selbstvertrauen, dass ich diese Sprache je so gut beherrschen würde wie Deutsch.

Walter Stern mit Freunden in Bengasi 1942.

Neben Briefen, die mit Fritz Walter, gezeichnet, aber nie von ihm geschrieben waren, erhielt ich auch regelmäßig den Zeitspiegel von Jenö Kostmann,[34]

---

[34] Jenö Kostmann (1906–1993): Sohn eines Eisenbahners, Studium der Medizin, Funktionär der Roten Hilfe und der Kommunistischen Studentenfraktion, 1928 KPÖ, 1930 Redakteur der Roten Fahne, 1934 Verhaftung, Flucht in die ČSSR, September 1936 bis September 1937 „Pressedienst der Roten Fahne" in Österreich, wieder in die ČSSR, 1938 Flucht nach England, 1940 Internierungslager, 1941 entlassen. Mitarbeit an der Exilzeitung „Der Zeitspiegel", 1945 Rückkehr nach Wien. Stellvertretender Chefredakteur der Volksstimme bis 1968.

dem späteren Redakteur der Volksstimme, zugeschickt. Fritz Walter war der Obmann der „Free Austrian Youth", der „Freien Österreichischen Jugend" in England. Die Freie Österreichische Bewegung im westlichen Ausland, der zum Beispiel in Amerika unter anderen auch Graf Czernin angehörte, wurde vor allem in England von den Kommunistinnen und Kommunisten dominiert. Deshalb lehnten die führenden Persönlichkeiten aus der Sozialdemokratie, wie Oscar Pollak[35], Karl Czernetz[36] und Franz Novy[37] eine Zusammenarbeit mit dem „Free Austrian Movement" kategorisch ab. Dies aber auch deshalb, weil sie, zumindest bis zur Moskauer Deklaration von 1943, gar nicht ein unabhängiges Österreich anstrebten.
Die 738. Royal Engineers Company, in der ich diente, hatte lediglich einen englischen Sergeant Major. Er war ein kleiner aufgeblasener Hauptfeldwebel aus der englischen Kolonialarmee, der vorher in Indien gedient hatte. Der Kommandant und alle Offiziere waren Juden. Sonst waren wir bunt zusammengewürfelt, wie die Bevölkerung des 1948 gegründeten Staates Israel: aus Polen, Russland, Österreich, Deutschland, Ungarn, der Tschechoslowakei, aus dem Jemen und natürlich auch „Sabres" (schon in Palästina geborene jüdische Kinder).
Es fand sich eine kleine Gruppe junger Leute, die entweder kommunistisch waren oder mit diesen sympathisierten oder die, mich eingeschlossen, Kontakt zum „Free Austrian Movement" unterhielten. Was waren die Aktivitäten dieser Gruppe? Man traf sich am 1. Mai und am 7. November[38] in einem Hinterzimmer eines Restaurants zu einer kleinen Feier. In Derna hatten wir mit roter Farbe auf schöne weiß gestrichene Wände „Long live 1. May" und „Open the second front" geschrieben. Was ein lang gehegter Wunsch der rus-

---

35 Oscar Pollak (1893–1963): 1920–1923 und 1926–1931 Redakteur, 1931–1934 sowie 1945–1961 Chefredakteur der „Arbeiter-Zeitung". 1934–45 im Exil (Brünn, Paris, London). In dieser Phase führender Vertreter der Revolutionären Sozialisten; 1961–63 Leiter der SPÖ-Zeitschrift „Die Zukunft".

36 Karl Czernetz (1910–1978): gelernter Photograph. Er engagierte sich früh in der Sozialdemokratie. 1938 Flucht über Paris nach London, wo er gemeinsam mit Oscar Pollak das Londoner Büro der österreichischen Sozialisten leitete. 1949 bis 1978 Abgeordneter zum Nationalrat, 1963 bis 1978 Chefredakteur der Zeitschrift „Zukunft", 1956 bis 1978 Abgeordneter im Europarat, 1975 bis 1978 Präsident des Europarates. Czernetz galt als Europäer (er trat früh für ein geeintes Europa ein) und Sozialist.

37 Franz Novy (1900–1949): stammte aus einer Ottakringer Bauarbeiterfamilie; Stukkateur; gehörte seit seinem 14. Lebensjahr der sozialdemokratischen Arbeiterbewegung an. 1924 Sekretär der Bauarbeitergewerkschaft, 1929 Vorsitzender der Wiener Bauarbeiter. 1927 Ottakringer Bezirksrat, 1932-1934 Mitglied des Wiener Landtages und Gemeinderates. Nach 1934 in der illegalen Gewerkschaftsbewegung tätig, Flucht. Ab 1939 Vorsitzender der Auslandsvertretung der österreichischen Gewerkschaften, während seines Londoner Aufenthaltes auch Vorsitzender des Klubs österreichischer Sozialisten in England. 1945 Rückkehr nach Österreich, Vorsitzender der Gewerkschaft der Bau- und Holzarbeiter. Daneben war er von 1945 an Gemeinderat und Landtagsabgeordneter von Wien sowie Stadtrat für das Bauwesen.

38 7. November: Tag der russischen Oktoberrevolution (25. Oktober nach Julianischem Kalender).

sischen Führung, aber sicher nicht der Wunsch der englischen Soldaten war, die, nach der Vertreibung der deutschen und italienischen Armee aus Libyen, ihr friedliches Leben sichtlich genossen.

Royal engineers bei der Suche nach Minen 1942.

Zu unseren Aufgaben gehörten unter anderem das Säubern der Minenfelder in der Wüste und andere technische Dienste. So stellten wir die Elektrizitätsversorgung der Stadt Barce wieder her. Die schweren Dieselmotoren des E-Werkes waren unbrauchbar und irreparabel. Wir bauten zwei Dieselmotoren aus liegen gebliebenen italienischen Tanks aus, gossen dafür neue Betonfundamente und schlossen Elektroaggregate an. Eine Hundsarbeit bei Hitze und Staub, da wir auch viel mit Presslufthämmern arbeiten mussten.
In Bengasi betreuten wir die Wasserversorgung. Es waren dreizehn Pumpstationen rund um die Stadt, die Pumpen wurden durch zweizylindrige Dieselmotore angetrieben. Sergeant Steiner, mein neuer Vorgesetzter, ein Wiener Werkmeister, dem ich Jahre später wieder in der Firma Goerz in Wien begegnete, war für diese Pumpen verantwortlich. Wir zerlegten einen Motor nach dem anderen, reinigten ihn, schliffen die Ventile neu ein und lernten dabei viel.
Die deutschen und italienischen Truppen hinterließen eine Menge Kriegsmaterial. Die Waffen interessierten uns nicht, nur die Fahrzeuge und Motore. Ich konnte ein kaum beschädigtes BMW-Motorrad instand setzen und raste damit, leichtsinnig, wie ich war, durch die Gegend. Einem unserer Kompanieangehörigen, ein jemenitischer Familienvater, wurde das Suchen nach Verwertbarem zum Verhängnis. Eine von den abziehenden deutschen oder italienischen Truppen zurückgelassene Mine explodierte und tötete den armen Mann. So seltsam es klingen mag, es war das erste Begräbnis, an dem ich teilgenommen habe.

Dann ging es zurück nach Mersa Matruch. In diesem Auffanglager unweit Alexandriens wurden wir im Bau von „Baileybrücken" ausgebildet. Diese Brücken waren eine ausgezeichnete Erfindung. Es handelte sich um Brücken, die nur zusammengesteckt werden, ohne jede Verschraubung. Dabei wird über Rollen Stück für Stück der Konstruktion von einem zum anderen Ende der Brücke geschoben.

Je mehr Teile wir anstückelten, desto schwerer wurde es natürlich, die Brücke über das Wasser zu schieben. Schlau, wie wir waren, brachten wir über die normale Stelzenbrücke ein Lastauto auf die andere Seite und zogen die Brücke mit Seilwinden hinüber. Das war für einen englischen Obersten aus der Kolonialarmee, der gerade vorbei kam, zu viel. Er tobte: *„Glaubt Ihr, dass Ihr im Feindesland auch ein Lastauto auf der anderen Seite zur Verfügung habt?"*

Wir waren nicht weit von Alexandria entfernt. Ein Großteil der Kompanie nützte die freien Tage zum Besuch der „Sister Street", der Bordellstraße in Alexandria. Jungkommunisten, als solche fühlte sich unser Freundeskreis, kannten dies nur vom Hörensagen. Sie lehnten den Besuch eines Bordells aus prinzipiellen Gründen ab, aber wahrscheinlich auch aus Angst vor Geschlechtskrankheiten. Später, in Italien, musste ich dann feststellen, dass von mir sehr verehrte Spanienkämpfer und Kommunisten sehr wohl Bordelle besuchten.

Ein besonderes Vergnügen für mich waren die Besuche in Kairo im „Music for all", ein ganz besonderer Klub für Soldaten. Als erstes begab man sich in eine Badewanne – in der Zeit des Bades wurden Uniform und Wäsche gereinigt – und anschließend ging man ins Café, wo, meistens bei Wiener Walzer- und Operettenmusik überaus herrliche Mehlspeisen serviert wurden. Kostenpunkt: Ein Stück Kuchen entsprach dem Tagesverdienst eines ägyptischen Taglöhners, aber an meinem Einkommen gemessen war das nicht teuer. Die Armut stach in die Augen und war deprimierend, auf der anderen Seite hatte ich nie zuvor solchen Reichtum gesehen wie in Kairos Nobelviertel mit den prunkvollen Palästen und herrlichen Gärten. Bloßfüßige Araber schleppten Lastkähne durch die Bewässerungskanäle, die Seile um Schulter und Stirn geschlungen. Es erinnerte an Bilder des Malers Repin[39], der in seinen Gemälden die Wolgaschlepper darstellte.

Bei einem dieser Besuche in Kairo hatte ich ein lustiges Erlebnis. Ich wollte mir eine Uhr kaufen. In einer der noblen Straßen von Kairo sah ich in einer Auslage eine Uhr, die mir gefiel, zum Preis von zehn Pfund. Ich betrat das

---

[39] Ilja Jefimowisch Repin (1844–1930): ukrainisch-russischer Maler. Gilt als der bedeutendste Vertreter der ukrainischen und russischen Realisten.

Geschäft und sagte in meinem schlechten Englisch: *„I want to buy a watch."* Der Geschäftsmann blickte mich an und sagte in bestem Jiddisch: *„A Seiger willt Ihr. Ata ben amenu"* – was so viel hieß wie: *„Eine Uhr willst Du? Du bist Sohn unseres Volkes, deshalb werd ich dir an guten Preis machen, ich gib dir die Uhr um sieben Pfund."* Da war ich hoch erfreut und habe natürlich nicht mehr gehandelt. Wie habe ich mich nachher geärgert, als ich, zurückgekehrt zu meiner Einheit, einen Kameraden traf, der haargenau die gleiche Uhr in Kairo um sechs Pfund erworben hat. In Alexandria gingen wir dann mit unserer gesamten Ausrüstung an Bord eines alten, desolaten chinesischen „Luxusdampfers" und wurden nach Tripolis gebracht. Offensichtlich wollte man Treibstoff sparen, oder war das Schiff, Teil eines Geleitzuges, ohnedies dorthin unterwegs und hatte noch Platz.

Tripolis

Wir wurden in „Castel Benito", offensichtlich nach Mussolini so benannt, in der Nähe des Flughafens von Tripolis stationiert. Ein Teil der Kompanie baute den Flughafen aus, und ich gehörte zur mechanischen Truppe. Noch aus der italienischen Zeit gab es eine Pipeline vom Hafen von Tripolis zum etwa 25 Kilometer entfernt gelegenen Flugplatz. Von dort starteten die Bombenflugzeuge, die vor allem Italien bombardierten.

Ich arbeitete in der Pumpstation am Hafen, die Tag und Nacht den Treibstoff von den Schiffen direkt zum Flugplatz pumpte. Große Dieselmotoren betrieben die Zentrifugalpumpen, und meine Aufgabe bestand darin, von Zeit zu Zeit mit der Hand zu prüfen, ob die Lager heißlaufen. Andererseits durfte auch kein Treibstoff auslaufen, und so mussten wir auch manchmal die Dichtung nachziehen. Bewacht wurde die Pumpstation von einem Infanteristen der Jewish Brigade, der, vor allem in der Nacht, meistens geschlafen hat. Da wir auf jeden Fall wach sein mussten, mussten wir ihn wecken, wenn ein Offizier zur Kontrolle kam.

Zu jenem Zeitpunkt war weder die italienische noch die deutsche Luftwaffe in der Lage, Tripolis zu bombardieren. Um die Luftangriffe der Alliierten dennoch zu unterbinden, schickte Italien eine Kommandotruppe, die mit den Örtlichkeiten in Tripolis vertraut war, per Fallschirm nach Libyen, um die Pumpstation zu sprengen. Dadurch wären zumindest bis zu ihrer Wiedererrichtung die Luftangriffe von Tripolis aus unmöglich gewesen. Ohne Treibstoff kein Flug.

Diese Truppe konnte ungehindert und unbemerkt landen. Zu unserem Glück hatten sie auch ein Radio mit, und dadurch erfuhren sie von der Kapitulation der italienischen Regierung unter Marschall Bardoglio. Damit war der Krieg für diese Fallschirmspringer beendet. Sie stellten sich den Engländern und

berichteten über den Auftrag, den sie hatten. Ein Schutzengel wachte wieder einmal über mich.
Ich war aufgrund meiner deutschen Sprachkenntnisse der Auffassung, dass ich nützlicher eingesetzt werden könnte. So schrieb ich einen Brief an das Field Security Service, dem englischen Geheimdienst und bot meine Mitarbeit an. Da alle Briefe in der Kompanie von den Offizieren zensuriert wurden, wurde ich unmittelbar, nachdem ich den Brief geschrieben hatte, von einem meiner Offiziere zu einem Gespräch eingeladen, bei dem er mir klar machte, dass wir als „Juden" in einer jüdischen Kompanie kämpfen müssten und nicht irgendwo in einer englischen Einheit. Ich habe diesen nationalistischen Standpunkt nie begriffen. Da ich auf diesen Brief nie eine Antwort bekommen habe, muss ich annehmen, dass er einfach nicht weitergeleitet wurde. In Libyen hatte ich zwei Begegnungen mit Österreichern. Einmal kamen wir bei einem jugoslawischen Kinderlager vorbei. Die Kinder trugen weiße Hemden und blaue Mützen mit rotem Stern. Wie die Verantwortlichen es schafften, in der Wüste alles so sauber zu halten, war mir ein Rätsel. Die Kinder waren aus den von Partisanen befreiten Gebieten evakuiert worden, um sie aus der Gefahrenzone zu bringen. Einer der Buben war aus Kärnten, seine Eltern waren Partisanen. Er war der einzige, mit dem wir sprechen konnten. Unsere Freude darüber kann man sich heute gar nicht vorstellen.
Die zweite Begegnung hatte ich mit einem Südtiroler. Ich arbeitete mit italienischen Kriegsgefangenen an der Reparatur der einzigen Küstenstraße, und einer von ihnen sprach Deutsch. Er war Südtiroler in der italienischen Armee. *„Ich Dummkopf"*, sagte er mir, *„... bin von El Alamein bis Tripolis gelaufen, und dann geriet ich in Gefangenschaft. Mein Freund hat sich diese Strapazen erspart, und hat sich gleich bei El Alamein gefangen nehmen lassen."*

Wiedersehen mit meinem Bruder Max

Mit meinen Brüdern hatte ich sporadischen Briefwechsel. Ich wusste, dass auch sie sich zur Armee gemeldet hatten. Eines Tages bekam ich einen Brief meines Bruders Max, mit Absender MEF (Middle East Forces) aus Kairo. Ich ging zu meinem Kompaniechef Major Rappaport, einem in Russland geborenen Bauingenieur, der dreißig Sprachen sprach. Ich sagte ihm, dass ich meinen Bruder fünf Jahre nicht gesehen habe, und fragte ihn, ob ich Sonderurlaub bekommen könnte. Es war Urlaubssperre, denn wir warteten darauf, nach Europa verschifft zu werden. Ich bekam den Sonderurlaub.
Ich erhielt lediglich einen Urlaubsschein. Wie ich nach Kairo kommen sollte, war mein Problem. Von Tobruk gab es einen Zug, der dreimal in der Woche durch die Wüste nach Kairo fuhr. Bis Tobruk kam ich per Autostopp. Also stellte ich mich an den Stadtrand von Tripolis zu dem englischen Militärpoli-

zisten, der die Aufgabe hatte, den Verkehr auf der einzigen Landstraße zu kontrollieren, die vom Osten in die Stadt führte. Dort wartete ich auf ein Auto, das nach Tobruk oder zumindest nach Bengasi fuhr.

Die meisten Autos fuhren nur in die unmittelbare Umgebung. Also entspann sich ein Gespräch zwischen den beiden einsamen „Tommys" in der Wüste. *„Bist Du Franzose?"*, fragte er, da er an meinem mangelhaften Englisch sofort erkannte, dass ich kein Engländer sein könne. Die Franzosen in Afrika trugen damals englische Uniformen. *„Nein, ich bin Österreicher"*, erwiderte ich. Dann kam eine längere Pause. Irgendetwas musste der gute Mann in seinem Kopf verarbeiten. Und plötzlich die zögernde Frage *„Seit wann sind die Österreicher auf unserer Seite in diesem Krieg?"* Die Frage war gar nicht so absurd. Hatten doch die Vichy-Franzosen in Syrien die Front gewechselt. Und jetzt auch noch die Italiener. Warum nicht auch die Österreicher?

Bruder Max 1943 in Kairo.

„Nein, die Österreicher kämpfen nicht auf unserer Seite in diesem Krieg, nur einige Österreicher, die vor Hitler fliehen mussten." Es gab keine weiteren Fragen. Habe ich diesen Militärpolizisten so verblüfft, oder habe ich so glaubwürdig ausgesehen (was ich ja auch war), er wollte weder mein Soldbuch noch meinen Urlaubsschein sehen. In dem ersten Lastwagenkonvoi, der nach Tobruk unterwegs war, brachte er mich unter. Bei der Fahrt machten mich die vielen Teepausen nervös, da ich fürchtete, den Zug in Tobruk zu versäumen, und dann wäre ich dort drei Tage festgesessen. Aber alles ging gut. Ich kam nach Kairo.

Ich wusste, in welchem Durchgangslager sich mein Bruder befand und dass er bei den Panzertruppen war. Werde ich ihn wieder erkennen? Fünf Jahre sind nicht lang, aber wir waren in einem Alter, in dem man sich noch stark verändert. Er war nicht im Quartier. Also ging ich wieder in den Park (die Baracken befanden sich in einem schönen Park am Stadtrand von Kairo). Ich konzentrierte mich nur auf englische Soldaten mit dem schwarzen Barett der Panzertruppen. Jedem schaute ich ins Gesicht, könnte er das sein? Auffälliger konnte man sich nicht benehmen. Aber die Engländer litten nicht an Spionageangst.

Und da kam er mir entgegen. Er ging an mir vorbei, aber das musste er gewesen sein. Ich drehte mich um und sagte leise *„Max"*. Da drehte er sich auch um. Er hätte mich nicht erkannt. Ich war vierzehn, als er nach England gegangen war, und jetzt war ich neunzehn. Damals war ich ein zartes kleines Kind gewesen, und jetzt war ich größer als er.

Wenn man älter ist, sind fünf Jahre keine Zeit, und sie verfliegen im Nu. Aber damals, da wollte der Tag nicht enden. Es ist erstaunlich, wie „Zeit" so verschieden sein kann.

Wir verbrachten dann miteinander eine Woche Urlaub in Palästina, besuchten unsere Verwandten und die Klagemauer in Jerusalem. Am Weg zurück mussten wir in Lud auf den Zug nach Kairo warten. Da sprach ein englischer Soldat meinen Bruder an, da er merkte, dass wir nicht Englisch sprechen. Er hielt unser „Deutsch" für Hebräisch.

Als ihn mein Bruder aufklärte, dass er „Engländer" sei, war er beruhigt. Er hielt uns beide für „Natives", da er unsere Sprache nicht verstand. *„Jetzt bin ich beruhigt"*, sagte er zu meinem Bruder, er fürchtete schon, dass es jüdische Panzereinheiten gäbe. *„Die würden unsere Panzer auch noch verkaufen"*, meinte er. Dieser schlechte Ruf der jüdischen Einheiten kam nicht von ungefähr, denn man bereitete sich schon für die Zeit nach dem Krieg vor. Wo immer man Waffen oder sonstiges militärisches Material abzweigen konnte, machte man es. Mir stand der lange Weg zurück nach Tripolis bevor. Irgendwer gab mir den Rat, ich sollte es per Flugzeug versuchen. Also begab ich mich zum nächstgelegenen Militärflugplatz in Kairo. Ein amerikanischer Pilot nahm mich nach Bengasi mit. Ohne Formalitäten, ohne viel Aufhebens. In die Wüste ging niemand freiwillig. Das war meine erste Flugreise. Beim Landen spürte ich den vollen Druck in den Ohren, obwohl wir nur in 3800 Meter Höhe geflogen waren.

Von Bengasi war es dann per Autostopp nur mehr ein Katzensprung nach Tripolis. Unsere Kompanie hatte bereits die Zelte in Castell Benito abgebrochen, alles verpackt und wartete auf ein Schiff. Wir sollten an der Landung in Südfrankreich teilnehmen. Daraus wurde nichts, da das Schiff, welches uns nach Südfrankreich bringen sollte, leider auf dem Weg nach Tripolis versenkt wurde. Also hieß es, auf ein anderes Schiff warten. Vierzehn Tage ohne Arbeit, bei Sonnenschein, Baden und Kartenspiel, da ja alles schon verpackt war. Das andere Schiff brachte uns bei herrlichem Wetter, absolut ruhiger See nach Taranto im Süden Italiens. Auf Malta machten wir eine Zwischenlandung.

In Süditalien

Wir bezogen gleich neben der Schiffswerft von Taranto Quartier. Dort hatten wir die erste Begegnung mit italienischen Kommunisten, Arbeitern der Schiffswerft. Ich besuchte mit einigen Freunden ein KPI-Parteilokal. Ein kleiner, in unseren Augen alter Mann, er wird etwa fünfzig gewesen sein, führte uns durch das Lokal. Er hatte zwanzig Jahre in Mussolinis Gefängnissen verbracht, war ungebrochen und voller Optimismus. Ein englischer Soldat schloss sich uns an. Nach einiger Zeit öffnete dieser seine Militärkappe und zeigte uns, dass er Hammer und Sichel in der Innenseite seiner Militärmütze eingenäht hatte. Die nächste Station war Bari. Dort bahnte sich eine neue Wende an. Hans Hermann und ich stießen auf eine Sektion der Freien Österreichischen Bewegung in Bari. Leiter dieser Gruppe war Dr. Georg Fuchs (später Leiter der Röntgenabteilung im Triester Spital in Wien). Er war als Militärarzt Hauptmann der englischen Armee. Seine Frau Eva arbeitete für das PWD, dem Amt für psychologische Kriegsführung. Sie hatte eine private Wohnung in Bari. Dort trafen sich viele österreichische Emigranten, unter anderen der Schriftsteller Franz Theodor Csokor und Alexander Sacher-Masoch. Diese beiden machten gemeinsam mit Eva Fuchs Radiosendungen für Österreich. Csokor war über jugoslawisches Partisanengebiet nach Italien gelangt. Von Bari aus erfolgte damals die Versorgung der Tito-Partisanen in Jugoslawien überwiegend aus der Luft. Als Verbindungsoffizierin von jugoslawischer Seite fungierte Julischka Kraus. Diese Frau sprach perfekt Deutsch und Englisch, was mich damals nicht so sehr beeindruckte, wie ihre beiden Töchter von etwa sechzehn und achtzehn Jahren. Wie mir damals schien, die schönsten Mädchen, die ich je gesehen hatte. Unnahbar, vom Befreiungskampf ihres Volkes beseelt, in der Brusttasche ihrer Uniformblusen steckte ein Bild Titos, und damals wahrscheinlich auch im Herzen. Der Vater kämpfte bei den Partisanen.

Zweites Wiedersehen mit Bruder Max in Süditalien 1944.

Ich wusste damals schon von der Existenz des Österreichischen Freiheitsbataillons in Jugoslawien. Hans Hermann und ich wollten unbedingt dorthin. Wir führten darüber Gespräche mit Julischka Kraus. Nach einiger Zeit erklärte sie uns, dass es keine Freigabe durch die englische Armee gebe. Es wäre also ein Transfer nach Jugoslawien nur möglich, wenn wir von der englischen Armee desertierten, und das wollten sich die Jugoslawen nicht antun. Sie wollten die guten Beziehungen zu England nicht belasten. Wir auch nicht.
Aus heutiger Sicht halte ich es für durchaus denkbar, dass die Führung der österreichischen KP, die ja schließlich für das Österreichische Bataillon zuständig war, zwei ihnen unbekannte Personen aus der englischen Armee nicht ins Bataillon aufnehmen wollte. Später musste ich leider immer wieder feststellen, dass man „geläuterten" Nazis, so ferne sie in sowjetischen Kriegsgefangenenlagern „umgeschult" worden waren, mit viel geringerem Misstrauen begegnete als Emigrantinnen und Emigranten, die in westlichen Armeen dienten.

Im Dienst des Office of Strategic Services (OSS)

Da trat in meinem Leben eine vollkommen unvorhergesehene Wende ein. In Evas Wohnung, dem Zentrum der Freien Österreichischen Bewegung in Bari, trafen wir eine Gruppe ehemaliger österreichischer Spanienkämpfer in amerikanischer Uniform, die vom Office of Strategic Services (OSS), dem Vorläufer des CIA, angeworben worden waren. Dazu bedarf es einiger Erläuterungen. So eigenartig es heute erscheinen mag, aber bei Ausbruch des Krieges hatten die USA zwar das mächtige FBI, aber keinen Auslandsgeheimdienst. Es gab jedoch einen amerikanischen Erdölkonzern (war es Socony Vacuum?), der einen weltumspannenden Geheimdienst unterhielt.
Chef dieses Dienstes war der Rechtsanwalt William Joseph Donovan[40], ein Freund des damaligen US-Präsidenten Franklin Delano Roosevelt. Roosevelt hat diesen Geheimdienst samt dessen Chef in die US-Armee übernommen. Donovan wurde General und Chef des OSS. Natürlich wurde dieser Dienst zum Nachrichtendienst in Feindesland ausgebaut und für Kontakte zu Organisationen der Widerstandsbewegung hinter den Frontlinien der Achsenmächte genutzt.
Und wie kamen die amerikanischen Spanienkämpfer zum OSS? Nach Ende des spanischen Bürgerkriegs kehrten die amerikanischen Freiwilligen, die in

[40] William Joseph Donovan (1883–1959): Rechtsanwalt. Verdienste im Ersten Weltkrieg. Obwohl Republikaner war er auf Grund einer Jugendbekanntschaft seit 1941 Geheimdienstkoordinator im Stab von Präsident Franklin D. Roosevelt und von 1942 bis 1945 Leiter des Office of Strategic Services (OSS). Er war strenger Verfechter der Prohibition und strikter Antikommunist. Im Alter litt er an Wahnvorstellungen: Er sah Kommunisten in New York einmarschieren.

der Lincoln-Brigade gekämpft hatten, nach Amerika zurück. Dort wurden sie vor Gericht gestellt, weil es laut amerikanischer Verfassung amerikanischen Bürgern nicht gestattet ist, in fremden Armeen zu dienen.

Walter Stern in Bari 1944.

Der Rechtsanwalt William Joseph Donovan erklärte sich bereit, ehemalige Spanienkämpfer vor Gericht zu verteidigen, da er den Standpunkt vertrat, dass sie in Spanien auch die amerikanische Demokratie verteidigt hatten. Ich kann heute nicht sagen, wie der Prozess damals ausging, aber Donovan war von den Persönlichkeiten der amerikanischen Spanienkämpfer sehr beeindruckt. Als er die Leitung des OSS übernahm, erinnerte er sich an diese, wusste er doch, dass sie viele ehemalige Spanienkämpfer, die nun im europäischen Widerstand tätig waren, persönlich kannten, zum Beispiel Pietro Nenni[41] und Luigi Longo[42] in Italien. Er machte sie zu Offizieren.

[41] Pietro Nenni (1891–1980): italienischer Politiker und Außenminister; von 1936 bis 1939 nahm er am Spanischen Bürgerkrieg teil.

[42] Luigi Longo (1900–1980): italienischer Politiker und Generalsekretär des „Partito Comunista Italiano“ (PCI), der italienischen KP von 1964–1972. Longo nahm als Inspekteur der Internationalen Brigaden am Spanischen Bürgerkrieg teil.

Diese Offiziere bekamen die Aufgabe, ehemalige Spanienkämpferinnen und Spanienkämpfer und andere Freiwillige diesseits der Frontlinie zu sammeln, damit sie mit Widerstandsgruppen jenseits der Frontlinien Kontakt aufnehmen. Nachdem die amerikanischen Truppen in Tunis gelandet waren, fanden sie dort deutsche und österreichische Spanienkämpferinnen und Spanienkämpfer, teils bei der Fremdenlegion und teils in Flüchtlingslagern.

Erinnerungen an Spanienkämpfer

Ich erinnere mich heute noch an einige von ihnen. Milton Wolff[43], der letzte Kommandant der Lincolnbrigade, kam aus Brooklyn. Leutnant Fajans, ein Funktionär der amerikanischen Textilarbeitergewerkschaft, und ein amerikanischer Captain, der hinter den Franco-Linien eine Sprengung organisierte und den Ernest Hemingway in seinem Roman „Wem die Stunde schlägt" beschrieben hat, sowie Vinzenz Losowsky, der von einem Einsatz bei den italienischen Partisaninnen und Partisanen zurückkehrte. Von den Deutschen blieben mir Max Köchling und Arthur Dorf, ehemaliger Polit-Kommissar des Thälmann-Bataillons, namentlich im Gedächtnis. Sigmund Kanagur, Fritz Mayerhofer, Hansl Reinisch, Franzl Marx und Sepp Kraxner waren die österreichischen Spanienkämpfer.

Als ich nach dem Krieg Max Köchling im Rheinland besuchen wollte (Max hatte mir die Adresse seiner Eltern gegeben), erfuhr ich von ihnen, dass er mit Arthur Dorf nach Ostdeutschland gegangen war. Arthur Dorf wurde Polizeipräsident der Mark Brandenburg.

Da der Transfer zum Österreich-Bataillon misslang, erblickten Hans Hermann und ich im OSS eine Möglichkeit zur rascheren Rückkehr nach Österreich und zu einer aktiven Beteiligung am Kampf gegen Hitler. Freunde meinten, es sei sinnlos, da der Krieg ohnedies schon entschieden sei, aber wir ließen uns nicht davon abbringen, zum OSS zu gehen. Noch wusste ich nichts Genaues über das Schicksal meiner Mutter.

Warum sollte ich Maschinen reparieren, wenn ich aufgrund meiner deutschen Sprachkenntnisse wichtigere Aufgaben im Kampf gegen den Faschismus erfüllen konnte? Wer sonst, wenn nicht gerade wir, denen die Nazis so arg mitgespielt hatten, sollten solche Aufgaben übernehmen?

---

[43] Milton Wolff (1915–2008): setzte sich für Bürgerrechte in den USA ein und engagierte sich unter anderem gegen den Vietnamkrieg.

Ausbildung zum Partisanenkampf

Die Leute des OSS erhielten besondere Vollmachten. Innerhalb weniger Tage bekamen wir die Freistellung von der britischen Armee, gaben unsere englischen Armeeuniformen ab und zogen amerikanische Uniformen an. Dann ging es in die Nähe von Brindisi in ein Ausbildungslager für „Partisanenkampf" und in ein Trainingslager für „Fallschirmsprung".
Besonders intensiv war die Ausbildung in der Schule für Fallschirmspringer. Das Training für die Landung, das Schwingen in den Gurten, das Schleifen am Boden sollte Landungen bei starkem Wind simulieren. Es erfolgte auch eine psychologische Vorbereitung. Es wurde uns mit Hilfe einer Statistik vorgerechnet, dass das Fallschirmspringen viel ungefährlicher sei als das Autofahren. Man zeigte uns das Verpacken der Fallschirme, und zu unserer Beruhigung ist der Verpacker selbst bei jedem Trainingssprung mitgesprungen. Auch der Leiter der Schule, ein englischer Offizier, war bei jedem Übungssprung dabei. Er hatte schon mehrere hundert Absprünge hinter sich. Er ist dann bei einem Flugzeugunglück ums Leben gekommen.
Und dann kam der erste Sprung. Natürlich war mir bang – trotz Trainings und psychologischer Vorbereitung. Die Reißleine des Fallschirmes war an einem Drahtseil befestigt. Wir mussten also die Reißleine zum Öffnen des Fallschirmes nicht selber ziehen. Wir mussten nur möglichst weit vom Flugzeug weg springen. Ich stürzte etwa dreißig Meter im freien Fall in die Tiefe und hatte nur Zeit für einen Gedanken: Der Fallschirm könnte doch schon aufgehen – und dann ging er auch schon auf. Ein unbeschreiblich wunderbares Gefühl. Man schwebte im Himmel, sah unten die kleinen Häuschen und dieses langsame Schweben im Vergleich zum freien Fall machte mich glauben, dass ich da überhaupt nicht mehr runterkomme. Ich kam schneller herunter, als mir lieb war. Trotz aller Vorbereitung war die erste Landung sehr hart. Als ich dann den Fallschirm zusammenlegte, sah ich einen riesengroßen eingetrockneten Blutfleck darauf. Ich erschrak im ersten Moment, aber von mir konnte doch das eingetrocknete Blut nicht sein. Also so ganz sicher dürfte das Fallschirmspringen auch nicht immer gewesen sein.
Im Training absolvierte ich insgesamt drei Sprünge. Es war kein Problem für mich. Mit meinen zwanzig Jahren war ich gewohnt, Sport zu betreiben. Aber vor allem für Fritz Mayerhofer und Sigi Kanagur, die keinen Sport betrieben haben, und nicht mehr so jung waren, war es eine beachtliche Leistung.
In der Fallschirmschule stießen wir auf die ersten Österreicher, die noch einige Wochen vorher in der Deutschen Wehrmacht gedient hatten, in Gefangenschaft geraten waren und sich freiwillig gemeldet hatten, um hinter den deutschen Linien abzuspringen. An die Namen kann ich mich nicht erinnern, was aber keine Bedeutung hat, da wir ohnedies alle neue Namen bekamen.

Trotz unserer Neugier, von jemandem zu erfahren, wie die Stimmung in Österreich ist, hielten wir es für leichtsinnig, dass wir gemeinsam mit ehemaligen Wehrmachtsangehörigen, deren Vertrauenswürdigkeit niemand garantieren konnte, die Fallschirmausbildung absolvierten. Ein junger, blonder Wiener (er sah so aus, wie ich die HJ-Burschen in Erinnerung hatte) sagte uns, dass er aus einer sozialdemokratischen Familie stamme. Über die Stimmung in Wien erzählte er uns, dass er vor kurzem auf Heimaturlaub in Wien gewesen sei und dass die Wiener im Allgemeinen genug vom Krieg hätten und gegen die Nazis seien. Die meisten wären für die Sozialdemokratie eingestellt. *„Und wie ist es mit den Kommunisten?"*, war eine unserer Fragen. *„Gibt es kaum"*, war die Antwort. Zu viele österreichische Soldaten haben in Russland gekämpft, lautete die Erklärung. Das war eine Enttäuschung für uns.

Unsere Informationen über Österreich bezogen wir damals fast ausschließlich aus dem „Zeitspiegel", der Zeitung der Freien Österreichischen Bewegung in London, die größtenteils kommunistisch dominiert war. Chefredakteur war wie schon erwähnt Jenö Kostmann, der nach 1945 stellvertretender Chefredakteur der kommunistischen Zeitung „Volksstimme" war. Dieser „Zeitspiegel" vermittelte uns, wie sich später herausstellte, ein völlig falsches Bild über den Widerstand in Österreich im Allgemeinen und über die Rolle der Kommunistischen Partei im Besonderen. Außerdem bekamen wir regelmäßig den nationalsozialistischen „Völkischen Beobachter" über die US-Botschaft in Portugal zum Lesen, damit wir uns an die neue deutsche Sprachweise gewöhnen sollten.

Der zweite Österreicher, den wir kennen lernten, kam aus Innsbruck und bezeichnete sich selbst als Katholik. Er war bei der SS[44] gewesen und versah Dienst in einem Konzentrationslager, so erzählte er uns. Er hat diesen Dienst psychisch nicht ausgehalten und meldete sich freiwillig an die Front. Von ihm habe ich zum ersten Mal gehört, was in Marzabotto[45] geschehen war. Die SS hatte in einem Haus ein Maschinengewehr gefunden, und daraufhin alle Menschen, derer sie in dieser Ortschaft habhaft werden konnten, erschos-

---

[44] SS: Abkürzung für Schutzstaffel der NSDAP. Die SS wurde am 9. November 1925 als Sonderorganisation der NSDAP gegründet, deren Hauptaufgabe der Persönliche Schutz Hitlers war. Seit 1926 unterstand sie der Sturmabteilung (SA) und wurde nach 1934 zu einer eigenständigen paramilitärischen Organisation. Die SS war maßgeblich am Holocaust beteiligt.

[45] Marzabotto: der Name der Apennin-Gemeinde in der Nähe von Bologna steht für das schlimmste Kriegsverbrechen der Nationalsozialisten in Italien. Zwischen dem 29. September und dem 1. Oktober 1944 zerstörten Einheiten der SS und der Wehrmacht den gesamten Landstrich und töteten bei der Aktion, die angeblich gegen Partisanen gerichtet war, über 800 Zivilisten, vor allem Frauen und Kinder. Heute gibt es in Marzabotto einen Geschichtspark und eine Friedensschule, in der sich regelmäßig nicht nur Jugendliche aus Italien und Deutschland, sondern auch aus Israel und Palästina treffen.

sen, Frauen, Kinder, Greise, ohne Rücksicht. *„Als wir zwei Tage später durch die Ortschaft zogen, hat es fürchterlich gestunken, weil die Leichen noch immer in den Straßen lagen."* Das waren seine Worte.

Heute erinnere ich mich noch an diese Schilderung, weil ich damals über so viel Gefühllosigkeit entsetzt war. Das war einer, der bereit war, gegen die Nationalsozialisten zu kämpfen, und dieser Mann sprach ohne jegliche Gefühlsregung über dieses Massaker. Ihn störte lediglich, dass es furchtbar gestunken hat. Die Mörder hatten sich nicht einmal die Zeit genommen, die Leichen zu begraben.

Jahre später erfuhr ich erst, dass ein österreichischer SS-Offizier namens Walter Reder dieses Massaker angeordnet hatte. Er wurde dafür von einem italienischen Gericht zu lebenslanger Haft verurteilt. Österreichische Regierungsstellen bemühten sich bei den italienischen Behörden jahrelang um seine Freilassung, schließlich mit Erfolg. Nach dreißigjähriger Haft wurde er freigelassen, als „letzter österreichischer Kriegsgefangener" vom damaligen Bundesminister für Landesverteidigung Helmut Frischenschlager (1983-1986) mit Handschlag am Flughafen begrüßt. Obwohl er nicht einen einzigen Tag in Österreich gearbeitet hatte, erhielt er durch Hilfe eines ÖVP-Mandatars eine ASVG-Pension und beendete sein Leben in Frieden. Über einen anderen ehemaligen Wehrmachtsoldaten, der mit uns in der Fallschirmspringerschule war, erfuhr ich nach dem Krieg, dass er beim höchsten SS-Offizier in Italien, SS-Obergruppenführer General Wolf, noch während der Kämpfe in dessen Hauptquartier in Bozen im Dachboden ein Zimmer eingerichtet hatte, und die Funkverbindung mit den Amerikanern besorgte.

Dann lernte ich Sepp Pototschnig kennen. Sepp war Offizier in der Organisation Todt.[46] Als die Deutschen Rom verließen, tauchte er bei einer italienischen Freundin unter und meldete sich bei den Amerikanern. Hansl Reinisch kannte Sepp, war er doch mit ihm nach den Februarkämpfen im Jahr 1934 in Graz eingesperrt gewesen. Damals waren beide noch Sozialdemokraten. Trotzdem weigerte sich Hans Reinisch, gemeinsam mit Sepp hinter den deutschen Linien abzuspringen. Er meinte, *„... nicht einmal meinem eigenen Bruder, der in Deutschland geblieben war, würde ich trauen. Man weiß ja nicht, ob der nicht von der*

---

[46] Organisation Todt (OT): eine nach ihrem Leiter, Dr. Fritz Todt, benannte staatliche Bauorganisation, die 1938 für den Bau militärischer Anlagen errichtet wurde und während des Zweiten Weltkrieges in den von deutschen Truppen besetzten Gebieten kriegswichtige Bauvorhaben ausführte. Auf den Baustellen beschäftigte die OT Fremdarbeiterinnen und Fremdarbeiter, Kriegsgefangene und in Lagernähe auch Jüdinnen und Juden sowie andere Häftlinge aus Konzentrationslagern. 1940 wurde Todt zum Reichsminister für Bewaffnung und Munition ernannt; für manche Aufträge erhielt er weitgehende Vollmachten. Todt verunglückte 1942 tödlich. Nachfolger als Reichsminister für Bewaffnung und Munition wurde Albert Speer, seit 1937 „Generalbauinspektor für die Neugestaltung der Reichshauptstadt".

Gestapo umgedreht wurde." Ich erwähne diese Episode nur, um zu beschreiben, in welcher Atmosphäre des Misstrauens wir damals lebten.
Sepp wurde von den Amerikanern nicht gut behandelt. Nach Kriegsende musste er die amerikanische Uniform wieder ausziehen und wurde in ein Kriegsgefangenenlager gesteckt. Später, nach seiner Freilassung, kehrte er nach Graz zurück und war einige Zeit lang kommunistischer Gemeinderat in Graz.
Hansl Reinisch, der um einiges älter war als ich, war für mich ein Idol: Februarkämpfer, Spanienkämpfer, ein Antifaschist durch und durch. Er wusste über alles Bescheid, hatte auf alles eine Antwort. Ich führte gern Gespräche mit ihm. Auch über den Antisemitismus. *„Lebe so, arbeite und agiere so, dass es an Dir nichts auszusetzen gibt, dann kann es auch keinen Antisemitismus geben. Also, lebe vorbildhaft."* Dieser Rat war damals ehrlich gemeint. Ich habe das auch ehrlich angenommen und versucht, danach zu handeln.
Heute weiß ich, dass diese These grundfalsch, ja sogar in gewissem Sinne antisemitisch ist. Obwohl ich davon überzeugt bin, dass Hansl Reinisch niemals, auch nicht im entferntesten Sinne, je Antisemit gewesen ist. Geht doch diese These im Grund davon aus, dass die Juden selbst schuld am Antisemitismus sind. Würden sich die Juden anständig benehmen, dann gäbe es keinen Antisemitismus. Welch ein Unsinn. Wo gibt es denn eine Gemeinschaft, sei es eine Religionsgemeinschaft, ein Volk, eine Nation, eine Partei oder einen Kegelklub, wo sich alle Menschen durch Wohlverhalten auszeichnen? Der Antisemitismus ist ähnlich wie die Ausländerfeindlichkeit kein Problem der Jüdinnen und Juden, sondern eines der Antisemitinnen, Antisemiten und ausländerfeindlich eingestellten Menschen, die immer wieder zum Spielball von politischen Abenteurern werden.

Ausbildung zum Funker

Im Oktober 1944 sollten wir in Norditalien bei den italienischen Partisanen abspringen und von dort über die Grenze nach Österreich gelangen. Im Absprungsgebiet legten die Partisanen bei Nacht Feuer aus, um das Landeziel zu markieren. Da startete die SS, unterstützt von russischen beziehungsweise ukrainischen Soldaten der Wlassow-Armee[47], die als noch grausamer galten, eine Offensive gegen die italienischen Partisanen, und der Funkkontakt riss

[47] Andrej Andrejewitsch Wlassow (1901–1946): General Wlassow kämpfte im 2. Weltkrieg zunächst auf sowjetischer Seite gegen die Deutschen. In deutscher Kriegsgefangenschaft wechselte er auf die Seite der Deutschen und baute die Russische Befreiungsarmee (ROA) auf, die auf der Seite der Deutschen Wehrmacht gegen die Sowjetunion kämpfte.

ab. Die Sendezeit durfte ohnedies nie länger als eine halbe Stunde dauern, da diese Zeit von der deutschen Abwehr benötigt wurde, um einen Sender anzupeilen. Also mussten wir bis zum nächsten Kontakt warten.

Dann kam die Nachricht von der Befreiung Wiens durch die Rote Armee. Das war ein Geburtstagsgeschenk für mich – dachte ich. Einen Tag danach kam die Nachricht vom Ableben Präsident Roosevelts. Das stimmte uns alle traurig.

Der nächste Schock für uns: Karl Renner wurde von den Russen mit der Bildung der neuen provisorischen österreichischen Regierung beauftragt. Jener Mann, der 1938 aufgerufen hat, mit „JA" für den Anschluss zu stimmen. Wie war das möglich? Sollte sich der alte Mann derart verändert haben? *„Stalin wird schon wissen, was er macht"*, trösteten wir uns. Renner hat sich nicht verändert, und Stalin wusste nicht, was er machte, aber das haben wir natürlich erst viel später gemerkt.

Da es unter den Österreichern keinen Funker gab, hätte ein italienischer Funker mit uns über die Grenze gehen sollen. Da beschlossen unsere Kommandeure, Hans Hermann und mich, die wir die Jüngsten waren, auf eine Funkerausbildung im Schnellsiedeverfahren zu schicken. Auf einem Hügel zwischen Cecina und Siena, den Namen habe ich vergessen, waren der Landsitz eines geflüchteten Conte und eine Kirche. In diesem kleinen Schloss war die Funkerschule, geleitet von Captain Stenzl, einem jüdischen Emigranten aus Deutschland, untergebracht. Ein großartiger Mensch und Lehrer, der später als Dolmetsch bei den Nürnberger Kriegsverbrecherprozessen fungierte. Wir haben in kürzester Zeit Morse-Funken, Chiffrieren und Dechiffrieren bis hin zu einfachen Reparaturen des Senders und Empfängers sowie das Lesen von Schaltplänen gelernt.

Im März 1945 ist unsere Gruppe in der Nähe von Udine abgesprungen. Da aber unsere Ausbildung noch nicht abgeschlossen war, sollten wir nachfolgen, damit österreichische Funker mit der Gruppe die Grenze nach Österreich überschreiten konnten. Wir waren auf einem Hügel von der Umwelt abgeschnitten. Lediglich am Sonntag kamen Italiener, zumeist Italienerinnen, aus dem Tal auf den Hügel in die Kirche. Am Vorabend zum 1. Mai gab es eine Tanzveranstaltung im nächstgelegenen Dorf. Wir gingen hin, da die Abgrenzung zur Bevölkerung nicht mehr so strikt gehandhabt wurde.

Alle Dorfbewohnerinnen und Dorfbewohner waren dort. Der Saal war mit roten Fahnen, Hammer und Sichel sowie mit einem Kruzifix ausgeschmückt. Ein völlig ungewöhnliches Bild für uns, kannten wir doch aus Österreich die unversöhnliche Kluft zwischen Kirche und Arbeiterinnenbewegung aus der Zeit vor dem Zweiten Weltkrieg. Um 24:00 Uhr war Schluss, da wurde von der Tanzkapelle die Internationale gespielt, und alle haben mitgesungen. Wir natürlich auch.

Woher kannten die Italienerinnen und Italiener nach dreiundzwanzig Jahren Faschismus die Internationale? Am nächsten Tag, es war der 1. Mai, waren wir „Amerikaner" beim Apotheker des Dorfes eingeladen. Er hatte einige hübsche Töchter. Keine von ihnen war beim Tanzfest. Wir fragten natürlich, warum. War doch anscheinend das ganze Dorf dort. *„Wir waren Faschisten"* war die Antwort, *„... da dürfen wir nicht zu den Festen der Bevölkerung."* So sah die „Bestrafung anno 1945" in einem toskanischen Dorf aus. Am 2. Mai 1945 kapitulierte die deutsche Armee in Italien. Wir jubelten und verschossen unsere Munition in die Luft. „Verrückt" würde ich heute sagen, aber damals kannte die Freude keine Grenzen, wussten wir doch, dass es nun bald endgültig vorbei sein würde.
Die Funkerausbildung war somit beendet. Mein Funkgerät samt Empfänger und Powerstation, ein Handkurbelgenerator zum Aufladen der Batterien, samt Antenne als Wäscheleine getarnt, alles war in einem kleinen Köfferchen verpackt. Natürlich alle Röhrengeräte mit extrem kleinen Röhren.
Wir übersiedelten sodann in eine alte Villa mit herrlichem Park oberhalb von Florenz, und dort trafen wir wieder mit unseren Freunden Kanagur, Mayerhofer und den anderen zusammen, die uns von ihren Erlebnissen bei den italienischen Partisanen berichteten.
In Florenz erlebten wir wunderbare Tage – eine phantastische Stadt. Sogar die Oper spielte wieder. Schließlich erreichte uns die Nachricht vom Ende des Krieges. Per Flugzeug wurde ich nach Caserta, südlich von Rom, ins alliierte Hauptquartier gebracht. Dort erhielt ich meine Entlassungspapiere von der britischen Armee und ein Diplom vom amerikanischen OSS, in dem mir für meinen Beitrag zum Sieg der alliierten Streitkräfte gedankt wurde. Danach kehrte ich nach Florenz zurück. Die uns betreuenden Offiziere Wolff und Fajans wurden sofort nach Hause geschickt, und wir wussten nicht, was mit uns geschehen sollte.

Rückkehr nach Österreich

Obwohl es nur Tage waren, schien uns das Warten nun endlos. Wir wollten nach Hause. Nach Hause? Gab es denn noch ein zu Hause in Österreich? Nach alldem was geschehen war? Die Nachricht vom Tod meines Vaters im Konzentrationslager Buchenwald hatte mich ja schon in Palästina erreicht. Und die Hoffnung, meine Mutter noch am Leben zu finden, war gering. Und was dachten all die anderen, vor allem die Spanienkämpfer, die ja noch länger von zu Hause fort gewesen waren? Und dennoch, wir wollten nach Hause, nach Österreich. Wir wussten, dass es ein österreichisches Bataillon bei den jugoslawischen Partisaninnen und Partisanen gab. Wir wussten von österreichischen Widerstandskämpferinnen und Widerstandskämpfern im Ausseer-

land. Wir kamen auch selbst mit jungen österreichischen Kriegsgefangenen in der Fallschirmspringerschule zusammen.
Wir dachten nicht mehr an den Jubel von 1938 auf der Wiener Ringstraße und am Heldenplatz, wir dachten nicht mehr an die Plünderungen jüdischer Geschäfte und an die brennenden Tempel, an die Schläge, die ich bekam. Ich dachte nur an das neue Österreich, das so wesentlich anders sein sollte als jenes, das ich 1939 verlassen hatte. Eines Tages, es war noch im Mai, aber das genaue Datum kann ich nicht mehr angeben, bestiegen wir ein Armeelastauto und fuhren nach Norden. In Bozen machten wir Station, in der Nähe einer Lastautofabrik. Ich streifte dort durch die Werkshallen. Keine Menschen waren da, dafür lagen diverse Bauteile, Getriebe, Differenziale, Motorblöcke da. Aber Menschen waren keine da. Bloß einige amerikanische Wachposten.
Und dann ging es weiter, teilweise die Etsch entlang, die ich bis zu jenem Tag nur dem Namen nach von der deutschen Hymne kannte. Links und rechts der Straße lagerten deutsche Soldaten und SS, denen man noch immer nicht die Waffen abgenommen hatte. Wir waren unbewaffnet. Bei einer Rast sprachen wir einen Südtiroler Bauern an. Er plauderte recht munter, er sei froh, dass der Krieg zu Ende sei. Was wohl nun mit Südtirol werde? Bis er plötzlich innehielt, als er die komische Situation erfasste, dass hier Menschen in amerikanischer Uniform Deutsch sprachen. Da muss was faul sein, dachte er offensichtlich und verabschiedete sich rasch.
Die nächste Station war vor dem Landhaus in Innsbruck, und dann ging es weiter nach Salzburg. In Salzburg blieben wir einige Tage. Man wusste nicht, was man mit uns tun sollte. Ein Sergeant brachte uns auf das Arbeitsamt, ob die nicht Arbeit für uns hätten – sie hatten keine. Dann ging es weiter nach Linz. Auf einem Hügel, dem Froschberg, lag die Schneeweiß-Villa, wie man uns sagte. Die Villa eines jüdischen Rechtsanwalts (oder Arztes), die von einem SS-Stab bis zum Kriegsende benützt worden war. Und jetzt waren eben die Amerikaner drinnen. In dieser Gegend waren etliche „Nazi-Bonzen" beheimatet gewesen, und weil die geflüchtet waren, gab es jetzt dort eine Reihe leer stehender Villen. Ich durchstöberte die Villa des Regierungspräsidenten von Palten.[48]
Nennenswertes habe ich nicht gefunden. Er muss einen riesigen Weinkeller gehabt haben, ich sah nur die leeren Regale. Außerdem fand ich Korrespondenz, die er mit irgendeinem Amt geführt hat, worin er ansuchte, seinen ursprünglichen Namen von Paltschowski, auf von Palten zu ändern (was auch erfolgt ist).

---

[48] Günther von Palten (1903–Todesdatum unbekannt), SS-Brigadeführer, 1939 bis 1941 Regierungspräsident in Bromberg (Westpreußen), anschließend bis Kriegsende in Linz.

Die Hauptmahlzeiten haben wir in einem von der amerikanischen Armee beschlagnahmten Gasthaus am Linzer Hauptplatz eingenommen. Die Büros des OSS in Linz waren im Hotel Schiff untergebracht, in jenem legendären Hotel Schiff, von dem aus die Kämpfe im Februar 1934 ihren Anfang nahmen.
Langsam lernten wir die Wirklichkeit kennen, die so anders war, als wir sie erträumt hatten. Auf dem Linzer Hauptplatz kamen wir mit einigen Frauen ins Gespräch, die sich überrascht zeigten und fragten, wieso Amerikaner so gut deutsch sprechen. Und wir: *„Wir sind doch keine Amerikaner, wir sind Österreicher." „Na, was werd's denn jetzt machen?" „Da bleiben und arbeiten, was denn sonst?" „Was, jetzt, wo wir den Krieg verloren haben?"*, kam es fast wie aus einem Mund von den beiden Linzerinnen. *„Wir Österreicher haben doch den Krieg gewonnen"* war unsere Antwort.
Mir ist dieses Gespräch nach mehr als fünfzig Jahren fast wörtlich in Erinnerung, weil ich als Heimkehrer immer wieder verblüfft wurde, wie viele Österreicherinnen und Österreicher – selbst wenn sie keine Nazis waren – den Hitler-Krieg als „ihren" Krieg betrachteten. Heute noch spricht kaum jemand von der Zeit von 1938 bis 1945 von der „Besatzungszeit", vielmehr werden immer noch die „Befreiungsmächte" als „Besatzungsmächte" betrachtet.
Aber jetzt war ich in Österreich, jetzt war ich wieder zu Hause. Jetzt begann eine neue Tätigkeit, und ich lernte eine Menge neuer Menschen kennen. Ich blieb einige Monate in Linz. Diese Monate zählten wohl zu den interessantesten meines bisherigen Lebens.
Bei vielen amerikanischen Offizieren im OSS, deren Hauptsitz damals noch in Salzburg war, handelte es sich zumeist um Emigranten aus Deutschland beziehungsweise Österreich.
Sergeant Al Rosenthal, Dino Löwenstein, Sohn eines ehemaligen deutschen Reichstagsabgeordneten der SPD. Verbindungsoffizier vom englischen Field Security Service war Leutnant Harrys alias Walter Hacker, der spätere Leiter der sozialistischen Korrespondenz und nachmalige internationale Sekretär der SPÖ.
Fritz Mayerhofer und Hansl Hermann blieben ebenfalls in Salzburg, Sigmund Kanagur, der seinen Decknamen Kennedy beibehalten hatte, kam zeitweise nach Linz, Franz Marx blieb ebenfalls in Linz. Hans Reinisch kehrte nach Voitsberg zurück, wo noch seine Mutter lebte.[49]

---

[49] Vgl. dazu: Beer, Siegfried: Die Geheimdienste im besetzten Österreich. In: Jagschitz, Gerhard, Karner, Stefan (Hg.): Menschen nach dem Krieg – Schicksale 1945-1955. Ausstellungskatalog Schloß Schallaburg 1995, S 40 ff.

Suche nach meiner Mutter

Dino Löwenstein war einer der ersten Amerikaner, der nach Wien fahren konnte. Er suchte unsere Wohnung am Salzgries 10 auf. Sein Bericht war düster: Meine Mutter war nicht mehr da. Die Familie, die unsere Wohnung bewohnte, war dort eingewiesen worden. Er traf im Haus einen tschechischen Offizier namens Kohn, der seinen Bruder und dessen Familie suchte. Ruth Kohn, die hübsche Tochter der Familie, war mir nach der Vorstellung meiner Eltern als „Braut" zugedacht. Auch sie kehrte nie zurück. Die Hoffnung, meine Mutter wieder zu sehen, war nicht sehr groß, aber insgeheim hegte ich sie dennoch. Ich malte mir die Wiedersehensfreude aus, wenn sie dieses kleine zarte „Krepierl", wie ich manchmal liebevoll-boshaft genannt wurde, als stattlichen jungen Soldaten wieder sehen würde. Mit den besten Speisen aus amerikanischen Beständen würde ich sie versorgen und erzählen, dass auch die anderen beiden Söhne den Krieg heil überstanden haben. Doch, wie so viele meiner Tagträume, ist auch dieser Traum nicht in Erfüllung gegangen. Man kann das Gefühl der Bitterkeit, das einen befällt, wenn zur Wirklichkeit wird, was man bis zuletzt nicht wahrhaben wollte, weder in einem Buch noch in einem Film wiedergeben. Dennoch hoffte ich auf ein Wunder.

Salzgries 10, die letzte Wohnadresse von Walter Stern 1939, aufgenommen von Dino Löwenstein 1945.

Es gab solche Wunder, wie ich später erfahren habe. Die Mutter eines Mädchens aus unserer Jugendgruppe in Tell Joseph überlebte. Ich habe diese Frau später in Wien getroffen und sie erzählte mir ihre Geschichte. Im Jahr 1942, als die großen Deportationen von Jüdinnen und Juden aus Wien begonnen hatten, schlich sie hungrig durch die Straßen. Damals lieferte die Firma Ankerbrot noch mit Pferdewagen. Sie bettelte den Kutscher eines Lieferwagens um eine Semmel an. Der Mann erkannte sofort, in welcher Situation sich diese Frau befand. Er nahm sie zu sich nach Hause in die Zentagasse im fünften Wiener Gemeindebezirk und versteckte sie in seiner Wohnung bis zum Kriegsende. Das war nicht so einfach. Zum Glück brauchte sie nie einen

Arzt oder gar ein Krankenhaus. Lebensmittelkarte hatte sie natürlich keine. Ich habe 1945 diese Wohnung gesehen. Es war eine typische Zimmer-Küche-Wohnung, die Küche lag am Gang. Ich habe den Mann kennen gelernt und habe ihn auch noch später auf der Bezirksleitung der KPÖ im zehnten Wiener Gemeindebezirk in der Wielandgasse getroffen. Er war Kommunist und das, was man oft so schlechthin als einfachen Arbeiter bezeichnet und hatte so gar nicht das Aussehen eines Helden. Aber er riskierte sein Leben, um einer Frau zu helfen, die er vorher noch nie gesehen hatte. Ich habe leider seinen Namen vergessen. Ich weiß auch nicht, ob ihm zu Ehren in Israel ein Baum gepflanzt wurde.
Später habe ich noch Irma Stuckart getroffen. Irma wohnte nach 1938 mit ihrem Mann und den Schwiegereltern in derselben Wohnung wie ich am Salzgries 10. Sie, ihr Mann und dessen Eltern wurden nach Theresienstadt deportiert. Nur Irma überlebte, kehrte nach der Befreiung nach Wien zurück und lebte auf Untermiete bei ihrer Kusine im 15. Bezirk in der Nähe des Schwendermarktes. Irma hat weder ihre alte Wohnung im sechsten, noch die im ersten Bezirk zurückbekommen. Nach all ihren Erlebnissen wollte Irma Stuckart nicht mehr in Österreich bleiben und wartete auf ein Visum nach Amerika. Ich konnte das verstehen, aber sie konnte nicht verstehen, dass ich in Wien bleiben wollte und meinte, ich wäre verrückt.

Meine Arbeit in Linz

Wir sammelten Informationen jeglicher Art. Dazu wurden vor allem Personen des öffentlichen Lebens interviewt. Da fungierte ich als Dolmetsch. Ich begleitete einen amerikanischen Offizier, an dessen Namen ich mich heute nicht mehr erinnere, zum damaligen Bischof von Linz. Ich erinnere mich heute noch, wie sehr betroffen wir von dieser Begegnung waren.
Der amerikanische Offizier erkundigte sich nach den Problemen der Kirche und nach den besonderen Wünschen des Bischofs. Wichtigstes Anliegen des Bischofs war die Freilassung der im Lager Klein-München gefangen gehaltenen SS-Leute. (Dazu muss bemerkt werden, dass damals die Amerikaner die SS-Leute zwecks Überprüfung länger in Gefangenenlagern hielten als normale Wehrmachtsangehörige, die in der Regel sehr rasch nach Kriegsende freigelassen wurden.) Auch mit dem Landeshauptmann Heinrich Gleißner[50]

[50] Gleißner Heinrich (1893–1983): 1930 Direktor der oberösterreichischen Landwirtschaftskammer, 1933/34 Staatssekretär im Bundesministerium für Land- und Forstwirtschaft; 1934–1938 und 1945–1971 Landeshauptmann von Oberösterreich; 1939/40 in den KZ Dachau und Buchenwald; 1951 Kandidat der ÖVP bei der Bundespräsidentenwahl.

hatten wir einige Gespräche. Ich muss zugeben, dass ich diesem Mann nicht ohne Vorurteile begegnet bin. Warum? In der Nähe unseres Quartiers wohnte eine sympathische Familie, zu der wir rasch Kontakt fanden. Der Vater, ein Eisenbahner und bewusster Sozialdemokrat, erzählte uns, dass Gleißner im Jahr 1934 im Zusammenhang mit einem Gnadengesuch für den zum Tod verurteilten Schutzbündler Bulgari[51] erklärte: *„Auch in Oberösterreich müsse ein Exempel statuiert werden."* Bulgari wurde hingerichtet.

Historikerinnen und Historiker sind sicher in der Lage, die Rolle Gleißners im Jahr 1934 genauer darzustellen. Mich beeindruckte der Mann im Jahr 1945 vielleicht auch deshalb, weil ich wusste, dass er im Konzentrationslager – wenn auch nur kurze Zeit – eingekerkert war. Ich hatte den Eindruck, dass er aus der Vergangenheit gelernt hat. Ob das auch für seine Söhne, die Nazis gewesen sind, galt, kann ich nicht sagen, da ich ihnen nie begegnet bin.

Eine andere Begegnung, die mir unvergesslich bleibt, weil sie vielleicht ein österreichisches Schicksal widerspiegelt, war der Elektriker, der in unserem Quartier die Leitungen reparierte. Wir diskutierten mit ihm und wollten ihn davon überzeugen, dass er als Arbeiter nun aktiv ins politische Geschehen eingreifen müsse.

Er bekannte freimütig, warum er die Nase voll habe und nichts mehr mit Politik zu tun haben wolle. In seiner Jugendzeit war er Roter Falke und in der Sozialistischen Jugend. Nach 1934 war er arbeitslos und hatte es als „Roter" besonders schwer, Arbeit zu finden. Im Jahr 1936 entschloss er sich, zu den ostmärkischen Sturmscharen[52] zu gehen, das hatte ihm zu einer Stellung verholfen. Und um diese Stellung zu behalten, trat er nach dem Anschluss der SA bei, er war als Facharbeiter unabkömmlich (uk) gestellt. Im Jahr 1945 verlor er als Nazi seine Stellung und reparierte bei den Amerikanern elektrische Leitungen. Damals ahnte ich noch nicht, dass dies kein österreichisches Einzelschicksal war.

Zu den eindruckvollsten Begegnungen zählten Franz Haider und seine Gattin Anni. Er war Obmann der KPÖ in Oberösterreich, ein mutiger Widerstandskämpfer, auch unter den Sozialdemokratinnen und Sozialdemokraten beliebt und von allen geachtet. Er und seine Frau Anni waren in einem Konzentrationslager inhaftiert gewesen. Es mag eigenartig erscheinen, sogar die Amerikaner waren überzeugt, dass die Kommunistinnen und Kommunisten nie etwas mit den Nazis zu tun gehabt haben. Offiziell waren die politischen

---

[51] Anton Bulgari: 1934 im Zuge des Linzer Standgerichtsprozesses hingerichtet. In Linz ist der Bulgariplatz nach ihm benannt.

[52] Ostmärkische Sturmscharen: von Schuschnigg im austrofaschistischen Ständestaat 1935/36 eingerichteter Wehrverband, der die Heimwehren ersetzen sollte.

Parteien in der amerikanischen Zone nicht zugelassen, aber sie haben dennoch sofort zu arbeiten begonnen.
Haider erzählte mir, dass er vor allem im Salzkammergut, in Ebensee, mit seiner Werbetätigkeit für die KP begann, dass er aber vielfach von Arbeiterinnen und Arbeitern die Antwort bekam, dass sie abwarten wollten, bis eine gemeinsame Arbeiterpartei von Sozialistinnen, Sozialisten und Kommunistinnen und Kommunisten entstehe, dann würden sie beitreten. Da dies nie eintrat, entschieden sich später die meisten für die SP.
Ich kam auch öfters mit Ludwig Bernaschek, dem späteren Landeshauptmann-Stellvertreter von der SPÖ zusammen. Er war der Bruder jenes legendären Schutzbundführers Richard Bernaschek[53], der sich im Februar 1934 im Hotel Schiff geweigert hatte, die Waffen an die Heimwehr auszuliefern und dadurch den Beginn der Februarkämpfe ausgelöst hatte. Ludwig Bernaschek betrieb ein Radiofachgeschäft in Linz. Da er kein Fahrzeug zur Verfügung hatte, fuhr ich mit ihm zu einem NS-Gutsbesitzer auf dem Lande und beschlagnahmte für ihn ein Steyr-Auto.

Gründung der Freien Österreichischen Jugend (FÖJ) in Linz

Ich erinnere mich an die Gründungsversammlung der Freien Österreichischen Jugend im Hotel Schiff, jenem Gebäude, von dem aus die Februarkämpfe 1934 ihren Anfang genommen hatten, und wo ich nun im Büro des OSS arbeitete.
Es waren vor allem kommunistische und katholische Jugendliche anwesend, Vertreter der Sozialistischen Jugend waren keine da. In Erinnerung sind mir noch die Mitzi Haus und der Eisenbahner Holzinger sowie die Tochter des späteren Nationalratspräsidenten Alfred Maleta.[54] Da ich in amerikanischer Uniform anwesend war, waren vor allem die jungen Katholikinnen und Katholiken beruhigt, dass sie nichts täten, was gegen die Anordnung der amerikanischen Militärregierung verstoße.

---

[53] Richard Bernaschek (1888–1945): Ab 1927 Landesleiter des Republikanischen Schutzbundes Oberösterreich. Löste durch seinen Widerstand gegen die Durchsuchung des sozialdemokratischen Parteiheimes in Linz den Bürgerkrieg 1934 aus. Ging 1934 nach Deutschland, wurde 1944 verhaftet und in das KZ Mauthausen eingeliefert und dort ermordet. Vgl. dazu: Kykal, Inez: Richard Bernaschek. Odyssee eines Rebellen. Wien 1976.

[54] Alfred Maleta (1906–1999): nach 1934 Erster Sekretär der Arbeiterkammer Oberösterreich bis 1938. 1938-1943 in verschiedenen Konzentrationslagern inhaftiert. 1945 führender ÖVP-Funktionär, ÖVP Generalsekretär und 1961–1975 Nationalratspräsident.

Es wurde unter anderem beschlossen, eine Delegierte nach Wien zu entsenden, sie sollte mit der zentralen Leitung der FÖJ Kontakt aufnehmen. Es war ein Mädchen aus der katholischen Bewegung, die bitter enttäuscht nach Linz zurückkehrte.
Der Gedanke der Freien Österreichischen Jugend war, die Jugend Österreichs parteiunabhängig im antifaschistischen demokratischen Geist zu erziehen. Dieses Mädchen – an den Namen kann ich mich nicht mehr erinnern – erzählte mir von einem Gespräch, das sie im Haus der FÖJ in der Pfeilgasse auf dem Gang mit einem ihr unbekannten Kommunisten gehabt hatte. Quintessenz dieses Gesprächs: *„Wir haben noch einige Katholiken in der Leitung, aber das werden wir schon hinkriegen."*
Der gute Mann konnte sich einfach nicht vorstellen, dass aus Linz eine Delegierte in die Zentrale geschickt wurde, die keine Kommunistin war. Ich beruhigte sie, sie solle sich doch von einem Dummkopf nicht von der großen Aufgabe abbringen lassen.
Sie arbeitete dann noch weiter mit. Wie lange, weiß ich nicht, weil ich ja im Spätsommer nach Wien übersiedelt bin.

Ermittlungen gegen Kriegsverbrecher

Ich wurde dann einer Abteilung zugeteilt, die mit der Ermittlung der Ermordung von 13 amerikanischen Offizieren in Mauthausen betraut war. Kurz die Vorgeschichte.
Als im Jahr 1944 der Aufstand gegen die Deutschen in der Slowakei ausbrach, entsandte das OSS mehrere Offiziere in amerikanischen Uniformen als Verbindungsoffiziere zur slowakischen Armee. Sie gerieten in Gefangenschaft, wurden nach Mauthausen gebracht und dort getötet.
Oberst Paston, ein New Yorker Rechtsanwalt, bereitete in Salzburg den Kriegsverbrecherprozess vor, und wir sollten ermitteln, wer an diesem Kriegsverbrechen beteiligt war, beziehungsweise sollten wir die Beteiligten aufspüren.
Sehr viele Informationen über Mauthausen und das Schicksal der OSS-Verbindungsoffiziere in der Slowakei haben wir von dem amerikanischen Hauptmann Jack Taylor erhalten.
Persönlich habe ich Taylor nie getroffen. Aber Sigmund Kanagur berichtete mir, dass sich Taylor ihm gegenüber sehr lobend über den kommunistischen Spanienkämpfer und späteren Leiter der Staatspolizei in Wien Dr. Heinrich Dürmayer ausgesprochen hat. Schriftliche Unterlagen darüber habe ich nicht gefunden. Taylor hat nach seiner Befreiung einen schriftlichen Bericht über seine Mission und über Mauthausen verfasst. In der Folge ein kurzer Auszug:

Bericht des US–Geheimagenten Jack H. Taylor über das Konzentrationslager Mauthausen:

Unter den Codenamen „Dupont Mission" begann in der Nacht vom 13. auf den 14. Oktober 1944 eine von zahlreichen geheimen Erkundungsmissionen des amerikanischen Geheimdienstes OSS im feindlichen Hinterland. Die „Dupont Mission" war die erste im Raum Wien.
An Bord eines Flugzeuges der Royal Air Force, das vom bereits in alliierter Hand befindlichen Flughafen Brindisi in Süditalien Richtung Österreich flog, befanden sich neben dem polnischen Piloten vier Männer: Lieutenant Jack Hendrick Taylor, einer der erfahrensten Geheimdienstmänner des OSS in Süditalien, im Zivilberuf Zahnarzt in Kalifornien, und drei ca. 20jährige Österreicher mit dem Decknamen Perkins, Grant und Underwood, die der OSS in Kriegsgefangenenlagern in Süditalien angeworben hatte. Die drei waren für diese Mission ausgewählt worden, da sie aus dem vorgesehenen Erkundungsgebiet stammten.
Die vier Männer, die kurz hinter Podersdorf am Neusiedler See mit dem Fallschirm absprangen, sollten Informationen über die Rüstungsindustrien im Raum Wien und Wiener Neustadt sammeln, vor allem was das Ausmaß der Zerstörung durch die Bombardierungen betrifft, aber auch nähere Angaben über den Bau der „Reichschutzstellungen", den sogenannten „Südostwall". Per Funk sollten die Informationen an den OSS in Bari weitergegeben werden.
Die Mission scheiterte, bevor sie noch richtig begonnen hatte, da beim Absprung die Container mit der Funkausrüstung verloren gingen. Die Suche nach Verstecken gestaltete sich schwierig, obwohl sie lange vorbereitet worden war. Die in Frage kommenden Bekannten der drei Österreicher wollten die Agenten aus Angst vor der Gestapo nur für wenige Stunden aufnehmen. Nach einigen Übersiedlungen kamen sie in St. Margarethen bei der Familie von Perkins, der mit bürgerlichem Namen Johann Pascher hieß, unter. In einer Scheune direkt gegenüber dem Haus der Familie Pascher sah Taylor zum ersten Mal Hunderte ausgemergelte ausländische Zwangsarbeiter, Arbeitskräfte des Südostwallbaus.
Nur Pascher konnte länger bei seinen Eltern bleiben, Grantz wurde bei einer Tante namens Wilfinger untergebracht. Taylor und Underwood bekamen im Heustadl der Familie Kaufmann in Schützen eine Unterkunft.
In den folgenden Wochen trug die Gruppe Informationen über die Rüstungsindustrie, über militärische Anlagen und den Südostwallbau zusammen, wobei auch der Vater von Underwood, in Wien beim Luftwaffennachrichtendienst tätig, behilflich war. Da aber alle Informationen ohne Verbindung zum OSS wertlos waren, beschloss die Gruppe, sich nach Italien durchzuschlagen. Das Organisieren einer Bahnfahrt nach Kärnten erwies sich als Fehlschlag. Bei der Kontaktaufnahme mit einer Familie in Wiener

Neustadt wurden sie von dieser bei der Gestapo angezeigt und kurz darauf samt ihren Unterkunftgebern verhaftet. Josef Prieler, Gemeindesekretär von Schützen und wichtiger Informant Taylors, wurde bei der Festnahme durch die Gestapo erschossen.
Am 1. Dezember 1944 brachte man Taylor in das Hauptquartier der Wiener Gestapo. Die Verhöre führte Johann Sanitzer, Spezialist für Fallschirmagentenabwehr. Taylor durfte sich die ersten Tage nicht niederlegen, bekam tagelang kein Wasser und Essen, sein bei der Verhaftung ausgerenkter Arm wurde nicht behandelt. Schreie von misshandelten Menschen ließen ihn nicht zur Ruhe kommen. Er verweigerte beharrlich jede Zusammenarbeit mit der Gestapo, die aber zu seinem Erstaunen sehr genau über die Funkcodes des OSS Bescheid wusste. Zwei Monate verbrachte Taylor in völliger Isolierung. Aus Angst vor einer möglichen Hinrichtung konnte er kaum schlafen. Er erkrankte an schwerer Ruhr, eine Lungenentzündung überlebte er, weil ein freundlich gesinnter Aufseher ihn Sulfonamide in die Zelle schmuggelte.
Am 1. April 1945, zwei Wochen vor der Einnahme Wiens durch die Rote Armee, wurde Taylor gemeinsam mit 37 anderen Gestapohäftlingen ins KZ Mauthausen überstellt. Von den ersten Eindrücken im Lager geschockt, kam ihm bald seine Schulung als Agent zu Hilfe. Er orientierte sich schnell und registrierte alle Vorgänge aufmerksam. Körperlich stark geschwächt, wurde er Zeuge der Befreiung des Lagers durch seine Landsleute am 5. Mai 1945. Die US Army bot ihrem Geheimagenten sofort einen Spitalsplatz in Regensburg an, aber Taylor bestand darauf, bei den Befreiern im Lager zu bleiben. Drei Wochen half er beim Sammeln von Zeugenberichten, wichtigen SS-Dokumenten wie den Totenbüchern des Standortarztes und der Festnahme von SS-Männern. Gleichzeitig begann er, an seinem Bericht über die „Dupont Mission" für den OSS zu arbeiten. Am 30. Mai 1945 war dieser fertig gestellt …
Taylor erfuhr bei seinen Recherchen in Mauthausen, dass er seit dem 28. April 1945 tot sein sollte. Der in der Politischen Abteilung des Lagers beschäftigte tschechische Häftling Milos Stransky hatte Taylors Hinrichtungsdokumente jedoch rechtzeitig verbrannt. Wenig später erhielt er die Nachricht, dass auch seine drei österreichischen Begleiter überlebt hatten.[55]

Franz Ziereis[56], der Lagerkommandant von Mauthausen, hatte sich auf einer Almhütte versteckt, wurde in eine Falle gelockt, wollte sich der Festnahme widersetzen und wurde dabei angeschossen. Im Spital ist er dann nach sei-

[55] Aus: Zeitgeschichte. Heft 9–10, 22. Jg., 1955, S 318 ff.

[56] Franz Ziereis (1905–1945): Reichswehrangehöriger (1924 bis 1936), 1936 Eintritt in die SS, nahm 1938 an der Besetzung Österreichs teil. Seit 1939 Kommandant des KZ Mauthausen.

ner Einvernahme seinen Verletzungen erlegen. Aber vorher gab er noch sehr umfangreiche Details zu Protokoll, die seine Vorgesetzten sehr belasteten. Vor allem den SS-Obergruppenführer Oswald Pohl[57] vom Reichssicherheitshauptamt (RSHA), der die Oberaufsicht über alle Konzentrationslager hatte, aber auch den Gauleiter von Oberdonau, August Eigruber.[58] Es war überhaupt eigenartig. Auch bei den Einvernahmen der kleineren Chargen des SS-Aufsichtspersonals ist mir aufgefallen, dass sie ohne jede Scheu ihre ehemaligen Kameraden belasteten. Nur selber waren sie die reinsten Unschuldsengel.
Als einer der brutalsten Schinder wurde ein gewisser Hans Gogl[59] von seinen Kameraden beschrieben. Nach dem Krieg lebte er ein friedliches Leben in Ottnang im Hausruck (Oberösterreich) als Uhrmacher. Im Jahr 1972 wurde er vor ein österreichisches Gericht gestellt, jedoch freigesprochen. Über den Schutzhaftlagerführer Strauss[60] wurde mir von dessen eigenen Kumpanen berichtet, dass er selbst von den bescheidenen Rationen, die für die Häftlinge zugeteilt wurden, große Mengen auf dem Schwarzmarkt verkaufte. Von wegen *„... unter den Nazis hat es keine Korruption gegeben."*
Auf diese Weise haben wir ein sehr abgerundetes Bild darüber bekommen, wer was getan hat. Von der soviel gepriesenen Kameradschaft habe ich nichts bemerkt. Ich hätte nie gedacht, dass das dieselben Menschen sind, wenn ich sie mit den Fotografien verglich, auf denen sie in der vollen Pracht ihrer Uniformen posierten.

---

[57] Oswald Pohl (1892–1951): 1926 Eintritt in die NSDAP und SS; ab 1. 2. 1934 Verwaltungschef im SS-Hauptamt mit Zuständigkeit für die Verwaltungen der Konzentrationslager und der bewaffneten KZ-Verbände. Ausbau der SS-eigenen Wirtschaftsbetriebe unter Ausnützung der Arbeitskraft der KZ-Insassen (Vernichtung durch Arbeit). Ab 1. 2. 1942 Chef des neugegründeten SS-Wirtschafts-Verwaltungsamts, damit Herr über Hunderttausende von KZ-Insassen, die auch an die Industrie vermietet wurden. Er organisierte als „Wirtschaftsminister" der SS die radikale Ausnutzung und „Verwertung" der Menschen in den Konzentrationslagern. Nach Kriegsende versteckte er sich zunächst in Oberbayern, danach in der Nähe von Bremen. Verhaftung durch die Briten im Mai 1946, Prozess in Nürnberg. Todesurteil am 3. 11. 1947.

[58] August Eigruber (1907–1946): Trat 1927 der NSDAP bei, wurde 1936 Gauleiter der verbotenen NSDAP in Oberösterreich, übernahm am 12. März 1938 das Amt des Landeshauptmannes von Oberösterreich. Am 23. Mai 1938 wurde er zum Gauleiter für Oberdonau und am 15. März 1940 zum Reichsstatthalter bestellt. 1943 wurde er SA-Obergruppenführer. Mitte April 1945 befahl er die Liqidierung aller in Mauthausen inhaftierten Oberösterreicher. Am 10. August 1945 verhaftet, wurde er im Mauthausen-Prozess zum Tod verurteilt und hingerichtet. Vgl. dazu: Freund, Florian: Der Mauthausen-Prozeß. In: Dachauer Hefte, Bd. 13. Gericht und Gerechtigkeit. Hg. Comité International de Dachau. Brüssel 1997.

[59] Johann Vinzenz Gogl wurde vom Landesgericht Linz 1972 und – nach Aufhebung des Urteils vom OGH 1973 – neuerlich vom Landesgericht Wien 1975 freigesprochen.

[60] Xaver Strauss (geb. 1910): kam aus dem KZ Flossenburg nach Mauthausen, wo er Verwaltungsführer (zuletzt im Rang eines SS-Hauptsturmführers) war. Strauss wurde beim zweiten Mauthausenprozess von einem amerikanischen Militärgerichtshof zu lebenslänglichem Zuchthaus verurteilt, jedoch bald begnadigt und frei gelassen. Vgl. dazu: Maršálek Hans: Die Geschichte des Konzentrationslagers Mauthausen, 3. erweiterte Auflage. Wien–Linz 1995, S. 196.

Da Ziereis im Zusammenhang mit der Ermordung (im Nazijargon hieß das „Liquidierung") der amerikanischen Offiziere Eigruber belastet hatte, mussten wir auch diesen einvernehmen. Eigruber war im Linzer Gefangenenhaus inhaftiert, und die Amerikaner hatten in seiner Zelle unzählige Fotografien von verhungerten KZ-Häftlingen, Bergen von Leichen, Gaskammern und KZ-Krematorien aufgehängt. Als ob ihn das beeindruckt hätte. Wie naiv doch die Amerikaner waren.
Unsere Nachbarn in Linz erzählten uns, dass Eigruber noch in den letzten Tagen vor dem Einmarsch der Amerikaner den Befehl gegeben hatte, zwei junge Wehrmachtsangehörige wegen Fahnenflucht bei der Ennsbrücke aufzuhängen. Über Radio hat er noch einen Durchhaltebefehl erlassen, und dann ist er selbst in die Berge geflüchtet. Beleg habe ich darüber keinen, aber sehr wohl ist belegt, dass Eigruber und Kaltenbrunner[61] am 28. April 1945 die Ermordung einer großen Gruppe von oberösterreichischen Antifaschistinnen und Antifaschisten, also noch knapp vor der Befreiung des KZ Mauthausen am 5. Mai 1945, angeordnet haben.[62]
Auch Eigruber wurde mit der Finte heruntergelockt, es gäbe einen Fluchtweg. Dann wurde die Straße blockiert und er wurde festgenommen. Als ich ihn bei der Einvernahme fragte: *„Was haben Sie sich eigentlich vorgestellt, als Sie auf die Almhütte flüchteten?"*, war seine Antwort: *„Der letzte Befehl, den er von Feldmarschall Keitel erhalten hatte, lautete: ‚Zieht Euch in die Berge zurück und wartet ab, bis die Amerikaner mit den Russen Krieg führen, dann werden uns die Amerikaner schon brauchen.'"*
Als dann einige Zeit später der „Kalte Krieg" ausbrach, wurde so mancher „gebraucht". Die meisten KZ-Schergen von Mauthausen beriefen sich bei den Einvernahmen auf Befehle von SS-Obergruppenführer Pohl, der im Reichssicherheitshauptamt für alle Konzentrationslager verantwortlich war. Eigruber, Keitel[63] und Kaltenbrunner waren nicht darunter. Sie wurden von den Amerikanern gehenkt. Oswald Pohl, der Ober-KZ-Aufseher und Hauptverantwortliche für so viele Kriegsverbrechen wurde in den Nürnberger Nachfolgeprozessen 1947 zum Tode verurteilt und 1951 hingerichtet. Unvergesslich, weil

---

[61] Ernst Kaltenbrunner (1903–1946): Rechtsanwalt in Linz, seit 1932 Mitglied der NSDAP und SS. Wurde am 12. März 1938 Staatssekretär für öffentliche Sicherheit und SS-Gruppenführer, 1941 zum Generalleutnant der Polizei ernannt. Ab Jänner 1943 Nachfolger von Reinhard Heydrich als Chef der Sicherheitspolizei sowie des Reichssicherheitshauptamtes. Als Chef der Sicherheitspolizei und des Sicherheitsdienstes (SD) kontrollierte er nicht nur die Gestapo, sondern auch den für die „Endlösung der Judenfrage" zuständigen SS-Apparat. 1945 wurde er in Altaussee von einer US-Militärpatrouille verhaftet. Angeklagter im Hauptkriegsverbrecherprozess in Nürnberg (1945/46), Todesurteil, Hinrichtung am 16. Oktober 1946. Quelle: http://www.doew.at/service/archiv/eg/index/kaltenbrunner.html

[62] Vgl. dazu: http://de.doew.braintrust.at/b150.html

[63] Wilhelm Keitel (1882–1946): Seit 1940 Generalfeldmarschall und 1938-1945 Chef des Oberkommandos der Wehrmacht. Keitel gehörte zu den insgesamt 24 im Nürnberger Prozess angeklagten Hauptkriegsverbrechern. Er wurde in allen Anklagepunkten für schuldig gesprochen und zum Tod durch den Strang verurteilt.

so erschütternd, bleibt mir die Begegnung Ludwig Bernaschecks mit August Eigruber. Als Bernaschek von mir erfuhr, dass ich Eigruber im Zusammenhang mit der Ermordung der amerikanischen Offiziere einvernehmen werde, fragte er mich, ob er zur Einvernahme mitkommen könnte. Bernascheck wusste, dass die Ermordung seines Bruders Richard im April 1945, also knapp vor der Befreiung im KZ Mauthausen, auf Anordnung Eigrubers erfolgt war.

Richard Bernaschek

Nach dem 12. Februar 1934 ging Richard Bernaschek – wie viele andere Angehörige des Schutzbundes – in die Sowjetunion.[64] Nachdem er bald erkannte, dass dort die politischen Verhältnisse seinen Vorstellungen nicht entsprachen, kehrte er nach Österreich zurück. Da den Nationalsozialisten offensichtlich bekannt war, dass Bernaschek von den Verhältnissen in der Sowjetunion enttäuscht war, versuchten sie ihn für sich zu gewinnen. Entgegen manch anderer Angehöriger der Sozialdemokraten blieb Bernaschek standhaft und widersetzte sich allen Angeboten. Deshalb war er den oberösterreichischen „Naziführern" besonders verhasst. Am 11. September 1944 brachten sie ihn nach Mauthausen. Am 3. Februar 1945 wurde er zur Gestapo Linz überstellt und im April 1945 – also unmittelbar vor Kriegsende wieder nach Mauthausen gebracht und unmittelbar danach ermordet.
Ludwig Bernascheck, der Eigruber offensichtlich noch aus der Jugendzeit kannte und daher per „Du" mit ihm war, hatte Mühe, seine Tränen zu unterdrücken und brachte immer wieder nur die eine Frage heraus: *„Warum hast Du meinen Bruder umbringen lassen? Warum? Warum? Du wusstest doch, dass Ihr den Krieg nicht mehr gewinnen könnt."* Und Eigruber antwortete darauf völlig unbewegt: *„Ich war's nicht. Ich habe immer nur Befehle, die aus Berlin kamen, weitergeleitet."* Dies widersprach der Wahrheit.
Bei dieser Einvernahme hat Eigruber alle Anschuldigungen bestritten. Er habe weder mit der Exekution der amerikanischen Offiziere noch der von Richard Bernaschek etwas zu tun. Zum Zeitpunkt der Einvernahme wusste er jedoch nichts über die Angaben des Lagerkommandanten von Mauthausen Ziereis und dass der amerikanische Hauptmann Jack Taylor Mauthausen überlebt hat. Beim Mauthausenprozess in Dachau, der am 29. März 1946 begann, ahnte er offensichtlich bereits, dass er keine Chance mehr hatte, daher klang seine Rechtfertigung dort ganz anders.

---

[64] Vgl. dazu: McLoughlin, Barry, Schafranek, Hans, Szevera, Walter: Aufbruch, Hoffnung, Endstation, Österreicherinnen und Österreicher in der Sowjetunion 1925–1945. Wien 1997.

Auszug aus dem Verhandlungsprotokoll:

Eigruber gibt sehr sachlich zu Protokoll:
Ich stehe auch heute voll und ganz zu allen meinen Befehlen und Anordnungen, die ich getroffen habe. Ich bin auch heute noch überzeugter Nationalsozialist. Und behaupte, dass allein der Nationalsozialismus in der Lage war, Deutschland und Europa aus dem Elend und der internationalen Versklavung nach dem Ersten Weltkrieg herauszuführen. Die Mittel, die wir anwenden mussten, um unser Ziel zu erreichen, mögen nicht immer einwandfrei gewesen sein, aber auf alle Fälle waren sie allein diktiert von dem heißen Wunsch, endlich nach dem Verbrechen der Friedensverträge von St. Germain und Versailles wieder Ordnung zu schaffen in Mitteleuropa, ohne dem Europa, ja eine europäische Politik undenkbar ist. Wir Nationalsozialisten nahmen für uns das Recht in Anspruch, das nach unserer Ansicht Europa allein den Europäern gehört und insbesondere Mitteleuropa, dieses alte Kulturland mit seinem hohen Stand an Wissen und Zivilisation die Führung in der neuen Gestaltung des Erdteils zu übernehmen hat. ...

Eigruber erklärt:
„Ich habe als Gauleiter meinen Führer Gehorsam geschworen und halte ihm diesen Gehorsam bis zu meinem letzten Atemzug. Ich stehe voll und ganz für jede meiner Handlungen ein, sie waren allein diktiert von der Ueberzeugung, dass nur eiserner Wille und letzte Konsequenz beim Aufbau unseres Staates Ordnung schaffen konnten. ...

Eigruber sagt weiter:
Ich bin und bleibe Nationalsozialist, die Politik des Nationalsozialismus ist die Politik der Erziehung zum Staatsmenschen – ohne wenn und aber, ein Volk, ein Führer, ein Reich, – wenn Fehler gemacht wurden, wo in welchem Staat werden keine Fehler gemacht, wenn der Staat im Aufbau ist und dauernd mit heterogenen Elementen, die alles besser wissen und alles schlechter machen, zu kämpfen hat. Wir waren Kämpfer um die Erneuerung des deutschen Menschen insbesondere und um die Erneuerung des europäischen Menschen im allgemeinen. In allen Staaten Mitteleuropas leben Gesinnungsgenossen, die gleichen Willens sind – zum Aufbau und zur Ausmerzung von allem Zerstörenden, wenn darunter auch das jüdische Element fällt, dann durch eigene Schuld. Es gibt und hat auch immer Juden gegeben, die Weltmenschen im umfassenden Sinn waren, aber es gibt leider eine Unzahl Juden, deren Gedanke die Vernichtung und Unterjochung des europäischen Menschen ist, – jene intellektuellen Juden ohne Vaterland und

Heimat, die das Land, in dem sie geboren wurden, verachten, ohne einen Ersatz dafür zu finden. Die alles anderes sind, nur keine Europäer. Wenn wir diese staatszerstörenden Elemente aus unserer Mitte ausgemerzt haben, dann vor allem Dingen, weil wir unter uns allein sein wollen und Gott und Jehova für uns überwundene Standpunkte sind.

Frage: Warum wurden denn überhaupt von Ihnen diese Lager geschaffen?
Eigruber: *Um missliebige Menschen und Nörgler unschädlich zu machen, sie zu Menschen zu erziehen. Der politische Häftling sollte umgeschult werden, das soziale Element zu sozialem Denken und zur Arbeit erzogen, und das staatsfeindliche jüdische Element ausgemerzt werden!*

Frage: Verstanden Sie darunter die Tötung der Juden?
Eigruber: *Im Anfang war vorgesehen, die Juden in Arbeitslagern zu sammeln und sie, die jeder körperlichen Arbeit abhold waren, zu körperlicher Arbeit zu erziehen. Dann sollte versucht werden, normale Zeiten vorausgesetzt, die überwiegende Masse der Juden abzuschieben, ihr zusammengerafftes Vermögen zum größten Teil zu beschlagnahmen zu Gunsten des Staates, der, wie die Vergangenheit lehrt, genug durch jüdische Elemente geschädigt worden war.*

Frage: Ist es wahr, dass ein Befehl des Führers bestand, auf Grund dessen alle unheilbaren Kranke, Sieche, Geisteskranke und Idioten und Arbeitsunfähige getötet werden sollten?
Eigruber: *Die Ausmerzung aller asozialen Elemente, zu denen außer den bereits aufgeführten auch die Berufsverbrecher und Gewohnheitsverbrecher gehörten, war ein Teil des politischen Programms und vom Führer angeordnet.*

Frage: Haben Sie persönlich Hinrichtungen beigewohnt? Wieviel?
Eigruber: *Wenn sich Gelegenheit bei Besuchen bot, gezählt habe ich sie nicht!*

Frage: Sind in Mauthausen auch gerichtliche Urteile gefällt und vollstreckt worden?
Eigruber: *Jedes Lager hatte sein eigenes Lagergericht, so auch Mauthausen. Die ausgesprochenen Urteile wurden immer im Lager selbst vollstreckt!*

Frage: Unterstand Ihnen das Gericht oder das Reichshauptstellenamt?
Eigruber: *Hier in Mauthausen war ich die letzte Instanz. In bestimmten Fällen wurden mir Urteile zur Bestätigung vorgelegt.*

***Frage:** Dann haben Sie auch Todesurteile bestätigt?*
***Eigruber:** Ohne zögern! Das Wort des Führers galt mir mehr als alle Einwände. Auch war ich von der Richtigkeit jeden Urteils stets überzeugt!*[65]

Später wurde ich von meinem vorgesetzten Offizier gerügt, weil ich einen Zivilisten, nämlich Ludwig Bernaschek, der an sich mit der Ermordung der Amerikaner nichts zu tun hatte, zu dieser Einvernahme mitgenommen habe. Nicht wenig erstaunt war ich, als ich vor einiger Zeit am Bildschirm des ORF ein Gespräch mit dem pensionierten Nationalratsabgeordneten der FPÖ, Hermann Eigruber, Sohn des ehemaligen Gauleiters August Eigruber gesehen habe, in dem er behauptete, dass sein Vater unschuldig verurteilt worden sei.

Interessante Persönlichkeiten

Eines Tages tauchte in der amerikanischen Offiziersmesse ein Mann mit Bart in Zivilkleidung auf. Eine Linzerin vom Servierpersonal meinte etwas zögernd: *„Das ist doch der Bürgermeister Seitz?"* Mir war Karl Seitz[66] nur von Bildern und aus jenen Tagen in Erinnerung, da ich als Kind am 1. Mai an der Tribüne am Rathausplatz vorbeigezogen und er mit seinem Hut in der Hand die Vorbeiziehenden gegrüßt hatte. Also haben auch die einfachen Menschen in Linz den Wiener Bürgermeister, der elf Jahre zuvor mit Gewalt von der Heimwehr aus dem Wiener Rathaus entfernt worden war, nicht vergessen. Ein beruhigendes Gefühl nach den ersten enttäuschenden Erlebnissen.

Scholler und US-Oberleutnant Dino Löwenstein (rechts außen) statten Bürgermeister Seitz (Mitte) einen Besuch ab.

[65] AMM – Archiv der KZ-Gedenkstätte Mauthausen P/19/11 (Aussagen von SS-Angehörigen und Häftlingen im 1. Mauthausener Prozess, aufgezeichnet von „Spezialinvestigator" Dr. A. Becke (case 000-50-5).

[66] Karl Seitz (1869–1950): von 1901 bis 1918 sozialdemokratisches Mitglied des Reichsrates. Von Februar 1919 bis Dezember 1920 Erster Präsident der Nationalversammlung und vorläufiges Staatsoberhaupt. 1920 bis 1934 Vorsitzender der SDAP, 1923 bis 1934 Bürgermeister von Wien. 1934 in Haft. 1944/45 im KZ Ravensbrück.

Seitz hatte sich vom aktiven politischen Leben zurückgezogen, wurde aber dennoch nach dem 20. Juli 1944 von der Gestapo verhaftet und nach Deutschland verschleppt. Damals wurden von der Gestapo viele Menschen verhaftet, von denen die NS-Machthaber glaubten, dass sie in einem demokratischen Österreich eine politische Rolle spielen könnten. Das betraf sowohl ehemalige christlichsoziale als auch sozialdemokratische Politiker. Renner und Helmer waren nicht darunter.

Seitz wurde von Dino Löwenstein, einem Offizier unserer Einheit, abgeholt und nach Wien gebracht, und so sah ich ihn beim Mittagessen. Sigmund Kanagur erzählte mir später, dass er ein Gespräch eines Informationsoffiziers mit Seitz übersetzt hatte, aus dem ersichtlich war, dass er (Seitz war ja damals schon betagt) wenig über die neueste politische Entwicklung wusste. So versetzte er den amerikanischen Offizier in Erstaunen, als er erklärte, dass die Wiederherstellung eines selbständigen österreichischen Staates ein Unsinn wäre. Und als der amerikanische Offizier auf die Moskauer Deklaration bezüglich der Wiedererrichtung eines unabhängigen Österreichs verwies, erwiderte Seitz wörtlich: *„Aber was wollen Sie denn, Österreich ist doch nicht lebensfähig."*

Als dann Seitz in Begleitung einiger Offiziere nach Wien weiterreiste und er an der Demarkationslinie russische Soldaten sah, erwähnte er, dass er Lenin persönlich gekannt habe. Der russische Offizier ließ alle Soldaten antreten und stellte ihnen den Mann vor, der noch Lenin gekannt hatte. *„Und auch Trotzki war ein guter Freund, und wohnte sogar einige Tage bei mir"*, setzte er dann fort, offenbar nicht wissend, was eine solche Bemerkung für Folgen haben könnte. Da aber dieses Gespräch zuerst vom Deutschen ins Englische übersetzt und dann von einem jungen Amerikaner, der als Sohn eines amerikanischen Diplomaten in Moskau an der amerikanischen Botschaft aufgewachsen war, ins Russische übertragen wurde, fiel diese zweite Bemerkung bei der Übersetzung wohlweislich unter den Tisch. So weltfremd war Seitz damals. Dies alles konnte jedoch meiner Hochachtung für Bürgermeister Seitz und für die Leistungen des Roten Wiens der Zwischenkriegszeit keinen Abbruch tun.

Es hat damals auch einige schriftliche Übersetzungsarbeiten für mich gegeben. So kam zum Beispiel ein Bericht von Oskar Helmer[67] (der Name hatte damals für mich noch keinerlei Bedeutung) über die Ernährungslage der österreichischen Bevölkerung in Niederösterreich auf meinen Schreibtisch.

[67] Oskar Helmer (1887–1963): 1910 Redakteur der „Gleichheit" und der „Wiener Volksbühne", 1919/20 und 1945/59 Abgeordneter zum NR; 1921-34 und 1945 Mitglied der NÖ Landesregierung. 1945 erneuerte er gemeinsam mit Leopold Figl die niederösterreichische Landesverwaltung und wurde Unterstaatssekretär der Regierung Renner. Innenminister von 1945-59, 1945-59 stellvertretender Vorsitzender der SPÖ, 1959 Präsident der österreichischen Länderbank.

Ich war knapp ein halbes Jahr in Linz, doch diese Zeit war voll von Ereignissen und neuen Erlebnissen für mich, so dass es durchaus sein kann, dass die hier geschilderten Ereignisse nicht genau der Reihenfolge entsprechen. Schon in den ersten Tagen meines Aufenthaltes in Linz tauchte Joschi Holaubek[68] (einigen aus unserer Gruppe war er als Rote Falken Führer in der Ersten Republik bekannt), damals noch Feuerwehrkommandant von Wien, in Linz auf. Die Deutsche Wehrmacht hatte beim Abzug aus Wien fast alle Löschzüge aus Wien mitgenommen, und so hatte die Wiener Feuerwehr keine Löschwagen mehr.
Ein Großteil dieser Ausrüstung war in Linz hängen geblieben. Holaubek wollte diese wieder nach Wien zurückbringen, und zwar schon zu einem Zeitpunkt, da die westlichen Alliierten noch nicht in Wien waren. Das war damals gar nicht so einfach, denn die „Amerikaner" waren der Ansicht, dass die „Russen" dem Holaubek die Feuerwehrautos wegnehmen würden. Es waren vor allem die ehemaligen „Emigranten" in amerikanischer und englischer Uniform, die Holaubek sehr behilflich waren und übergeordnete amerikanische Kommandostellen davon überzeugten, dass man die Feuerwehrautos nach Wien zurückkehren lassen sollte. Holaubek verdankte diesen Erfolg Walter Hacker und Dino Löwenstein. Aber meine Zeit in Linz war nicht nur mit Arbeit ausgefüllt. Es ist ja merkwürdig, kaum ist der Alptraum vorbei, beginnt wieder das normale Leben und man amüsiert sich. Wir hatten erstaunlich viel Gelegenheit dazu im Ausseerland.
Albrecht Gaiswinkler[69], eine der bedeutendsten Persönlichkeiten, auf die das offizielle Österreich leider vergessen hat, war damals Bezirkshauptmann im Ausseerland. Als Angehöriger der Deutschen Wehrmacht ging er in die englische Kriegsgefangenschaft, kehrte freiwillig mit dem Fallschirm nach Österreich zurück, organisierte den Widerstand im Ausseerland und verhinderte auch die Zerstörung zahlreicher dort gelagerter Kunstschätze.
Unmittelbar nach Kriegsende organisierte er als Bezirkshauptmann die Versorgung des Ausseer Gebietes, was gar nicht so einfach war. Da dieses Gebiet als Alpenfestung vorgesehen war, lebten hier sehr viele Flüchtlinge und Hilfstruppen der Wehrmacht, vor allem auch Hochgebirgsregimenter, die sich dorthin zurückgezogen hatten. Die Amerikaner kritisierten ihn, weil er

[68] Joschi Holaubek (1907–1999): Als Sozialdemokrat sowohl im Ständestaat als auch im NS-Regime mehrmals in Haft. Organisierte 1945 als Wiener Branddirektor den Aufbau eines funktionierenden Brandschutzes. 1947 zum Polizeipräsident von Wien ernannt (bis 1972 im Amt). 1. Präsident des österreichischen Bundesfeuerwehrverbandes. 1960–1980 Präsident des Internationalen Feuerwehrverbandes (CTIF).

[69] Albrecht Gaiswinkler (1905–1979): 1934 in politischer Haft, 1945 Organisator der Widerstandsbewegung im Salzkammergut; 1945–1949 Abgeordneter zum Nationalrat.

ohne deren Wissen einen Waggon Salz in Italien gegen italienisches Gemüse eintauschte.

Da es auch viele Künstlerinnen und Künstler in dieses Gebiet verschlagen hatte, beauftragte Gaiswinkler diese mit der Organisierung von Ausseer Festspielen – und das schon im Sommer 1945. Er stellte ihnen das Ramgut, eine große Villa inmitten eines herrlichen Parks in Bad Aussee als Unterkunft und auch für Proben zur Verfügung. Wir, einige Angehörige des OSS-Linz und Salzburg, verbrachten unsere Wochenenden ebenfalls dort.

Unter anderem waren dort der Schauspieler Theo Lingen mit seiner Tochter Uschi, der Komponist und Dirigent Peter Kreuder, der Schauspieler Johannes Heesters und Gattin sowie Kammersänger Max Lorenz mit seiner Frau. Der Komponist Nico Dostal dirigierte Konzerte in Bad Aussee, war aber nie auf dem Ramgut am Abend. Von diesen Konzerten ist mir lediglich in Erinnerung geblieben, dass Nico Dostal auf mich 21-jährigen mit seinem ganzen Gehabe damals eher komisch wirkte. Ich habe noch nie zuvor einen geschminkten Mann gesehen.

Die anderen Künstlerinnen und Künstler machten auf mich einen bescheidenen, angenehmen Eindruck, wie völlig normale Bürger. Am schönsten waren die Gesellschaftsspiele im Ramgut, am Abend besonders das Pfandauslösen, wenn Peter Kreuder und Johannes Heesters eine Oper parodierten, um wieder in den Besitz ihres Pfandes zu kommen. Bei einer dieser Fahrten ins Ausseerland wurde ich ungewollt Zeuge eines Gespräches zwischen Walter Hacker[70] und einem Zivilisten, der mitfuhr, ein ehemaliger Emigrant aus England. Es ging um die Zukunft dreier sozialdemokratischer Emigranten aus England, um Oscar Pollak, Karl Czernetz und Franz Novy.

Hacker meinte: *„Ja, die Kommunisten aus der Emigration haben es leichter. Willi Scholz, ein kommunistischer Emigrant, wird bei seiner Rückkehr sicher gleich eine Position im Zentralkomitee erhalten* (Anm. d. Autors: womit er übrigens Recht behalten hatte), *aber unsere Leute werden es da viel schwerer haben. Wir müssen auf jeden Fall dafür sorgen, dass Oscar Pollak Chefredakteur der Arbeiter-Zeitung wird.* Das ist dann auch, nachdem Pollak, Czernetz und Novy in einem britischen Militärflugzeug nach Österreich zurückkehrten, geschehen.

Wenn ich heute an dieses Gespräch denke, verblüfft mich, wie richtig der damals immerhin noch recht junge Hacker die Situation der zurückkehrenden Emigrantinnen und Emigranten eingeschätzt hatte. Während die führenden Posten im kommunistischen Einflussbereich fast durchwegs von ehemaligen Emigrantinnen und Emigranten besetzt wurden (von ihnen wurden auch

[70] Walter Hacker: Publizist, Leiter der „Sozialistischen Korrespendenz".

mehr vertrieben), hatten es die sozialdemokratischen schwerer, von Ausnahmen abgesehen. Hacker selbst ist ein typisches Beispiel. Er wurde zwar Leiter der „Sozialistischen Korrespondenz", dem Nachrichtenservice der SPÖ und später Auslandssekretär der SPÖ, aber nie Chefredakteur der „Arbeiter-Zeitung". Er erlangte auch sonst keine Funktion mit Einfluss in der SPÖ.

Endlich wieder in Wien

Dann kam der Tag, an dem ich das erste Mal nach Wien durfte. Unser Quartier war im Hotel zum „Goldenen Hirschen" in der Skodagasse 1. Mein erster Weg führte zum Salzgries 10. Ich war schon im Haus und stieg einige Stufen empor. Ich hatte so ein komisches Gefühl in der Brust, es schnürte mir die Kehle ein. Was sollte ich denn hier? Ich wusste doch schon, dass meine Mutter nicht mehr da war. Vielleicht Nachschau halten, ob noch einige unserer alten Möbel da sind? Dass vielleicht beim Anblick der alten Stube Erinnerungen wach werden, die mir die Tränen in die Augen treiben? Ein weinender „Sieger", der sich vor dem „Besiegten" nicht beherrschen kann?

Nein, das hat keinen Sinn, ich kehrte um und habe dieses Haus seither nie wieder betreten. Anders war es dann, als ich das Haus in der Fallgasse 1 im sechsten Bezirk aufsuchte. Dort verbrachte ich immerhin meine Kindheit bis zum vierzehnten Lebensjahr. Dort wohnte noch jemand, den ich kannte, die Hausbesorgerin, Frau Machold. Sie war eine alte Christlichsoziale und hatte sich unserer Familie gegenüber anständig verhalten. Sie wusste nichts über meine Mutter.

Dann suchte ich meinen alten Schulfreund Willi Greimel auf, armer Leute Kind, in einem elendigen alten Haus wohnhaft, aus einer alten sozialdemokratischen Familie. Obwohl im richtigen Alter für die Hitler-Jugend ist er auf die Nazis nie hereingefallen. Er hatte nie an das Tausendjährige Reich geglaubt, und er hat sich auch als Knabe den jüdischen Mitschülern gegenüber anständig verhalten.

Solche Dinge merkt man sich, daher freute ich mich, ihn zu sehen. Der Karl Tuscher war gefallen, erzählte er mir. Wie hatte sich dessen Mutter mit gelegentlichen Bedienungen geplagt, um ihn und seinen jüngeren Bruder durchzufüttern. Welches Elend hat doch der „Führer" über dieses Land gebracht. Hitler hat „die Juden" zu seinen Feinden deklariert und vertrieben oder vernichtet. Aber das Elend, das er über seine „Volksgenossen" brachte, war auch nicht ohne.

Dann besuchte ich Frau Portisch in der Mollardgasse 20. Sie war Modistin und die Gattin eines Gardehauptmannes im österreichischen Bundesheer. Ihr Sohn, der Hansl, mit dem ich oft spielte, war ein strammer Nazi. Mit Tränen in den Augen erzählte sie mir, dass Hansl bei den Panzern war und in Russ-

land gefallen ist. Stolz berichtete sie mir, dass er bei seinem letzten Heimaturlaub wieder zu Österreich zurückgefunden hat.
Sein Vater, obwohl gewiss ein qualifizierter Offizier, wurde nicht zur deutschen Wehrmacht eingezogen, weil ihm die Nazis misstraut hatten. Jetzt, 1945, machte er Kurierdienst im Bundeskanzleramt (auch nicht gerade eine hervorragende Position für einen aufrechten Österreicher, wenn man bedenkt, welche politischen Karrieren meist weniger aufrechte Österreicher nach 1945 machten).
Frau Portisch hatte meine Mutter noch vor der Deportation gesehen. Sie berichtete, dass meine Mutter in der Wienerberger Ziegelfabrik zur Arbeit zwangsverpflichtet worden war. Mutter glaubte, dass sie nach Polen zur Arbeit geschickt werden würde und ließ sich bei Frau Portisch noch zwei warme Hüte anfertigen, da sie doch in Polen sicher keine mehr bekommen würde.
Nach alldem, was sie bereits wusste, nachdem man ihr schon die Urne meines Vaters aus Buchenwald geschickt hatte, ahnte sie noch immer nicht, was mit ihr geschehen würde. Es war einfach unvorstellbar. Sie wurde im Juni 1942 mit vielen anderen österreichischen Jüdinnen und Juden nach Izbica[71] in der Nähe von Minsk deportiert. Von dort ist nicht eine einzige Überlebende oder ein einziger Überlebender zurückgekehrt.
Später erfuhr ich in einem Brief von Mr. Wang aus Amerika, dass er, als Amerika noch nicht im Krieg war, Einreisepapiere für meine Eltern geschickt hatte. Meine Mama hoffte, damit meinen Vater aus dem Konzentrationslager frei zu bekommen. Sie wollte nicht ohne ihn ausreisen. Dann schickte man ihr die Urne. Mr. Wang schickte noch die Schiffskarte ab Lissabon. Aber dann hörte er nichts mehr von meiner Mutter. Es war zu spät. Offensichtlich ließ sie von ihrem letzten Geld noch die Urne auf dem jüdischen Friedhof in Simmering beisetzen und einen Grabstein aufstellen.

---

[71] Izbica: Zwischen dem 9. April und dem 5. Juni 1942 gingen insgesamt vier Deportationstransporte mit 4.000 jüdischen Männern, Frauen und Kindern vom Wiener Aspangbahnhof nach Izbica ab. Der Ort liegt etwa 18 km südlich der Kreishauptstadt Krasnystow im Distrikt Lublin. 90 % der Bevölkerung waren Juden. Durch Deportationen aus anderen Teilen Polens, aus dem „Protektorat" (darunter auch Österreicher), aus dem „Altreich" und aus Wien stieg die Anzahl der jüdischen Bewohner zeitweise auf bis zu 12.000 Personen. Um Platz für die Neuankömmlinge zu schaffen, wurden bereits am 24. März 1942 etwa 2.200 Menschen aus Izbica in das Vernichtungslager Belzec deportiert. Nach einer Pause von einigen Monaten übernahm im Sommer 1942 ein „Umsiedlungsstab" der SS die Organisation der nun wieder anlaufenden Deportationen. Spätestens ab diesem Zeitpunkt muss Izbica als ein „Warteraum" für das Vernichtungslager Belzec gesehen werden, dessen Belegung durch die Kapazitäten der Vergasungsanlagen von Belzec bestimmt wurde. Am 15. Oktober 1942 wurden 10.000 Juden auf dem Bahnhof von Izbica zusammengetrieben, von denen 5.000 abtransportiert wurden. Bei dieser Selektion kam es zu einem Massaker, bei dem etwa 500 Menschen erschossen wurden. Niemand von den 4.000 nach Izbica deportierten österreichischen Juden überlebte. Quelle: http://www.doew.at/projekte/holocaust/shoah/izbica.html

Quartier in der Weimarer Straße

Nach einigen Tagen im Hotel „Goldener Hirsch" übersiedelte ich mit einigen anderen Mitgliedern des OSS in eine Villa in der Weimarer Straße im 19. Bezirk. Dieses Haus war einst im Besitz eines jüdischen Fabrikanten und wurde nach der Machtergreifung der Nationalsozialisten in Österreich vom Gauleiter von Niederdonau, Dr. Jury, bewohnt. Dort schlief ich zum ersten Mal in meinen Leben allein in einem Zimmer.

Das Haus wurde von mehreren Mitarbeitern des OSS unter anderen auch von Mr. A. C. Ullmer, dem Chef der Wiener Abteilung und dessen Stellvertreter Mr. Cunningham bewohnt. Vor allem Mr. Ullmer beeindruckte mich sehr. Aus den Informationen, die er bekam, verfasste er jeden Tag ein Bulletin, das die wichtigsten amerikanischen Offiziere auf den Schreibtisch bekamen.

Wir hatten eine eigene Küche und wir sahen einander fast täglich beim Mittagessen im großen Speisezimmer der Villa. So war ich oft stiller Zeuge interessanter Gespräche, da sich die Amerikaner keinen Zwang auferlegten. So erzählte einer der Offiziere, wie er Dr. Renner bei einem Empfang des amerikanischen Hochkommissars beobachtete, als er im Empfangssaal von Zigarrenkiste zu Zigarrenkiste eilte, um immer wieder eine Zigarre in der Brusttasche seines Sakkos verschwinden zu lassen. Sigi Kanagur, der bei diesem Gespräch anwesend war, meinte in Verteidigung von Dr. Renner, dieser habe dies sicher nur getan, um die Amerikaner darauf aufmerksam zu machen, wie arm Österreich sei, wenn sich nicht einmal der Bundeskanzler Zigarren leisten könne.

Aber auch der Brief Dr. Renners an Stalin, der mit den Worten „Lieber Genosse Stalin" begann, wurde kommentiert, weil knapp danach Ernst Lemberger[72] einen Brief von Dr. Renner zur Weiterleitung an die westlichen Alliierten übernahm, in dem diese um Hilfe gegen die Russen ersucht wurden.

Da waren die Meinungen jedoch geteilt. Die einen priesen Dr. Renners schlaues diplomatisches Geschick, während andere ihn als charakterlosen Opportunisten bezeichneten.

Ich hörte schweigend zu, erinnerte mich jedoch, dass ich als 14-jähriger Knabe ein Interview mit Dr. Renner in einer Wiener Zeitung gelesen habe, in dem er sich zum Anschluss bekannte und dazu aufrief bei der Volksabstimmung am 10. April 1938 mit „JA" zu stimmen.

---

[72] Ernst Lemberger: galt als Sozialdemokrat und hatte beim OSS den Namen Mr. Lambert. Es hieß, dass er in Frankreich im Widerstand gegen die Nationalsozialisten tätig war und dort zum OSS kam.

Auf der Suche nach Kriegsverbrechern

Sehr viele der ärgsten Verbrecher von Mauthausen sind entkommen. So unter anderem auch Karl Schulz.[73] Mein Vorgesetzter, ein Marineleutnant namens O'Neill, ließ Steckbriefe anfertigen, und ich machte mich auf die Suche. Mir wurde ein ehemaliger Salzburger Kriminalbeamter zugeteilt, Burian war sein Name. Er war 1945 aus dem Polizeidienst entlassen worden, weil er vor seiner Kripotätigkeit Mitglied der SA-Standarte „Feldherrenhalle" gewesen war (der Salzburger Polizeipräsident aus der Nazizeit ist vorerst im Amt geblieben).

Die Amerikaner haben Burian engagiert. Er war älter als ich, hatte zweifellos Kripo-Erfahrung und brachte mir bei, wie man Einvernahmen führt und die entsprechenden Protokolle verfasst. Auf unseren langen Fahrten durch Deutschland fingen wir, wenn uns der Gesprächsstoff ausging, oft zu singen an, um nicht einzuschlafen (Autoradio hatten wir keines). Er kannte alle Lieder der Arbeiterinnen- und Arbeiterbewegung wie „Brüder, zur Sonne, zur Freiheit", „Wir sind jung", „Der kleine Trompeter", was auf seine Vergangenheit in der sozialistischen Arbeiterjugend hinwies. Nach seiner Tätigkeit bei den Amerikanern war er zeitweise arbeitslos, landete dann bei der Salzburger Feuerwehr und brachte es dort zum Personalvertreter.

Schulz war Kriminalbeamter in Köln, bevor er nach Mauthausen kam. Er hat seine Frau und seinen Sohn in Mauthausen sitzen lassen und ist mit seiner jungen Sekretärin verschwunden. Wir haben zwar seine Frau einvernommen, aber diese wusste wirklich nicht, wo er war. Wir suchten ihn in Köln, aber erfolglos. Wir versuchten dann, unsere Bemühungen in SS-Gefangenenlagern und auch im Internierungslager Glasenbach bei Salzburg[74] fortzusetzen, ohne Ergebnis. Dort waren die SSler gut aufgehoben. Auch in einem Lager in Bayern zeigten wir dem amerikanischen Lagerkommandanten die Steckbriefe. Der verwies uns an einen ehemaligen SS-Offizier, der die Lagerkartei führte, damit dieser uns sagte, ob sich einer der Verbrecher im Lager befinde.

---

73 Karl Schulz (geb. 1902 in Eberswalde): SS-Hauptsturmführer und Chef der politischen Abteilung im KZ Mauthausen. Als sich die Alliierten dem KZ näherten, floh er in der Nacht vom 2. auf den 3. Mai 1945 in die Tschechoslowakei und ließ sich später unter geändertem Namen in Deutschland nieder. Am 13. März 1956 wurde er wegen der Beschuldigung von Verbrechen im KZ Mauthausen erstmals verhaftet. Am 30. Oktober 1967 wurde er zu 15 Jahren Haft verurteilt. Da ihm die lange Untersuchungshaft angerechnet und ihm ein Teil der Strafe erlassen wurde, konnte er die Haftanstalt als freier Mann verlassen.

74 Im Internierungslager Glasenbach der amerikanischen Militärbehörden (nach dem Offizier Camp Marcus W. Orr benannt) wurden 1945–1948 bis zu 12.000 ehemalige NS-Funktionärinnen und NS-Funktionäre inhaftiert. Vgl. dazu: http://www.salzburg24.at/news/tp:salzburg24:salzburg-stadt/artikel/historiker-arbeiten-erstmals-geschichte-des-lagers-glasenbach-auf/cn/news-20071207-10200456

Wir erkannten bald die Sinnlosigkeit dieses Unternehmens. In Glasenbach ist uns aufgefallen, wie wohlgenährt sich diese Leute dort frei bewegten. Welch ein Unterschied zum Großteil der österreichischen Bevölkerung, die mit den Lebensmittelmarken gerade das Notwendigste bekam. Die internierten Kriegsverbrecher im Glasenbacher Lager wurden mit amerikanischen Lebensmitteln versorgt.

Lediglich im Fall des Schutzhaftlagerführers Hans Altfuldisch[75] waren wir erfolgreich. Wir machten seinen Wohnsitz in einer Kleinstadt in der Nähe von Würzburg ausfindig. Bei seiner Frau stellten wir uns als ehemalige SS-Kameraden vor, die ihm Ausweispapiere überbringen wollten, damit sie uns Bescheid über seinen Aufenthalt gäbe. *„Um Gottes willen, warum seid Ihr erst heute gekommen? Gestern ist mein Mann zu Fuß aufgebrochen, um sich im nächstgelegenen Kriegsgefangenenlager bei Würzburg zu stellen"*, sagte uns seine Frau. Dort wäre er, nach unseren Erfahrungen, als ganz normaler Kriegsgefangener sicher aufgehoben gewesen. *„Vielleicht ist er dort noch nicht angekommen"*, meinte sie und wir könnten ihn noch vorher abfangen.

Auf der Suche nach Kriegsverbrechern in Berlin zur Jahreswende 1945/46 in Berlin.

Nun hatten wir aber nur einen Militärjeep. Also organisierten wir über die Militärkommandantur ein Zivilfahrzeug der Kommunalverwaltung, nahmen die Frau Altfuldisch mit, um ihren Mann zu suchen, da wir ja gar nicht sicher waren, ob er tatsächlich ins Lager ging. Wir fanden ihn nicht unterwegs, also fuhren wir zum Lager. Wir ließen seine Frau im Auto sitzen. Sie merkte noch immer nichts.

Im Lager sprachen wir beim Lagerkommandanten vor, zeigten ihm den Steckbrief und er folgte uns Altfuldisch sofort aus. Er hatte keinen Ausweis, keine Vollmacht, einfach nichts von uns verlangt. Wir hätten ja wirklich

---

[75] Hans Altfuldisch: 2. Schutzhaftlagerführer des KZ Mauthausen; wurde vom US-Militärgericht in Dachau 1946 zum Tod verurteilt. Vgl. dazu: Freund, Florian: Der Dachauer Mauthausenprozess. In: Dokumentationsarchiv des österreichischen Widerstandes. Jahrbuch 2001. Wien 2001, S 35 ff.

Freunde von Altfuldisch sein können. Ein Sergeant, ein jüdischer Emigrant aus Wien, der im Lager als Dolmetsch fungierte, war uns sehr behilflich und hatte sofort Vertrauen zu mir, und das genügte. Wir haben Altfuldisch und seine Frau sofort einvernommen, um etwas über den Verbleib anderer SSler aus Mauthausen zu erfahren. Vergeblich. Wahrscheinlich wussten sie wirklich nichts. Äußerlich ein vollkommen normales Ehepaar. Sie wohnten beide in der SS-Siedlung von Mauthausen. Ob seine Frau wohl wusste, dass er im Konzentrationslager weibliche Gefangene mehrmals vergewaltigt und sie dann ins Gas geschickt hatte, damit diese armen Zeuginnen für immer verstummten?

Das berichteten uns zwei ehemalige polnische Gefangene aus dem Konzentrationslager, die im Krematorium arbeiteten und nur überlebten, weil die amerikanischen Soldaten Mauthausen befreiten. Üblicherweise wurden jene Gefangenen des Konzentrationslagers, die im Krematorium arbeiteten, nach einiger Zeit umgebracht.

Am Morgen darauf holten wir Altfuldisch ab, banden ihn an der Rückenlehne des Jeep fest und wollten rasch nach Salzburg, damit wir nicht unterwegs übernachten müssten. Ich hielt mich an keine Höchstgeschwindigkeit. Nachdem ich nach einer deutschen Kleinstadt wieder auf der Landesstraße war, überholte und stoppte mich die Militärpolizei. Ich zeigte ihnen den Steckbrief von Altfuldisch und erklärte ihnen, warum ich es so eilig habe. Er zeigte Verständnis und sagte, er würde mich ja laufen lassen, aber ich habe beim Überholen in der Stadt den Stadtkommandanten geschnitten und ihn gefährdet und deshalb habe dieser mir die Militärpolizei nachgeschickt. Also zurück in die Stadt, auf ein Schloss, zum Sitz des Stadtkommandanten. Drei Stunden Aufenthalt. Außer einer Anzeige an das OSS blieb dieser Zwischenfall für mich ohne jegliche Folgen.

Es war ein kalter Novembertag. Wir fuhren im offenen Jeep. Es war schon dunkel. Die Autobahnbrücke vor der Grenze war gesprengt, und es gab eine Umleitung durch das Tal. Ich hatte die Vorankündigungstafeln im Halbschlaf einfach nicht wahrgenommen – erst die letzte. Ich bremste im letzten Moment bei voller Geschwindigkeit und kam auf der Böschung der Behelfsstraße zum Stehen. Vorsichtig stiegen wir aus, damit der Jeep nicht umkippt. Nun war ich hellwach. Um Mitternacht lieferten wir Altfuldisch im Salzburger Stadtgefängnis ab. Den Rest besorgte Oberst Paston.

Einmal glaubten wir, eine Spur von Schulz gefunden zu haben. Ich flog von Tulln über Prag nach Frankfurt und von dort nach Berlin. In der Hand hatte ich lediglich seinen Steckbrief. Die Amerikaner verwiesen mich an die deutsche Kripo, und die war nicht sehr kooperativ. Obwohl es damals noch keine geteilte Stadt war, herrschte in Berlin eine gänzlich andere Atmosphäre als in Wien. Von den „Vier im Jeep" wie in Wien gab es dort keine Spur.

Die Polizeibehörde in den Westsektoren war damit beschäftigt, Kommunistinnen und Kommunisten, die noch aus der Zeit der alleinigen Besetzung durch die Rote Armee in den Polizeidienst aufgenommen worden waren, aufzuspüren und zu entlassen. Aber auch auf der anderen Seite fand ich keine Unterstützung. Da ich von meinen Reisen in Westdeutschland schon wusste, dass Arthur Dorf Polizeipräsident der Mark Brandenburg war, hoffte ich auf Hilfe durch ihn. Ich konnte natürlich nicht in die Sowjetzone nach Brandenburg reisen, aber in die Sowjetzone von Berlin konnte ich schon. Und so suchte ich dort das Zentralkomitee (ZK) der KPD auf und ersuchte um Kontakt zu Arthur.

Ich wurde von einem Beamten empfangen, erklärte diesem, warum ich in Berlin sei, hinterließ ihm den Steckbrief von Schulz und ersuchte ihn, mir eine Begegnung mit Arthur zu vermitteln. Ein Polizeipräsident konnte doch im ZK der KP nicht unbekannt sein. Der Beamte plauderte sehr nett mit mir über die Verhältnisse in Wien, über Gott und die Welt, aber zu einer Begegnung mit Arthur kam es nicht. Ich flog unverrichteter Dinge nach Frankfurt zurück und von dort per Autostopp nach Wien, was für jemanden in amerikanischer Uniform kein Problem war. Damit war diese Art der Tätigkeit für mich beendet. Bei einer meiner Reisen durch das Ruhrgebiet traf ich meinen Bruder Emil, der als Sergeant der Englischen Armee für die Alliierte Kohlenkommission arbeitete.

Wiedersehen mit Bruder Emil in Norddeutschland 1945.

Unterwegs von Wien nach Salzburg

Ich fuhr oft mit dem Jeep von Wien nach Salzburg und zurück. Eines Tages bat mich Kammersänger Max Lorenz, der wieder in seiner Wohnung in der Meistersingerstraße wohnte, die nun wieder Mahlerstraße hieß, um Hilfe: Während der Kampfhandlungen wurden viele Partituren der Wiener Staatsoper nach Linz verlagert, und man habe keine Transportmöglichkeit, diese nach Wien zu bringen. Also lud ich meinen Jeep voll mit Partituren und brachte diese nach Wien. Aus Dankbarkeit dafür wurde ich von Frau Lorenz zu zwei Vorstellungen ins Theater an der Wien mitgenommen. Ich

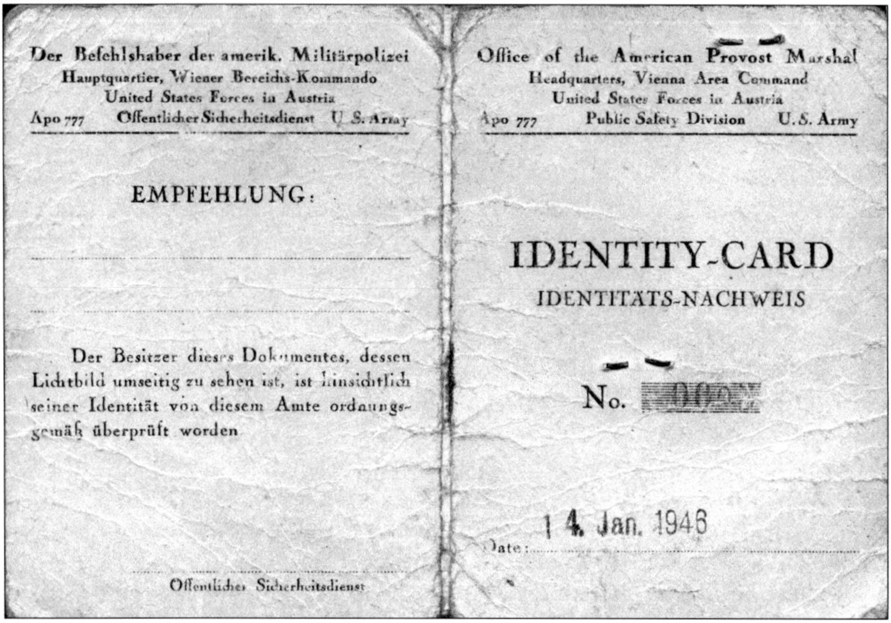

Der Befehlshaber der amerik. Militärpolizei
Hauptquartier, Wiener Bereichs-Kommando
United States Forces in Austria
Apo 777 Öffentlicher Sicherheitsdienst U. S. Army

EMPFEHLUNG:

....

....

Der Besitzer dieses Dokumentes, dessen Lichtbild umseitig zu sehen ist, ist hinsichtlich seiner Identität von diesem Amte ordnungsgemäß überprüft worden

....
Öffentlicher Sicherheitsdienst

Office of the American Provost Marshal
Headquarters, Vienna Area Command
United States Forces in Austria
Apo 777 Public Safety Division U. S. Army

IDENTITY-CARD

IDENTITÄTS-NACHWEIS

No.

Date: 14. Jan. 1946

Personalausweis und Waffenpass des amerikanischen Stadtkommandanten für Walter Stern 1946.

Walter Stern
Signature of Bearer

FINGER PRINT

Office of the American Provost Marshal
Headquarters, Vienna Area Command
United States Forces in Austria
Apo 777 Public Safety Division U. S. Army

TO WHOM IT MAY CONCERN:

The bearer of this document, whose picture appears on the left, has been properly identified as

WALTER STERN

PERMISSION GRANTED TO CARRY PISTOL .45 CAL #227641

UNITED STATES ARMY VIENNA AREA COMMAND
CHIEF
PUBLIC SAFETY
MILITARY GOVERNEMENT

[illegible] W. MacDougall
Public Safety Division
Major S. R. V. A. C.

sah „Othello“ mit Max Lorenz in der Titelrolle, Hans Hotter sang den „Jago“, und „Fidelio“ mit Lorenz als „Florestan“, Konecny als „Leonore“ und Irmgard Seefried als „Marceline“.
Ich junger Spund saß natürlich mächtig stolz neben der Frau des Kammersängers. Lorenz suchte sehr den Kontakt zu den Amerikanern. Er wollte unbedingt an der Metropolitan Opera singen. Ich war dafür sicher nicht der richtige Ansprechpartner. Weil der Transport der Partituren erfolgreich war, brachte mich Lorenz mit dem Modeschöpfer Adlmüller zusammen. Dieser hatte, bevor die Russen Wien befreiten, sein Stofflager nach Wels verlagert. Und so brachte ich auch einen Jeep voll mit Adlmüllers Stoffen in die Kärntner Straße, und Adlmüller konnte wieder Kleider für die Damen der betuchten Gesellschaft anfertigen lassen.
Auf einer dieser Fahrten habe ich einen jungen russischen Soldaten, der per Anhalter nach Amstetten wollte, mitgenommen. Ich weiß nicht mehr, ob unser Gespräch englisch oder deutsch geführt wurde, aber ich war nicht wenig erstaunt, als er meinte: „*Wenn zwei Drittel der Menschen im Kapitalismus leben und nur ein Drittel im Sozialismus (woher er diese Zahlen hatte, weiß ich nicht), dann sollte sich das eine Drittel unterordnen, damit es nur zu keinem Krieg komme.*“ Damals dachte ich noch in meiner Naivität, dass alle Russinnen und Russen mit dem Kommunismus sympathisieren.

Toni Lehr und andere Begegnungen

Durch Sigmund Kanagur lernte ich seine alten Freunde aus der kommunistischen Bewegung der Vorkriegszeit kennen. Die hervorragendste Persönlichkeit war Toni Lehr, damals Sekretärin des Vorsitzenden der KP, Johann Koplenig, eine Heldin des Widerstandskampfes. Sie war in Frankreich im Widerstand gewesen und meldete sich als französische Fremdarbeiterin gemeinsam mit ihrem Mann nach Wien, um hier eine österreichische Widerstandsgruppe aufzubauen. Sie arbeitete in der Floridsdorfer Lokomotiv-

Toni Lehr und Fritz Mayerhofer (Major Frigyes) auf dem Leopoldsberg in Wien.

fabrik.
In Frankreich fand die Gestapo die Liste der Österreicherinnen und Österreicher, die als Fremdarbeiterinnen und Fremdarbeiter nach Österreich zurückgekehrt waren. Toni und ihr Mann wurden verhaftet. Ihr Mann überlebte nicht, und Toni konnte nur überleben, weil sie von ihren Genossinnen im Konzentrationslager Ravensbrück vor der SS versteckt wurde.
Ich lernte eine Menge ehemaliger Häftlinge aus Konzentrationslagern kennen, ganz hervorragende Menschen. Und ich nahm auch Kontakt zu Fritz Walter (Otto Brichaczek) auf, mit dem ich von Afrika aus korrespondiert hatte. Es stellte sich heraus, dass ich den Briefwechsel nach London mit Lilli Bauer geführt hatte und Fritz Walter immer nur der Unterschreibende gewesen war.
Otto Brichaczek versuchte, mich zum Beitritt in die KP zu überreden. Trotz meiner Sympathie für diese Bewegung, vor allem für die Menschen, die ich kennen gelernt hatte, lehnte ich ab. Ich wollte einfach, solange ich bei den Amerikanern beschäftigt war, nicht beitreten. Ich war überzeugt (ich hatte weder Anhaltspunkte noch Beweise dafür), dass amerikanische Agenten auch in der Leitung der KP tätig sind. Wahrscheinlich hatten damals viele Menschen, auf beiden Seiten, so etwas wie einen Agentenkomplex. Außerdem musste ich, als Zivilangestellter der amerikanischen Regierung, unterschreiben, dass ich während meiner Anstellung weder einer politischen Partei noch einer Gewerkschaft beitreten darf. Aber zur FÖJ hielt ich den Kontakt aufrecht und besuchte auch ihre Veranstaltungen. Das OSS[76] hatte unter anderem auch die Aufgabe, wirtschaftliche und politische Informationen zu sammeln. Dr. Grimm von der Creditanstalt (CA) war ein wichtiger Verbindungsmann noch aus der Zeit während des Kriegs; auch die zierliche überaus attraktive Pianistin Barbara Issakides, die spätere Gattin von Prof. Fellinger, war oft bei uns in der Weimarer Straße zu Gast.
Captain von Ripper, ein österreichischer Adeliger, der als Jagdflieger für die spanische Republik gekämpft hatte und später nach Amerika gegangen war, schleppte eine Menge Leute aus dem österreichischen Adel (der ja 1918 abgeschafft worden war), einschließlich eines habsburgischen Prinzen an. Das beeindruckte manche Amerikaner sehr. In Amerika gab es Geld, Macht, Militär, Industriegiganten, aber keinen bodenständigen Adel.
Auch Walter Hacker versorgte das OSS mit interessanten Informationen: So brachte er eines Tages ein mit der Schreibmaschine geschriebenes internes Papier der KPÖ mit. Darin wurde begründet, warum die KPÖ von einer

[76] Das OSS wurde später in SSU (Strategic Service Unit) umbenannt.

Kaderpartei in eine Massenpartei umgewandelt werden müsse. Mir ist nur ein Satz in Erinnerung geblieben, weil er mir so außerordentlich dumm vorkam: „*Wenn die Genossen der unteren Parteiorganisationen nicht begreifen sollten, warum das notwendig ist, muss man ihnen sagen, dass sie auf der untersten Sprosse einer Leiter stehen, während die Parteiführung auf der oberen Sprosse der Leiter steht und daher den besseren Überblick hat.*" Hacker meinte, dass dieses Papier dem Stil Friedl Fürnbergs, dem langjährigen Generalsekretär der KPÖ, entspricht. Ich – der ich damals Fürnberg noch nicht kannte, hielt dies für eine plumpe antikommunistische Fälschung. Heute – nach all meinen Erfahrungen, vor allem mit Fürnberg – bin ich fast sicher, dass dieses Papier echt war. Hacker übermittelte dem OSS auch eine Zusammenfassung der Betriebsratswahlergebnisse in den Wiener Großbetrieben. Demnach erhielten die KPÖ etwa zehn Prozent der Stimmen der SPÖ. Daraus leitete ich folgende Milchmädchenrechnung für die ersten freien Wahlen im November 1945 ab: Wenn die KPÖ etwa 10 % der SP Stimmen bekommt, die SP etwa die Hälfte aller Stimmen bekommen wird, dann wird die KPÖ mit 5% der Stimmen gewählt werden. Die Rechnung war natürlich dumm, aber sie entsprach mehr der Wirklichkeit als die 20 %, die sich die KP Führung erhoffte.

Sigmund Kanagur wurde nach wie vor zu Dolmetschtätigkeiten herangezogen, wenn es um Interviews mit Politikern ging. Wahrscheinlich kam über seine Vermittlung ein Gespräch mit Ernst Fischer zustande. Ich erinnere mich noch, dass Fischer beim Essen, das dem Gespräch in der Weimarer Straße vorausging, erzählte, er komme eben vom Frauenhospiz in der Peter-Jordan-Straße. Seine Frau Ruth habe eine Tochter zur Welt gebracht – (heute) Marina Fischer-Kowalski.

Walter Stern im Stadtpark 1946.

Nach dem Essen zogen sich die Gesprächspartner Fischer, Kanagur und, wenn ich nicht irre, Mister Ulmer, der Chef der Abteilung in Wien, zu einem Gespräch zurück. Sigmund Kanagur erzählte mir nachher davon. Es ging vor allem um die zukünftige Politik Österreichs. Sigmund meinte, es sei doch eigenartig, dass Fischer vor allem immer wieder darüber sprach, was die anderen Parteien für eine Politik machen sollten und nie ein Wort darüber

verlor, welche Politik die KP machen müsste.
Bemerkenswert erscheint, dass Fischer, damals 1946, erklärte, dass die beiden anderen Parteien, also die ÖVP und die SPÖ, sich in dem damals immer schärfer werdenden Konflikt zwischen den ehemaligen Alliierten absolut neutral verhalten sollten. Ein Wunsch, der aufgrund der absolut prowestlichen Einstellungen der beiden großen Parteien absurd erschien. Die Forderung nach Neutralität, die damals von der KP als einziger Partei erhoben wurde, wurde übrigens später auf dem 15. Parteitag 1951 vorübergehend zu Grabe getragen und durch die Forderung nach einer prosowjetischen Politik ersetzt.

Die Schicksale von Weggefährten

Was ist aus unserer Gruppe beim OSS geworden? Hansl Reinisch hat uns noch in Linz verlassen. Er ist nach Voitsberg gegangen, wo noch seine Mutter lebte, und wurde dort Parteisekretär der KPÖ. Knapp darauf verunglückte er in der Nacht tödlich mit dem Motorrad. Da damals die Straßen nicht sehr befahren waren, fand man ihn erst am Morgen. Die Kämpfe im Februar 1934 hatte er unverletzt überstanden. In Spanien überlebte er trotz einer schweren Schulterverletzung. Ebenso unbeschadet überlebte er den Fallschirmabsprung hinter den deutschen Linien bei den italienischen Partisanen. Und dann der plötzliche Tod. War es wirklich ein Unfall? Der Unfallhergang jedenfalls wurde nie genau aufgeklärt. Hansl Reinisch habe ich am meisten gemocht. Kein Wunder, dass ich sehr betroffen war. Sepp Kraxner ging ins Ölfeld zur sowjetischen Mineralölverwaltung als Werkschutzmann. Franzl Marx fand das Haus, in dem er bis zu seinem Weggang gewohnt hatte, zerbombt vor. Ich traf ihn Jahre später als Autobuslenker der Linie Hietzing-Ober St. Veit von Dr. Richard. Fritz Mayerhofer, ein Ungar, der vor dem Krieg in Wien gelebt hatte und von Spanien her mit László Rajk[77] befreundet war, wurde von diesem nach Ungarn eingeladen, da es dort an verlässlichen Kommunistinnen und Kommunisten mangelte. Er wurde offensichtlich dank dieser Beziehungen (Rajk war damals noch nicht Außen-, sondern Innenminister) Direktor des Parteiverlages. Fritz bekam einen ungarischen Namen und hieß fortan Major Frigyes.
Als ich im Sommer 1949 bei den Weltjugendfestspielen in Budapest war, wollte ich ihn besuchen, aber niemand hat ihn gekannt. Es schien mir schon

[77] Lászlo Rajk (1909–1949): Ungarischer Innenminister von 1946-1948, 1948 Außenminister; wurde 1949 verhaftet, im Rahmen eines Schauprozesses in Ungarn verurteilt und am 15. Oktober 1949 in Budapest hingerichtet. 1956 wurde er vom Zentralkomitee der ungarischen KP offiziell rehabilitiert. Vgl. dazu: Hodos, Georg H.: Schauprozesse. Stalinistische Säuberungen in Osteuropa 1948-54. Berlin 1990.

eigenartig, dass der Direktor des Parteiverlages so unbekannt sei. Ich ahnte nicht, dass er zu diesem Zeitpunkt schon im Gefängnis saß. Als sein Name im „Blaubuch" über den Rajk-Prozess aufschien, staunte ich nicht wenig. Er wurde als Beweis dafür angeführt, dass Rajk amerikanische Spione nach Ungarn einschleuste. Laut Prozessbericht hat Fritz auch gestanden, amerikanischer Spion zu sein. Er wurde zu sieben Jahren Gefängnis verurteilt.
Nachdem Nikita Chruschtschow am 20. Parteitag der sowjetischen KP über die Schandtaten Stalins berichtete, wurde unter anderem auch Fritz rehabilitiert, freigelassen und mit einigen Orden ausgezeichnet. Er wurde Direktor des ungarischen Reisebüros Ibusz. Als solcher besuchte er auch Wien. Meine erste Frage an ihn war natürlich: *„Fritz hast du wirklich gestanden?"* Er antwortete mit *„Ja"*. *„Aber warum, wenn du kein amerikanischer Spion warst?"* Er: *„Ich wurde bei der Einvernahme geschlagen."* Eine Rückgratverletzung stammte von dieser Einvernahme, er konnte nie mehr aufrecht gehen. *„Aber ich habe trotzdem kein Geständnis abgelegt. Dann wurde ich mit Lászlo Rajk in eine Zelle zusammengebracht."* Dieser sagte zu mir: *„Fritz, die Partei braucht dein Geständnis, wir müssen vor der Welt beweisen, dass Tito ein angloamerikanischer Agent ist." „Da habe ich dann gestanden."* Ich habe keinen Grund an dieser Darstellung zu zweifeln. *„Sag Fritz"*, bohrte ich weiter *„Welche Gefühle hast du, wenn du in Budapest einem deiner Folterknechte auf der Straße begegnest?"* Fritz: *„Welche Gefühle sollte ich haben? Er glaubte, so wie ich, das Beste für die Partei getan zu haben."* Da hörte ich auf, das grenzte schon an religiösen Wahn. Fritz wurde dann als Chef von Ibusz nach Paris versetzt.
Als ich 1967 zufällig seine Witwe in Budapest traf, erzählte sie mir, dass Fritz sich im Jahr 1963 in Paris über den Kennedymord so aufregte, dass er einen Herzinfarkt bekam und kurz darauf verstarb. Was mich an diesem Fall noch bedrückte, war, dass selbst alte Freunde von Fritz aus der Vorkriegszeit an die Beschuldigungen glaubten. *„Da war doch schon etwas mit Fritz wegen Trotzkismus in den Dreißigerjahren"*, hörte ich einmal eine alte Freundin von ihm sagen. Nur Sigmund Kanagur glaubte von Anfang an nicht an die ganze Geschichte, weder bei Rajk noch bei Mayerhofer. Als ich nach der Rehabilitierung von Fritz Sigmund fragte, wieso er von der Unschuld Mayerhofers und Rajks überzeugt war, erzählte er mir zum ersten Mal seine eigene Geschichte. Nach der Niederlage der Republikaner in Spanien floh er mit vielen Mitgliedern der internationalen Brigaden nach Frankreich. Diese wurden im Lager Gurs interniert. Da Sigmund gut französisch sprach, wurde er von der Parteiorganisation beauftragt, mit dem Lagerkommandanten zu verhandeln.
Eines Tages tauchte das Gerücht auf, er arbeite als Spitzel für den Lagerkommandanten. Daraufhin wurde er von der Parteiorganisation „abgehängt". Das war für ihn schrecklich, von den Freunden geschnitten zu werden. Er dachte sogar an Selbstmord. Kaum nach Wien zurückgekehrt, wollte er den

Sachverhalt aufklären. Er begab sich in die Kaderabteilung der KPÖ in der Wasagasse. Dort saß ein Mann, den er noch aus dem Lager Gurs kannte. Der sagte ihm: *„Das habe sich noch im Lager aufgeklärt, wir wissen, dass du unschuldig verdächtigt wurdest."* Das hat Sigmund derartig empört, dass man ihn jahrelang im Bewusstsein der falschen Verdächtigungen weiterleben ließ, und er hat wegen dieser Unmenschlichkeit seine Mitgliedschaft in der KPÖ nach der Rückkehr nach Wien nicht wieder erneuert. Als er mir das erzählte, war ich bereits Mitglied der KPÖ. Er versuchte mich in keiner Weise davon abzubringen. Er gab mir lediglich den Rat: *„Solltest du einmal Probleme in der Partei haben, dann wende dich an Walter Wachs, er ist einer der wenigen Funktionäre, die ich kennen lernte, die menschlich denken und handeln."*

Sigmund Kanagur, zweifellos der intelligenteste der Gruppe, fristete sein Dasein als Leiter der „Aktion für den guten Film" in der Neubaugasse im siebenten Wiener Gemeindebezirk. Er wollte in den diplomatischen Dienst, zur Botschaft in Rom, wegen seiner hervorragenden Sprachkenntnisse, Englisch, Französisch, Spanisch und Italienisch. Er hatte sogar mit dem damaligen Bundespräsidenten Karl Renner gesprochen, aber dieser hatte für zurückgekehrte Emigrantinnen und Emigranten nicht viel übrig. Zuletzt sah ich ihn sehr deprimiert am Ring bei der Anti-Borodajkewyz-Demonstration. Er sagte damals: *„Das hätten wir uns nach 1945 nicht gedacht, dass wir gegen die Nazis noch einmal auf die Straße gehen müssen."* Kurz darauf ist er, viel zu früh, an Herzversagen gestorben.

Wir hatten vor unseren Einsätzen amerikanische Namen angenommen. Er behielt seinen angenommenen Namen Dr. Kennedy bis zu seinem Tod bei. Im Jahr 1946 übergab ich ihm eine Abschrift der Protokolle der Einvernahmen jener SS-Leute aus Mauthausen, derer wir habhaft werden konnten. Er wollte ein Buch darüber schreiben. Leider kam er nicht dazu. Mir fehlen jetzt diese Protokolle.

Ende der Zeit beim OSS

Den Rest der Zeit beim OSS wurde ich mit der Betreuung des Wagenparks des OSS Wien betraut. Die Autos wurden in der Garage Bucina gewartet und repariert. Diese Garage existiert heute noch unter demselben Namen. Bevor ich den Dienst bei den Amerikanern quittierte, hatten diese für mich eine Zweizimmer-Wohnung von einem ehemaligen NSDAP-Mitglied in der Wurzingergasse im 18. Bezirk beschlagnahmt. In meiner jugendlichen Naivität hatte ich mich um nichts gekümmert, und mir auch nicht den Kopf darüber zerbrochen, dass die Amerikaner Zins, Licht und Gas für mich bezahlt hatten.

Im Herbst 1946 beendete ich meine Tätigkeit bei den Amerikanern, durfte aber die Wohnung noch behalten. Drei Monate arbeitete ich dann bei der Firma Fargel in der Schottenfeldgasse, in einer Dependance im 17. Bezirk in den Werkshallen der Nähmaschinenfabrik Rast & Gasser. Wir erzeugten transportable 35mm Tonfilmprojektoren für die Rote Armee.

Einbürgerung

Da ich staatenlos war, beantragte ich noch in der Wurzingergasse die österreichische Staatsbürgerschaft. Da besuchte mich ein Bezirksrat der ÖVP, um zu prüfen, ob er den Antrag befürworten solle. Es war ein netter, gutbürgerlicher Mann, der den Antrag selbstverständlich befürwortete, und dann gab er mir noch einen persönlichen Rat: *„Ich will Sie ja nicht beeinflussen"*, begann er ganz unsicher, *„... aber, wenn Sie da bleiben wollen, heiratn's eine Christin und erziehn's Ihre Kinder nicht jüdisch, weil in diesem Land wird der Antisemitismus nie aufhören."*
Ich war schockiert. Ich glaubte ihm natürlich nicht. Waren doch alle Menschen, mit denen ich bisher, natürlich meistens noch in amerikanischer Uniform, zu tun hatte, so reizend zu mir. Erst Jahrzehnte später, anlässlich des Bundespräsidentenwahlkampfes für Waldheim, musste ich daran denken, dass jener ÖVP-Bezirksrat so Unrecht nicht hatte. Ich habe mir vorgenommen, seinen Rat nicht zu beherzigen. Ich wollte aus Liebe und nicht aus Opportunismus heiraten. Dem Antisemitismus kann man nicht entfliehen, den Antisemitismus muss man bekämpfen, aber nicht nur den Antisemitismus – jegliche Art von Rassismus. Den Rassismus gegen Sinti und Roma, gegen Farbige und Muslime genauso wie gegen Migrantinnen und Migranten generell.
Der Zufall wollte es jedoch, dass ich 1947 in der FÖJ ein „christliches" Mädchen, das den Großteil seiner Schulausbildung in der katholischen Neulandschule bekommen hatte, begegnete. Ich verliebte mich und heiratete dieses Mädchen im Jahr 1953. Und der Zufall wollte es, dass dieses Mädchen auch eine jüdische Großmutter hatte und deshalb die Mittelschule in der Nazizeit verlassen musste. Elfi beglückte mich mit zwei wunderbaren Buben, die – Gott sei's gedankt – keine Wunderkinder und auch keine Streber, sondern ganz normale anständige Menschen geworden sind. Mehr möchte ich über mein Privatleben nicht erzählen.

Ostern 1947

Bereits nach meinem Ausscheiden vom OSS plante ich einen Schiurlaub auf der Gerlosplatte, die KPÖ hatte dort ein Erholungsheim, und Toni Lehr hatte mich eingeladen. Das erste Mal seit Kriegsende reiste ich als normaler Österreicher – ohne amerikanische Uniform und ohne Waffenpass ausgestellt von der amerikanischen Militärpolizei in Wien, nur mit einem normalen Identi-

tätsausweis, wie ihn alle Österreicherinnen und Österreicher besaßen. Wir kamen zur Kontrolle an die Demarkationslinie. Bei den Russen gab es keine Probleme, aber bei den Amerikanern. Der Amerikaner interessierte sich weder für die Namen, noch für das Lichtbild, sondern zählte nur die Stempel im Ausweis. Ich hatte nur sieben darin. Aus mir unerfindlichen Gründen gab es eine Verordnung, dass zehn Stempel im Ausweis sein müssen. Ich dachte es wäre ein Scherz: *„You can't do this to me!"* sagte ich, als ob ich noch Amerikaner wäre. Er könne sehr wohl, bedeutete er mir, und ließ mich aussteigen. Schi, Rucksack und sogar mein Anorak blieben im Zug. Da habe ich rasch begriffen, dass das Leben für einen Normalösterreicher anders aussah als für einen Menschen in amerikanischer Uniform. Ich versuchte den Übergang über die Enns bei der Straßenbrücke, aber auch dort ließen mich die Amerikaner nicht passieren und schickten mich zurück, offensichtlich waren sie schon verständigt.
Dem russischen Soldaten tat ich offenbar leid. Als ein Lastwagen, der mit einer Zeltplane hinten zugedeckt war, über die Ennsbrücke fuhr, versteckte er mich darunter ohne Wissen des Chauffeurs. So kam ich nach Linz, von wo ich nach Zell am See weiterreiste. Mein Gepäck hatten meine Freunde mitgenommen. Die drei fehlenden Stempel bekam ich bei der Heimreise anstandslos auf dem Polizeipräsidium in Salzburg, und so kam ich unbehelligt nach Wien.

In der Freien Österreichischen Jugend (FÖJ) in Wien

Noch während meiner Tätigkeit beim OSS wurde ich in der Döblinger FÖJ aktiv, organisierte Heimabende im Heim Sievering, hielt politische Vorträge. Zum Beispiel unter anderem über Sepp Plieseis Buch „Vom Ebro zum Dachstein. Lebenskampf eines österreichischen Arbeiters"[78], der im Dachsteingebiet den Widerstand gegen die Nazis organisierte. Viele Jahre später erzählte mir Helmut Weyrer, damals noch kaufmännischer Lehrling bei der Firma Wenzel Hartl, wie sehr er es nicht erwarten konnte, dass ich endlich mit den politischen Vorträgen aufhöre und mit den Spielen, also mit der Hetz, beginne,

[78] Sepp Plieseis (1913–1966): 1934 der KPÖ beigetreten; ging 1937 als Freiwilliger nach Spanien: 1942 Inhaftierung im KZ Dachau. 1945 Flucht aus dem KZ Außenlager Hallein, Aufbau der Widerstandsbewegung „Willy-Fred" im Salzkammergut. Nach 1945 Gemeindebeamter und KPÖ-Gemeinderat in Bad Ischl. Er starb 1966 in Bad Ischl. 1946 wurde sein Buch „Vom Ebro zum Dachstein, Lebenskampf eines österreichischen Arbeiters" in Linz im Verlag Neue Zeit erstmals veröffentlicht. 1987 erschien im Globus-Verlag unter dem Titel „Partisan der Berge" eine Neuauflage. 2006 bearbeitete der österreichische Schriftsteller Franzobel die Lebensgeschichte von Sepp Plieseis und schrieb das Theaterstück „Hirschen", das den Widerstand im Salzkammergut thematisiert.

wegen der er eigentlich zum Heimabend gekommen wäre.
Im Jahr 1947 war ich sowohl in der FÖJ-Döbling als auch in der Betriebsorganisation Goerz eingebunden. Noch bevor ich bei Goerz zu arbeiten begann, hat mir Otto Brichacek, der damalige Bundesobmann der FÖJ, vorgeschlagen, als Bildungssekretär der FÖJ hauptamtlich zu arbeiten. Ohne auch nur im Geringsten zu ahnen, was es bedeutet, im „Apparat" zu arbeiten, habe ich diesen Vorschlag abgelehnt. Ich wollte in einem Betrieb arbeiten, womöglich in einem sehr großen, und unter Arbeiterinnen und Arbeitern sein. Offensichtlich wirkte in mir noch die Romantik der zionistischen Jugendbewegung nach, wonach Juden „Arbeiter und Bauern sein müssen". Als ich schon bei Goerz arbeitete, begriff ich sehr bald, dass eine berufliche Weiterbildung notwendig war und belegte einen einjährigen Abendkurs für Elektrotechnik im Technologischen Gewerbemuseum (TGM).
Paul Frischauer war damals Wiener Sekretär der FÖJ und wollte mich bei einer Bezirkskonferenz in Döbling dazu überreden, Bezirkssekretär in Döbling zu werden. Ich lehnte mit der Begründung ab, dass ich erst meine berufliche Qualifikation abschließen müsste. *„Zum Lernen hast Du dann im Sozialismus genug Zeit"*, war seine Antwort. Ich habe aber nicht auf den Sozialismus gewartet und blieb bei meinem Entschluss.

Die FÖJ-Jugendlager

Jede freie Minute verbrachte ich in der FÖJ. In der FÖJ-Döbling fühlte ich mich sehr wohl. Heimabende, Ausflüge, meist nach Wildegg, und 1948/49 ein Weihnachtsskilager in der Zölz bei Trofaiach, wo uns Sepp Filz, der damalige Betriebsratsobmann der Hütte Donawitz, über seine Partisanentätigkeit erzählte. Die Berghütte in der Zölz wurde mit Unterstützung der Betriebsrätinnen und Betriebsräte und der Betriebsorganisation der KP der Hütte Donawitz erbaut. Eigentlich war es ein gemauertes Haus mit eingerichteter Küche, einem Gastsaal, Zimmern und einem Matratzenlager. Leider wurde dieses Haus ein Jahr später von einer Lawine weggerissen.
In Leoben musste ich Lebensmittelkarten, die jede Teilnehmerin und jeder Teilnehmer für eine Woche mitbringen musste, bei der Behörde gegen steirische Fett-, Brot- und Zuckermarken umtauschen. Für Gasthäuser hätten wir günstigere Umtauschbedingungen gehabt, doch wurde uns dieser Umtausch verweigert, weil, so wurde uns gesagt, noch keine Gasthauskonzession für dieses Haus erteilt wurde. Natürlich brachten wir diese Kleinlichkeit in Zusammenhang damit, dass dieses Haus der KPÖ gehörte. Wir wurden aber später durch eine andere Großzügigkeit entschädigt. Vor Silvester ist uns das Brot ausgegangen. Wir hatten von einer russischen Dienststellte einen Sack Mehl geschenkt bekommen. Einige Burschen fuhren dann mit dem russischen

Mehl ins Tal nach Trofaiach (damals gab es noch genug Schnee zu Weihnachten) in der Hoffnung, ein Bäcker würde uns das Mehl gegen Brot eintauschen. Als der Bäcker jedoch unser Mehl sah, sagte er, er würde alle Kundinnen und Kunden verlieren, wenn er Brot aus diesem Mehl backen würde. Wir machten einen so verzweifelten Eindruck, dass er uns dann vorgeschlagen hat, das Brot aus unserem Mehl zu backen.

Die Werkstatt war schon sauber (er hatte alles für Silvester abgeschlossen) und die Gehilfen waren schon nach Hause gegangen. Der Bäckermeister höchstpersönlich buk für uns das Brot. Als wir zahlen wollten, sagte er bloß: *„Ihr habt's doch selbst nix"*, wünschte uns einen guten Rutsch ins Neue Jahr und wollte kein Geld. Glücklich marschierten wir mit den heißen Brotlaiben in den Rucksäcken hinauf zur Hütte, als wir ankamen, war es schon stockfinster.

Die Zölz hatte ich noch aus meiner Kindheit in Erinnerung. Der „Blau-Weiß", die zionistisch-sozialistische Jugendorganisation, hatte dort ein Skilager auf einer Hütte, kein Vergleich zu dem neuen Haus. Ich weiß auch nicht mehr, wem die Hütte damals gehört hatte. Es war eine Selbstversorgerhütte, auf der der Jahreswechsel von 1934 auf 1935 von Arbeitern der Hütte Donawitz gefeiert wurde. In der Silvesternacht hatten sie im Schnee drei Pfeile Reisig ausgelegt, das Reisig mit Petroleum übergossen und um Mitternacht abgebrannt. Für mich war dies ein Erlebnis, das ich nie vergessen werde. Und eben in diese Gegend kehrte ich nach mehr als zehn Jahren wieder zurück. Was war in dieser Zeit alles geschehen!

1948 begann ich mit zwei anderen Genossen aus der Firma Goerz mit dem Besuch der Werkmeisterschule für Maschinenbau in der Argentinierstraße. Dreimal in der Woche je drei Stunden. Das erlaubte keine Funktion in der FÖJ. Aber soweit es meine Freizeit zuließ – besonders am Wochenende – war ich dabei. Obwohl ich bereits im vierten Wiener Gemeindebezirk wohnte, besuchte ich immer noch Heimabende und Sportfeste im 19. Bezirk. Das hing damit zusammen, dass ich schon damals ein Auge auf meine spätere Gattin geworfen hatte. Sowohl in der schönen Jahreszeit als auch bei Schnee besuchten wir die FÖJ-Hütte in Wildegg. Sport, Lagerfeuer, Hüttenzauber, Star der Szene beim Jodeln, Singen und Blödeln war der Ottakringer „Singerl" (heute allgemein als Arik Brauer bekannt).

Zu Weihnachten 1948/49 beteiligte ich mich am gemeinsamen Skilager mehrerer FÖJ-Bezirke auf der Loosbichlalm bei Großarl, die dem angesehenen Gewerbetreibenden und kommunistischen Gemeinderat Sandtner gehörte, der sie uns zur Verfügung stellte. Sandtner war damals etwa 60 Jahre alt. Als er uns auf die Hütte führte, konnten nur die Kräftigsten von uns Jungen mithalten (ich war nicht darunter). Sandtner wollte nicht für die Nationalsozialisten in den Krieg ziehen, ist von der Wehrmacht desertiert und hat sich

eben auf jener Loosbichlalm versteckt und überlebt. Ein junger Salzburger Regisseur machte unter dem Titel „Das Fuchsloch" einen Fernsehfilm darüber. Sandtner, der nach dem Ersten Weltkrieg in Großarl eine sozialdemokratische Sektion aufbaute, erzählte uns im Gespräch, dass es nach dem Zweiten Weltkrieg viel leichter war eine kommunistische Sektion zu gründen, als nach dem Ersten Weltkrieg eine sozialdemokratische.
Beim Anstieg zur Hütte verirrte sich ein Pärchen und traf erst bei Dunkelheit ein. Dies war Anlass genug, für das Silvesterprogramm eine Oper zu gestalten. Überwiegend zusammengesetzt aus Melodien der „Entführung aus dem Serail", hieß sie „Verirrung ohne Seil". Es war eine Gemeinschaftsproduktion. Federführend war natürlich „Singerl", der auch mit von der Partie war. Dieser Silvester war ein voller Erfolg. Welche Nostalgie erfasst einen, wenn man an die Abende denkt, da man sich die Unterhaltungen noch selber gestaltete und sich nicht von elektronischen oder sonstigen Medien unterhalten ließ.

Weltjugendfestspiele 1949

Da ich in jener Zeit in der FÖJ nicht aktiv war, wurde ich auch im Sommer 1949 nicht zu den Weltjugendfestspielen delegiert. Ich wollte aber dabei sein. Da ich damals die Werkmeisterschule besuchte, deklarierte mich eine befreundete Studentin als Studenten und ich konnte mit dem Verband demokratischer Studenten (VdS) nach Budapest reisen. Nicht ganz sauber, aber wenn ich daran denke, wer damals aller mit dem VdS nach Budapest gelangte, so hatte ich kein schlechtes Gewissen. Ich wollte nicht nur dabei sein, sondern wollte auch meinen Freund Fritz Mayerhofer treffen, was mir aber nicht gelang. Ich ahnte nicht, dass er damals bereits als „amerikanischer Spion" im Gefängnis saß. Wir feierten und waren fröhlich, sahen das Bolschoi-Ballett und viele große internationale Künstler, marschierten durch Budapests Straßen und riefen „Éljen-Rákosi"[79], aber Fritz Mayerhofer und höchstwahrscheinlich auch László Rajk saßen bereits im Gefängnis, ohne dass die Öffentlichkeit davon etwas wusste. Es gelang der KP-Führung, die Affäre über die Weltjugendfestspiele hinaus geheim zu halten.
Eines Tages traf ich die kommunistische Jugenddelegation aus Israel auf der Straße. Das war ein Hallo und ein freudiges Wiedersehen mit alten Freundinnen und Freunden. *„Du lebst? Man hat uns erzählt, du wärst bei einem Fallschirmeinsatz abgeschossen worden"*. So leicht also wird ein Gerücht in die Welt

[79] Mátyás Rákosi (1892–1971): Nach der kommunistischen Machtübernahme in Ungarn Generalsekretär der KP. Er selbst bezeichnete sich gerne als „Stalins bester Schüler". Im Zuge des ungarischen Volksaufstandes 1956 floh er in die Sowjetunion. „Eljén Rákosi" (ung. „Es lebe Rákosi", „Hoch lebe Rákosi"!)

gesetzt und weiter verbreitet. Damals habe ich mir geschworen, dass ich mich an der Weiterverbreitung von Gerüchten niemals beteiligen werde. An die Erfindung von Gerüchten habe ich ohnedies niemals gedacht. Ich habe diese Woche in Budapest – unwissend der politischen Ereignisse – genossen. Lebensmittel, die es bei uns nur mit Marken gab, wurden dort bereits frei verkauft (so etwa Schlagobers und andere Milchprodukte). Auch die Jugend schien fröhlich und optimistisch. Es fiel auch auf, mit welch geringen Mitteln sich die Budapester Mädchen geschmackvoll kleideten. Beim Abschied des Sonderzuges gab es so manche Träne und auch gebrochene Herzen. Niemand ahnte, welche Tragödie dem Land noch bevorstand.

Ostern 1950

Ostern 1950 gab es eine Skitour auf die Dresdner Hütte in den Stubaier Alpen, an dem vor allem Jugendliche aus dem 19. und 16. Bezirk teilnahmen. Die „gemeinsamen" Skitouren mehrerer Bezirke basierten zumeist auf freundschaftlichen Beziehungen von Burschen und Mädchen dieser Bezirke. Ich wurde nach einigem Sträuben überredet, auch mitzufahren. Der Grund meines Sträubens beruhte vor allem darauf, dass ich mich endlich auf die Werkmeisterprüfung vorbereiten wollte. Die Lust am Skilaufen hat natürlich gesiegt. Das Reisen war damals – auch innerhalb Österreichs – gar nicht so einfach. Als der Zug den Westbahnhof verließ, stellte Elfi fest, dass sie den Identitätsausweis vergessen hatte. Also musste sie vor der Zonengrenze unter die Bank und wir saßen dicht gedrängt, so dass sie nicht bemerkt wurde. Kein Kontrolleur kam auf die Idee, die Skier zu zählen und mit den anwesenden Personen zu vergleichen. Damals war es ja noch nicht üblich, dass eine Person mit zwei Paar Ski unterwegs war. Von Innsbruck mit der Straßenbahn nach Fulpmes, von dort mit einem Lastauto bis Ranalt. Dort übernachteten wir. Von Ranalt fuhren wir auf Skiern ins Tal hinein und hinauf zur Dresdner Hütte. Wie beschwerlich und schön war doch der Anstieg, da es dort noch keine Seilbahn gab. Es wurde für uns gekocht, aber die Lebensmittel mussten wir mitbringen. Am ersten Tag schneite es ununterbrochen und man konnte sich nicht von der Hütte entfernen. Außer uns waren nur noch drei Studenten aus Innsbruck auf der Hütte. Nachdem wir uns ins Hüttenbuch eingetragen haben, kam eine Küchengehilfin in den Aufenthaltsraum. *„Wer heißt hier Stern?"* Ich gab mich gleich zu erkennen. *„Na, so was."* Das Mädchen war aus Fulpmes und hieß mit Familiennamen ebenfalls Stern. *„Ich dachte, den Namen Stern gäbe es nur im Stubaital"*, meinte sie ganz überrascht. Na, hatte sie eine Ahnung. Sie war offensichtlich noch nie aus dem Stubaital hinausgekommen. Am nächsten Tag war strahlendes Wetter und es gab eine Menge Neuschnee. Wir gingen zur nächsten Scharte hinauf, um den besten Weg zum Zuckerhüttl

zu finden. Dieser Gipfel sollte der Höhepunkt unserer Urlaubsreise sein.
Bei der Abfahrt wollte sich keiner die nassen Felle um den Bauch binden, wie es immer üblich war. Irgendeiner sagte: *„Der Walter ist der sicherste Fahrer, er soll die Felle in den Rucksack nehmen"*, was ich Dummkopf auch tat. Am Anfang war es steil, da nahm jeder seine eigene Spur. Dann ging es flach weiter, aber das war mir zu langsam, also hinein in die ausgefahrene Spur. Ich wurde immer schneller und wollte heraus aus der Spur – unerfahren wie ich war. Der Neuschnee war in der Sonne schon stumpf geworden und ich fiel nach vorne kopfüber in den Schnee und der Rucksack auch noch drauf. Sicherheitsbindungen gab es damals noch keine. Im Gegenteil – damit man fest am Ski stand, erfand jemand die Sohlenhalter an den Backen. Da gab es kein Entrinnen. Ich spürte einen Schmerz im Knöchel und dann gelang es mir nur mit großer Mühe, die Bindung zu öffnen. Einer fuhr noch an mir vorbei. Er gestand mir später, dass er mich rufen hörte, aber er konnte nicht stehen bleiben (welch „großartige" Skifahrer wagten sich da in das Hochgebirge). Also war ich allein, mit den Steigfellen der anderen im Rucksack. Man konnte mich von der Hütte aus sehen und merkte bald, dass etwas nicht stimmte. Ich habe meine Steigfelle verkehrt auf die Ski gegeben und versucht, langsam talwärts zu rutschen. Zwei Innsbrucker Studenten und Singerl stiegen ohne Fell zu mir hinauf. Niemand ahnte damals, dass aus „Singerl" ein großartiger Maler und populärer Liedermacher und Sänger namens Arik Brauer werden würde, aber dass er ein großartiger Bergkamerad ist, das habe ich gleich bemerkt und auch später beim Heimtransport.
Ich wurde samt Ski ins Akje verladen. Der kräftigste der Innsbrucker Studenten nahm das Akje vorne – Haltegriffe wie heute gab es noch nicht. Der zweite Student hielt das eine Seil und Singerl nahm das andere Seil zur Sicherung und los ging es. Am Anfang einige Bogen und die beiden „Sicherer" hielten sich recht gut. Aber dann im Steilen entschloss sich der Vordermann zur Schussfahrt mitsamt dem Akje. Beide Sicherungsfahrer konnten die Seile nicht mehr halten. Der Bursche vorne musste Bärenkräfte haben, dass er diese Schussfahrt durchstand. Wenn er gestürzt wäre, wäre auch ich mitsamt dem Akje über ihn gefahren, das hätte böse enden können. Er hatte eine derartige Geschwindigkeit, dass der Schwung auch über das flache Stück vor der Hütte reichte und wir bis zur Hütte gelangten. Auch die beiden „Beifahrer" kamen wohlbehalten bei der Hütte an. An einen Bruch dachte ich nicht, obwohl die kurze Übelkeit unmittelbar nach dem Sturz darauf hingewiesen hatte. Also versuchte ich mit angeschnallten Skiern vor der Hütte hin und her zu rutschen – denn eine „Verstauchung" fordert viel Bewegung. Der Rest der Woche war herrlicher Sonnenschein und während die anderen sich am Skilaufen vergnügten und auch das „Zuckerhüttel" bestiegen, war ich die meiste Zeit in der Sonne vor der Hütte, ohne dass sich mein Fuß verbesserte.

Es wurde klar, dass ich das Steilstück unterhalb der Dresdner Hütte nicht bewältigen könne. Es gab eine Materialseilbahn vom Tal herauf zur Hütte, die jedoch für Personentransport nicht zugelassen war. Der Ausdruck „Seilbahn“ ist weit übertrieben. Der Hüttenwirt nahm es auf sich, mich in diesem Gefährt talwärts zu transportieren. Unten stünde dann ein großer Schlitten für Holztransport und mit dem könne man mich dann nach Ranalt ziehen. Also hinein in die Kiste, denn mehr als eine Kiste war es ja nicht, und hinunter. Als ich runterblickte, sah ich unter mir eine tiefe Schlucht – oder stellte es sich in meiner Angst so dar? Ich zog es vor, nicht mehr hinunterzublicken. Also schaute ich hinauf. Da wurde ich gewahr, dass die Kiste oben mit zwei Metallschleifen durch zwei rostige 8mm Schrauben befestigt war. Da zog ich es vor – trotz landschaftlicher Schönheit, nirgends hinzuschauen und schloss die Augen, bis ich unten sicher ankam. Ich muss zugeben, am Fallschirm fühlte ich mich sicherer. Und da war es wieder Singerl, der sich erbötig machte, mich auf dem Schlitten nach Ranalt zum Auto zu ziehen. Ich weiß nicht, woher er wusste, dass ich in Palästina war, aber er zeigte großes Interesse an Israel und stellte mir diesbezüglich eine Menge Fragen. Über den Staat Israel konnte ich ihm nichts erzählen, da ich ja das Land vor der Staatsgründung verlassen habe. Aber über das Leben im Kibbuz und in Tel Aviv, da wusste ich eine Menge zu berichten. Wahrscheinlich war ich der erste diesbezügliche Augenzeuge für ihn. Ich selbst war überrascht. Für mich war er der typische Ottakringer Arbeiterbub. Er war damals schon ein ausgezeichneter Skifahrer, sprach einen Ottakringer Dialekt und konnte wunderbar jodeln. Nichts wies darauf hin, dass er ein jüdischer Bub war. Er erzählte mir damals, dass er einen jüdischen Vater hatte und daher in der Nazi-Zeit knapp einem „Transport“ entgangen sei. Aber das alles kann man in der Biografie von Arik Brauer nachlesen.
Da es damals im Tal schon tiefen Firn gab, funktionierte der Transport mit dem Schlitten nicht, da dieser zu schmale Kufen hatte und wir immer wieder einbrachen. Da es nach Ranalt nur leicht abfallend war, schnallte ich die Skier an und ließ mich auf dem rechten Ski in Singerls Spur nach unten gleiten. Als „Invalide“ durfte ich vorne beim Fahrer des Lastwagens sitzen. Mit der Straßenbahn von Fulpmes nach Innsbruck, von dort zu Fuß zum Bahnhof und am Ostermontagmorgen Ankunft in Wien. Die Schmerzen ließen nicht nach. Anstatt ein Spital aufzusuchen, überredete ich einen Freund, mit mir ins Kino zu gehen, damit ich nicht an die Schmerzen denke. Am Dienstag hatte ich dann die Absicht, unseren Werksarzt aufzusuchen. Ich weiß nicht, wieso ich mir einredete, dass man mit einem gebrochenen Fuß nicht gehen könne. Am Dienstag rief ich beim Werksarzt an und der sagte mir, er brauche mich gar nicht zu sehen, ich soll gleich ins Spital fahren, weil man den Fuß röntgenisieren müsse. Im Unfallkrankenhaus in der Webergasse war Hochbetrieb – typisch für einen Tag nach Ostern. Ich wurde auf ein Bett mit Rädern gesetzt

und dem Arzt vorgeführt. Der klopfte auf die Ferse. Diagnose: Knöchelbruch. Ich wollte runtersteigen. Er hielt mich zurück. *„Gehen dürfen's nicht"*. Ha, ha, nach einer Woche. Die Diagnose war richtig. Ich wurde eingegipst. Gleich einen Gehgips, weil in der einen Woche sowohl der Bluterguss als auch die Geschwulst vollkommen zurückgegangen waren. Dann wurde ich zum Trocknen des Gipses auf den Gang geschoben – und wartete, weil zwischendurch Schichtwechsel des Personals war. Ich war kein Fall für die Aufnahme. Dann wurde ich doch entdeckt, nochmals röntgenisiert und mit der Bemerkung, *„... wenn Sie in der Nacht Schmerzen bekommen, nehmen Sie ein Taxi und kommen sofort her"*, entlassen. Um 8:00 Uhr früh hab ich mein Heim verlassen, um 22:00 Uhr war ich endlich wieder zu Hause. Acht Wochen Krankenstand haben mir genügend Zeit gegeben, um mich auf die Werkmeisterprüfung vorzubereiten, die ich im Juli 1950 mit gutem Erfolg bestanden habe.
1949 übernahm ich es, gemeinsam mit Hoberl (Dr. Hobersdorfer) und Pepi Patzelt, die FÖJ im vierten Wiener Gemeindebezirk wieder auf die Beine zu stellen. Wir waren recht erfolgreich und unser Heim in der Belvederegasse 10 entwickelte sich zum Anziehungspunkt für viele Jugendliche des Bezirks – weit über den Rahmen des KPÖ-Umfeldes hinaus.

Ratstagung des Weltbundes der Demokratischen Jugend

Als Anfang 1951 die Ratstagung des Weltbundes der Demokratischen Jugend in Wien stattfand, wurde ich als Dolmetsch und Betreuer eingesetzt. Ich betreute den norwegischen Delegierten (ein Postangestellter – offensichtlich leisteten sich die Norweger keinen freigestellten Jugendsekretär) und die beiden israelischen Delegationen. Jawohl, es ist kein Irrtum. Es gab zwei Delegationen aus Israel.
Sowohl der „Kommunistische Jugendverband" als auch der „Schomer Hazair", eine linkssozialistisch-zionistische Organisation waren Mitglied des Weltbundes der Demokratischen Jugend. Aus den Gesprächen der Delegierten des „Schomer Hazair" habe ich entnommen, dass sie vor allem deshalb dabei waren, damit sie leichter in die Ostblockländer reisen könnten, um dort mit den wenigen noch überlebenden Jüdinnen und Juden Kontakt aufzunehmen und diese nach Möglichkeit für die Ausreise nach Israel zu gewinnen. Heute muss ich zugeben, es war von mir nicht fair, dass ich mit den Delegierten nur englisch sprach und nicht zu erkennen gab, dass ich auch Hebräisch verstehe (damals verstand ich es noch recht gut).
Meine Betreuertätigkeit begann beim Frühstück in einem Kaffeehaus in der Favoritenstraße vis-á-vis der Paulanerkirche. Die beiden Delegationen saßen

an getrennten Tischen weit voneinander entfernt, was mir die Arbeit nicht gerade erleichterte. Ich fragte den Delegationsleiter des „Schomer Hazair", *„Warum setzt ihr Euch nicht an einen Tisch, das wäre für mich viel einfacher"*. Er beriet mit den Anderen und ich hörte ihn sagen: *„Wie soll ich es dem Goi erklären?"* Mir musste er nichts erklären, ich wusste, wie feindlich diese beiden Gruppen gegeneinander eingestellt waren. Mir war sofort klar, dass alle diese Delegierten „Sabres", also bereits in Palästina geborene Juden waren, denn ein europäischer Jude hätte mich sicher nicht als „Goi" bezeichnet.
Da die chinesischen Delegierten zumeist auch englisch sprachen, hatte ich auch zweimal mit ihnen zu tun. Ihre Bescheidenheit war verblüffend. Einmal begleitete ich einen Delegierten zur ungarischen Botschaft, weil er ein Visum benötigte. Auf dem Weg fragte ich nach seinem Beruf. Er beschäftige sich mit Unterricht, war die Antwort. Also dachte ich: Lehrer. Später erfuhr ich, dass er stellvertretender Unterrichtsminister Chinas sei.
Manchmal nahm ich auch in Begleitung der von mir betreuten Delegationen an Sitzungen der Ratstagung teil. Zwei Funktionäre sind mir in Erinnerung geblieben. Enrico Berlinguer[80], leitender Sekretär des Weltbundes der Demokratischen Jugend, der schon damals alles daransetzte, diesen Posten los zu werden, damit er in seine Heimat Italien zurückkehren könne, und Erich Honecker[81], Leiter der Delegation der „Freien deutschen Jugend" (FdJ), der die Jugend der Welt zu den Weltjugendfestspielen 1951 nach Berlin eingeladen hat (welch bombastische Sprache, aber damals habe ich es bestimmt nicht so empfunden). Es wurde als große Überraschung gefeiert, wurde aber bestimmt schon lange vorher beschlossen, denn ein solches Ereignis konnte nicht in so kurzer Zeit vorbereitet werden.
1951 nahm ich an den Weltjugendfestspielen in Berlin teil. Hansl Brenning wollte mich danach für wichtige Aufgaben in der FÖJ einsetzen, er meinte, ich sollte Sekretär des FÖJ-Ensembles werden. Anni Kucera und andere Genossen in der Goerz hätten mich gerne als Obmann der Parteiorganisation bei Goerz gesehen – und sie sprachen auch mit mir darüber. Nach einiger Zeit sagte mir Anni, dass die Kaderabteilung diesen Vorschlag abgelehnt hätte, da ich für eine wichtige Funktion in der FÖJ vorgesehen wäre. Mir hätte die Funktion im FÖJ-Ensemble ohnedies mehr Freude bereitet. Als ich Brenning danach fragte, sagte er mir: *„Daraus wird nichts."* Die Kaderabteilung habe ihm mitge-

---

80 Enrico Berlinguer (1922–1984): Langjähriger Generalsekretär der Italienischen KPI (PCI) und führender Vertreter der internationalen kommunistischen (insbesondere der europäischen kommunistischen) Bewegung. Die PCI wurde 1991 in die Demokratische Linkspartei umgewandelt.

81 Erich Honecker (1912–1994): Langjähriger Generalsekretär des Zentralkomitees der SED und Staatsratsvorsitzender der DDR sowie Vorsitzender des Nationalen Verteidigungsrates.

teilt, dass ich für eine wichtige Funktion in der Firma Goerz vorgesehen sei. Jetzt verlor ich die Geduld – und sagte ihm, was mir Anni Kucera erzählte und ich wollte Aufklärung. Er versprach mir ein klärendes Gespräch. Zu jener Zeit war der Steirer Hubert Schwab Obmann der FÖJ, nachdem Otto Brichacek als Obmann der FÖJ abgesetzt und aus der Partei ausgeschlossen wurde, ohne dass die FÖJ-Funktionäre, geschweige denn die Mitglieder über die Gründe im Detail informiert wurden. Der wirkliche Chef war der von der Partei zum Sekretär der FÖJ ernannte Walter Wachs.[82] Bei jenem Walter Wachs im Büro im Haus der Jugend fand das Gespräch statt, an dem auch Brenning teilnahm. Walter erklärte mir: *„Das FÖJ-Ensemble stehe vor einer großen Konzerttournee nach Ungarn und wir könnten den ungarischen Genossen nicht zumuten, dass der Organisationsleiter des Ensembles ein ehemaliger Angehöriger des amerikanischen Geheimdienstes ist. Eben sowenig könne man den sowjetischen Genossinnen und Genossen einen solchen Mann als Obmann einer so wichtigen Betriebsorganisation zumuten."* Erst war ich geschockt. Dann dachte ich an Sigi Kanagur, der mir sagte, dass Walter Wachs einer der wenigen menschlichen Funktionäre sei, die er kennen gelernt habe. Er sagte mir die Wahrheit und wollte mich nicht für dumm verkaufen. Und dann? Dann hatte ich sogar Verständnis für den Standpunkt der Kaderabteilung, der lautete: *„Der Klassenfeind schläft nicht."* Später ärgerte ich mich aber, als ich merkte, dass man zu ehemaligen NSDAP-Mitgliedern offensichtlich mehr Vertrauen hatte als zu mir.

Man hatte noch am selben Abend eine andere Aufgabe für mich bereit. Eine neue Vorfeldorganisation der KPÖ wurde gegründet. „Bewegung junger Österreicher für den Frieden". Dort sollte ich arbeiten. Es wurde sogar ein Kongress im damals noch existierenden Dreher-Park neben dem Meidlinger Tor von Schönbrunn organisiert. Hauptredner war der aus dem katholischen Lager kommende Kurt Dichtl. Mit ihm arbeitete ich auch im Komitee zusammen. Er war ein blendender Redner, der uns alle begeisterte, weil er das sagte, was wir alle gern hörten. Meine Hochachtung schrumpfte allerdings, als ich nach dem Kongress vor einer Telefonzelle im Dreher-Park unfreiwillig Zeuge eines Telefonats wurde, bei dem er ins Telefon sagte: *„Ich hatte sogar mehr Applaus als Ernst."* Gemeint war Ernst Fischer – ein hervorragender Redner. *„So ein eitler Gockel"*, dachte ich. Aber noch mehr staunte ich Jahrzehnte später. Ich hatte ihn am Bildschirm des TV nicht gleich erkannt, da im Laufe der Jahre aus dem schönen, blond gelockten Jüngling ein reifer Glatzkopf gewor-

---

[82] Walter Wachs: österreichischer Spanienkämpfer; baute gemeinsam mit Fritz Tränkler ab Ende 1944 gemeinsam mit anderen kommunistischen Widerstandskämpfern die „Kampfgruppe Steiermark" (Koralmpartisanen) auf. Vgl. dazu: Fleck, Christian: Die Koralmpartisanen. Über abweichende Karrieren politisch motivierter Widerstandskämpfer, Wien 1986.

den war. Dieser Kurt Dichtl entpuppte sich als Kurt Diemann und wurde Wahlkampfleiter von Kurt Waldheim. Die Tätigkeit bei der „Bewegung junger Österreicher für den Frieden“ erschien mir damals schon nutz- und sinnlos. Es gab noch eine Nikolaus-Lenau-Veranstaltung in einem kleinen Saal des Konzerthauses und dann ist das Ganze eingeschlafen.

Berufschularbeit

Viel mehr Freude machte mir später die Berufsschularbeit. Wir gaben den „Mollardschüler“ heraus, eine Berufschulzeitung, organisierten Radrennen rund um die Mollardschule, heute schon wegen des Verkehrs undenkbar, aber vor allem eine große Kampagne für die „Lehrlingswochenkarte“. Ursprünglich eine Forderung der Österreichischen Gewerkschaftsjugend, jedoch ohne jeden Nachdruck. Als die FÖJ die Initiative in dieser Frage ergriff, zeigte die Gewerkschaftsjugend überhaupt kein Interesse mehr daran. Wir organisierten Versammlungen vor der Mollardschule. Und einmal zogen wir mit etwa 200 Lehrlingen zum Rathaus, um unsere Forderung dem Bürgermeister zu überreichen. Als wir zum Rathaus kamen, schloss die Rathauswache das große Gittertor. Es wurden die entsprechenden Reden gehalten, da kamen einige Überfallsautos. Polizisten sprangen heraus und prügelten die Lehrlinge ohne jede Vorwarnung auseinander. Völlig sinnlos, da wir ohnedies – nachdem uns im Rathaus niemand empfangen wollte – nach Hause gegangen wären. Dann wurden wir „größenwahnsinnig“ und meldeten bei der Polizei eine „Massenkundgebung“ von Lehrlingen unter dem Motto: „Heraus mit der Lehrlingswochenkarte“ auf dem Rathausplatz an.

Da zum selben Zeitpunkt eine Parlamentssitzung vorgesehen war, lud mich Dr. Peterlunger, der damalige Chef der Staatspolizei, zu einem Gespräch in sein Büro ein. Er und zwei höhere Beamte empfingen mich mit ausnehmender Höflichkeit.

Die Polizei müsse, weil sich der Rathausplatz innerhalb der Bann-Meile[83] des Parlaments befindet, die Versammlung verbieten. Aber sie wollten kein Verbot aussprechen. Sie wollten mich überreden, den Antrag selbst zurückzuziehen.

Eine Stunde lang dauerte das Gespräch, bis ich mich aus der Affäre zog, indem ich erklärte: *„Ich habe zwar die Versammlung angemeldet, aber beschlossen wurde sie in einem größeren Forum. Ich kann daher den Antrag nicht zurückziehen, aber ich werde Ihren Wunsch weiterleiten.“* In der Wiener Landesleitung der FÖJ,

[83] Bann-Meile: Schutzzone um das Parlament während einer Nationalratssitzung.

der ich mittlerweile angehörte, wurde daraufhin die „Großkundgebung" vom Rathausplatz in einen Saal im 20. Bezirk verlegt. Der Saal fasste etwa 200 Personen. Er wurde gerade noch gefüllt und Dr. Peterlunger ersparte uns eine Blamage auf dem Rathausplatz.
Vor den „Schülervertrauensmännerwahlen" in der Mollardschule verteilten wir unsere Flugzettel, ebenso die Sozialistische Jugend. Heinz Nittel, der damals Wiener Obmann der SJ war, kam höchstpersönlich. Ich sprach ihn in der Hoffnung auf eine gemeinsame Aktion für die Lehrlingswochenkarte an. *„Solange unsere Genossen in Ungarn im Gefängnis sitzen, haben wir mit euch nichts zu reden"*, war seine Antwort. Die Arbeit mit den Lehrlingen war für mich außerdem ein willkommener Anlass, mich aus der Betriebsratstätigkeit bei Goerz zurückzuziehen. Für die Betriebsratswahl Ende 1953 hatte es die Bezirksleitung der KPÖ durchgesetzt, dass Otto Safarik Spitzenkandidat und somit Betriebsratsobmann wird. Da wollte ich nicht mehr dabei sein. Den Mut, dagegen anzukämpfen, hatte ich nicht, es erschien mir auch sinnlos. Ich ließ mich noch breitschlagen, als Ersatzbetriebsrat zu kandidieren.

Wie leicht man falsche Schlüsse zieht

Es war an einem lauen Aprilabend im Jahr 1951. Ich war mit Elfi in Grinzing in dem kleinen Park auf dem Weg ins Krapfenwaldbad verabredet. Wir hatten uns viel zu erzählen, Elfi vor allem über die Probleme, die sie mit ihrer Mutter hatte. Dann brachen wir auf. Ich begleitete Elfi noch nach Hause und der Abschied vor dem Haustor dauerte so lange, dass ich die letzte Straßenbahn versäumt habe.
Gut gelaunt aufgrund des schönen Abends marschierte ich vom 19. Wiener Gemeindebezirk durch die Stadt in den vierten Bezirk. Lange nach Mitternacht kam ich in der Viktorgasse, wo ich wohnte, an. Da bemerkte ich auf der Straße kleine Heftchen liegen. Ich hob eines auf. Der Deckel vermittelte mir den Eindruck, dass es eine Propagandabroschüre für den zu dieser Zeit in Wien stattfindenden Weltfriedenskongress war. Als ich dann darin blätterte, bemerkte ich jedoch, dass es sich um eine antikommunistische Propagandaschrift gegen den Weltfriedenskongress handelte. Offensichtlich wurden sie aus einem fahrenden Auto geworfen, um diese Schriften rasch los zu werden. Nicht etwa in der belebten Favoritenstraße, sondern in einer unbelebten Nebengasse.
Ich fühlte mich als braver Kommunist, der ich damals noch war, verpflichtet, diese Schriften einzusammeln. Als ich mit einem großen Stoß Broschüren in den Händen mein Haustor aufsperren wollte, kam ein Jeep mit einem Sowjetoffizier und einem österreichischen Wachebeamten und blieb vor dem Haustor stehen. Der Offizier sprang aus dem Auto und verhaftete mich. Er wusste

schon über den Inhalt dieser Broschüren Bescheid, und glaubte, dass ich derjenige sei, der sie ausgestreut hatte. Er beauftragte den österreichischen Polizisten, mich auf das Bezirkspolizeikommissariat in der Taubstummengasse zu bringen. Dort verbrachte ich die Nacht allein in einer Zelle auf einer harten Pritsche. Für die Freie Österreichische Jugend Wieden hatte ich ein Osterlager in Losenheim am Schneeberg vorbereitet, ein Bauer hat uns dort zugesagt, dass wir bei ihm im Heustadel übernachten könnten. Meine größte Sorge war dieses Osterlager, dass ich vorbereitet habe. Um mich machte ich mir keine Sorgen, da ich ja wusste, dass ich unschuldig war. Ich ärgerte mich bloß über mich selber und meine völlig überflüssige Fleißaufgabe.
Der Stadthauptmann auf der Wieden war auf Grund der Wünsche der sowjetischen Besatzungsmacht ein Kommunist. Am Morgen wurde ich in einem Auto der Roten Armee in die Kommandantur in der Theresianumgasse gebracht und von dort in die Stadtkommandantur der Sowjetarmee am Ring. Zwei Sowjetsoldaten mit Maschinenpistolen im Anschlag begleiteten mich. *„Nur keine falsche Bewegung, die als Fluchtversuch ausgelegt werden könnte"*, war mein Gedanke. Ich wurde von einem perfekt deutschsprechenden Offizier und seiner Sekretärin einvernommen. Wieder einmal mein Lebenslauf. *„Na, wenn das gut geht"*, dachte ich mir. Dann erzählte ich die Wahrheit, dass ich die Broschüren eingesammelt hatte. *„Und warum haben Sie sich dann im Hauseingang versteckt?"*, wurde ich gefragt. *„Ich habe mich nicht versteckt, ich wohne in diesem Haus und wollte gerade das Haustor aufsperren"*, antwortete ich. *„Gut, Sie können heimgehen."*
Ich war selbst überrascht und erst später habe ich folgendes erfahren: Am Vormittag fand wie jedes Jahr am Wiener Zentralfriedhof eine Kranzniederlegung für die bei der Befreiung Wiens gefallenen Sowjetsoldaten statt. Ein kommunistischer Kriminalbeamter, der auf der Wieden Dienst machte und offenbar wusste, dass ich dem Freundeskreis von Koplenigs[84] Tochter Lisa angehörte, erzählte Koplenig von meiner Verhaftung. Dieser meinte, das könnte lange dauern bis sich meine Unschuld herausstellen werde. Aber offenbar hat es doch eine Intervention gegeben, die meine Freilassung beschleunigte. Ich war noch zu Mittag zu Hause und auch das Osterlager war gerettet.
Ich habe die Skiabfahrt bei herrlichem Firnschnee in der Breiten Riess doppelt genossen. Fälschlicherweise habe ich mir aufgrund dieser Erfahrung eingeredet, es war ja noch vor den Enthüllungen Chruschtschows über Stalins Verbrechen, dass die Sowjetmacht niemanden einsperrt, der

[84] Koplenig, Johann (1891–1968): 1909 Mitglied der Sozialdemokratischen Partei, ab 1918 Mitglied der KPÖ, 1927-65 Parteivorsitzender, 1945 Staatssekretär ohne Portefeuille, 1945-59 Abgeordneter zum Nationalrat.

unschuldig ist.

Die Firma C. P. Goerz

Im 18. Wiener Gemeindebezirk lernte ich im Jahr 1946 den Physiker Dr. Ettenreich kennen. Er war Mitglied der KP und hatte während des Krieges bei der Firma Norma in Simmering gearbeitet, war aber auch bei einem geheimen Forschungsauftrag der Wehrmacht in Wiener Neustadt beschäftigt gewesen. Er erzählte, dass er ein Nachfahre jenes Fleischermeisters Ettenreich sei, der seinerzeit ein Attentat auf Kaiser Franz Joseph auf dem Platz, wo heute die Votivkirche steht, verhindert hatte und deshalb geadelt worden war. Also war auch er ein Adeliger. Durch Dr. Ettenreich kam ich am 23. April 1947 zur Firma Goerz. Dr. Ettenreich konnte die USIA-Verwaltung[85] in der Starhemberggasse davon überzeugen, dass es vernünftig sei, eine Produktion von elektrischen Messgeräten im Rahmen der USIA einzurichten. Er könne eine ganze Mannschaft von Fachleuten von der Norma abwerben und sofort mit der Fertigung beginnen. Die USIA-Verwaltung willigte ein. Bei der Suche nach einer geeigneten Produktionsstätte kam man auf die Firma Goerz Optische Anstalt in Favoriten.

Geschichte der Firma C. P. Goerz

Im Handelsregister Wien scheint die Firma C. P. Goerz als optische Anstalt GesmbH das erste Mal am 21. März 1907 auf. Bezug nehmend auf ein Gesetz vom 6. März 1906 wird der Gesellschaftsvertrag zwischen Herrn Dr. Carl Paul Goerz Berlin und dem Kaufmann, Herrn Emil Bondy, dokumentiert. Wobei Herr Goerz 360.000 Kronen und Herr Bondy 140.000 Kronen in die Gesellschaft einbrachten. Der Betrieb musste zu diesem Zeitpunkt schon gearbeitet haben, da dem Gesellschaftsvertrag eine detaillierte Inventarliste beigelegt war, in der alle Anlagen und Einrichtungen, sogar die Anzahl der Schlicht- und Schrubfeilen gesondert angeführt wurden. Da es im Eigentum von Herrn Carl Paul Goerz in der Monarchie schon optische Fabriken in Pressburg und Budapest gegeben hat, wäre es denkbar, dass der Wiener Betrieb zunächst als Zweigwerk geführt wurde. Außerdem liegt ein Dokument vom 2. August 1906 über die Beendigung eines Streiks vor.

Im Grundbuch in Favoriten steht unter der Zahl Z 2763: *„Am 6. Dezember*

[85] USIA: Abkürzung für Uprawlenije Sowjetsk im Imuschtschestwon Awstriji. Im Rahmen der Wiedergutmachungsforderungen der Sowjets wurden verschiedene wirtschaftliche Betriebe Österreichs beschlagnahmt (gemäß dem Potdamer-Abkommen) und als sowjetische Wirtschaftsbetriebe unter der USIA (Verwaltung des sowjetischen Vermögens in Österreich) zusammengefasst.

1905 wurde das Grundstück Sonnleithnergasse 5 (die Firmenadresse der Firma Goerz, Anm. des Autors) *dem Eigentum der Österreichisch-Ungarischen Anstalt C. P. Goerz einverleibt".* Man kann also dieses Datum als Gründungsdatum der Wiener Firma bezeichnen. Zunächst war Herr Bondy alleiniger Geschäftsführer, aber ab dem 26. Februar 1909 wurde Herr Wilhelm Goerz, wohnhaft in Wien, zum zweiten Geschäftsführer bestellt.

Bereits ab 22. Jänner 1909 scheint Herr Romolo Catasta, wohnhaft in Wien 4, Schelleingasse, als Generalbevollmächtigter des Herrn C. P. Goerz auf. Als am 31. Juli 1917 Herr Emil Bondy am Bahnsteig des Bahnhofes Baden an einem Herzschlag verstarb, bekam Herr Catasta am 15. September 1917 die Prokura. Er hatte offenbar auf Grund seiner italienischen Staatsbürgerschaft während des Ersten Weltkrieges Schwierigkeiten, denn im Handelsregister scheint ein Schreiben der Firma auf, in dem darauf hingewiesen wird, dass Herr Catasta Sohn eines italienischen Vaters und einer deutschen Mutter ist, in Deutschland geboren wurde, nie in seinem Leben in Italien war und auch nicht italienisch spricht. Ab September 1918 wird Herr Friedrich Hahn Gesellschafter neben Herrn Wilhelm Goerz.

Im September 1918 wird der Witwe von Herrn Bondy deren Anteil von 140.000 Kronen ausbezahlt. Bei allen Verhandlungen scheint Herr Romolo Catasta als alleiniger Bevollmächtigter von Herrn Goerz auf. Ab 13. September 1919 löst Herr Catasta den Geschäftsführer Herrn Hahn ab. Am 14. Jänner 1923 verstirbt Herr C. P. Goerz. 1926 kommt ein Herr Dr. Christian Hefe als Geschäftsführer hinzu, bleibt jedoch nur bis 1935. Im Oktober 1928 wird rückwirkend eine Goldkronen-Eröffnungsbilanz erstellt, in der die Grundstücke mit 36.000, das Gebäude mit 60.000 und die Betriebsanlagen mit 120.000 Goldkronen bewertet wurden. Das Stammkapital betrug 250.000,– österreichische Schillinge. Die Firma befand sich im Eigentum der Erben des C. P. Goerz. Unbeschränkter Herrscher im Haus war jedoch Romolo Catasta. 1935 wurden die Herren Koza, Grindl und Schimke, also im selben Jahr, als Kollege Fischhaber in den Betrieb eintrat, zu Prokuristen bestellt. 1933/34 wurde ein Reingewinn von 42.915,– österreichischen Schillingen ausgewiesen. Am 24. Dezember 1938 erfolgte eine Erhöhung des Stammkapitals von 250.000,– Schilling auf 375.000,– Reichsmark. Im Jahr 1938 wurde in der Gudrunstraße ein vierstöckiges Gebäude errichtet. Mehr als 2000 Beschäftigte gab es während des Zweiten Weltkrieges im Betrieb. Das Gebäude der ehemaligen jüdischen Textilfabrik von P. M. Glaser in der Meidlinger Flurschützstraße wurde angemietet, um die Bedürfnisse der Deutschen Wehrmacht zu befriedigen. Goerz hat ausschließlich Militärgeräte erzeugt.

Die erste mir zugängliche Bilanz aus dem Jahre 1947 weist ein Gesellschaftskapital von 3,5 Millionen Schilling auf, Grundstücke und Gebäude standen mit etwa 12,5 Millionen Schilling zu Buche, Bankkredite vor Kriegsende mit

12,5 Millionen Schilling. Hier handelt es sich überwiegend um Wehrmachtsauftrags-Vorfinanzierungskredite. Demgegenüber scheinen in der Bilanz 19,5 Millionen Schilling Forderungen an Deutschland (Deutsche Wehrmacht) auf. Noch vor der Befreiung Wiens im April 1945 durch die Rote Armee setzte sich der Chef Romulus Catasta nach dem Westen ab. Unmittelbar nach der Befreiung wurde von der österreichischen Regierung Herr Koza für den kaufmännischen und Herr Lang für den technischen Bereich als öffentliche Verwalter eingesetzt. Die Beschäftigten dieses Unternehmens hatten unmittelbar nach der Befreiung Wiens mit der Arbeit begonnen. Sie sind (Damek Rudolf war einer davon) mit einem Handwagen zum Arsenal gefahren (dort hatten die Russen die beschlagnahmten Maschinen vor dem Abtransport in die Sowjetunion zwischengelagert), sind über die Mauer geklettert und haben wichtige Bestandteile, vor allem einen Elektromotor, „zurück gestohlen", damit die erste Drehbank wieder in Betrieb genommen werden konnte. „Sibirien" wäre das Mindeste gewesen, wenn man sie erwischt hätte. Bezahlung gab es kaum, aber danach wurde nicht gefragt. Das Unternehmen stand unter öffentlicher Verwaltung. Man glaubte damals, dass es einmal den Beschäftigten gehören werde. Die ersten frei gewählten Betriebsräte kümmerten sich um alles. Auf dem unternehmenseigenen Grabeland in der Laxenburger Straße organisierten sie den Anbau von Erdäpfeln und Gemüse, damit die Werksküche versorgt werden konnte. Theo Fischhaber, einem der Betriebsräte, gelang es, beim damaligen kommunistischen Vizebürgermeister Wiens „Papa" Steinhardt 25.000,– Schilling zu bekommen (das war damals nicht so wenig), damit Material gekauft und Löhne gezahlt werden konnten. Dann, 1946, übernahmen die Russen den Betrieb als ehemaliges deutsches Eigentum.

Arbeiterbewegung in der Firma C. P. Goerz

Den ersten Streik bei Goerz gab es wie bereits erwähnt im Jahr 1906. Der Streik ist in einer Vereinbarung dokumentiert, die von der Geschäftsleitung und vom Metallarbeiterverband unterzeichnet wurde. Wesentlichster Punkt dieser Vereinbarung war, dass sich die Belegschaft eine Vertretung wählen durfte mit der die Betriebsleitung künftig über die strittigen Probleme, sowie über

Anzeige der Firma C. P. GOERZ in der AZ vom 13. Jänner 1918.

Wünsche und Beschwerden verhandeln wird. Das war lange vor dem ersten Betriebsrätegesetz. Es gab keinen gesetzlichen Schutz für die gewählten Vertrauenspersonen. Der Schutz war durch die Solidarität der Arbeiterschaft gewährleistet.

Mündlich überliefert ist, dass die Arbeiterschaft von Goerz als Rüstungsbetrieb eine wichtige Rolle im Jännerstreik 1918 gespielt hat. In der Arbeiter-Zeitung vom 18. Jänner 1918 wird in einem Bericht unter anderem über den Streik in Wien und Niederösterreich die Firma Goerz zwar namentlich nicht erwähnt, doch heißt es dort: *„In Favoriten stehen nahezu alle Betriebe"*. Berthold Unfried erwähnt in seiner Abhandlung über die Arbeiterbewegung im ersten Weltkrieg die Firma Goerz namentlich. Dort heißt es unter anderem über den Jännerstreik: *„Die rasche Ausbreitung des Streiks in Wien dokumentiert das Funktionieren des linksradikalen Vertrauensmännernetzes. Arbeiter linksradikal dominierter Betriebe wie Goerz im 10., und Kremenetzky im 20. Bezirk gingen gruppenweise zu nahe gelegenen Fabriken und veranlassten deren Arbeiter zum Anschluss an die Streikbewegung."*[86]

Kollege Sladek, der für die Firma Goerz zuständige Sekretär der Metall- und Bergarbeitergewerkschaft nach dem Zweiten Weltkrieg, erwähnte immer wieder, dass die Firma Goerz der erste Betrieb in Wien gewesen sei, der einen Stundenlohn von einer Krone durchgesetzt hat.

In den 1930er Jahren streikte die Belegschaft der Dreherei bei Goerz, weil sie einer Kürzung des Stundenlohnes um 5 Groschen nicht zustimmen wollte. Daraufhin hat der damalige Geschäftsführer Romulus Catasta sämtliche Dreher fristlos entlassen.

Selbst in der Nazizeit hat es bei Goerz einen kurzfristigen Streik gegeben, der von Theo Fischhaber organisiert wurde. Und zwar in dem angemieteten Gebäude von P. M. Glaser in Meidling. Die Arbeiterschaft musste selbst im Winter in leichter Arbeitskleidung über den Hof gehen, weil die Garderoben in einem anderen Teil des Gebäudes untergebracht waren.

Das wollten die Arbeiterinnen und Arbeiter nicht akzeptieren und streikten: Fischhaber und andere wurden daraufhin zur Gestapo vorgeladen. Dort gelang es ihnen die Beamten bei der Einvernahme davon zu überzeugen, dass die Betriebsleitung es war, die die Gesundheit der Belegschaft gefährdete. Ergebnis des Streiks war, dass die Belegschaft Wintermäntel bekam, die sie benutzen konnte, um über den kalten Hof zu gehen. Es gab in der Nazi-Zeit auch eine gut funktionierende Betriebsorganisation der KP in der Firma Goerz.

---

[86] Unfried, Berthold: Arbeiterprotest und Arbeiterbewegung in Österreich während des Ersten Weltkriegs. Univ. Wien, Diss. Wien 1990, S. 141.

Kultur und Sport in der Firma C. P. Goerz

Neben dem Sportverein SK Goerz 33 mit den Sektionen Fußball, Handball, Leichtathletik, Kegeln, Volley-Ball, Schach, Ski und Wandergruppe, gab es noch verschiedene kulturelle Tätigkeiten. Die Ära der öffentlichen Verwaltung haben nur die Sektionen Schach und Kegeln überlebt. In der Zeit der sowjetischen Verwaltung spielte der Verein „Freunde des Theaters in der Scala" eine wichtige Rolle. Bei einem Belegschaftsstand von etwa 800 Personen hatten wir an die 100 Abonnenten. Es gab auch eine Laientheaterspielgruppe, die die Zeit der öffentlichen Verwaltung nicht überlebte.

Die Laientheatergruppe der Firma Goerz 1954.

Der öffentlichen Verwaltung war jede kulturelle Tätigkeit nach der Arbeitszeit im Betrieb als „kommunistisch" suspekt. Sie wurde dadurch unterbunden, dass man uns die Nutzung der Räumlichkeiten im Betrieb verweigerte. Wir mussten einmal sogar einen Vortrag von Univ. Prof. Dr. Holitscher über Weltraumfahrt kurzfristig in ein nahe gelegenes Gasthaus verlegen, weil uns die öffentliche Verwaltung die Benützung der Räumlichkeiten im Betrieb nicht gestattete. Nach Ablauf der öffentlichen Verwaltung hat sich die Situation etwas verbessert. Wir konnten den Speisesaal auch für nichtgewerkschaftliche Tätigkeiten nutzen. So gab es eine Gedenkveranstaltung zum Jahrestag der Besetzung Österreichs 1938, bei der Albrecht Konecny[87] die Festrede hielt und wir anschlie-

[87] Albrecht Konecny (geb. 1942): Von 1962–1966 Redakteur der „Sozialistischen Korrespondenz", 1966–1970 Pressereferent des Klubs der Sozialistischen Abgeordneten und Bundesräte, Mitarbeiter und dann Generalsekretär des Instituts für empirische Sozialforschung (IFES) 1970–1977, Mitarbeiter des Zentralsekretariates der SPÖ von 1977–1979, Herausgeber und Geschäftsführer der „Neuen Arbeiter-Zeitung" 1979–1986, Chefredakteur der „Zukunft" und Geschäftsführer der Zukunft-Verlagsgesellschaft m.B.H. 1986-2000, Leitender Sekretär der SPÖ 1987–1996, Internationaler Sekretär der SPÖ 1996–2006, Professor 1999. 2003–2005 Mitglied des Österreich-Konvents. Seit 2007 ist er Mitglied der österreichischen Delegation zur Parlamentarischen Versammlung des Europarates.

ßend den Film „Wir Wunderkinder" zeigten. Nachdem der Schauspieler Otto Tausig und die Schauspielerin Lilly Schmuck wieder nach Österreich zurückgekehrt waren, hatten wir mit beiden im Betrieb eine Lesung aus den Werken von Jura Soyfer. Nach dieser Veranstaltung versuchte ich bei Ihnen mehrmals telefonisch eine Honorarnote einzufordern, bis mir Lily Schmuck am Telefon erklärte: *„Du weißt doch, der Otto ist unbezahlbar."* Da hatte sie natürlich Recht. Damals gab es das Projekt von Otto Tausig zur Hilfe für jugendliche Flüchtlinge noch nicht.[88]

Diese Collage von Walter Stern wurde ihm von Kollegen der Mechanik geschenkt.

Wir hatten auch Christine Nöstlinger und Ernst Hinterberger mit Lesungen aus deren Werken zu Gast. Später war dann das Dario-Fo-Theater, das Gemeinde-Hoftheater, unter der Intendanz von Didi Macher, regelmäßig bei uns zu Gast. Es wurden Stücke von Dario Fo („Bezahlt wird nicht" und „Hohn der Angst"), aber auch von Peter Turrini („Die Wirtin") und Heinz Richard Unger („Der Minderleister") gespielt. Außer der Belegschaft des Betriebes nahmen auch Bewohnerinnen und Bewohner der umliegenden Häuser an diesen Veranstaltungen im Hof der Firma teil.

Mein Arbeitsbeginn bei C. P. Goerz

Als ich im April 1947, also nur zwei Jahre nach Wiedereröffnung des Betriebes, eintrat, wurde bereits eine Unzahl von optischen Geräten produziert. Brillengläser, Feldstecher, Baunivelliergeräte, Scheitelbrechwertmesser,

[88] Gemeint ist das sogenannte Laura-Gatner-Haus. Vgl. dazu http://fluechtlingsdienst.diakonie.at/goto/de/was/betreuung-von-jugendlichen/laura-gatner-haus/besondere-aktivit__ten

Glasbohrmaschinen, ja sogar ein Knochennagelungsgerät. Es ist einfach unglaublich, wozu die Techniker und die Belegschaft imstande waren. Und das mit fast untauglichen Produktionsmitteln. Der Start des Elektrosektors begann in Gars am Kamp mit dem Bau von Präzisionsgeräten der Klasse 0,2 (Zweizehntel-Prozent Messgenauigkeit) und einem Spiegelgalvanometer.
Dr. Ettenreich gelang es, eine Gruppe von Fachleuten der Firma NORMA für die Firma Goerz zu gewinnen. Einer der ersten, die Dr. Ettenreich aufgenommen hatte, war Ing. Gartler. Er war Konstrukteur bei NORMA und seinerzeit Mitglied bei der NSDAP. Der ehemalige Ariseur von NORMA ließ ihn, offensichtlich um seine „antinazistische Gesinnung" zu beweisen, nicht mehr in den Betrieb, wollte jedoch, dass er zu Hause für die NORMA weiterarbeitet. Gartlers Stolz gebot ihm, dieses abzulehnen. Das Angebot Dr. Ettenreichs war ihm daher sehr willkommen. Er lebte damals in Stiefern im Kamptal und da das Unternehmen Häussermann in Gars am Kamp auch ein USIA-Betrieb war, begann die Produktion der ersten Muster der von Gartler konstruierten Messgeräte in Gars am Kamp. Ich begann also meine Tätigkeit nicht in Wien, sondern bei jener Firma Häussermann in Zitternberg bei Gars am Kamp, die damals chemische Gravuren herstellte. Ingenieur Gartler machte die ersten Zeichnungen und Entwürfe für verschiedene Messgeräte, die Werkzeugmacher Karl Eppinger, Fritz Knillinger und ich stellten die ersten Muster her. Die beiden waren hervorragende Fachleute, ich spielte nur eine untergeordnete Rolle.
Wir wohnten im Kamptaler Hof. Fritz hatte ein FÖJ-Abzeichen am Revers stecken, war aber anfangs wenig gesprächig. Wir schliefen im selben Zimmer. Begierig lauschte er den Erzählungen über meine Erlebnisse. Dies war eine unbekannte Welt für ihn. Andererseits eröffnete er mir auch viel Neues. Karl Eppinger war sein Lehrgeselle bei NORMA gewesen. Karl nahm als junger Mann an den Februarkämpfen im Jahr 1934 in Floridsdorf teil und wurde danach verhaftet. Sein Bruder war als Schutzbündler nach Moskau geflüchtet, von wo er 1945 wieder nach Wien zurückkehrte. Karl und Fritz wurden während des Krieges zur Wehrmacht eingezogen, jedoch aufgrund ihrer Qualifikation in die Firma NORMA zurückgeholt, und das, obwohl sie niemals mit den Nazis sympathisiert hatten, im Gegenteil, beide waren entschiedene Nazi-Gegner. Karl Eppinger war etwa zehn Jahre älter als Fritz, und etwa 15 Jahre älter als ich.
Fritz erzählte mir, dass er bei der NORMA die Drehautomaten betreute und dort den Krieg auf seine Weise sabotiert hatte. Von Zeit zu Zeit manipulierte er den einen oder anderen Automaten so, dass er für einige Zeit zum Stillstand kam. Er sprach mit niemandem darüber. Er hatte dies in eigener Regie getan, weil er das Naziregime und den Krieg ablehnte. Ich zweifelte damals ein wenig an seiner Darstellung. Viele Jahre später wurde mir diese Geschichte vom Direktor Lorenz von Goerz bestätigt. Herr Lorenz war während des

Kriegs Ingenieur bei NORMA. Jahre später erzählte er mir über Knillinger, der mittlerweile Meister im Werkzeugbau bei Goerz geworden war folgendes: *„Wissen Sie, der Knillinger war zwar nie sehr gesprächig, aber schon als junger Facharbeiter bei der NORMA sehr tüchtig. Er bediente oft die Automaten. Und wenn hin und wieder ein Automat ausgefallen war, hatte niemand den Fehler gefunden, außer ihm. Und wenn man ihn gefragt hat, was los war, hat er in seiner mundfaulen Art gesagt: ‚Naja, da war halt wieder nur a Schraub'n locker.'"*
Natürlich konnte Fritz die Fehler leicht finden, weil er sie selber verursacht hatte. Lorenz hatte nicht einmal Jahrzehnte später begriffen, dass das Sabotage war. Aber den Fritzl hätte es den Kopf kosten können. Wie viele solcher stillen Helden hatte es gegeben? Ich glaube nicht, dass Fritz in seiner bescheidenen Art außer mir noch irgendjemand anderem darüber erzählt hat. Wir waren mit großem Enthusiasmus bei der Sache und arbeiteten einmal eine ganze Nacht hindurch an einem Röhrenvoltmeter, weil ein russischer Offizier dieses Gerät am nächsten Tag nach Moskau mitnehmen wollte.
In der Freizeit betätigte ich mich für die FÖJ. So organisierte ich die jungen Menschen der Firma Häussermann und viele Jugendliche des Ortes in einer FÖJ-Gruppe, mit Heimabenden und Sport. Für meine FÖJ-Freunde im 19. Bezirk in Wien machte ich einen Platz im Wald neben der Rosenburg für ein Zeltlager zu Pfingsten ausfindig, der so gut gefiel, dass wir denselben Platz noch ein zweites Mal für ein Sommerlager nutzten. In einem Gasthaus neben der Rosenburg wurde für uns gekocht. Die Lebensmittel mussten wir selber organisieren, schließlich gab es damals noch Lebensmittelkarten. Von der Mühle bekamen wir Mehl geschenkt. Die Molkerei spendete täglich zwei Kannen Magermilch, die an der Straße unten in Rosenburg abgestellt und von den Jugendlichen zum Zeltlager hinaufgetragen wurden.
Die Verwalterin des Kamptaler Hofes, wo ich logierte, spendete Brotmarken und einen großen Rucksack voll Erdäpfel. Für die meisten Jugendlichen, zumeist Lehrlinge, war es der erste Urlaub. Selbstverständlich gab es auch ein richtiges Fußballmatch gegen die FÖJ Gars am Kamp. Welche Hetz, welche Fröhlichkeit, welche Lebensfreude aus dem Nichts, fast ohne Geld! Das kann jemand, der heute in der Karibik oder auf Kreta Urlaub macht, nicht begreifen.

Wieder in Wien

Im Oktober 1947 übersiedelten wir von Gars nach Wien in eines der Gebäude von Goerz. Zuerst arbeitete ich in der Versuchsmechanik und dann im Werkzeugbau. Karl Eppinger wurde Meister im Werkzeugbau. Er hat mir alles beigebracht, was ein Werkzeugmacher braucht. Ich persönlich habe ihm sehr viel zu verdanken. Viele seiner Lebensweisheiten, die er mir auf den Weg mitgegeben hat, haben mir nicht nur im Werkzeugbau, sondern auch bei meiner späteren Betriebsratstätigkeit geholfen. Vor allem die Weisheit: *„Kontrolliere nach jedem Arbeitsgang und messe immer nach, ob Du noch richtig liegst."*

Die Kollegen/-innen vom Werkzeugbau der Firma Goerz im Jahr 1953. Aufgenommen im Hof des Betriebes in der Gudrunstraße, Wien Favoriten. Auf dem Foto 6. von links der väterliche Freund und Meister im Werkzeugbau Karl Eppinger.

Juni 1999 – Karl Eppinger (knapp vor seinem Ableben) mit seiner Gattin Anni bei seiner Geburtstagsfeier in Stammersdorf in Wien.

Über Karl Eppinger könnte man ein Buch schreiben. Ein hervorragender Fachmann mit goldenen Händen. Es war ein Vergnügen ihm bei der Arbeit zuzusehen. Jeder Handgriff war perfekt. Aber das entscheidende war sein goldenes Herz, seine Gutmütigkeit. Er verteidigte immer seine Arbeiter gegenüber

der Betriebs- und Geschäftsleitung. Die Meisten, – leider nicht immer alle, – wären für ihn durchs Feuer gegangen. Bis zu seinem Lebensende, auch als er als Konstrukteur im Konstruktionsbüro arbeitete, ist er ein bescheidener, klassenbewusster Arbeiter geblieben. Er wurde später auch in den Angestelltenbetriebsrat gewählt. Die Freundschaft dauerte bis zu seinem Tod.
Das Unternehmen war teilweise bombenbeschädigt. Drehbänke wurden aus dem Schutt geborgen. Da die Gussuntergestelle zerbrochen waren, hatte Eppinger die Idee, das Drehbankbett einfach auf Eisenbetonunterbau zu montieren. Natürlich musste das Drehbankbett neu touchiert und die Spannfutter neu gedreht werden. Meine erste Arbeit im Werkzeugbau war eine Aufmagnetisierungseinrichtung, die noch fallweise in Betrieb gewesen ist, als ich 1984 in Pension gegangen bin.
Teilweise waren noch „Schlapfenbänke" (Drehbänke ohne Elektroantrieb, die also per Fuß angetrieben werden mussten) in Gebrauch. Alle Glasfenster im zweiten Stock waren zerstört. Um die Räume gegen Regen und Schnee zu schützen, waren die Fenster mit Brettern zugenagelt. Dort befand sich alles, was aus der Kriegszeit an halbfertigen Produkten übrig geblieben war. Das war das „Hauptlager", wo wir uns die Schrauben und Muttern zusammen suchten. Zeit spielte keine Rolle. Die Beschaffung von Material war das größte Problem.
Nach meiner Rückkehr nach Wien fand ich an meiner Wohnungstür eine Aufforderung des amerikanischen Stadtkommandanten vor, im Palais Auersperg zu erscheinen. Ich verständigte meine Freunde davon, damit sie wissen, wo ich bin, falls man mich dort behalten sollte. Man konnte ja nicht wissen. Aber die Amerikaner teilten mir nur mit, dass sie den Zins für mich nicht mehr bezahlen. Ich versuchte, mit der Hausverwaltung ein Arrangement zu treffen, damit ich die Wohnung behalten konnte. Aber diese war abweisend und drohte mit einer Klage wegen Hausfriedensbruch, sollte ich nicht sofort ausziehen. Da merkte ich die unterschiedliche Behandlung mir gegenüber, nun trug ich keine amerikanische Uniform mehr. Der Nazi, der die Wohnung wahrscheinlich 1938 arisiert hatte, durfte wieder einziehen.
Über Vermittlung meines Onkels, der mittlerweile aus Palästina zurückgekehrt war, bekam ich ein Untermietzimmer auf der Hohen Warte bei einer Witwe. Ihr Mann war in den 1930er Jahren ein deutscher Fabrikant für Eisenbahnschwellen und Maschinen zur Herstellung von Eisenbahnschwellen gewesen. Sie erzählte mir, als das Unternehmen in diesen Jahren vor dem Ruin gestanden ist, hatte ihr Mann ein Angebot aus der Sowjetunion. Freunde rieten ab, da sie meinten, die „Russen" zahlen nicht. Er hatte dennoch den Auftrag angenommen, die „Russen" zahlten pünktlich, und so bewahrte er sein Unternehmen vor dem Konkurs. Er wurde dann als Offizier der Deutschen Wehrmacht nach Wien versetzt, wo er sich am Offiziersaufstand vom 20. Juli 1944 beteiligte. Als die Gestapo ihn in eben jener Villa auf der Hohen

Warte abholen wollte, hat er sich dort erschossen. Seine Witwe war froh, das Zimmer vermieten zu können, da sie offensichtlich auf jede Zubuße angewiesen war. Als sie 1948 wieder heiratete, musste ich dann ausziehen. Dann bekam ich bei Walter Stein in der Viktorgasse im vierten Bezirk ein Untermietzimmer. Von dort konnte ich zu Fuß zu Goerz beim Waldmüller-Park gehen.

Beitritt zur Kommunistischen Partei und zur Gewerkschaft

Im Herbst 1947 bin ich der KP beigetreten. Warum? Grundsätzlich fühlte ich mich der Arbeiterbewegung zugehörig, wenn auch mein Vater ein kleiner Textilkaufmann war. Die Russische Revolution, die Beendigung des Krieges durch Lenin, die Aufteilung von Grund und Boden, Gerechtigkeit für die Armen, der Begriff Sozialismus, das alles übte eine ungeheure Anziehungskraft auf mich aus. Vor allem aber beeindruckte mich der Widerstandskampf der Kommunistinnen und Kommunisten gegen Hitler und die Kraft der Roten Armee, die schließlich die Hauptlast des Krieges gegen den Faschismus getragen hat. Von den Opfern der Kollektivierung, den Massenhinrichtungen und Inhaftierungen nach dem Kirow-Mord[89], den Auslieferungen von Antifaschistinnen und Antifaschisten an Nazideutschland während der Zeit des Hitler-Stalin-Paktes wusste ich nichts und was ich hörte, tat ich als Feindpropaganda, als Verleumdungen der bürgerlichen Presse ab.
Noch etwas spielte sicher eine Rolle: Die meisten Menschen, die ich bei meiner Rückkehr kennen gelernt hatte, waren kommunistisch eingestellt und für mich „klasse" Leute. Angefangen von Toni Lehr bis zu meinem Meister Eppinger im Werkzeugbau, der für mich zur Vaterfigur wurde. Familie hatte ich keine in Wien, und so wurde diese Gemeinschaft für mich zum Familienersatz. Rückblickend möchte ich aber nicht verhehlen, dass meine Sympathie für den Kommunismus schon in Palästina begann. Schriften von Karl Marx wie das „Kommunistische Manifest" und „Lohn, Preis und Profit" sowie zwei Artikel von Ernst Fischer in der Zeitschrift „Internationale Literatur" beeinflussten mich. Zweifellos machte es auf einen Jugendlichen wie mich einen enormen Eindruck, als Kommunist zur „Vorhut der Arbeiterklasse" zu gehören, also etwas Besonderes zu sein. Mein Beitritt zur Gewerkschaft war für

[89] Sergei Mironowitsch Kirow (1886–1934): Parteisekretär von Leningrad; wurde durch ein Revolverattentat getötet. Stalin beschuldigte sofort seine innerparteilichen Gegner der Tat. Den Mord nahm er zum Anlass für Säuberungen in der Partei. Aufgeklärt wurde der Mord nie.

mich als Arbeiter eine Selbstverständlichkeit, über die ich gar nicht nachzudenken brauchte.
Als ich von Gars am Kamp nach Wien zurückkehrte, war Genosse Stückler (von Beruf Lehrer) Personalchef bei Goerz. Er war der wichtigste Repräsentant der Partei im Betrieb – nicht der Obmann der Betriebsorganisation und schon gar nicht die KP-Betriebsräte. Ich habe gar nichts Außergewöhnliches daran gefunden. Er hatte eine ruhige, angenehme, salbungsvolle Art zu reden. Das trug ihm bei den SP-Genossinnen und SP-Genossen im Betrieb den Spitznamen „Roter Lombardi" ein. Pater Lombardi war in jenen Jahren – da es noch keinen Fernseher gab – ein allgemein bekannter antikommunistischer Wanderprediger der Kirche.
Manche Kommunistinnen und Kommunisten begnügten sich mit dem Beinamen „Oberlehrer". Ich hatte nur zwei Probleme mit ihm: Ich war im April 1947 in die Firma eingetreten, habe den ersten Urlaub im Frühjahr 1948 konsumiert und wollte im Sommer 1948 wieder Urlaub haben, den er mir mit der Begründung: *„Zweimal im Jahr gibt es keinen Urlaub"*, abgelehnt hat. Selbst als ich ihm das Arbeiterurlaubsgesetz vorlegte, war er noch nicht überzeugt, dass ich im Recht sei. Erst beim Betriebsrat Fischhaber hat er nachgegeben.
Erstaunt war ich schon, dass ein 24jähriger Arbeiter einem Personalchef das Urlaubsgesetz beibringen musste. Ein anderes Mal sagte er zu mir: *„Man kann auch den Genossen nicht die ganze Wahrheit sagen!"* Das rief meinen Widerspruch hervor. *„Wann weiß ich dann, wann Du mir die Wahrheit sagst und wann nicht?"* Tatsächlich hat diese Bemerkung in mir, der ich der Partei schon vertraute, noch bevor ich Mitglied wurde, eine immense Unsicherheit hervorgerufen.
Der nächste Konflikt kam 1948. Die Verurteilung Titos[90] durch das Kominformbüro[91] und der Ausschluss der jugoslawischen KP aus der Kominform. Stalin hatte den westlichen Alliierten zuliebe die Kommunistische Internationale aufgelöst und an deren Stelle die Kominform, das angeblich weniger

---

[90] Josip Broz Tito (1892–1980): gelernter Schlosser, kämpfte im Ersten Weltkrieg als Unteroffizier an der Front gegen Serbien, 1915 geriet er in russische Kriegsgefangenschaft und wurde 1917 Zeuge der Oktoberrevolution; Eintritt in die Rote Armee. 1920 kehrte er in den neu geschaffenen SHS-Staat (Yugoslawien) zurück und trat der KP bei. 1936 bis 1938 Engagement im Spanischen Bürgerkrieg. Nach dem Überfall Nazideutschlands organisierte er den Widerstand, wurde zum Marshall ernannt und stand seit 1943 an der Spitze einer provisorischen Regierung, die von den Alliierten anerkannt wurde. 1945 wurde Tito Ministerpräsident und wandelte Yugoslawien in einen sozialistischen Staat um. Staatspräsident 1953 bis 1980.

[91] Kominform: Abkürzung für kommunistisches Informationsbüro; von 1947 bis 1956 überstaatliches Bündnis verschiedener kommunistischer Parteien der Ostblockstaaten und der kommunistischen Parteien Frankreichs und Italiens.

Vollmachten als die Komintern[92] gegenüber den nationalen kommunistischen Parteien hatte, gegründet.
Für mich war Tito ein Idol. Hatte er doch aus dem Nichts einen Widerstand gegen Hitler organisiert, der eben so viele deutsche Divisionen gebunden hat wie die alliierten Armeen in Italien. Aber damals war für mich auch Stalin der strahlende Sieger über Hitlerdeutschland – der große „Staatsmann". Wer also hatte recht?
Die KPÖ hatte sich – ohne große Diskussion, dem Standpunkt der Kominform angeschlossen, und beschlossen, keine Delegation zum bevorstehenden Parteitag der jugoslawischen KP zu entsenden. Das habe ich in einer Mitgliederversammlung der KPÖ-Betriebsorganisation Goerz kritisiert. Ich war innerlich zerrissen. Stalin konnte doch nicht irren. Aber Tito ein Verräter? Das war doch auch nicht möglich.
Ich versuchte mich hindurchzuschwindeln. Das mindeste schien mir, zu verlangen, dass die KP eine Delegation zum jugoslawischen Parteitag entsendet, um sich auch von der anderen Seite über die Ursachen des Bruches informieren zu lassen. Ich hatte damals das System in der KP noch lange nicht durchschaut.
Dass Tito bereits während des Partisanenkrieges verschiedene Anweisungen Stalins zu Recht ignorierte, wusste ich damals noch nicht. Es dauerte lange, bis ich mich zu einer Kritik an Tito entschlossen habe. Aber dies bezog sich nicht auf politische Aspekte, sondern mehr auf Persönliches. Die bombastischen Uniformen samt Orden, die Insel Brioni[93] und der Sommersitz im slowenischen Luftkurort in Bled, das konnte ich mit dem Lebensstil eines kommunistischen Funktionärs nicht in Einklang bringen. Die politische Linie der „Blockfreien" Nehru, Nasser und Tito[94] behagte mir eher. Als sich schließlich meine Begeisterung für Tito legte, fuhr Chruschtschow nach Belgrad und redete ihn mit „Teurer Genosse Tito" an.

---

[92] Komintern: Abkürzung für Kommunistische Internationale; ein internationaler Zusammenschluss kommunistischer Parteien zu einer weltweiten, gemeinsamen Organisation. Die Gründung erfolgte 1919 auf Initiative von Lenin und aus der Opposition zur Zweiten Internationale. Wurde 1943 von Stalin aufgelöst.

[93] Brioni: Inselgruppe in der kroatischen Adria. Vor dem 1. Weltkrieg Treffpunkt für den Adel und das gehobene Bürgertum. Von 1947 an hatte der jugoslawische Staatschef Tito auf der Insel Brioni eine seiner Residenzen.

[94] Blockfreien Staaten: lockerer Zusammenschluss von nicht paktgebundenen Ländern und der Palästinensischen Befreiungsorganisation, die sich trotz unterschiedlicher politischer Orientierung zu den Prinzipien der Blockfreiheit und der friedlichen Koexistenz auf der Basis der Gleichberechtigung bekennen. Die Gründung der Organisation ging auf die Initiative des jugoslawischen Präsidenten Tito, des ägyptischen Staatschefs Nasser und des indischen Premiers Nehru zurück. Die Konstituierung fand 1961 statt. Der Bewegung der blockfreien Staaten traten viele afrikanische und asiatische Staaten bei. Sie verurteilte die Blockbildung in der Zeit des Ost-West-Konfliktes wegen der Gefahr eines dritten Weltkriegs.

Unausrottbare Vorurteile?

Anfang der 1950er Jahre begann ein junger Werkzeugmacher neben mir mit der Arbeit im Werkzeugbau. Eines Tages eröffnete er mir, dass sein Vater ein Nazi war und auch er ein Antisemit sei. „*Warum? Hast Du schon einmal einen Juden gesehen?*“, war meine erstaunte Frage. „*Nein, begegnet bin ich noch keinem Juden, aber ich mag sie einfach nicht*“, erklärte er mir. „*Warum*“, bohrte ich weiter. „*... weil sie anders sind als wir*“, antwortete er. „*Kannst Du Dir vorstellen, dass a ‚Jud' neben uns am Schraubstock arbeitet so wie wir*“, setzte er fort. „*... oh, doch, ich bin nämlich ein Jude*“, antwortete ich. „*Das gibt es nicht. Du haltst mich am Schmäh*“, meinte er erstaunt. Er gewöhnte sich an einen jüdischen Arbeitskollegen und wollte sogar, dass ich ein Grundstück neben seinem Haus in Inzersdorf erwerbe. Als er nach einiger Zeit die Firma verließ, konnte ich nicht mit Bestimmtheit sagen, ob er tatsächlich seine Vorurteile abgelegt hatte.

Antisemitismus war in der Firma Goerz kein Thema. Viele Jahre später, ich war schon lange Betriebsratsobmann, hatte ich ein Erlebnis, das mich in Staunen versetzte. Jede Neuaufnahme wurde mir im Betriebsratszimmer vorgestellt. Eine meiner ersten Fragen war immer „*Sind sie Mitglied der Gewerkschaft?*“ Da antwortete mir eine nicht mehr ganz junge Frau: „*Nein, aber ich trete selbstverständlich bei. Wissen´s ich habe in einem jüdischen Textilbetrieb gearbeitet und die Juden sind gegen die Gewerkschaft und deshalb war ich nicht dabei.*“ Bei dieser Antwort hat es mir auf wienerisch ausgedrückt „die Red´ verschlagen“, ich war sprachlos. Ich wusste schon, dass Unternehmer im Allgemeinen keine Freunde der Gewerkschaft sind, aber dass es da Glaubensunterschiede geben würde, war mir neu.

Demonstration gegen die Besatzungskostensteuer

Neben meiner Tätigkeit in der FÖJ habe ich mich an den Aktivitäten im Betrieb beteiligt. Es gab stürmische Betriebsversammlungen, mit bis zu 25 Rednerinnen und Rednern. Ich habe mich fast immer zu Wort gemeldet. Es gab Wandtafeln der SPÖ und KPÖ im Betrieb, an denen nicht nur die Arbeiter-Zeitung und Volksstimme angeschlagen wurden, sondern auch selbst gefertigte Plakate. Eine Zeitlang betreute ich die Tafel der KPÖ. Als im Jahr 1949 die Besatzungskostensteuer eingeführt wurde, wurde auf Drängen der KPÖ-Betriebsräte – Jakob Riess war damals noch Betriebsratsobmann – eine Vollversammlung während der Arbeitszeit einberufen. Die KP-Genossen forderten Streik: Kollege Riess und die anderen SP-Betriebsräte stemmten sich vehement gegen diesen Antrag. Bei der Abstimmung entschied die Mehrheit der Belegschaft für den Streik und einen Marsch zum Parlament. Rasch wurden Transparente und Tafeln gefertigt und wir zogen über die Wiedner Hauptstraße in die Stadt. Auch ein Großteil jener Kolleginnen und Kollegen, die gegen den Streik gestimmt haben, war dabei. An der Spitze des Zuges Jakob Riess, der es als seine Pflicht als Betriebsratsobmann ansah, sich dem Mehrheitsbeschluss zu beugen und mit den Kolleginnen und Kollegen zu gehen. Die Demonstration war nicht angemeldet worden und auch nicht genehmigt. Am Ring versperrte uns ein Mehrfachkordon der Polizei den Weg. Im Umkreis einer Meile vor dem Parlament sind während einer Nationalratssitzung Kundgebungen verboten. Zum Durchbrechen waren wir zu schwach. Als wir uns nicht auflösen wollten, ging die Polizei zum Angriff über und schlug mit den Knüppeln auf uns ein. Es erfolgten auch mehrere Festnahmen. Riess war entsetzt. Das hatte er von „seiner" Polizei nicht erwartet. Immerhin war sein Genosse Helmer Innenminister und sein Genosse Holaubek Polizeipräsident. Er eilte sofort aufs nächste Wachzimmer, wies sich als Betriebsratsobmann aus und versuchte vergebens, die Kollegen freizubekommen. Der Großteil von uns flüchtete in Richtung Porrhaus in den vierten Bezirk. Dort ergriff Diplomingenieur Kuba Wolloch, der schon vor dem Krieg Mitglied der KP war, im Betrieb aber keine Funktion hatte, die Initiative. Er sprang auf eine Mauer, hielt eine Rede, löste die Kundgebung auf und forderte uns auf, in den Betrieb zurückzukehren. Einige Polizisten versuchten, ihn zu fassen, er sprang jedoch rechtzeitig von der Mauer und verschwand.

1949: Die KPÖ erringt die Mehrheit bei C. P. Goerz

1949 war eine für die Firma Goerz entscheidende Betriebsratswahl. Man rechnete damit, dass es der KP-Fraktion gelingen wird, die Mehrheit zu erringen. Durch die Aufnahme der Fertigung elektrischer Messgeräte wurde der Belegschaftsstand enorm vergrößert. Die Aufnahmen neuer Mitarbeiterinnen und Mitarbeiter wurden durch den kommunistischen Personalchef stark beeinflusst, allerdings kamen auch Sozialistinnen und Sozialisten aus der Firma NORMA in den Betrieb.

Ich wurde von der Betriebsorganisation der KPÖ zum Obmann des Wahlvorschlagskomitees gewählt, dass die Aufgabe hatte, die kommunistischen Kandidaten für die Wahl zu nominieren. Wir erwarteten, dass der Spitzenkandidat, Betriebsratsobmann wird. Zwei Genossen standen zur Diskussion. Erstens Theo Fischhaber, ein alter Goerzianer und Betriebsratsobmannstellvertreter, der schon während der Nazizeit Mitglied der illegalen KP-Zelle war. Zweiter Kandidat war der Loisl Brtnal, ein ebenfalls absolut integerer Kommunist, der aus dem KZ kam. Einer seiner Brüder wurde von den Nazis hingerichtet. Die meisten Genossinnen und Genossen – vor allem die alten Goerzianer – plädierten für Fischhaber. Fischhaber war auch bei vielen Sozi-

alistinnen und Sozialisten beliebt, weil er mit ihnen gut reden konnte. Dies trug ihm allerdings Kritik der „harten" (der Begriff „dogmatisch" war damals noch nicht geläufig) Kommunistinnen und Kommunisten ein. *„Fischhaber hat noch immer nicht die Eierschalen der Sozialdemokratie abgeworfen"*, lautete die Bemerkung eines Bezirksleitungsfunktionärs, gemeint war seine Toleranz gegenüber sozialistischen Kolleginnen und Kollegen.
Die Parteibezirksleitung forcierte Brtna als den für sie „verlässlicheren" Funktionär. Es gab sogar einen diesbezüglichen Beschluss der Bezirksleitung. Mein Herz war ebenfalls auf Fischhabers Seite. Aber damals glaubte ich noch, dass der „demokratische Zentralismus" etwas mit Demokratie zu tun hatte, unterwarf mich der „Parteidisziplin", sprich dem Beschluss der Bezirksleitung, und kämpfte in einer Mitgliederversammlung dafür, dass Brtna als Spitzenkandidat nominiert wurde. Und so war es dann auch. Theo war mir deshalb nie böse, und bis zu seinem Tod im 96. Lebensjahr verband uns eine tiefe Freundschaft.
In der Wahlvollversammlung der Belegschaft habe ich 25jähriger Jüngling den über 60jährigen Betriebsratsobmann Riess heftig kritisiert, nicht wissend, welche Rolle dieser Mann in der Arbeiterbewegung gespielt hat. Er war Mitglied der SP. Er musste abgewählt werden. Der Beifall der Kommunistinnen und Kommunisten war mir gewiss. Das berauschte mich damals. Heute schäme ich mich dafür. Riess als erfahrener Hase war mir gar nicht böse. Als ehemaliges Mitglied des Zentralvorstandes der Metallarbeitergewerkschaft war er immer Ehrengast bei den Gewerkschaftstagen. Dort sprach er mich oft an und erkundigte sich nach den Verhältnissen in der Firma Goerz. Er war ein Betriebsrat, wie man ihn sich wünscht. Er hatte auch keine Scheu, gegenüber dem russischen Generaldirektor seine Kolleginnen und Kollegen zu vertreten. In späteren Jahren erzählte mir Fischhaber, der ihn ja länger kannte, mehr über ihn. Riess war als junger Mann einer der Organisatoren der Novemberdemonstrationen 1918 vor dem Parlament. Er war einer der Mitbegründer der KPÖ und der erste kommunistische Betriebsratsobmann in Wien bei der Firma Warchalowski in Ottakring. Er ging als qualifizierter Dreher in die Sowjetunion, um als Facharbeiter zu helfen, kehrte nach Wien zurück und wurde im Zuge der Fraktionskämpfe in der KPÖ im Jahr 1924, also in dem Jahr, in dem ich geboren wurde, aus der KPÖ ausgeschlossen. Theo sagte mir, dass der Riess im Herzen immer Kommunist geblieben ist. Er erwartete, dass die Partei nach der Befreiung 1945 an ihn herantreten werde, um ihn wieder in die Partei aufzunehmen. Er wartete vergebens. Von sich aus war er zu stolz, um diesen Schritt zu tun. Als er bei Goerz Obmann wurde, war er noch parteilos. Als er dann Obmann war, meinte er, man könne nicht in der Luft hängen, man müsse einer Arbeiterpartei angehören und ging zur SP. 1949 wurde er tatsächlich abgewählt. Er kehrte in die Dreherei zurück, arbeitete dort noch bis

1951 und ging dann in Pension. Mit etwa 80 Jahren starb er. Wir, – der gesamte Betriebsrat, und die Goerzianer, die ihn kannten, – nahmen am Begräbnis am Hernalser Friedhof teil. Brtna wurde Obmann und ein neues Kapitel begann.

1950: Oktoberstreik

Der geschichtliche Ablauf ist jedem Interessierten hinlänglich bekannt. Ich will daher die Ereignisse aus meiner Erinnerung schildern. Eigenartigerweise habe ich keine Protokolle über Betriebsratssitzungen oder Vollversammlungen aus dieser Zeit gefunden, obwohl es zweifellos mehrere Vollversammlungen und Betriebsratssitzungen gegeben hat. Am Nachmittag vor dem Streik gab es eine Zusammenkunft von Betriebsräten in der Ortsgruppe der Metallarbeitergewerkschaft. Der Leiter des Straßenbahnhofes Favoriten berichtete, er sei auf die russische Kommandantur gerufen worden und dort wurde ihm verboten, auch nur eine Garnitur aus dem Bezirk in einen anderen Bezirk zu überstellen.

Oktoberstreik 1950 – Kundgebung vor dem Wiener Rathaus

Am Abend trafen wir uns in der Bezirksleitung der KPÖ Favoriten in der Wielandgasse. Genosse Josef Lauscher, Gemeinderat und Wiener Obmann der KPÖ hielt eine Rede im gesteckt vollen Saal. Lediglich ein Satz hat sich mir ins Gedächtnis eingeprägt: *„Wir stehen morgen vor großen historischen Ereignissen.“*

Ich habe in all den Jahren danach nie daran gedacht, Lauscher zu fragen, was er mit den *„historischen Ereignissen"* meinte. Im Bezirk Gänserndorf hat es Kommunistinnen und Kommunisten gegeben, die unter *„historischen Ereignissen"* eine Machtübernahme verstanden, wurden aber von der KP-Leitung in Wien sofort zurückgepfiffen.

Die große Mehrheit unseres Betriebes stimmte am nächsten Tag für den Streik. Wir zogen zum Straßenbahnhof in der Gudrunstraße und forderten die Straßenbahner auf zu streiken. Die Straßenbahner weigerten sich. In einer Doppelreihe versperrten sie den Zugang zum Gelände des Bahnhofes. Wir hatten ohnehin nicht die Absicht, in den Bahnhof einzudringen. Es waren unserer Belegschaft entsprechend überwiegend Frauen, die vor dem Bahnhof Parolen riefen und Arbeiterinnen- und Arbeiterkampflieder sangen (damals gab es das noch). Da kamen einige Lastautos. Männer mit großen Holzprügeln sprangen herunter und schlugen auf die Demonstrantinnen und Demonstranten wahllos ein. Natürlich haben wir die Flucht ergriffen, da wir mit leeren Händen da standen und wir nie an eine tätliche Auseinandersetzung dachten. Wir verzogen uns in die Laxenburger Straße – damals noch Tolbuchinstraße. So rasch die Lastautos kamen, fuhren sie wieder ab. Der Straßenbahnhof war nicht mehr blockiert. Die erste Garnitur fuhr aus und bog von der Gudrunstraße in die Laxenburger Straße ein. Dort lagen einige Pflastersteine für Reparaturarbeiten. Einer warf einen Pflasterstein vor den Triebwagen. Der Fangkorb fiel herab und der Zug stand. Der Zugführer nahm die Kurbel und kehrte in den Bahnhof zurück.

Damit war die „Befreiungsaktion" von Olahs[95] Schlägertrupps durch einen Pflasterstein zum Scheitern gebracht worden. Wir zogen dann noch zum Eisenbahngelände in der Laxenburger Straße. Dort wurde das Gittertor sofort geschlossen. Es gab natürlich auch kommunistische Eisenbahner. Einer von ihnen, Willi Amberger, der Wiener Meister im Skiabfahrtslauf war, machte den Vorschlag, wir sollten durch eine Demonstration die streikunwilligen Eisenbahner ablenken und er werde den Hauptschalter runterschmeißen, dann stehe die ganze Südbahn. *„Bist verrückt, das kost´ Dich Dein Posten und einsperr´n tun´s dich vielleicht ah no!"*, sagte ich ihm. Das brachte ihn zur Besinnung und er nahm Abstand von diesem Blödsinn. Irgendwer brachte das Gerücht auf, dass Olahs Schlägertrupps die Firma Goerz stürmen wollen. Dieses Gerücht entbehrte jeder Grundlage, aber es führte dazu, dass wir in den Betrieb zurückkehrten, um ihn gegebenenfalls zu verteidigen. In der

[95] Franz Olah (1910–2009): 1948–1966 Abg. z. Nationalrat, 1959–1961 2. Präs. d. Nationalrats, 1955 Vizepräsident des ÖGB, 1959–1963 Präsident des ÖGB. 1963/64 Bundesminister für Inneres bis zu seinem Ausschluss aus der SPÖ.

Folge marschierten wir Kampflieder singend von Betrieb zu Betrieb, um die Beschäftigten zum Mitstreiken zu bewegen. Kaum einer schloss sich an. Bei Brown Bovery stellte es der sozialistische Betriebsratsobmann den Beschäftigten frei, sich am Streik zu beteiligen, er aber rief dazu nicht auf.

Es gab noch den Marsch zum Ballhausplatz. Der Wasserwerfer der Polizei wurde erobert, der Platz vor dem Bundeskanzleramt gehörte „uns". Und was weiter? Eine flammende Rede von Ernst Fischer, aber nichts Konkretes. Da merkte ich zum ersten Mal, dass es keine Führung gab, die wusste, was sie wollte. Dann kam die Parole: Abbruch des Streikes. Dem widersetzten sich bei Goerz ein Großteil der Kommunistinnen und Kommunisten. Hauptwortführer gegen den Abbruch waren die Genossen Ossi Waloschek und Otto Weichselbraun. Ich muss meine Leser um Verzeihung bitten, aber ich weiß beim besten Willen nicht, wofür ich damals stimmte, aber ich neige zu der Annahme, dass ich damals noch der Parteidisziplin gehorchend für den Abbruch stimmte. Tatsache ist jedoch, dass der kommunistische Betriebsratsobmann Brtna den Abbruch des Streikes nur mit knapper Mehrheit und vor allem mit Hilfe von sozialistischen Beschäftigten, die von Haus aus gegen den Streik waren, durchdrücken konnte.

Die Kommunistische Partei konzentrierte sich auf eine Betriebsrätekonferenz in Floridsdorf, die jedoch überwiegend von kommunistischen Betriebsräten beschickt war. Im Westen Österreichs wurde der Streik teilweise durch Gendamerieeinsatz beendet, im Osten beschränkte sich die Streikbewegung im Wesentlichen auf die USIA-Betriebe. Der zweite Streikaufruf wurde fast nur mehr in den USIA-Betrieben befolgt und das war das Ende. Wir hatten die Weichen der Straßenbahnlinie 6 unter der Südbahnbrücke beim Matzleinsdorfer Platz mit Beton ausgegossen und einen Straßenbahnwagen der Linie 18 – damals war die Straßenbahn noch nicht nach unten verlegt, aus den Schienen gehoben.

Ich hielt eine Ansprache und dann kam die Polizei von Margareten herauf. Ich erkannte rasch die Aussichtslosigkeit unserer Lage und forderte unsere Kolleginnen und Kollegen auf, sich in den 10. Bezirk und dann in den Betrieb zurückzuziehen. Aber das ging nicht so schnell. Also drängte ich nach und dadurch war ich der Letzte. Auf einmal stürzten sich einige Polizisten auf mich und prügelten auf mich ein. Ich konnte meinen Kopf gerade noch mit den Armen schützen und dann wurde ich in das Wachzimmer Spengergasse abgeführt. Von dort wurde ich im Arrestantenwagen ins Kommissariat Margareten gebracht. Mit mir im Arrestantenwagen war der sowjetische Kameramann Anatoli Kaloschin, der die Demonstration filmte, dann aber in einer anderen Zelle eingesperrt wurde. Das hatte noch ein Nachspiel, weil Kaloschin angeblich von den Polizisten im Arrestantenwagen geschlagen wurde. In der Wehrgasse wurde ich einvernommen, dann wurde mir alles, womit

ich mich umbringen hätte können, vor allem Gürtel und Schuhbänder, abgenommen und ich wurde in eine Einzelzelle gesperrt. Kaum war ich drinnen, wurde ich herausgerufen, bekam alles wieder retour und wurde freigelassen. Ich eilte noch auf den Rathausplatz, wo eine Großkundgebung stattfand. Die Regierung hat, unterstützt vom Österreichischen Gewerkschaftsbund (ÖGB), natürlich nicht nachgegeben und das Preis- und Lohnabkommen in vollem Umfang durchgeführt. Aber Wirkung hat dieser Streik dennoch gehabt. Es war der größte Streik in der Zweiten Republik und ist vor allem in Oberösterreich und der Steiermark weit über den Rahmen von Kommunistinnen und Kommunisten unterstützt worden. Es wurden für längere Zeit keine Preis-Lohn-Pakte mehr abgeschlossen.
Ernst zu nehmende Historikerinnen und Historiker haben schon seit langem festgestellt, dass es kein Putschversuch war. Es ging nicht darum, die Regierung zu stürzen, sondern sie zur Rücknahme des Paktes zu bewegen. Ich glaube, dass sich die Streikenden und auch die KP-Führung schon mit einem Kompromiss, also mit kleinen Verbesserungen im Abkommen, zufrieden gegeben hätten, damit die Niederlage nicht offenkundig würde.
Die Rolle von Franz Olah als Retter vor dem kommunistischen Putsch ist eine Legende, die immer wieder hervorgeholt wird, die aber mit der Wahrheit nichts zu tun hat. Wieso wurde die Putschversion besonders im Jahr 1950 von so vielen und auch heute noch von manchen Menschen geglaubt? Es gab Aktionen, die weit über einen normalen Streik hinausgingen. So vor allem der Versuch, Streikunwillige zum Streik zu bewegen und den Verkehr zu blockieren. Die größten Ausschreitungen gab es jedoch in Linz, wo der Einfluss des Verbandes der Unabhängigen (VdU) auf die Streikenden größer war als der der KPÖ.
Tatsache ist, das ein Jahr vorher große Streiks und Demonstrationen vor dem Rathaus in Berlin zur endgültigen Teilung Berlins, ganz Deutschlands und letztlich zur Gründung der DDR geführt haben. Dem ist jedoch vorausgegangen, dass die Westmächte schon vorher eine Drei-Zonen-Verwaltung und eine eigene Währung für ihre Zonen eingeführt hatten. Das war in Österreich ganz anders.
Wenn die Sowjetunion eine Teilung Österreichs durch einen Putsch im Sinn gehabt hätte, dann hätte sie niemand – außer die Westmächte durch Krieg – und schon gar nicht Olah daran hindern können. Natürlich stand auch eine Teilung Österreichs im Raum. Es gab auch Politiker innerhalb und außerhalb der KP, die damit rechneten. So sind etwa nach dem Oktoberstreik führende KP-Funktionäre, die in der amerikanischen Zone wohnten, in die sowjetische Zone und das Zentralkomitee der KP von der Wasagasse in den vierten Wiener Gemeindebezirk übersiedelt. Letzteres hing natürlich auch damit zusammen, dass das Gebäude, in dem sie untergebracht waren, eine Schule,

geräumt werden musste. Ohne Zustimmung und schon gar nicht gegen den Willen der Sowjetunion wagte es niemand in der KP-Führung, auch nur an einen Putsch zu denken.
Nach dem Zusammenbruch des Streiks erfolgte eine Säuberungsaktion in Betrieben und Gewerkschaften, die man zweifellos als Rachefeldzug bezeichnen kann. Der Mitbegründer und stellvertretende Vorsitzende des Österreichischen Gewerkschaftsbundes (ÖGB), Gottlieb Fiala, der Sekretär der Textilarbeiter, Egon Kodicek[96] sowie der Sekretär Neubauer der Bau- und Holzarbeiter wurden aus der Gewerkschaft ausgeschlossen und verloren ihre Posten. In Donawitz wurde der von der Belegschaft mit Mehrheit gewählte Betriebsratsobmann Sepp Filz verhaftet, unter Anklage gestellt (die jedoch vor Gericht zusammengebrochen ist) und aus dem Betrieb entfernt. In den Steyr-Werken in Steyr wurde der allseits beliebte Betriebsrat Gustl Moser entlassen, um nur die wichtigsten Beispiele zu nennen. Es entstand eine feindselige Atmosphäre zwischen SPÖ und KPÖ, die noch jahrelang anhielt. Die SP feierte in einer Großdemonstration auf dem Wiener Rathausplatz den Zusammenbruch des Streiks als Sieg über den Kommunismus. In Wirklichkeit ist mit dem Zusammenbruch des Streiks die Kampfbereitschaft der Arbeiterschaft auf Jahrzehnte zusammengebrochen und ich bezweifle, dass der ÖGB, selbst wenn er es wollte, heute eine so kraftvolle Aktion zustande bringen könnte.
Für mich hatte der Oktoberstreik auch ein persönliches Nachspiel. Die Regierung bestand darauf, alle „Übeltäter" vor Gericht zu stellen. Und so wurde ich auf freiem Fuß wegen „Aufwiegelung und Widerstand gegen die Staatsgewalt" angezeigt. Der Widerstand gegen die Staatsgewalt bestand darin, dass ich mich angeblich gegen die Festnahme wehrte und der Tatbestand der Aufwiegelung? Ich habe bei meiner Festnahme angeblich gerufen: *„Helft's ma!"* Wer hätte mir da helfen sollen, nachdem schon alle in die Gudrunstraße geflüchtet waren?
Die KPÖ stellte mir eine Anwältin bei. Vicki Apfelbaum, eine ehemalige Emigrantin, die die Kriegszeit in England verbracht hatte. Vor der Verhandlung stellte es sich heraus, dass der anklagende Staatsanwalt ein Studienkollege meiner Anwältin vor 1938 war. *„Oh, Frau Kollegin, ich habe sie aber schon lange nicht mehr gesehen."* No, na, er versah Dienst in der Nazijustiz und sie war in Emigration in England. Ich stand etwas abseits. *„Was haben Sie all die Jahre gemacht?" „Oh je, ein politischer Prozess, des hab' ich schon gern!"*, hörte ich ihn

[96] Egon Kodicek (1913–1982): Herrenschneider, Gewerkschaftsjugend, Mitglied der Gewerkschaftsjugend und der SAJ, nach 1934 illegale Gewerkschaftsarbeit, 1938 Exil in Frankreich, Mitglied der KP, Widerstandstätigkeit in Lyon, 1944 Rückkehr nach Wien, nach 1945 führender Funktionär in der KPÖ, Austritt 1969, dann in der Gewerkschaftlichen Einheit aktiv.

noch sagen. Das glaubte ich ihm sogar. Wer konnte schon 1950 wissen, wie sich die Dinge in Österreich weiter entwickeln.
Meine Anwältin sagte mir nach dem Gespräch mit dem Staatsanwalt, er hätte ihr empfohlen, dass ich ein Geständnis ablegen soll, dann werde er auf mildernde Umstände plädieren und dann gäbe es, da ich unbescholten bin, wahrscheinlich nur eine bedingte Strafe. Ich habe diesen Rat nicht befolgt, da ich nicht bereit war, etwas zu gestehen, das ich nicht begangen habe. Es kam zur Verhandlung und Verlesung der Anklage. Ich verteidigte mich: Der Verhaftung habe ich mich nicht widersetzt, ich habe lediglich meine Arme über den Kopf gehalten, um mich gegen die Polizeiknüppel zu schützen. *„Helft's ma!"*, habe ich auch nicht gerufen. Möglicherweise haben umstehende Kollegen gerufen: *„Helft's eahm!"* Ich schildere das deshalb, weil heute mehr als 50 Jahre danach der Polizei immer noch nichts Neues eingefallen ist, um Demonstrantinnen und Demonstranten vor Gericht zu bringen.
Dann kamen die Zeuginnen und Zeugen. Zuerst der Einsatzleiter, ein fast sympathischer weißhaariger Polizeioberst. *„Warum haben sie befohlen, den Angeklagten zu verhaften?"* Antwort: *„Ich kann mich nicht erinnern. Besonders aufgefallen ist mir der Angeklagte nicht."* Der zweite Zeuge, ein Wachmann, ebenso wie der Oberst in Zivil erschienen, konnte sich an keine Details erinnern. Dann der Hauptbelastungszeuge, ein älterer Revierinspektor in Uniform, der mich vom Matzleinsdorfer Platz in das Wachzimmer Spengergasse gebracht hatte. Ein unangenehmer Typ, wie ich ihn schon als Kind fürchtete und hasste. Er könnte ohne weiteres einer jener Wachleute gewesen sein, die uns Kindern im damaligen St.-Johann-Park das Leben vergällten, weil wir verbotenerweise dort Fußball spielten, die uns von dort vertrieben, denen es jedoch niemals gelang, uns zu fangen.
Der Richter: *„Sind Sie im Dienst? Nein."* *„Warum sind Sie dann in Uniform?"* Dann benahm sich der Zeuge wie ein Ankläger. *„So geben's es doch zu!"*, sagte er immer wieder. Ich erinnerte ihn daran, dass ich nach meiner Festnahme zu ihm sagte: *„Hören Sie endlich mit ihren Beschimpfungen auf, sonst klage ich Sie wegen Ehrenbeleidigung."* Ich war wesentlich ruhiger als der Zeuge. Der Staatsanwalt plädierte auch ohne Geständnis auf mildernde Umstände und der Richter sprach mich frei; unter anderem mit der Begründung: *„Auch ein Polizeibeamter könne sich irren."* Weder Richter noch Staatsanwalt wollten sich offensichtlich an dem Rachefeldzug der Regierung beteiligen.
Dies rief auch am folgenden Tag die Kritik der ÖVP-Tageszeitung hervor. Unter der Überschrift „Darf man Straßenbahnwagen ungestraft aus den Schienen heben" (wurde mir gar nicht vorgeworfen) polemisierte das „Kleine Volksblatt". Der Staatsanwalt wurde wegen der mildernden Umstände und der Richter wegen der Feststellung „auch ein Polizeibeamter könne sich irren" scharf kritisiert.

Eine zweite Folge der Verhaftung hätte viel unangenehmer ausgehen können. Da es sich bei der Verhaftung des Kameramannes Kaloschin um einen Übergriff gegen einen sowjetischen Staatsbürger handelte, wurde dies zur Staatsaffäre. Ich wurde ins Polizeipräsidium gebeten – nicht geladen. Ich wurde mit dem Auto abgeholt und wieder zurückgebracht und höflichst befragt, was ich im Arrestantenwagen gesehen und gehört hätte. Soweit, so gut. Aber dann wurde ich zu einer sowjetischen Dienststelle im vierten Bezirk in der Theresianumgasse bestellt. Dort ging es um denselben Vorfall. Die Einvernahme begann jedoch zuerst mit der Frage nach meinem Lebenslauf. Bezüglich Lebenslauf – auch die KPÖ hat einen solchen von mir mehrmals gefordert – war ich immer penibel genau, damit ich ja nichts vergesse. Also berichtete ich natürlich, dass ich in der britischen Armee und auch für den amerikanischen Geheimdienst tätig war.

Der Fall Kaloschin war nur mehr eine Frage wert und dann ging es um meine Tätigkeit bei den Amerikanern. Die Befragung erfolgte über eine Dolmetscherin, aber das Protokoll wurde in russischer Sprache aufgesetzt. Dann wurde es mir vorgelegt und ich sollte jede einzelne Seite unterschreiben. *„Aber ich verstehe doch kein Wort davon." „Mißtrauen Sie mir?" „Nein" „Na also."* Ich *„Warum jede Seite?"* Antwort: *„Wir brauchen das als Beweis, dass wir mit Ihnen gearbeitet haben."* Ich: *„Nein, ich kann doch nichts unterschreiben, das ich nicht verstehe." „Aber Sie wollen doch nach Hause gehen?"*

Das war ein Argument, das mich überzeugte. Ich dachte auch, falls ich mit Aussagen konfrontiert werde, die ich nicht machte, könnte ich immer beweisen, dass ich außer „Charascho", „Nietschwo" und „Towarisch" kein Wort russisch konnte. Da ich in meiner österreichischen Zeit bei OSS von allen Aktivitäten gegen die Sowjetische Armee fern gehalten wurde und ich schon 1946 vom OSS ausgeschieden bin, war das ganze Gespräch unergiebig. Und dann kam die Frage: *„Wollen Sie nicht mit ihren alten Kameraden Kontakt aufnehmen und für uns arbeiten?"* Nichts wollte ich weniger als das. Aber den Mut, das mit einem direkten „Nein" zu beantworten, hatte ich nicht. Ich wollte ja nach Hause gehen. Daher meine Antwort: *„Das muss ich mir durch den Kopf gehen lassen."* Dann konnte ich gehen. Kaum wieder zu Hause kontaktierte ich Hilde Koplenig, die Gattin des Vorsitzenden der KPÖ und informierte sie über das Vorgefallene. *„Du kennst meine Treue zur Partei, ich will politisch aktiv sein, aber mit geheimdienstlichen Tätigkeiten will ich nichts zu tun haben, bitte hilf mir."* Hilde hatte volles Verständnis für mich und meinen Standpunkt (sie hatte Erfahrungen, von denen ich damals nicht die blasseste Ahnung hatte) und sie half. Ich weiß nicht, wo sie intervenierte, aber dass sie interveniert hat, ist mir klar, denn ich habe nie mehr etwas von den Befragern, die mir diesen Vorschlag unterbreiteten, gehört. Dafür bin ich Hilde ewig dankbar gewesen.

Zum ersten Mal Betriebsrat

1951 wurde ich das erste Mal in den Betriebsrat als Kassier gewählt. Voll Begeisterung stürzte ich mich in die Arbeit. Dann kam meine erste Betriebsrätekonferenz im 10. Bezirk. Die fand in einem großen Gasthaus statt, weil das legendäre Arbeiterheim in der Laxenburger Straße noch von russischen Truppen besetzt war. Ich erhielt aus dem Betriebsratsfonds sieben Schilling Sitzungsgeld. Ich spürte, wie mir heiß wurde im Gesicht, so rot bin ich angelaufen. Das war ich nicht gewohnt. Alle Aktivitäten in der FÖJ, auch wenn diese mit finanziellen Aufwendungen verbunden waren, wie Wochenendschulungen, Fahrtspesen und vieles andere, habe ich selbstverständlich immer aus der eigenen Tasche bezahlt. Ich schämte mich und wollte die sieben Schilling nicht nehmen. *„Du brauchst das Geld, schließlich musst Du ja im Wirtshaus etwas bezahlen, also ein Aufwand, den du nicht gehabt hättest, wenn du nicht zur Konferenz gegangen wärst."* Das leuchtete ein, überzeugt hat es mich nicht, aber an Diäten habe ich mich langsam gewöhnt.
Es hat – besonders nach dem Oktoberstreik – einige Zeit gedauert, bis wir den Loisl Brtna in der Ortsgruppe der Metallarbeiter im 10. Bezirk in eine Funktion bringen konnten. Es gab zwar damals noch viele kommunistische Betriebsräte im 10. Bezirk, die schon vor Brtna gewerkschaftlich tätig waren, bei Felten und allen voran die allseits geschätzte Persönlichkeit Franz Kammerer von der Firma Wertheim. Aber die Bezirksleitung der KPÖ wollte unbedingt Brtna an der Spitze der Fraktion der Metallarbeiter im 10. Bezirk sehen. Und genau dies wollte die SP anfangs nicht akzeptieren. Sie waren ja die Stärkeren. Die Gewerkschaftsfunktionäre wurden nicht direkt von den Mitgliedern gewählt, sondern auf Grund der Betriebsratswahlergebnisse ausgehandelt – wobei sich dabei – siehe Brtna – die SP Fraktion auch das Recht herausnahm, Vorschläge der KP abzulehnen. Nach einiger Zeit gelang es, die SP zur Akzeptierung von Brtna in der Ortsgruppenleitung zu bewegen, wir waren alle froh darüber.
Nicht lange danach erschien Genosse Albert Hirsch von der Wiener Kaderabteilung der KPÖ im Betrieb und teilte mit, dass die KP beschlossen habe, unseren Betriebsratsobmann Brtna als Personalchef in einem Floridsdorfer USIA-Betrieb einzusetzen. So einfach ging das. Wir waren entsetzt. Der Partei war ein Personalchef in einem USIA-Betrieb wichtiger als ein Betriebsratsobmann. Fischhaber, der diese Funktion ohne weiteres übernehmen hätte können, war als Lehrlingsausbildner vorgesehen, kam also nicht mehr in Frage. Die Partei hat den Genossen Pfliegler vorgeschlagen. Pfliegler war ein aufrechter Genosse, Dreher von Beruf, ehemaliger Schutzbündler, einer jener Sozialdemokratinnen und Sozialdemokraten, die nach dem Februarkämpfen 1934 den Weg in die KP fanden. Ich mochte ihn sehr, doch war mir von Anfang an klar,

dass er überfordert war. Er beteiligte sich fast bei jeder Vollversammlung an den Diskussionen, aber Berichte, Vorbereitung und Verfassen von Schriftstücken waren seine Sache nicht. Es gelang uns nicht zu verhindern, dass Brtna abgezogen wurde, so versuchte ich wenigstens Pfliegler mit Hinweis auf seine Schwächen als Obmann zu vermeiden. Die Reaktion Hirschs war *„... wenn man einen Hund in's Wasser schmeisst, dann kann er schon schwimmen."* Und meine Antwort war *„... und wenn der Hund aber zufällig eine Katze ist, dann ersauft sie."* Was schließlich noch vor dem Staatsvertrag passiert ist. Ich widersetzte mich dann nicht mehr, es sollte ja nicht der Eindruck entstehen, dass ich vielleicht diese Funktion anstrebte. Ich hätte mir dies damals gar nicht zugetraut, außerdem war ich noch viel zu kurz Mitglied des Betriebsrates, ohne jegliche gewerkschaftliche Erfahrung.
Dann kam eine neue Überraschung, die mir vor Augen führte, dass die Wirklichkeit anders ist als ich es mir vorstellte. Die Firma Goerz hatte einen Vertrag mit der Wiener Gebietskrankenkasse, durch den die Wiener Optiker verpflichtet waren, Brillen, die von der Krankenkasse bezahlt wurden, von der Firma Goerz zu beziehen. Dieser Vertrag musste jedes Jahr erneuert werden. Die Verhandlungen für die Firma führte der Prokurist Grindl. Herr Grindl sagte, er müsse 25.000,– Schilling Schmiergeld zahlen, damit er den Vertrag bekomme. Eines Tages bestellte der russische Generaldirektor die kommunistischen Betriebsräte zu sich und sagte, sie mögen etwas unternehmen, denn er will diesen Betrag nicht mehr zahlen. Wer kann uns da helfen? Wir gingen zu Leo Horak, der für die Metallarbeiter verantwortliche Funktionär in der KPÖ. Wir standen damals vor der Wahl zum Bundespräsidenten. Für die SP kandidierte eine so hervorragende Persönlichkeit wie Theodor Körner, für die KP trat unter der Losung: *„Wir wählen keinen Opapa, wir wählen Gottlieb Fiala"*[97] dieser zur Wahl an. Ich in meiner jugendlichen Naivität meinte: *„Wenn wir das veröffentlichen, wäre das doch ein Wahlschlager"*, als ob das einen Eindruck auf die Wähler gemacht hätte? Leo meinte ganz nüchtern: *„Die Volksstimme könnte darüber schreiben, aber den Vertrag bekommt ihr dann sicher nicht mehr."* Das leuchtete ein. Wir berichteten dem Generaldirektor, dass wir nicht helfen könnten. Er zahlte, wir bekamen den Vertrag und Herr Grindl, der nach dem Staatsvertrag öffentlicher Verwalter wurde, nahm das Geheimnis – wer der Empfänger dieser 25.000,– Schilling und ob diese vielleicht aufgeteilt wurden – mit ins Grab. Als Ausgang wurde der Betrag verbucht, aber gewiss nirgends als Eingang.

---

[97] Gottlieb Fialia (1891–1970): 1945 Mitglied des Zentralkomitees der KPÖ sowie Mitglied des Politbüros, später auch Generalrat des Weltgewerkschaftsbundes. Mitbegründer des ÖGB im April 1945 und Vizepräsident bis 1950.

Nach dem Oktoberstreik kam Fritz Neubauer als Personalchef zu uns. Fritz Neubauer war Sekretär der Gewerkschaft der Bau- und Holzarbeiter und wurde nach dem Oktoberstreik vom ÖGB entlassen. Obmann der Betriebsorganisation der KPÖ wurde Otto Safarik, ein Genosse, der erst recht kurz im Betrieb war. Damals ist mir gar nicht aufgefallen, dass viele Genossen, die der illegalen Betriebsorganisation bereits während der Nazizeit angehörten, nach dem Krieg in der Betriebsorganisation keine große Rolle mehr spielten. Karl Haas wurde Arbeitsvorbereiter, Franz Musil Chef der Kontrolle und schließlich Theo Fischhaber[98] Lehrlingsausbildner – was sich aber sehr segensreich für den Betrieb, aber vor allem für die auszubildenden Lehrlinge erwies. Fischhaber war der einzige, der weiterhin politisch aktiv blieb, später dann im Angestelltenbetriebsrat. Hubinger wurde Meister, war vorher im Arbeiterbetriebsrat und ist leider nicht allzu lange nach dem Abschluss des Staatsvertrages frühzeitig verstorben.

Musil, Haas und Karpel haben die Partei nach Abschluss des Staatsvertrages verlassen. Mag sein, dass der eine oder andere schon vorher innerlich mit der Partei gebrochen hatte. Gründe hiefür hatte es genügend gegeben. Während der USIA-Zeit wollten sie offensichtlich nicht austreten. Sie sind keineswegs jenen gleichzusetzen, die nur der Partei des Arbeitsplatzes oder der Karriere wegen beigetreten sind. Schließlich haben sie während der Nazizeit viel riskiert.

Ein anderes Problem war der Obmann unserer Betriebsorganisation. Er war Schlosser von Beruf, verbrachte einen beachtlichen Teil seiner Arbeitszeit beim Personalchef der Firma, Ernstl Wechsberg, der Neubauer nachfolgte und führte sich wie ein Kaderchef auf. Er war per „Du" mit dem Personalchef. Ernst war damals Bezirksobmann der KPÖ im vierten Wiener Gemeindebezirk. Zur selben Zeit war ich im vierten Bezirk Obmann der FÖJ. Natürlich waren wir im Bezirk per „Du". Aber im Betrieb wahrte ich den Abstand und sprach den Personalchef immer mit „Sie" an, was auch funktionierte und es gab nie einen Versprecher.

Otto Safarik war als Akkordarbeiter in der Mechanik beschäftigt und brachte es zuwege, trotz oft stundenweiser Abwesenheit vom Arbeitsplatz – er war ja auch als Obmann viel im Betrieb unterwegs – den höchsten Akkordverdienst in der Abteilung zu verrechnen. Rätselhaft. Damals wurden die Akkordver-

[98] Theo Fischhaber (1909–2004): Der gelernte Feinmechaniker schließt sich mit 14 Jahren der Gewerkschaftsbewegung an. Während des 2. Weltkrieges arbeitet er in mehreren Firmen als Feinmechaniker und kommt schließlich in die Firma Goerz Optische Anstalt. Dort beginnt er mit seinen Kollegen Widerstand gegen das Naziregime zu leisten. Nach der Befreiung war er Betriebsrat der ersten Stunde, später übernahm er die Lehrlingsausbildung. Er gehörte zu den ersten Ausbildnern in Österreich, die auch Mädchen zu Feinmechanikerinnen ausbildeten.

dienstlisten noch in der Abteilung ausgehängt, was wesentlich zur Akkorddisziplin unter den Beschäftigten beigetragen hat.
Safarik war nicht nur bei sozialistischen und unpolitischen, sondern auch bei KP-Mitgliedern unbeliebt. In der Bezirksleitung der KP genoss er hohes Ansehen, war er doch Sieger im „Koplenig-Aufgebot." Besagtes „Koplenig-Aufgebot" war eine Werbekampagne der KP und er war der erfolgreichste Werber im Bezirk. Aber wie? Dadurch, dass die Elektrofertigung erst in der USIA-Zeit begonnen wurde und daher die benötigten Arbeitskräfte erst in dieser Zeit eingestellt wurden, war die Anzahl der KP-Mitglieder verhältnismäßig groß. Anders jedoch in der Optischen Fertigung. Wie warb Safarik in der Optik? *„Ihr wisst's doch, wir stehen vor einem Personalabbau im Betrieb. Wer bleiben will, täte gut daran, der KP beizutreten."* Darauf beruhte sein Erfolg. Der Wert für die Partei war gleich null. Ich hatte eine Auseinandersetzung mit ihm, die Einblick in sein Wesen gab.
In der Mechanik wurde der Vorarbeiter Schinke gekündigt. Schinke war Obmann der Betriebsorganisation der SP. Ein ausgezeichneter Fachmann und ein grundanständiger Kollege. Da ich wusste, dass Safarik dahinter stand und daher auch die Kündigung verhindern hätte können, sagte ich ihm: *„Diese Kündigung ist schon aus fachlichen Gründen ein Wahnsinn und ein Schaden für den Betrieb. Wie kann man auf so einen Fachmann verzichten?"* Safarik konterte: *„Nach der Revolution (gemeint war die Oktoberrevolution) musste man viele qualifizierte Ingenieure erschießen, weil sie gegen das sowjetische System waren."* Er war viel zu jung, als dass ich annehmen konnte, dass diese Antwort auf seinem eigenen Mist gewachsen wäre.
An Schinkes Stelle kam ein Arbeiter, der kurz vorher von Safarik zur Partei geworben wurde, und der einer der ersten war, der nach Abschluss des Staatsvertrages aus der Partei ausgetreten ist.

KP-Betriebsräte im USIA-Betrieb

Für mich gab es von Anfang an ein Problem: Wie stehe ich zum Unternehmen, der Unternehmensleitung und deren Wünsche. Ein Problem, das viele Genossinnen und Genossen mit mir teilten. Ist es ein sozialistischer Betrieb? Dann müssen wir betrieblich auch den Wünschen der Geschäftsleitung Rechnung tragen. Aber andererseits hat sich die russische Geschäftsleitung keineswegs so verhalten, wie es sich viele von uns von einer „sozialistischen" Geschäftsleitung erwartet hätten. Unsere Opferbereitschaft war groß. So beteiligten wir uns an freiwilligen Arbeitseinsätzen zur Errichtung eines Kindergartens und Hortes. Eine großartige Einrichtung vor allem für die im Betrieb beschäftigten Mütter. Die Firma kam für das notwendige Material und später für die Personalkosten auf.

Als aber dann die Geschäftsleitung nach demselben System die durch Personalausweitung erforderliche Vergrößerung des Speisesaals durchführen wollte, spielten wir nicht mehr mit. Unser Standpunkt war: Jedes größere kapitalistische Unternehmen sorgte damals für eine Werksküche und einen angemessenen Speisesaal, also muss auch unsere Unternehmensleitung für einen Speisesaal Sorge tragen.

Ein besonderes Kapitel waren die innerbetrieblichen Lohnverhandlungen. Diese fanden nicht im Betrieb, sondern in der Zentrale der USIA-Betriebe am Trattnerhof statt. Aber vorher mussten wir in die Habsburgergasse – dort war in jenen Jahren das Büro der „Gewerkschaftlichen Einheit" mit Friedrich Hexmann als Chef. Ich wähle bewusst den Ausdruck „Chef" – denn als solcher benahm er sich. Zweiter Verhandler auf der anderen Seite war „Schneckerl", ein Genosse aus der USIA-Zentralverwaltung, an dessen Namen ich mich nicht mehr erinnere.

Wenn es uns gelang, Hexmann von der Notwendigkeit einer innerbetrieblichen Lohnerhöhung zu überzeugen, dann war die Verhandlung in der Zentralverwaltung fast nur mehr eine Formsache. Uns störte vor allem die Art, wie man mit uns redete.

Selbst Otto Safarik, der alles gut hieß, was von der Parteileitung kam, der zwar damals dem Betriebsrat nicht angehörte, aber als Obmann der KP-Betriebsgruppe bei allen Verhandlungen anwesend war, sagte nach so einer Verhandlung in der Habsburgergasse: *„... das dürfen wir unseren Genossen im Betrieb nicht erzählen, wie ‚die' mit uns geredet haben."*

Im Mai 1952 überreichte der Betriebsrat der Direktion die Forderung nach einem Urlaubszuschuss – lange bevor ein solcher im Metallarbeiterkollektivvertrag festgeschrieben wurde. Natürlich mussten wir wieder zu Hexmann in die Habsburgergasse.

Dieser lehnte die Forderung kategorisch ab. Unter anderem auch deshalb, weil wir vorher nicht die Zustimmung der Fraktion eingeholt haben. *„Der Goerz einen Urlaubszuschuss? Nur über meine Leiche"*, sagte er. Manche Aussprüche bleiben einem ein Leben lang in Erinnerung. Er empfahl uns, die Forderung zurückzunehmen. Er mutete uns eine solche Blamage zu.

Etwa zur selben Zeit begannen im USIA-Konzern Verhandlungen über eine zusätzliche Firmenpension. Das war sehr wichtig, da es damals das ASVG noch nicht gab und die Pensionen für Arbeiterinnen und Arbeiter, die erst seit dem 1. Jänner 1939 Pensionsbeiträge zahlten, extrem niedrig waren. Dies gab uns die Möglichkeit, die Forderung nach einem Urlaubszuschuss ohne Gesichtsverlust zu verschieben. Aber sofort nach Abschluss der Verhandlungen über die Firmenspension im Jahr 1954 erneuerten wir die Forderung nach einem Urlaubszuschuss. Wir ließen diese Forderung durch einen Vollversammlungsbeschluss bekräftigen.

Jetzt gab es kein Zurück mehr. Das konnte unter Umständen zum Streik führen. In einem USIA-Betrieb mit klarer kommunistischer Mehrheit. Da bekamen wir unerwartete Hilfe. Bei Siemens-Halske in der Apostelgasse im dritten Wiener Gemeindebezirk – damals noch zur Gänze verstaatlicht – streikte die Belegschaft, um einen Urlaubszuschuss durchzusetzen. Johann Koplenig, Vorsitzender der KP, nahm dies zum Anlass, um in einer flammenden Rede im Parlament die SP und die von ihr verwalteten Betriebe anzugreifen, weil sie der Belegschaft die berechtigte Forderung nach einem Urlaubszuschuss nicht erfüllen wolle. Das war Wasser auf unseren Mühlen. Friedl Fürnberg, Generalsekretär der KPÖ, vertrat den urlaubsbedingt abwesenden Hexmann in den Beziehungen zur USIA-Verwaltung. Wir suchten ihn am Tag nach Koplenigs Rede auf, schilderten ihm die Situation und fragten ihn, ob es vernünftig wäre, es auch bei Goerz zu einem Streik kommen zu lassen. Er verstand unseren Standpunkt und sagte Hilfe zu. Noch bevor Hexmann vom Urlaub zurückkehrte, hatten wir einen Urlaubszuschuss in der Höhe von 280,– Schilling für alle, ohne über Hexmanns Leiche schreiten zu müssen. Auch Siemens-Halske bekam damals den ersten Urlaubszuschuss.

Weil wir immer wieder um jede Kleinigkeit mit der Direktion streiten mussten, wollte ich einmal eine Klärung über den Status der USIA-Betriebe haben. Sind es sozialistische Betriebe, dann müssen wir das berücksichtigen. Sind es kapitalistische Betriebe, dann bedarf es dieser Rücksichtnahme nicht. Auf verschiedenen Konferenzen wollte ich Antwort auf diese Frage. Vergebens. Erst als immer mehr kommunistische Betriebsräte Antwort auf diese Frage wollten, erschien ein Artikel im „Weg und Ziel“, dem theoretischen Zentralorgan der KPÖ – mit der Grundaussage: *„Die USIA-Betriebe sind kapitalistisch geführte Betriebe in sozialistischem Eigentum.“* Eine klare Aussage war das natürlich nicht.

Am 16. September 1952 wurde ich zum Obmann-Stellvertreter im Betriebsrat gewählt. Die wirtschaftliche Lage, vor allem des optischen Sektors, war schlecht. Die Zeit – da man praktisch alles, was erzeugt wurde – auch verkaufen konnte – war vorbei. Es wurde wieder auf den Preis des Produkts geschaut. Die Qualität unserer Produkte war hervorragend. Jetzt machte es sich bemerkbar, dass seinerzeit im Rüstungsgeschäft jeder Preis gezahlt wurde. Das war im zivilen Sektor nicht mehr der Fall: Feldstecher und Theatergläser konnten trotz hoher Qualität preislich nicht mehr mithalten. Andere Firmen begannen, sich mit modernen Maschinen zu versorgen. Da USIA-Betriebe ohnedies keine Ertragssteuern zahlten, hätten Investitionen keine Steuervorteile gebracht. Die sowjetische Verwaltung rechnete auch nicht damit, hier auf Dauer zu bleiben. Der russische Generaldirektor berief eine Sitzung der leitenden Angestellten des optischen Sektors ein und sagte zu ihnen: *„Meine Herren, ich verstehe sie nicht. Ich werde eines Tages nach Hause fah-*

ren – aber sie bleiben da und werden von diesem Betrieb leben müssen – strengen Sie sich an. Machen sie Vorschläge, um die Produktion zu verbilligen." Eine Kommission wurde gebildet, um diese Aufgabe zu bewältigen. Vom Betriebsrat wurde ich in diese Kommission delegiert. Es war nicht ermutigend. Außer dem Betriebsrat nahm nur Herr Sochor die Aufgabe ernst. Herr Sochor war der Konstrukteur der „Minicord", einer handlichen 16mm-Spiegelreflexkamera, mit einem im Sucher eingebautem Entfernungsmesser, die damals ihrer Zeit weit voraus war. Die anderen Herren hatten nur einen Vorschlag: Den allgemeinen Unkostenfaktor für die Optik soweit herunterzusetzen, bis es keine Verluste mehr gibt. Vollkommen realitätsfremd. Wir arbeiteten dennoch einige Einsparungsvorschläge aus. Manche Dinge waren absurd. So wurde der hochpräzise Pumpenstiefel, der die Belichtungszeit regelte, von einem hoch qualifizierten Mechaniker auf einer Drehbank mit Polierpapier eingeschliffen. Arbeitszeit eine halbe Stunde.

Das Jahr 1953 bei C. P. Goerz

Im Jänner 1953 wurde Direktor Koza entlassen. *„Er kommt seinen Verpflichtungen nicht nach"*, hieß es. Er war aber immer noch als öffentlicher Verwalter von der österreichischen Regierung eingesetzt. Er hat aus den Erfahrungen von Herrn Lang gelernt, die öffentliche Verwaltung nicht zurückgelegt und auch die Firma nicht geklagt. (Herr Lang wurde schon vorher wegen eines geringfügigen Vergehens entlassen, hat auf Anraten der Angestelltengewerkschaft die Firma geklagt und den Prozess verloren. Wegen dieser Klage hat er offiziell die Funktion des öffentlichen Verwalters zurückgelegt, da er sich selbst nicht klagen konnte).

Am 6. März 1953 starb Stalin. Wir hielten eine Vollversammlung ab. Ich hielt die Trauerrede. Ich bemühte mich zu erklären, dass unsere Verehrung für Stalin kein Personenkult sei, – ich verwendete das Wort „Personenkult", damals war das allerdings noch nicht üblich. Einige Jahre später belehrte mich Nikita Chruschtschow am 20. Parteitag der KPdSU[99] eines besseren.

Das Jahr 1953 war bei Goerz durch Abbaumaßnahmen gekennzeichnet. Es gab nicht genügend Aufträge. Das hatte verschiedene Ursachen. Der Konkurrenzkampf wurde härter. Die Firma war nicht ausreichend mit modernen Maschinen ausgestattet. Es wurde zu wenig investiert und die Boykottmaßnahmen gegen die sowjetisch verwalteten Betriebe machten sich bemerkbar. Bei Goerz

[99] KPdSU: Kommunistische Partei der Sowjetunion. Wurde 1918 nach der Oktoberrevolution in Russland von „Sozialdemokratische Arbeiterpartei Russlands" in „Kommunistische Partei Russlands" und 1952 in „Kommunistische Partei der Sowjetunion" umbenannt. 1991 wurde die KPdSU in der Sowjetunion verboten.

kam noch hinzu, dass es auf Grund der jahrzehntelangen Rüstungsproduktion keinen ausgebauten Verkaufsapparat gab und die Hauptabnehmer immer Staatseinrichtungen waren, die jeden Preis für Rüstungsgeräte bezahlten.
In der Anfangsphase des Arbeitsmangels wurden alle Fenster geputzt, dann alle Maschinen gestrichen, und dann musste sich der Betriebsrat in fast jeder Sitzung mit einer Kündigungsliste befassen. Eine Lösung konnte in vielen Fällen gefunden werden. Eine Versetzung in einen anderen USIA-Betrieb mit allen erworbenen Ansprüchen, die sich aus der Dauer der Betriebszugehörigkeit ergeben haben und mit der Auflage, dass vor Neueinstellungen eben auf diese Kolleginnen und Kollegen zuerst zurückgegriffen wird. Die SP-Betriebsräte opponierten gegen diese Regelung. Aber es konnte auf diese Weise vielen Arbeiterinnen und Arbeitern ein kontinuierliches Dienstverhältnis bei Goerz gesichert werden, da ihnen bei deren Rückkehr zu Goerz alle Vordienstzeiten und die Zeiten in den anderen USIA-Betrieben angerechnet wurden.
Im Betriebsratsprotokoll vom 30. Juli 1953 stand: *„Tagesordnung: Verzicht auf die Besatzungskosten durch das russische Element. Kollege Stern schlägt eine Entschließung an die Bundesregierung vor, in der diese aufgefordert wird, auf die Einhebung der Besatzungskostensteuer zu verzichten."*
Der Vorschlag wurde einstimmig angenommen. Aber die Regierung ließ sich davon nicht beeindrucken. Der sozialistische Betriebsrat Lebernegg machte in einer späteren Sitzung den Vorschlag, man möge diese Steuer in eine Arbeitsbeschaffungssteuer umwandeln. Die kommunistischen Betriebsräte waren damit einverstanden und ergänzten, man möge mit diesem Geld, das nun frei wurde, die Wiener Vorortelinie als öffentliches Verkehrsmittel ausbauen. Nichts von alldem geschah. Das freiwerdende Geld wurde zum Stopfen anderer Budgetlöcher verwendet.
Die Frage des Staatsvertrages schien damals in greifbare Nähe gerückt zu sein. So gab es zu diesem Thema eine Vollversammlung der Belegschaft der Firma Goerz, bei der der kommunistische Gemeinderat Lauscher das Referat hielt. In der Diskussion tauchte immer wieder die Frage auf, was wird mit dem ehemaligen deutschen Eigentum, den USIA-Betrieben geschehen? Während die sozialistischen Betriebsräte der Meinung waren, die Betriebe sollten sich an ihre ehemaligen Gesellschaften anlehnen, sprach sich die Mehrheit der Debattenredner dagegen aus, dass diese Betriebe wieder in die Hände des deutschen Kapitals gelangen sollten.
Im Schlusswort sprach Josef Lauscher darüber, dass in Westdeutschland wieder aufgerüstet werde und dass die USA mit dem Abzug ihrer Truppen aus Österreich auch ihre anderen Truppen in Europa aufgeben müssten (wieso eigentlich?) – und daher an einem Staatsvertrag nicht interessiert seien. Jeder gab der anderen Seite die Schuld für das Scheitern der Verhandlungen.

Für die Betriebsratswahl im Herbst 1953 hat die KPÖ Otto Safarik als Spitzenkandidaten durchgesetzt – Fischhaber war bereits Lehrlingsmeister, aber als Betriebsratsobmann wäre er für die Belegschaft besser gewesen. Er hat noch viele Jahre als Angestelltenbetriebsrat erfolgreich gewirkt.
Unter Safarik als Betriebsratsobmann wollte ich nicht mehr Betriebsrat sein. Ich konnte diese Politik der „Liebedienerei" gegenüber der Bezirksleitung und der Direktion nicht mit meinem Gewissen verantworten. Ein Betriebsrat hat auch in einem Betrieb, der der Sowjetmacht gehört, die Interessen der Arbeiterinnen, Arbeiter und Angestellten zu vertreten. Da war meine Tätigkeit in der FÖJ eine willkommene Ausrede, nicht mehr zu kandidieren. Am 3. Dezember 1953 wurde Otto Safarik in der konstituierenden Sitzung des Betriebsrates zum Obmann gewählt. Ab 15. Jänner 1954 nahm er an keiner Sitzung mehr teil (er wurde auf eine 6-monatige Parteischule geschickt und am 2. Juli 1954 schied er überhaupt aus dem Betrieb aus). Er hat irgendeine Parteifunktion übernommen. Dadurch rückte ich als erster Ersatzmann wieder in den aktiven Betriebsrat nach. Kurz nach dem Staatsvertrag ist Otto Safarik noch recht jung an Herzversagen gestorben.

Anni Kucera wird Obfrau im Arbeiterbetriebsrat bei C. P. Goerz

Anni Kucera war eine wunderbare Frau. 1911 geboren – ein echtes Arbeiterkind, deren Leben ein Schriftsteller dargestellt haben könnte. Sie war das älteste Kind einer Arbeiterfamilie und musste schon als 14jährige auf ihre jüngeren Geschwister aufpassen. Mit 17 Jahren heiratete sie Otto Kucera. Niemand in der Nachbarschaft, so erzählte sie später – glaubte, dass die so jung geschlossene Ehe halten werde. Aber sie hielt ein Leben lang, und darüber hinaus. Nachdem sie starb, hatte auch Otto keine Freude mehr am Leben und starb – ohne sichtbare Krankheit, ein halbes Jahr später.
Beide waren von jung an der Arbeiterinnen- und Arbeiterbewegung verbunden. Erst in der Sozialdemokratie und dann in der KPÖ. In der Nazizeit wurde Otto ins KZ Dachau gebracht, wo er bis zur Befreiung blieb. Anni arbeitete während des Krieges als Straßenbahnschaffnerin, um sich und ihren kleinen Sohn am Leben zu erhalten. Als knapp vor Kriegsende Pepi Lauscher, der spätere Wiener Obmann der KPÖ und Wiener Landtagsabgeordnete, bei einer Außenarbeit die Flucht aus dem KZ gelang, versteckte ihn Anni – obwohl selbst gefährdet – und half ihm weiter.
Nach der Befreiung war sie zeitweise Obfrau der KPÖ-Hietzing und arbeitete dann als angelernte Arbeiterin bei Goerz in der Wickelei. Sie war Obfrau der Betriebsorganisation der KPÖ, bis sie von Safarik in dieser Funktion abge-

löst wurde. Sie wurde sehr bald von ihren Kolleginnen und Kollegen in den Betriebsrat entsandt. Ende 1953 wurde sie Obmann-Stellvertreterin. In der Abwesenheit von Otto Safarik führte sie de facto die Geschäfte des Arbeiterbetriebsrates.
Am 18. März 1955 trat Kollegin Kucera als Obfrau krankheitshalber zurück, verblieb jedoch im Betriebsrat. Die nervliche Belastung war für Anni zu groß und sie bekam sehr oft Rotlauf. Deshalb hat ihr der Hausarzt geraten auszusetzen. Ich wurde provisorischer Obmann und Severin Offner Obmann-Stellvertreter.

Rückblick auf die USIA-Jahre

Es gab dieselben Probleme wie in jedem anderen Betrieb: Werksküche, Garderobekästen, warmes Wasser für die Duschen, Arbeitskleidung. Ausreichend Plätze für die Urlaubsheime und ständige Lohnverhandlungen, einmal Optik, dann Werkzeugbau, dann Bedienerinnen, Akkordarbeiter sowie Maßnahmen gegen beabsichtige Kündigungen. An Kampfmaßnahmen innerhalb des Betriebes wurde nie gedacht, außer als es um einen innerbetrieblichen Urlaubszuschuss ging. Als bei Kollektivvertragsverhandlungen der Anspruch auf Weihnachtsremuneration von ein auf zwei Wochen erhöht wurde, gab es im Vertrag einen Passus, wonach innerbetrieblich gewährte Zuschüsse in diesen Anspruch angerechnet werden können. Nun gab es in den meisten USIA-Betrieben einen innerbetrieblichen Zuschuss von 200,– Schillling zum Weihnachtsgeld. Die Betriebsrätinnen und Betriebsräte, egal ob Sozialistinnen und Sozialisten oder Kommunistinnen und Kommunisten, wollten natürlich nicht auf die zusätzlichen 200,– Schilling verzichten. Hexmann hat eine Konferenz der kommunistischen Betriebsrätinnen und Betriebsräte aller USIA-Betriebe in der Gusshausstraße im Gebäude des Zentralkomitees der KPÖ einberufen. Er versuchte die Belegschaftsvertretungen dazuzubringen auf die 200,– Schilling zusätzlichen Weihnachtsgeldes zu verzichten. Das ist ihm aber nicht gelungen. Als Vorbild nannte er einen sozialistischen Betriebsratsobmann aus Kapfenberg, der gesagt haben soll, wir lassen uns durch übergroße Forderungen unsere verstaatlichten Betriebe nicht kaputt machen. So ein politisches Bewusstsein würde er – Hexmann – sich auch von den kommunistischen Betriebsrätinnen und Betriebsräten gegenüber den USIA-Betrieben erwarten. Seine Bemühungen blieben jedoch erfolglos.
Die Bewirtschaftung der ersten Jahre der Nachkriegszeit hörte schrittweise auf. Im selben Ausmaß endete auch der Schwarzmarkt und die Preise stiegen kontinuierlich. Wir erwarteten von der Gewerkschaft entsprechende Lohnforderungen. Zentralsekretär der Metallarbeiter war damals Leo Geiger, ein blendender Rhetoriker. Alle unsere Forderungen, sei es auf dem Lohnsek-

tor oder der Sozialpolitik schmetterte er mit dem Argument ab: *„Ja, wenn wir unser Erdöl von den Russen bekämen, dann könnten wir alle diese Wünsche erfüllen."* Davon war allerdings keine Rede mehr, als der österreichische Staat nach dem Staatsvertrag tatsächlich das Erdöl bekam.
Aus den Protokollen der Betriebsratssitzungen geht hervor, dass Goerz die Solidarität immer hoch gehalten hat, ob mit den verurteilten Bauarbeiterinnen und Bauarbeitern[100] in Graz, ob mit der streikenden Belegschaft der Firma Fröhlich. Wir spendeten für die Hochwasseropfer im Jahr 1954 und leisteten freiwillige Arbeitseinsätze an der Donau. Damals gab es noch kein Entlastungsgerinne. Wir protestierten gegen die Hinrichtung von Nikos Belojannis[101] in Griechenland und gegen die politischen Todesurteile gegen Antifaschistinnen und Antifaschisten in Franco-Spanien.[102] Wir protestierten gegen die Hinrichtung des Ehepaares Rosenberg[103] in den USA, das man in einem sehr fragwürdigen Prozess wegen Atom-Spionage zum Tode verurteilte. Aber wir schwiegen zu den Todesurteilen gegen Slánský[104] und Genossen in Prag und gegen Rajk in Budapest. Nicht, dass ich glaube, dass wir etwas erreicht hätten. Wir haben ja auch mit den anderen Protestresolutionen nichts erreicht, aber es wäre unsere Pflicht gewesen zu protestieren. Als in einer Betriebsratssitzung am 12. November 1954 gegen Hinrichtungen im Iran protestiert wurde, sagte die SP-Betriebsrätin Pistak, sie sei zwar auch gegen die Hinrichtungen, aber unterschreibe die Resolution nicht, weil die Kommunistinnen und Kommu-

---

100 Grazer Bauarbeiterprozess: Im Anschluss an die Aktionen um die Überbrückungshilfe 1949 wurden streikende Arbeiter bis zu dreijährigen verschärften Kerkerstrafen verurteilt, obwohl der Streik von der Gewerkschaft genehmigt worden war. Vgl. dazu: Prader Hans, Probleme Kooperativer Gewerkschaftspolitik. Am Beispiel der Politik des ÖGB im Wiederaufbau 1945–1951, phil. Diss. Salzburg 1975.

101 Nikos Belojannis (1915–1952): Wollte ab Juni 1950 die illegale KP Griechenlands wiederaufbauen. Im Dezember 1950 Festnahme und 1951 vor ein Kriegsgericht gestellt, das ihn der Tätigkeit für eine verbotene Partei und der Spionage für die Sowjetunion beschuldigte. Einer der Richter war der spätere Führer der griechischen Militärdiktatur (1967-1974) Georgios Papadopoulos (1919–1999). Trotz zahlreicher internationaler Gnadengesuche wurden Belojannis und drei seiner Mitangeklagten zum Tod verurteilt und hingerichtet.

102 Franco-Spanien: Zeit der autoritären Diktatur von 1939 bis 1975 unter dem Staatschef Francisco Franco. Unter seiner Führung führten rechte Militärs im Juli 1936 einen Staatsstreich gegen die im Februar 1936 demokratisch gewählte republikanische Regierung Spaniens durch. Er regierte das Land bis zu seinem Tod 1975 nach dem Sieg der Aufständischen im Spanischen Bürgerkrieg 1939 diktatorisch.

103 Ethel (geb. 1915) und Julius (geb. 1918) Rosenberg: jüdisches Ehepaar, das der Spionage für die Sowjetunion verdächtigt wurde. Trotz internationaler Proteste wurden die Rosenbergs 1953 hingerichtet. Neuere Forschungen ergaben, dass Ethel vermutlich unschuldig war, während Julius eher unbedeutende Informationen an die Sowjetunion weitergab.

104 Rudolf Slánský (1901–1952): Von 1945 bis 1951 Generalsekretär der KP der Tschechoslowakei. 1951 als Generalsekretär entlassen, dann stellvertretender Ministerpräsident. Im November 1951 im Zuge der Fieldaffäre verhaftet und des Hochverrats angeklagt. In einem Schauprozess im November 1952 als angeblicher „Leiter eines staatsfeindlichen Verschwörungszentrums" zum Tod verurteilt und am 3. Dezember 1952 mit zehn weiteren, großteils jüdischen Mitangeklagten hingerichtet.

nisten keine Resolution gegen die Hinrichtungen in den Volksdemokratien verfasst hätten. Da antwortete ihr die Kollegin Kucera – eine herzensgute Frau, die keiner Fliege etwas zuleide tun konnte: *„Die Urteile in den Volksdemokratien wurden gegen die Menschen gefällt, die Verfehlungen zum Schaden des arbeitenden Volkes begangen haben, während im Iran und anderen kapitalistischen Ländern Kämpfer gegen die Unterdrückung verurteilt werden."*
Natürlich war es in einem USIA-Betrieb leichter, gegen Hinrichtungen im Westen als in einem Ostblockland zu protestieren. Aber es war nicht Feigheit, die diese Einseitigkeit bestimmte. Es gab mehrere Gründe. Ich kann natürlich nur für mich sprechen. Es war einfach politische Blindheit. Bedenken hatte ich schon. Zum Beispiel, weil die Hauptbelastungszeugen gegen Rajk in Budapest ehemalige Offiziere der faschistischen Geheimpolizei waren. Was ist, wenn diese gelogen haben?
Aber dann gab es die Geständnisse. Und Fritz Mayerhofer alias Major Frigyes? Den kannte ich doch persönlich. Er hat laut dem offiziellen Blaubuch über seinen Prozess[105] gestanden, ein amerikanischer Spion zu sein. Ich konnte es nicht glauben – aber ich war verwirrt. Slánský und Rajk haben gestanden. Aber Kostov[106] in Bulgarien hat die ihm zur Last gelegten Taten nicht gestanden und wurde dennoch hingerichtet. Ich kann es drehen und wenden wie ich will, auch die tiefe Gläubigkeit an den Sozialismus ist keine Entschuldigung. Als Janós Kádár, damals Innenminister in Ungarn, im Zusammenhang mit dem Rajk-Prozess auf Ungereimtheiten stieß, verlangte er Aufklärung – er wurde dafür eingesperrt und gefoltert. Wir sind viel zu schnell zur Tagespolitik zurückgekehrt. Es gibt keine wie immer geartete Rechtfertigung für unser Schweigen.

Erste Schritte als Betriebsratsobmann

Noch vor Übergabe des Betriebes an die öffentliche Verwaltung wurde der Urlaubszuschuss von insgesamt 280,– auf 400,– Schilling im Jahr erhöht. Viel wichtiger erschien es uns jedoch die sozialen Errungenschaften, die mittlerweile recht beachtlich waren, abzusichern: Vor allem Betriebspensionen, zusätzliches Weihnachtsgeld, Urlaubszuschuss, Werksküche, Kantine (Bezahlung des Personals und der Hälfte der Materialkosten für die Werksküche). Anrech-

---

[105] Die Anklageschrift und die Protokolle der Vernehmung der Angeklagten vor Gericht wurden etwa 1949 veröffentlicht: Laszlo Rajk und Komplizen vor dem Volksgericht. Budapest (ca.) 1949.

[106] Traicho Kostov (1897–1949): Führungsmitglied der der Bulgarischen KP (BKP) und stellvertretender Ministerpräsident Bulgariens. Er wurde ebenfalls 1949 im Rahmen eines Schauprozesses verurteilt und zwei Tage später hingerichtet.

nung der in der Firma sowie in anderen USIA-Betrieben geleisteten Vordienstzeiten, auch bei längeren Unterbrechungen. Dies sollte durch den Abschluss einer Arbeitsordnung geschehen. Verhandelt wurde lange genug darüber.
Die SP-Betriebsräte sprachen sich dagegen aus. *„Man könne doch die zukünftigen Eigentümer nicht so stark belasten." Die Gewerkschaft kann das nie unterstützen"*, sagte Kollegin Pistak in einer Betriebsratssitzung vor der Übergabe des Betriebes. Am 7. Juli 1955 wurde der endgültige Text der Arbeitsordnung vom Betriebsrat und dem sowjetischen Direktor unterzeichnet. Wir haben die Arbeitsordnung entsprechend dem Gesetz rechtzeitig beim Einigungsamt und Arbeitsinspektorat hinterlegt und damit den relevanten rechtlichen Schritt getan.
Die Arbeitsordnung ist somit in Rechtskraft erwachsen, wurde aber später durch das Staatsvertragsdurchführungsgesetz vom Parlament außer Kraft gesetzt. Die darin festgeschriebenen Errungenschaften haben wir dennoch verteidigt. Es dauerte bis 1962, ehe eine neue Arbeitsordnung mit noch besseren Bedingungen abgeschlossen werden konnte. Am 27. Juli 1955 fand eine Festversammlung aller Betriebsangehörigen im Hof der Firma Goerz statt. Von da an war der Betrieb österreichisch, wenn auch nur für kurze Zeit.

C. P. Goerz unter öffentlicher Verwaltung

Der Staatsvertrag wurde im Mai 1955 abgeschlossen, der Betrieb jedoch erst im Sommer an die öffentliche Verwaltung übergeben. Die öffentliche Verwaltung wurde proporzmäßig besetzt. Von der ÖVP wurde der Kärntner Diplomkaufmann Dr. Leitner – ein Betriebsfremder – eingesetzt und auf Vorschlag der SP, der bereits seit langem im Betrieb tätige Prokurist Grindl (absolut kein SP-Mitglied und auch gedanklich weit entfernt von der SP).
Da wir – die kommunistischen Betriebsrätinnen und Betriebsräte – ohnedies niemanden vorschlagen konnten, der unser Vertrauen gerechtfertigt hätte, beteiligten wir uns gar nicht an dem Vorschlagsritual. Jetzt hatten wir zwei öffentliche Verwalter aus dem kaufmännischen Bereich. Vernünftiger wäre es wahrscheinlich gewesen, Herrn Ing. Tischberger, der schon jahrelang als Betriebsleiter tätig war, als Techniker zum zweiten öffentlichen Verwalter zu machen. Aber die SP lehnte ihn vor allem deshalb ab, weil er während der USIA-Zeit – als er noch Betriebsleiter war – auch Präsident der Österreich-Sowjetischen-Gesellschaft gewesen ist. Außerdem erzählte mir die SP-Betriebsrätin Pistak, dass sie sich noch gut erinnere, dass sie ihn im Jahre 1938 im Betrieb mit der Hakenkreuzarmbinde herumlaufen gesehen habe.
Ich habe mich damals nicht sehr darum gekümmert, wusste ich doch, wer immer öffentlicher Verwalter wird, wir werden kein leichtes Leben haben.

Herr Grindl war übrigens während des Krieges Abwehrbeauftragter im Unternehmen gewesen, hat sich aber als solcher nie besonders hervorgetan.
Noch vor Übergabe des Betriebes hat der Betriebsrat ein siebenseitiges Memorandum verfasst und der Gewerkschaft, der Arbeiterkammer und den zuständigen Regierungsstellen übergeben. In diesem Memorandum wurde ein Überblick über die Produkte sowie die wichtigsten Kunden gegeben: Im Inland waren dies vor allem Post, Bahn und Elektroversorgungsunternehmen. Es wurde darauf hingewiesen, dass der Betrieb nur mit einem Personalstand von 600 Personen (entsprach damals einem Jahresumsatz von 30 Millionen Schilling) wirtschaftlich geführt werden kann, da sonst die Gemeinkosten zu hoch wären.
Es wurde auf den Vorteil der Zweiseitigkeit, optische und Elektrofertigung hingewiesen und die Befürchtung geäußert, dass, wenn der Betrieb einem Privatunternehmen der Sparte Messgeräte angegliedert wird, dann wird die optische Produktion vernachlässigt und umgekehrt würde es der Elektrofertigung ergehen, wenn ein optischer Betrieb Goerz übernehmen würde. Zur Erhaltung aller Arbeitsplätze wäre daher eine Verstaatlichung des Betriebes von Vorteil.
Bei Übernahme des Betriebes im August 1955 durch die öffentliche Verwaltung waren im Betrieb 431 Arbeiterinnen und Arbeiter und 148 Angestellte beschäftigt. Bereits am 24. August 1955 musste sich der Betriebsrat mit der ersten Kündigungsliste, die von der öffentlichen Verwaltung überreicht wurde, auseinandersetzen. Zehn Tischler aus der Tischlerei sollten wegen Arbeitsmangel gekündigt werden. Dazu bedarf es einer Erklärung. Als wir mit der Produktion von elektrischen Präzisionsmessgeräten 1947 begonnen haben, wurden die Messgeräte in Holzkassetten eingebaut. Später wurden die Holzkassetten durch Kunststoffkassetten ersetzt. Dadurch hatten wir eine Überkapazität in der Tischlerei. Um einen Abbau zu vermeiden, hat die USIA-Verwaltung Tischlerarbeiten von anderen USIA-Betrieben an Goerz übergeben, zum Beispiel große Kabeltrommeln für die Firma WKM. Der USIA-Konzern wurde mit dem Staatsvertrag aufgelöst und dieser Auftrag war sofort weggefallen. Diese Kündigung hatte also reale Gründe, aber mir war klar, dass diese Kündigungen vor allem Kommunistinnen und Kommunisten betreffen werden.
Es kam zur ersten Zerreißprobe. Viele Genossinnen und Genossen forderten von mir eine Vollversammlung, um mit einem Streikbeschluss die Kündigungen zu bekämpfen. Unsere Betriebsrätinnen und Betriebsräte wollten nicht schon zu Beginn der öffentlichen Verwaltung ins offene Messer laufen und einen Kampf beginnen, der nicht zu gewinnen war. Pauli Frischauer war damals Bezirkssekretär der KPÖ im 10. Wiener Gemeindebezirk. Er teilte unsere Ansicht. Wir haben eine Versammlung der Betriebsorganisation

der KPÖ nach Arbeitsschluss im Speisesaal der Firma einberufen und den Bezirkssekretär der KPÖ, Paul Frischauer eingeladen. Er hielt das Hauptreferat und es gelang ihm – auch durch seine Autorität – die Genossinnen und Genossen davon zu überzeugen, dass ein Streik in dieser Situation ein Unsinn wäre. Unsere Befürchtung war jedoch, dass die Tischlerei nur der Anfang sei.
Wir wiesen auf diese Befürchtung in einer Aussprache mit der öffentlichen Verwaltung hin und verlangten eine Zusage, dass es keine weiteren Kündigungen geben werde. Die öffentliche Verwaltung gab uns diese Zusage und wir veröffentlichten diese Zusage in einem Rundschreiben an alle Abteilungen. Ing. Tischberger teilte uns auch mit, dass er im Arbeitsamt vorgesprochen habe und dieses im zusagte, die zehn Tischler sofort zu vermitteln. So beschränkten wir uns darauf, die Zustimmung zur Kündigung zu verweigern.
Kurz darauf kam es zum nächsten Konflikt. Die Direktion verweigerte den gekündigten Tischlern die Auszahlung des aliquoten Teils der 200,– Schilling zusätzlichen Weihnachtsgeldes, wie es in der Arbeitsordnung vorgesehen war. Da haben wir uns durchgesetzt. Allerdings hat die öffentliche Verwaltung den Betrag mit dem Zusatz „ohne Präjudiz für die Zukunft" ausgezahlt.

Erste Betriebsratswahl unter öffentlicher Verwaltung

Zur selben Zeit mussten wir die erste Betriebsratswahl nach dem Staatvertrag termingerecht vorbereiten, damit kein betriebsratsloser Zustand eintrat. Ich hatte schon ein flaues Gefühl im Magen. War es doch die erste Betriebsratswahl unter der neuen Verwaltung.
Es gab bei den Angestellten mehrere Parteiaustritte, bei den Arbeiterinnen und Arbeitern waren es nicht so viele und die wechselten eigenartigerweise zur ÖVP – nach dem Motto: „Wessen Brot du isst, dessen Lied du singst". Dr. Leitner ließ keinen Zweifel daran, dass er der bestimmende unter den beiden öffentlichen Verwaltern war.
Das Ergebnis der Wahl, sechs Mandate Gewerkschaftliche Einheit, zwei Mandate SP, war sensationell. Gestützt auf dieses Wahlergebnis haben wir uns entschlossen, nicht auf Maßnahmen der Direktoren zu warten, die uns in die Defensive drängen, sondern selbst initiativ zu werden. Für die Optiker setzten wir innerbetrieblich im Durchschnitt eine Erhöhung der Stundenlöhne um 1,– Schilling, für die Akkordverdienste um etwa 1,30 Schilling, für die Schlosser 0,50 Schilling und für die Werkzeugmacher 1,– Schilling durch.

1955 bis 1957: Permanente Auseinandersetzung mit der öffentlichen Verwaltung

Es ist heute noch spannend, die Protokolle der Vollversammlungen, Betriebsratssitzungen und Verhandlungen mit der Direktion nachzulesen. Einerseits mussten wir um die Einhaltung der alten Errungenschaften kämpfen, wie Urlaubszuschuss und 200,– Schilling zusätzliches Weihnachtsgeld. Jedes Ansuchen um Firmenpension wurde verschleppt und wir mussten intervenieren. Die Anrechnung von Vordienstzeiten – auch aus ehemaligen USIA-Betrieben – mussten in jedem Fall durchgesetzt werden. Dr. Leitner stellte sich zur Aufgabe, die kommunistische Mehrheit im Betriebsrat zu brechen. Im Angestelltenbetriebsrat ist ihm dies recht bald gelungen, aber bei den Arbeiterinnen und Arbeitern biss er sich die Zähne aus, obwohl ihm damals die SP-Betriebsräte hilfreich zur Hand gingen. Der damalige Obmann der SP-Betriebsorganisation Strasil sagte damals zu mir: *„Ich werde erst zufrieden sein, wenn bei Goerz die Kommunisten im Betriebsrat nur mehr 5% – so wie im ganzen Land – haben."* (Damals waren die KPÖ noch mit 5% im Nationalrat vertreten).
Im Zeitraum von August 1955 bis August 1957 wurden neun Vollversammlungen – meistens Protestversammlungen oder Warnstreiks – abgehalten. Dr. Leitner war sehr unbeherrscht. Einmal schrie er während einer Verhandlung mit dem Arbeiterbetriebsrat, meinem Stellvertreter Severin Offner: *„Mit Ihnen habe ich nichts zu reden."* Worauf ich aufsprang und mit mir alle anderen Betriebsrätinnen und Betriebsräte und ich ihm sehr lautstark erwiderte: *„Sie können sich die Verhandlungspartner nicht aussuchen. Wir werden der Belegschaft mitteilen, dass Sie mit dem Betriebsrat nicht reden wollen."* Eine halbe Stunde später fand eine Vollversammlung statt, die von der öffentlichen Verwaltung ultimativ eine Erklärung verlangte, dass sie den Gesamtbetriebsrat respektiere und diesen als Verhandlungspartner anerkenne. Eine solche Erklärung erfolgte umgehend. Offensichtlich wirkten Herr Grindl und Ing. Tischberger auf Dr. Leitner besänftigend ein.
Der Betriebsrat verfasste auch ein fünfseitiges Memorandum, in dem alle Provokationen und Verfehlungen der öffentlichen Verwaltung aufgelistet waren und schickte dieses an die Gewerkschaft, Arbeiterkammer und an den Staatssekretär im Finanzministerium Hermann Withalm[107], der damals im Finanz-

[107] Hermann Withalm (1912–2003): Generalsekretär der ÖVP 1960–1970, Vizepräsident der Internationalen Union Christlicher Demokraten, Obmann des ÖVP-Parlamentsklubs 1966–1970, Bundesparteiobmann der ÖVP 1970–1971, Mitglied des Bundesparteivorstandes der ÖVP 1960–1989, Obmann des Seniorenbundes der ÖVP 1976–1988. Abgeordneter zum NR 1953–1975, Staatssekretär im Bundesministerium für Finanzen 1956–1959 und Vizekanzler von 1968–1970.

ministerium für die ehemaligen USIA-Betriebe, die unter öffentlicher Verwaltung standen, zuständig war. Wir haben auch den Staatssekretär im Außenamt Dr. Bruno Kreisky informiert. Ohne sichtlichen Bedarf wurden im Laufe der zwei Jahre 213 Arbeiterinnen und Arbeiter neu aufgenommen. Davon lediglich 25, die schon vorher bei Goerz gearbeitet haben. Da der Umsatz nicht ausgeweitet wurde, gab es immer wieder einen Überhang an Arbeitskräften. Es gab in einer Elektroabteilung einen Streik gegen eine Abbauliste von 12 Frauen. Zwei Kündigungen wurden zurückgenommen und die öffentliche Verwaltung verpflichtete sich in einer Kompromisslösung fünf Gekündigte wieder einzustellen, wenn Arbeitskräfte gebraucht werden.
Es war keine leichte Zeit im Betrieb. Viele Arbeiterinnen und Arbeiter, die nach Gründung der Elektrofertigung in der USIA-Periode aufgenommen worden waren, galten in den Augen Dr. Leithners als „kommunistisch". Die Neuaufnahmen hingegen kamen nicht übers Arbeitsamt, sondern über die ÖVP – zumeist aus Niederösterreich. Eine junge Frau, die bei Siemens während der USIA-Zeit eine Elektromechanikerausbildung abgeschlossen hatte, fragte mich eines Tages, ob ich ihr zur Aufnahme verhelfen könnte. Das war bei dem gespannten Verhältnis zwischen Betriebsrat und öffentlicher Verwaltung unmöglich. *„Kennst Du keinen Pfarrer"?*, fragte ich. *„Natürlich, den Pfarrer meiner Pfarre im zweiten Bezirk kenne ich gut."* Er gab ihr auch ein Empfehlungsschreiben für die Direktion und sie wurde prompt aufgenommen. Es war für mich nicht leicht, unsere Kolleginnen und Kollegen davon zu überzeugen, dass die neu Aufgenommenen nicht als Feinde behandelt werden sollten. Wussten sie doch genau, dass diese aufgenommen wurden, um die alten Arbeiterinnen und Arbeiter zu verdrängen. Viele der neu Aufgenommenen hatten noch nie in einem Großbetrieb – und schon gar nicht im Akkord gearbeitet. *„Nur wenn wir Ihnen helfen und freundlich zu Ihnen sind, können wir sie für uns gewinnen"*, sagte ich zu den Kolleginnen. *„Wenn wir unsere Position im Betriebsrat behaupten, können wir eure Arbeitsplätze sichern"*, war eine andere Aussage von mir. Die Wahl-Ergebnisse der nachfolgenden Betriebsratswahlen haben diese Ansicht vollauf bestätigt. Langsam kamen auch die SP-Betriebsräte darauf, dass Dr. Leitner nur die Interessen der ÖVP im Auge hatte.
Wenn ich mit Dr. Leitner verhandeln wollte, ließ er sich oft von seiner Sekretärin verleugnen oder er gab vor, keine Zeit zu haben. Da erklärte ich ihm eines Tages: *„Mit mir als Walter Stern müssen sie überhaupt nicht sprechen, aber als gewählten Vertreter von über dreihundert Arbeiterinnen und Arbeitern müssen sie immer Zeit haben, sonst werden eines Tages alle Arbeitnehmerinnen und Arbeitnehmer vor ihrer Tür stehen und so lange warten bis Sie Zeit finden, um mit deren Vertreterinnen und Vertretern zu sprechen."* Das wirkte. Er gab diese Verleugnungsspielchen auf.

Ein Fall von aufrechter Gesinnung

Einer der wieder eingestellten Kollegen war der ehemalige Obmann der SP-Betriebsorganisation und Vorarbeiter in der Mechanik Schimke. Er wurde wieder in der Mechanik als Vorarbeiter eingestellt. Jener Vorarbeiter, der ihn seinerzeit als Vorarbeiter ablöste, weil er Mitglied der KP wurde, war mittlerweile zum Meister aufgerückt und auch geblieben, weil er nach Abschluss des Staatsvertrages aus der Partei ausgetreten ist. Dieser Meister wurde von Dr. Leitner beauftragt, zwei kommunistische Arbeiterinnen auf die Kündigungsliste zu setzen, was dieser auch tat. Als einige Tage danach Schimke vom Krankenstand in den Betrieb kam und davon erfuhr, sprach er sofort bei Dr. Leitner vor und verlangte, dass diese Frauen im Betrieb bleiben. Erstens brauchte er die beiden tüchtigen Arbeiterinnen und zweitens hat er am eigenen Leib verspürt, was eine ungerechte Maßregelung aus politischen Gründen bedeute und er wolle bei so etwas nicht mitmachen. Beide Kolleginnen blieben bis zur Pensionierung im Betrieb.

Dr. Leitner wollte unbedingt eine Position des ÖAAB im Arbeiterbetriebsrat erreichen. Aber von den alten Goerzarbeiterinnen und -arbeitern wollte ihm niemand dabei helfen, obwohl es einige christliche Gewerkschafterinnen und Gewerkschafter im Betrieb gab. Da war der Optiker Blume, den alle im Betrieb als christlichen, aber sehr klassenbewussten Arbeiter kannten. Er weigerte sich auf einer ÖAAB-Liste zu kandidieren, weil er genau wusste, welcher Zweck mit dieser Kandidatur verfolgt wurde. Dann gab es den noch viel jüngeren Mechaniker Kurt Pilz, der aus der katholischen Arbeiterjugend kam, aber die Vorgangsweise der öffentlichen Verwaltung absolut ablehnte. Er hat sogar am 1. Juni 1956 einen schriftlichen Antrag an die Vollversammlung formuliert, in der eine Verbesserung des Betriebsklimas angestrebt, aber auch mehr Verhandlungsbereitschaft der öffentlichen Verwaltung erwartet wird. Kurt Pilz besuchte später die Sozialakademie der Arbeiterkammer, wurde ÖAAB Arbeiterkammerrat und später Personalchef bei der ÖMV. Kollege Lebernegg von der Sozialistischen Fraktion, der schon in der USIA-Zeit ein sehr kämpferischer Arbeiter war, jetzt dem Betriebsrat angehörte, stellte in dieser Versammlung den Antrag auf eine Stunde Warnstreik, der auch beschlossen wurde. Zu dieser Versammlung wurde die öffentliche Verwaltung eingeladen, lehnte es aber ab zu erscheinen.

Es wurde immer schwieriger, mit der öffentlichen Verwaltung zu verhandeln, da sie immer erst unter Druck bereit war einzulenken. Dr. Leitner war offensichtlich überfordert. Schwierigen Verhandlungen mit uns setzte er sich nicht mehr aus. Er zog immer den Firmenanwalt Dr. Weiss – der auch im ÖAAB eine Rolle spielte – bei. Es gab im Laufe der Jahre fünf Verhandlungen mit ihm.

Streik in der Dreherei

Dramatisch spitzte sich die Situation Anfang 1957 zu: Nach dem Aufstand in Ungarn im Oktober 1956 glaubte die Bundeswirtschaftskammer anscheinend, sie könne die politische Situation ausnützen und lehnte bei den Kollektivvertragsverhandlungen die von der Gewerkschaft geforderte Ist-Lohnerhöhung ab. Es wurde nur eine Erhöhung der kollektivvertraglichen Mindestlöhne ab Dezember 1956 vereinbart. Unsere Werkzeugmacher verlangten darauf hin die Beibehaltung der Spanne, das heißt, die Ist-Löhne sollten im selben Ausmaß über den Mindestlohn liegen wie bisher – konkret 60 Groschen Erhöhung der Stundenlöhne. Die Verhandlungen zogen sich über die Jahreswende. Im Jänner schloss sich die Dreherei den Forderungen an. Die Werkzeugmacher begannen, passiv zu arbeiten. Die Forderung der Dreherei wurde sofort abgelehnt. Der Dreher Strasil, gewählter SP-Betriebsrat, der auf sein Mandat zugunsten eines SP-Genossen aus der Optik verzichtet hat, stellte den Streikantrag, weil Passiv-Arbeit in einer Akkordabteilung wie der Dreherei zu starken Lohneinbußen geführt hätte.

Da nur der Betriebsrat durch das Betriebsrätegesetz geschützt war, bildete der gesamte Betriebsrat das Streikkomitee. Die Dreher kamen pünktlich jeden Tag um 7:00 Uhr zur Arbeit und begannen mit ihren Tarock-Partien – bis Arbeitsende. Nur ein Dreher ging in den Krankenstand. Er war ein älterer Dreher, dem in den 1930er Jahren das „Rückgrat" gebrochen wurde. Als die damalige Direktion den Stundenlohn der Dreher um fünf Groschen kürzen wollte, haben diese in einem nahe gelegenen Gasthaus in der Gudrunstraße beschlossen, die Arbeit niederzulegen. Daraufhin ließ Romulus Catasta, der damalige Chef der Goerz, den Drehern ausrichten, sie bräuchten nicht mehr in den Betrieb zu kommen, sie seien alle fristlos entlassen. Catasta ersetzte die Dreher durch brave Heimwehranhänger. Das waren zwar brave „Heimwehrler", aber keine guten Dreher. Und so war auch Catasta zum Einlenken gezwungen.

Einzeln hat er einen nach dem anderen eingeladen, wieder in der Dreherei – natürlich zu gekürzten Löhnen – mit der Arbeit zu beginnen. Unter dem Druck der Arbeitslosigkeit haben die meisten die Arbeit wieder aufgenommen. Vergessen hat diese Niederlage keiner der alten Dreher. Aber der überwiegenden Mehrheit wurde der Kampfgeist jedoch nicht gebrochen.

Ich war damals sehr nervös. In Parteiversammlungen redete man oft sehr leicht von „Kampf" und „Streik", aber wenn man dann mitten drin ist und die Hauptverantwortung trägt, und natürlich nicht weiß, wie es ausgeht, sieht es anders aus. Vor allem dürfen die anderen nichts von dieser Nervosität merken. Wir, das Streikkomitee, versammelten uns jeden Abend nach Arbeitsschluss im Betriebsratszimmer, um zu beraten. Vom Fenster unseres Zimmers konnte man zum Zimmer des öffentlichen Verwalters, Herrn Grindl sehen. Da merkte ich, wie er bei seinem Fenster stand und zu uns herunterblickte. Er versuchte zu erlauschen, worüber wir sprechen. Auch er war nervös und wirkte sehr unruhig. Der ist ja noch viel nervöser als ich, dachte ich bei mir, und von da an gewann ich meine volle Sicherheit wieder zurück.

Eines unserer Probleme war die Anerkennung des Streiks durch die Gewerkschaft. Ich wusste, dass die Gewerkschaft Streiks wegen innerbetrieblicher Lohnkämpfe kaum unterstützte. So wurde als Streikgrund Desavoierung des gewählten Betriebsrates durch die Geschäftsführung angegeben, weil diese ja tatsächlich nicht bereit war, über die Lohnforderung der Dreherei zu verhandeln. Außerdem musste Vorsorge getroffen werden, dass der Streik in der Dreherei – womöglich ohne gewerkschaftliche Unterstützung – auch finanziell durchgestanden werden kann. Wir mussten uns auch noch eine Steigerungsmöglichkeit in der Auseinandersetzung offen halten.

Eine Streikunterstützung musste offiziell vom Zentralvorstand der Metall- und Bergarbeitergewerkschaft – damals hatte man den Begriff „Arbeiter" noch nicht aus dem Namen der Gewerkschaft gestrichen – beschlossen werden. Aber ich wusste genau, wenn der Zentralsekretär Geiger den Streik unterstützt, dann war auch der Beschluss im Zentralvorstand dementsprechend. Das Hinausschieben der Entscheidung bis zur nächsten Zentralvorstandssitzung war auch gegebenenfalls ein Druckmittel gegen uns zur Annahme eines Kompromisses, um den Streik zu beenden.

Nach einer Woche Streik hatte Kollege Sladek, unser für den 10. Bezirk zuständiger Gewerkschaftssekretär, einen Verhandlungstermin in der Bundeswirtschaftskammer für 16:00 Uhr vereinbart. Vormittags gab es eine Vollversammlung im Betrieb mit folgendem Ergebnis:

1. Zur Unterstützung der Dreher spendet jeder Arbeiter einen Stundenlohn. Dies wurde vom Betriebsrat empfohlen. Obwohl es dazu keinen formellen Beschluss gab, hat sich kein einziger Arbeiter, keine einzige Arbeiterin bei der Sammlung ausgeschlossen.
2. Im ganzen Haus werden die Überstunden ab sofort eingestellt.
3. Der Betriebsrat wird beauftragt, die Lohnforderung auf den gesamten Betrieb auszudehnen.

Wir, das Verhandlungskomitee des Betriebsrates, ergänzt durch Kollegen Strasil aus der Dreherei, holten Kollegen Sladek aus dem Gewerkschaftshaus in der Grillparzerstraße ab und gingen zu Fuß zum Bauernmarkt. Auf dem Weg dorthin informierte ich Sladek von den Beschlüssen der Vollversammlung. *„Mir scheint, ihr seid's deppert"*, war seine erste Reaktion. *„Mit den Funktionären der Bundeswirtschaftskammer habe ich lediglich eine Lohnverhandlung über etwa 20 Arbeiter vereinbart."*

Als ich bei Beginn der Verhandlung den Vorschlag unterbreitete, man möge doch gleich über den ganzen Betrieb verhandeln, fand der Vertreter der Bundeswirtschaftskammer Dr. Kelbel diesen Vorschlag vernünftig. Er meinte: *„... es habe doch wirklich keinen Sinn, wenn wir im Laufe der nächsten Wochen immer wieder eine andere Abteilung regeln müssten."* Ihm sei klar, dass, wenn die Forderung der Dreher erfüllt wird, nacheinander alle anderen Abteilungen mit Forderungen kommen würden. Uns müsse jedoch klar sein, dass, wenn über den ganzen Betrieb verhandelt wird, nicht die volle Forderung der Dreher erfüllt werden könne. Das war uns ohnedies klar. Es hatte nie, auch bei späteren Kollektivvertragsverhandlungen, eine Ist-Lohnerhöhung im gleichen Ausmaß wie bei den kollektivvertraglichen Mindestlöhnen gegeben.
Sladek gab der Bundeswirtschaftskammer die Schuld für den Konflikt bei Goerz, weil sie sich bei den Kollektivvertragsverhandlungen weigerte, einer Ist-Lohnerhöhung zuzustimmen. Er drohte: *„Sie werden sehen, es wird jetzt ein Betrieb nach dem anderen mit den gleichen Forderungen kommen."* Mir flüsterte er zu: *„Wenn der Geiger das hört, zerfetzt er mich in der Luft." „Ja, wenn das so ist, dann müssen wir auf höherer Ebene weiter verhandeln." „Bitte... "*, sagte Sladek, *„... rufen sie den Kollegen Geiger gleich an."* Es war mittlerweile 17:00 Uhr geworden und Geiger war sicher nicht mehr in der Grillparzerstraße. *„Aber eines kann ich ihnen schon sagen, mit ihnen wird Kollege Geiger sicher nicht verhandeln, da muss von ihrer Seite auch der Chef kommen."*
Dann beruhigte sich die Atmosphäre und die Verhandlung ging weiter. Die öffentlichen Verwalter hatten kaum das Wort ergriffen. Die Verhandlungen dauerten sechs Stunden mit dem Ergebnis: Alle Facharbeiter im Lohn und Akkord plus 45 Groschen – Optiker ausgenommen, da diese unmittelbar vorher eine Erhöhung bekamen. Alle Angelernten und Hilfsarbeiter plus 35 Groschen und alle Angelernten und Hilfsarbeiter im Akkord plus 25 Groschen. Wenn man bedenkt, dass damals die Akkordverdienste in der Dreherei noch unter 10,– Schilling lagen, war das ein beachtlicher Erfolg. Dieses Ergebnis hat das Selbstbewusstsein der gesamten Belegschaft enorm gestärkt.

Kampf um soziale Errungenschaften

Die Arbeitsordnung wurde zwar durch das Staatsvertragsdurchführungsgesetz außer Kraft gesetzt, aber das hinderte uns nicht daran, um den Erhalt unserer sozialen Errungenschaften weiterzukämpfen. Vor allem um den Urlaubszuschuss, die 200,– Schilling zusätzliches Weihnachtsgeld, Anrechnung der Vordienstzeiten, Bezahlung der ersten drei Krankenstandstage für Stammarbeiterinnen und -arbeiter mit mehr als dreijähriger Betriebszugehö-

rigkeit. Aus der Zeit des Austrofaschismus 1934-38 hat sich die Unsitte erhalten, dass Arbeiterinnen und Arbeiter für die ersten drei Tage eines Krankenstandes weder von der Krankenkasse noch von der Firma Geld bekommen haben. Der Paragraph 82h fand bei uns keine Anwendung.[108]
Eine Niederlage erlitten wir jedoch beim Hort und Kindergarten. Erst wurde der Hort geschlossen – obwohl die Eltern der Kinder bereit gewesen wären, eine Kraft für den Hort selbst zu bezahlen, und ein Jahr später auch der Kindergarten. Da es damals im 10. Bezirk viel zu wenig Kindergartenplätze gab, versuchten wir die Unterstützung des Bezirksvorstehers Vrba zu gewinnen. Er zeigte uns die kalte Schulter.
Durch erneute Abbaumaßnahmen der öffentlichen Verwaltung schrumpfte auch die Zahl der Kinder im Kindergarten. Ich kann nicht sagen, ob gezielt Frauen abgebaut wurden, deren Kinder im Kindergarten waren. Jedenfalls verbreitete sich so ein Gerücht und auch das führte dazu, dass immer weniger Frauen es wagten, ihre Kinder in den Betriebskindergarten zu schicken. Bis er geschlossen wurde. Dr. Leitner hatte ausschließlich die Stärkung des ÖAAB im Auge.
Die Annäherung zwischen kommunistischen und sozialistischen Betriebsrätinnen und Betriebsräten missfiel ihm. Im Anschluss an Jubilarehrungen fand im Direktionszimmer immer ein Umtrunk mit Brötchen statt. Dazu war ich als Betriebsratsobmann notgedrungen eingeladen. Dr. Leitner war dem Alkohol gegenüber nicht abgeneigt. Und so beklagte er sich zu vorgerückter Stunde über die SP-Betriebsrätin Pistak: *„Ich bin sehr enttäuscht über Frau Pistak. Gleich nachdem ich die öffentliche Verwaltung übernommen habe, habe ich mich mit ihr und dem Zentralsekretär Geiger in einem Kaffeehaus getroffen und alles besprochen – und jetzt fällt sie mir in den Rücken und macht mit ihnen gemeinsame Sache.“*
Ich habe mir das kommentarlos angehört und keine Affäre daraus gemacht. Nicht, dass ich etwa an dem Wahrheitsgehalt zweifelte, aber erstens hätte Dr. Leitner diese Aussage im nüchternen Zustand abgestritten, oder wollte er absichtlich einen Keil zwischen uns treiben. Ich wollte auf keinen Fall die sich anbahnende bessere Beziehung zu den SP-Betriebsräten gefährden.

Betriebsratswahl 1957

Seit der Betriebsratswahl 1955 gab es 170 Neuaufnahmen und fast eben so viele Arbeiterinnen und Arbeiter sind aus dem Betrieb ausgeschieden. In Anbetracht der Tatsache, dass sowohl die Kündigungen als auch die Neuauf-

[108] Dieser Paragraph räumte dem Unternehmen das Recht ein, das Dienstverhältnis von Arbeiterinnen und Arbeitern nach 28 Tagen Krankenstand fristlos zu beenden.

nahmen meistens nach politischen Gesichtspunkten erfolgten, war das Wahlergebnis sensationell.

Liste der GE	293 Stimmen	6 Mandate
Sozialistische Gewerkschaft	81 Stimmen	1 Mandat
ÖAAB	54 Stimmen	1 Mandat

Wir konnten unsere 6 Mandate behaupten und die SP verlor ein Mandat an den ÖAAB. Ein Großteil der Neuaufgenommenen hat für uns gestimmt. Die freundschaftliche Aufnahme der Neuaufgenommenen durch unsere Kolleginnen und Kollegen in den Abteilungen hat zu diesem Erfolg geführt. Die SP hat keinerlei Nutzen aus ihrer Politik im Betrieb gezogen. Das wurde offensichtlich erkannt, denn von nun an verbesserte sich das Verhältnis zwischen SP und Gewerkschaftlicher Einheit zusehends.
Es wäre verlockend, die Protokolle der in den sechs Vollversammlungen, 48 Betriebsratssitzungen und 19 Verhandlungen mit der öffentlichen Verwaltung wiederzugeben, denn daraus wäre ersichtlich, wie hartnäckig wir auf der einen Seite Verschlechterungen abwehren und andererseits Verbesserungen durchsetzen konnten. Da der Betrieb wesentlich mehr Abteilungen hatte, als uns auf Grund des Betriebsrätegesetzes Betriebsräte zustanden, haben wir ein Forum von gewerkschaftlichen Vertrauenspersonen geschaffen, in dem fast alle Abteilungen vertreten waren. Gemeinsam mit allen Ersatzbetriebsräten trafen wir uns in der Regel einmal im Monat nach Arbeitsschluss, um alle anstehenden Probleme zu besprechen. Dadurch waren wir – aber auch unsere Kolleginnen und Kollegen in den Abteilungen – bestens informiert.

Ablöselieferungen sichern den Fortbestand der Firma

Ein Punkt im Staatsvertrag betraf die Ablöse des ehemaligen deutschen Eigentums im sowjetischen Besitz durch die österreichische Bundesregierung. Es wurde vereinbart, dass diese Ablöse nicht in Barzahlung, sondern im Laufe von fünf Jahren durch Warenlieferungen erfolgen solle. Das hat zwar den österreichischen Staatshaushalt belastet, aber viele Betriebe am Leben erhalten. Die Firma Goerz ist ein Beispiel dafür. Unsere Firma Goerz hat diese fünf Jahre genutzt, um neue Absatzmärkte zu finden. In der Zeit der öffentlichen Verwaltung war die Sowjetunion Hauptabnehmerin unserer Produkte.
Im Jahr 1957 erzeugte die Firma 70% elektrische Messgeräte, 11% Brillengläser, 19% diverse optische Geräte. Von den elektrischen Geräten wurden 20% im Inland, 19% in Ostblockländer, 6% nach Westeuropa und Übersee und 55% in die Sowjetunion geliefert. Inwiefern die 19% in die Ostblock-

länder auf Rechnung der Ablöselieferungen gingen, kann ich heute nicht mehr feststellen. Ein Problem war, dass von sowjetischer Seite die detaillierten Bestellungen relativ spät kamen und dadurch am Anfang des Jahres ein Produktionsloch entstand. Diesen Umstand versuchte Dr. Leitner zu nutzen, um Kündigungen durchzusetzen. Manchmal gebrauchte er das nur als Ausrede. Als er uns wieder einmal diese Ausrede auftischte, sprach der Betriebsrat bei der sowjetischen Handelsvertretung in der Argentinierstraße vor. Der Zufall wollte es, dass zur selben Zeit die Direktionssekretärin die Listen der voraussichtlichen Bestellungen dort abholte. Sie sagte uns nichts über den Zweck ihres Besuches, wir erfuhren dies jedoch von einem Beamten der Handelsvertretung. So wurde in diesem Fall nichts mit dem beabsichtigten Abbau. Dr. Leitner tadelte uns wegen unserer Vorsprache in der Handelsvertretung, unternehmen konnte er jedoch nichts gegen uns.

Firma C. P. Goerz bei Debatte im Nationalrat

Im Sommer 1957 erhielt der Betriebsrat den Auszug aus der Rede des Abgeordneten Ernst Fischer, der laut stenographischem Protokoll der Nationalratssitzung vom 11. Juni 1958 folgendes sagte:
„Die 3 Milliarden Schilling sind nur ein Aperitif[109], der den Appetit der deutschen Unternehmer steigert und sie ermuntert, die Hand nach österreichischen Großbetrieben auszustrecken. Die Schwierigkeiten, mit den zum Beispiel die Siemens-Halske- oder Goerz-Werke zu kämpfen haben, hängen aufs engste mit den Machtansprüchen des deutschen Kapitals zusammen, wobei verantwortliche Stellen in Österreich eine beunruhigend zweideutige Haltung einnehmen.
Der Fall der Firma Goerz ist dafür besonders charakteristisch. Dieser hochqualifizierte Betrieb wird seit drei Jahren systematisch heruntergewirtschaftet, damit man schließlich sagen kann, die einzige Rettung sei, ihn dem ausländischen Kapital zu übergeben. Die Unfähigkeit der öffentlichen Verwaltung paart sich mit der Absicht, den Betrieb zu verschleudern. Man hat dem Betrieb keinerlei Kredite gegeben, seine Entwicklung sabotiert, erstklassige Facharbeiter auf die Straße gesetzt und dafür Günstlinge der ÖVP aufgenommen, denen man bedenkenlos hohe Anlernlöhne bezahlt. Durch den Abbau von bisher 80 Arbeitern, deren Tüchtigkeit unbestritten war, wurde die Wirtschaftlichkeit des Betriebes noch weiter vermindert. Dafür erhöht man vor Torschluss die Gehälter von Parteigängern der ÖVP.

[109] Dabei handelt es sich um Entschädigungszahlungen der Republik Österreich an deutsche Unternehmer für Firmen, die in den Besitz der Republik Österreich übergegangen sind.

Wir halten es für dringend notwendig, dass sich der Rechnungshof mit den Zuständen in der Firma Goerz befasst, um einen neuen Skandal á lá Haselgruber[110] vorzubeugen. Außerdem müsste man dem Betrieb dadurch zu Hilfe kommen, dass man ihn an einen verstaatlichten Betrieb angliedert, um die Arbeitsplätze zu sichern und den Ausverkauf abzuwenden. Die ÖVP will davon freilich nichts hören, denn ihr Programm ist die Reprivatisierung auf Kosten Österreichs.
Die schwarzen Maulwürfe, die mit großem Eifer die Verstaatlichung untergraben, vereinigen sich nur allzu gern mit dem ausländischen Kapital, um österreichisches Staatseigentum in fremdes Privateigentum umzuwandeln."[111]
Leider hat uns Ernst Fischer vor seiner Rede nicht kontaktiert, denn sonst hätte er im Detail noch ausführen können, dass es die Österreichische Bundesregierung verabsäumt hat, die Schulden der Deutschen Wehrmacht an die Firma Goerz von der Bundesrepublik Deutschland einzufordern.

Aussprache bei Dr. Bruno Kreisky

Die Personalpolitik des Dr. Leitner und auch seine Provokationen gegenüber dem Betriebsrat – so versuchte er zum Beispiel dreimal erfolglos, die Obfrau des Angestelltenbetriebsrates Kollegin Beran aus dem Betrieb zu drängen – wirkte sich negativ auf den Betrieb aus. Schließlich ist es ihm gelungen, einen Angestelltenbetriebsratsobmann des ÖAAB durchzusetzen. Ich habe den Rechtsvertreter der Firma, Dr. Weihs, mehrmals angerufen, weil ich den Eindruck hatte, dass man mit diesem über Dinge, die rechtlich einwandfrei zu unseren Gunsten waren, reden konnte. Er war wirklich daran interessiert, das Betriebsklima zu verbessern. Ebenso haben wir dem von der SP zuständigen Staatssekretär Dr. Bruno Kreisky im Außenministerium geschrieben und auf unsere Probleme aufmerksam gemacht.
Durch Vermittlung der Metallarbeitergewerkschaft kam es zu einer Aussprache bei Dr. Kreisky im Bundeskanzleramt, an der Sladek von der Gewerkschaft, Kollege Strasil als Obmann der SP-Betriebsorganisation und ich teilnahmen. Kreisky sagte unter anderem: *„Was für ein Unsinn, Leute zu entlassen, weil sie Kommunisten sind. Kein Mensch kommt als Kommunist auf die Welt, es ist*

[110] Der Fall Haselgruber: war im Juni und Juli 1958 vorrangiges Thema in der österreichischen Innenpolitik und spielte auch bei den Nationalratswahlen 1959 eine Rolle. Das Eisengroßunternehmen von Haselgruber verschuldete gegen Ende der 1950er Jahre zusehends. Haselgruber versuchte durch „Darlehen" u. a. an die Wiener ÖVP Kredithilfen zu bekommen. Die verstaatlichte Österreichisch-Alpine Montangesellschaft führte das Werk noch bis 1967 weiter, 1976 wurde die Arbeit eingestellt.

[111] Stenographisches Protokoll der Nationalratssitzung vom 11. Juni 1958.

noch lange nicht gesagt, dass einer, der heute Kommunist ist, auch als Kommunist sterben wird." „Na, du willst mich aber wirklich primitiv mit der ‚Leimspindel' fangen", dachte ich bei mir. Damals ahnte ich nicht im Entferntesten, dass das auf mich zutreffen könnte. Er versprach eine Intervention bei Dr. Withalm. Es hat dann auch eine Aussprache bei Dr. Withalm, dem für die öffentlich verwalteten ehemaligen USIA-Betriebe im Finanzministerium zuständigen Staatssekretär gegeben. Dieser meinte, als er uns zu einer Aussprache empfing, man müsse daran denken, den Betrieb rasch zu verkaufen.
Am 3. März 1959 lud uns Dr. Kreisky noch einmal ins Kanzleramt ein und informierte uns dahingehend, dass von 16 Interessenten nur einer, Dr. Goerz aus New York, übrig geblieben ist. Er, Kreisky, komme eben aus New York und habe die besten Bankauskünfte über diesen Mann erhalten. Die SPÖ werde im Hauptausschuss des Nationalrates dem Verkauf zustimmen und von der ÖVP ist dasselbe zu erwarten. Entweder hat uns Kreisky am „Schmäh" gehalten – oder es waren die Bankauskünfte falsch – aber heute ist es müßig, sich darüber den Kopf zu zerbrechen.
Als der Verkauf perfekt war, hat uns Kreisky noch einmal in den sozialistischen Parlamentsklub eingeladen, der sozialistische Angestelltenbetriebsrat Schmid war ebenfalls dabei. Dieser hat, ohne seine eigenen Genossinnen und Genossen darüber zu informieren, den ÖAAB-Betriebsratsobmann Riese mitgenommen. Nach der Mitteilung über den Verkauf sagte Kreisky: *„Und den schwarzen Direktor müsst's selber anbringen, da könn' ma euch net helfen."* Riese war der Mann, der durch Dr. Leitner in den Betrieb gekommen ist. Peinliches Schweigen auf unserer Seite.

Dr. Goerz erwirbt den Betrieb

Am 1. April 1959 hat Dr. Paul Goerz den Betrieb zum Preis von 1.000,– Schilling erworben – kein Aprilscherz, sondern reine Wahrheit. Er hat sämtliche Liegenschaften, aber auch die Schulden der Firma übernommen, wobei allein der Wert der Liegenschaften (der Real- nicht der Bilanzwert) die Höhe der Schulden bei weitem übertraf. In allen unseren Gesprächen mit Regierungsstellen und der Vermögensschutzstelle in der Strauchgasse betonten wir immer wieder, dass der Betrieb – da eine Verstaatlichung von keiner der beiden Regierungsparteien gewollt war – nur an jemanden verkauft werden dürfe, der eine Arbeitsplatzgarantie abgebe und auch die sozialen Errungenschaften in der Firma, die über Gesetze und Kollektivverträge hinausgehen, respektiere. Dr. Goerz hat das alles versprochen und noch viel mehr. Er werde innerhalb der nächsten Jahre vier Millionen Schilling investieren. Damals wusste ich noch nicht, dass eine Arbeitsplatzgarantie auf Dauer nicht hält.

Dr. Goerz hat außer dem Kaufpreis von 1000,– Schilling nicht einen einzigen Schilling in das Unternehmen eingebracht. Er hat zwar der österreichischen Regierung zugesagt, vier Millionen Schilling zur Modernisierung des Betriebes zu investieren. Der Betrieb hat jedoch keinen einzigen Schilling davon gesehen. Ob er von der Firma Metrawatt für deren Einstieg Geld erhalten hat, konnte ich nicht feststellen. Er war jedoch nach der Firma Metrawatt der zweitgrößte Aktionär in der Goerz Electro AG.
Er stellte sich am 23. April 1959 der Belegschaft in einer Vollversammlung vor. Er führte aus, dass er für die Messgerätefertigung einen namhaften Partner auf diesem Gebiet aus Deutschland hereinnehmen werde. Zur Erfüllung seiner Verpflichtungen gegenüber der österreichischen Regierung benötige er die Unterstützung des Betriebsrates: *„Zum Schluss möchte ich bemerken, dass nach meiner Auffassung Parteipolitik nicht in den Betrieb gehört. Ich bin, da ich selbst unpolitisch bin, allerdings durch meinen amerikanischen Betrieb verwöhnt, wo Parteifragen überhaupt keine Rolle spielen."*
Da Dr. Goerz in Wien nicht immer im Hotel wohnen wollte, hat er in der Operngasse bei einer sehr gutbürgerlichen Dame eine Wohnung gemietet. Dieser Frau erzählte er, er habe einen Betrieb gekauft und eine sehr wichtige politische Aufgabe übernommen, nämlich die kommunistische Mehrheit in diesem Betrieb zu brechen. Was er nicht wusste war, dass diese Vermieterin eine gute Bekannte meines Freundes Kubi Kösten war – und so habe ich gleich davon erfahren und wusste sehr bald, was ich von den schönen Worten des Dr. Goerz zu halten hatte. Er war, was man bei uns einen „Dampfplauderer" nennt und glaubte, dass er uns mit primitiven Schmeicheleien wie, *„... die österreichischen Betriebsrätinnen und Betriebsräte sind ja viel intelligenter als die amerikanischen"*, „einkochen" könne. Wann immer er nach Wien kam, besuchte er mich sofort im Betriebsratszimmer und plauderte über den Flug, seinen amerikanischen Betrieb und alles Mögliche und Unmögliche.
Wenn es mir gelang, seinen Redeschwall zu unterbrechen, um ihn an die ungelösten Probleme zu erinnern, etwa an 200,– Schilling zusätzliches Weihnachtsgeld, oder an fällige Lohneinstufungen, hatte er plötzlich keine Zeit und verließ fluchtartig das Betriebsratszimmer. Es war daher nicht verwunderlich, dass es bald zu Arbeitsniederlegungen und Überstundenverweigerungen in den Abteilungen kam. Dr. Goerz hat kein einziges der österreichischen Regierung gegebenes Versprechen eingehalten.
Kurz nach Übernahme des Betriebes durch Dr. Goerz löste dieser den Vertrag mit Dr. Leitner, da es ja die öffentliche Verwaltung nicht mehr gab und er ihn als Geschäftsführer nicht brauchte. Herr Grindl verblieb im Betrieb als leitender Angestellter.
Dr. Goerz holte sich einen ehemals leitenden Angestellten aus der Ära des Herrn Catasta wieder in den Betrieb, nämlich Herrn Breitmayer. Herr

Breitmayer, in seiner Jugend ein Ruderer aus Catastas Ruderverein LIA, war ein überzeugter Nazi und zudem Bruder des ehemaligen Reichssportführers. Er meldete sich in den letzten Kriegswochen noch freiwillig an die Front und verlor bei den Kämpfen in der Tschechoslowakei ein Bein. Er verblieb nur bis zur Liquidierung der Goerz-Optik im Betrieb. Dem Betriebsrat gegenüber verhielt er sich mit großem Wohlwollen, Respekt, ja sogar Hochachtung.
Unmittelbar nachdem Herr Dr. Leitner den Betrieb verlassen hatte, lud mich Herr Ing. Lorenz zu einem Gespräch ein und sagte mir, er hoffe, dass nun endlich die Politik im Betrieb aufhören werde. Ich erwiderte, wenn er dies ernst meine, dann müsse er jene Arbeiterinnen und Arbeiter, die Dr. Leitner aus politischen Gründen gekündigt habe, wieder einstellen. Er sagte mir dies zu und bat mich um eine Liste der aus politischen Gründen gekündigten Arbeiterinnen und Arbeiter, um sie bei den ersten Neuaufnahmen zu berücksichtigen. So kam auch der ehemalige Jugendvertrauensrat Fredi Geiler wieder in den Betrieb.
Als ich in Pension ging, löste er mich als Betriebsratsobmann ab. Neben einer Reihe von Kolleginnen und Kollegen kam auch der junge Werkzeugmacher Günter Florl, der später Leiter des Werkzeug-Konstruktionsbüros wurde, wieder in die Firma. Eine der ersten Maßnahmen von Dr. Goerz war, dass er die Gründe der Firma in der Laxenburger Straße um vier Millionen Schilling an die Gemeinde Wien verkaufte, die diese später an die Firma Beiersdorfer weiterverkaufte.
Das waren jene Gründe, auf denen in den ersten Nachkriegsjahren Kartoffel und Gemüse für unsere Werksküche angebaut wurden, und die, als dies nicht mehr nötig war, während der USIA-Zeit sehr billig an Arbeiterinnen, Arbeiter und Angestellte der Firma Goerz als Schrebergärten verpachtet wurden. Die öffentliche Verwaltung hatte schon vorsorglich die Pachtverträge gekündigt. Dr. Goerz dachte, er könne die vier Millionen Schilling persönlich einstecken und war beleidigt, als er diese dem Betriebsvermögen zuführen musste.

Die wirtschaftliche Entwicklung der Firma C. P. Goerz nach dem Ende des Zweiten Weltkrieges

Wenn auch die vielen Zahlen der Bilanzen ermüden mögen, so ist es doch notwendig aufzuzeigen, dass die gute wirtschaftliche Entwicklung der Firma vor allem der Arbeit der Belegschaft der Firma zu verdanken ist. Sowohl die Rückzahlung der Schulden als auch die Kapitalaufstockungen wurden dadurch ermöglicht. Die erste mir zugängliche Bilanz aus dem Jahr 1947 weist ein Gesellschaftskapital von 3,5 Millionen Schilling auf. Grundstücke und Gebäude standen mit etwa 12,5 Millionen Schilling zu Buche. Belastet war die Firma vor allem durch Bankkredite vor Kriegsende in der Höhe von 12,5 Millionen Schilling. Hier handelte es sich vor allem um Wehrmachtsauftragsvorfinanzierungskredite.

Dem gegenüber scheinen in der Bilanz 19,5 Millionen Schilling Forderungen an die Deutsche Wehrmacht auf. Die österreichische Bundesregierung hat diese Schuld von 19,426.000,– Schilling von der Bundesrepublik Deutschland als Nachfolgestaat nie eingefordert. In der Passiva scheinen unter anderem folgende Werte auf: ein Kredit der USIA-Zentralverwaltung von 968.000,– Schilling und eine Rückstellung von 22 Millionen Schilling für zweifelhafte Forderungen.

Es wurde ein Verlust von 16,6 Millionen Schilling aus den Vorjahren ausgewiesen. 1948 kam noch ein Jahresverlust von 1,9 Millionen Schilling hinzu. Unter den Verbindlichkeiten scheint unter anderem ein Kredit der sowjetischen Militärbank von 5 Millionen Schilling auf und 720.000,– Schilling Steuerschulden. Der Jahresgewinn 1949 von 6,441.000,– Schilling verringerte den Verlustvortrag vom Vorjahr. Dann habe ich bis zum Jahr 1955 keine Bilanz mehr finden können.

1955 wurde eine Schillingeröffnungsbilanz erstellt. In dieser scheint zwar die Forderung des Wehrmachtsvorfinanzierungskredites in der Höhe von 13 Millionen Schilling auf. Die Forderung an das Deutsche Reich und seine Einrichtungen in der Höhe von 19,5 Millionen Schilling wurde aber auf einen Erinnerungswert von einem Schilling abgeschrieben. Trotz verschiedener Schätzungsgutachten kann ich mich des Eindrucks nicht er--wehren, dass grundsätzlich auch das Anlagevermögen zu gering bewertet wurde.

Ein Beispiel für diese Vermutung: Im Jahre 1949 wurden die Grundstücke der Firma mit 531.000,– Schilling bewertet. 1959, also nach der Schillingseröffnungsbilanz und in dem Jahr, als Dr. Goerz die Firma erworben hat, wurden in der Bilanz für Grund und Boden lediglich 965.000,– Schilling angegeben und für unbebaute Grundstücke 1,08 Millionen Schilling ausgewiesen. Jeder weiß, dass nach dem Abschluss des Staatsvertrages die Werte von Grund und Boden besonders in Wien enorm gestiegen sind. Dr. Goerz hat unmittelbar nachdem er die Firma erworben hat, das Grundstück in der Laxenburger Straße um vier Millionen Schilling an die Gemeinde Wien verkauft.

In der Bilanz verringerte sich die Position für unbebaute Grundstücke lediglich um eine Million Schilling. Wieso in der Bilanz 1962 nur ein Erlös von dem Verkauf von Liegenschaften von 2,250.000,– Schilling aufscheinen, ist mir ein Rätsel. Die Erträge der optischen Anstalt, die im Alleinbesitz von Dr. Goerz war, stammten überwiegend aus der Vermietung und Verpachtung der Gebäude und Maschinen und aus Lieferungen an die Firma Goerz Electro.

Betriebsratswahl 1959

Um von der Herbstwahl wegzukommen, haben wir die Wahl um drei Monate vorverlegt, um noch vor dem gemeinsamen Urlaub zu wählen. Kollegin Pistak von der SP ist während der laufenden Betriebsratsperiode aus der Firma ausgeschieden, weil sie eine Anstellung im Arbeitsinspektorat angenommen hat. An ihre Stelle ist Kollege Strasil aus der Dreherei nachgerückt und hat die Funktion des Schriftführers übernommen. Er wurde auch in den Verhandlungsausschuss aufgenommen.
In der Betriebsratsperiode sind 154 Kolleginnen und Kollegen aus dem Betrieb ausgeschieden. 48 wurden neu aufgenommen, so dass der Gesamtstand von 449 auf 343 gesunken ist. Dadurch war ein Mandat weniger zu vergeben. Der ÖAAB machte sich auf Grund der Personalpolitik große Hoffnungen. Dr. Leitner stellte ja keine qualifizierten Arbeitskräfte über das Arbeitsamt ein, sondern überwiegend über eine uns unbekannte Vermittlung aus Niederösterreich.
Ein Mandat war weniger zu vergeben, dieses hat die Gewerkschaftliche Einheit (GE) verloren. Aber auch die anderen Fraktionen haben nichts dazu gewonnen, da auch sie Stimmen verloren haben. Ergebnis: 223 Stimmen und 5 Mandate Gewerkschaftliche Einheit, 60 Stimmen und 1 Mandat für die SP und 56 Stimmen und 1 Mandat für den ÖAAB.
Strasil hatte nicht mehr kandidiert, da er Meister in der Dreherei wurde und an seine Stelle kam Robert Mattis. Wir blieben unverändert: Stern als Obmann, Ofner Stellvertreter, Rosa Zavesky, ein Mitglied der SP, die später von der SP ausgeschlossen wurde, weil sie auf unserer Liste kandidierte. Anna Kucera und Otto Ratzenberger, ein junger Mann, der im Krieg ein Bein verloren hat und der leider sehr jung an Magenkrebs gestorben ist. Dolfi Gestrab hat das Mandat verloren und wurde erster Ersatzmann.

Der deutsche Partner des Dr. Goerz, Dr. Müffling

Da in Deutschland 1918 die Adelstitel nicht abgeschafft wurden, war sein voller Name Karl Freiherr von Müffling. Er war Miteigentümer und Geschäftsführer der Firma Metrawatt (Erzeugung elektrischer Messgeräte in Nürnberg), die als Partner für die Messgeräte fungieren sollte. Er war auch im Besitz von Ländereien, von denen er auch ohne Metrawatt leben hätte können. Dr. Müffling kam bald nach Wien und lud mich zu einem Vier-Augen-Gespräch ein. *„Er habe einiges über mich gehört und wolle sich deshalb persön-*

lich ein Bild machen." Er wolle sich an der Firma Goerz beteiligen und müsse wissen, woran er sei. *„Werden Sie dieser Beteiligung Widerstand entgegensetzen? Werden sie dauernd streiken? Werden sie passiv arbeiten?"* Er war sehr direkt. Ich auch: *„Wir sind nicht glücklich, dass der Betrieb wieder deutsches Eigentum sein soll"*, ich verwies auf das Jahr 1938. *„Der militärischen und politischen Besetzung Österreichs ging die wirtschaftliche Unterwanderung voraus und wir wollen Ähnliches nicht noch einmal erleben. Wenn die österreichische Bundesregierung so entschieden hat, dann kann ich es nicht ändern. Wenn man unsere sozialen Errungenschaften akzeptiert und für unsere Wünsche Verständnis aufbringt, dann wird es weder passives Arbeiten noch Streiks geben. Wir wollen ja von diesem Betrieb leben. Das größte Kapital dieses Betriebes sind nicht die technischen Anlagen, sondern die Qualifikationen der Arbeiterinnen und Angestellten."* Er antwortete: *„Ich werde ihnen beweisen, dass sie mit ihren Befürchtungen bezüglich eines deutschen Eigentümers unrecht haben."*

Jahre später habe ich von anderer Seite erfahren, dass er von der Offenheit dieses Gesprächs sehr beeindruckt war. Sein Verhalten mir gegenüber hat dies auch bestätigt. Offenbar war ich der erste Gesprächspartner in diesem Unternehmen, der ihm „nicht in den Hintern kroch". Er dürfte Herrn Goerz bald durchschaut haben, denn er bestand auf absoluter Trennung der Elektrofertigung von der optischen Firma.

Am 8. April 1960 kam es zu folgender Lösung: Gebäude und Anlagen blieben bei der Optischen Anstalt C. P. Goerz. Ebenso die gesamte Optik einschließlich dem Entwicklungs- und Konstruktionsbüro für optische Geräte, der gesamten Vorfertigung, der Dreherei, Stanzerei, Mechanik, dem Werkzeugbau und aller Hauswerkstätten. Für die Entwicklung, die Produktion und den Vertrieb der elektrischen Messgeräte wurde eine neue Firma gegründet. Die Firma Goerz Electro A.G.

Am 8. April 1960 fand auch eine Besprechung in der Direktion statt. Anwesend waren Dr. Goerz, Ing. Lorenz und Ing. Breitmayer auf der einen Seite, vom Betriebsrat Kollegin Kucera und ich. Dr. Goerz erklärte, dass die Vorverträge mit der Firma Metrawatt bereits abgeschlossen seien und die Gründung der neuen Firma Goerz Electro AG morgen erfolgen würde. Die Trennung werde auf jeden Fall durchgeführt. Der Betriebsrat verlangte eine klare Erklärung, dass alle mit dem Betriebsrat getroffenen Vereinbarungen auch in der neuen Firma eingehalten werden. Dr. Goerz blickte verständnislos drein. Da erläuterte Ing. Lorenz dem Dr. Goerz, dass es dem Betriebsrat darum gehe, dass alle der Belegschaft gewährten Rechte, die über Gesetz und Kollektivvertrag hinausgehen, auch von der neuen Firma anerkannt werden.

Dr. Goerz meinte dazu: *„Der Betriebsrat möge diese Punkte schriftlich abgeben."* Das taten wir auch: Im April 1960 wurde die Firma Goerz Electro AG

gegründet. Die Geschäftsführung der neuen Firma hat alle vom Betriebsrat aufgelisteten Sonderrechte akzeptiert. Der Betriebsrat verlangte auch, dass bis zur Neuwahl eines eigenen Betriebsrats für Goerz Electro die Arbeiternehmerinnen und Arbeitnehmer durch den Goerz-Optik-Betriebsrat vertreten werden.
Hauptgrund für den Einstieg der Metrawatt bei Goerz war die Hoffnung, über Goerz in das Ostgeschäft einsteigen zu können. Goerz Electro konnte auf der anderen Seite den Vertriebsapparat der Metrawatt im Westen nutzen. Herr Ing. Tischberger verblieb als Betriebsleiter bei der Goerz Optik, während Ing. Lorenz Betriebsleiter bei Goerz Electro wurde, jedoch mit großen Mitspracherechten bei der Vorfertigung, soweit es für die Elektroproduktion notwendig war.

1960: Gründung der Firma C. P. Goerz Electro Aktiengesellschaft

Die optische Anstalt C. P. Goerz bringt das gesamte Sachanlagevermögen und die Vorräte ihrer Betriebsabteilungen, wie Konstruktion, Entwicklung, Montage und Verkauf samt den dazugehörigen Unterabteilungen, soweit sich alle diese hier genannten Abteilungen auf die Herstellung und Verkauf elektrotechnischer Messgeräte beziehen, in die Firma ein.
Das Sachanlagevermögen wurde mit 2,980.000,– Schilling bewertet. An Vorräten, Rohstoffen, halbfertigen Erzeugnissen, fertigen Erzeugnissen und Waren ein Betrag von 12,442.000,– Schilling, was einen Gesamtbetrag von 15,421.000,– Schilling entspricht. 15,423.101,– Schilling Aktiva, sowie Passiven in der Höhe von 11,648.000,– Schilling wurden von Goerz Electro übernommen.
Für den Reinvermögenswert von 3,774.000,– Schilling erhält die Firma C. P. Goerz optische Anstalt GesmbH. 2996 auf Inhaber lautende Aktien im Nennbetrag von 1000,– Schilling. Das war die Beteiligung von Dr. Goerz an der neu gegründeten Firma C. P. Goerz Electro AG. Die erste Aufsichtsratssitzung der Firma C. P. Goerz Electro AG fand am 17. Oktober 1960 in Wien statt. Anwesend waren der Vorsitzende des Aufsichtsrates Dr. Goerz, weiters Diplomkaufmann DDr. Josef Koliander, Direktor der österreichischen Länderbank, Dipl. Ing. Kurlbaum von der Firma Metrawatt AG in Nürnberg, als Kapitalvertreter, Franz Musil als Angestelltenbetriebsratsobmann und Anna Kucera für den Arbeiterbetriebsrat, sowie Dr. Müffling für den Vorstand. In dieser Aufsichtsratssitzung wurde der Vertrag mit Dr. Müffling als Geschäftsführer beschlossen. Monatsgehalt 3000,– Schilling plus maximal 3000,– Schilling Gewinnbeteiligung.

Als Vergleich dazu möchte ich anführen, dass damals sechs leitende Angestellte jeweils zwischen 108.000,– und 138.000,– Schilling Jahresgehalt bezogen. Das war das letzte Mal, dass ein Vertrag mit einem Geschäftsführer im Aufsichtsrat diskutiert und abgeschlossen wurde, weil später gegen die Stimme von Anna Kucera ein Ausschuss beschlossen wurde, in dem der Arbeiterbetriebsrat nicht mehr vertreten war.
Dieser Ausschuss behandelte künftighin wichtige Agenden, wie zum Beispiel die Verträge mit den Geschäftsführern, ohne dass der Aufsichtsrat darüber informiert wurde. Anna Kucera nahm die Diskussion über eine Gewinnbeteiligung für sechs leitende Angestellte zum Anlass, um eine Gewinnbeteiligung auch für alle Arbeiterinnen und Arbeiter zu verlangen. In einer Aufsichtsratssitzung am 13. Juli 1961 wurde eine Gewinnbeteiligung für leitende Angestellte bei Stimmenthaltung von Anna Kucera beschlossen.
Anna wiederholte den Wunsch nach einer Gewinnbeteiligung für alle Arbeiterinnen und Arbeiter. Es wurde ihr anheim gestellt einen entsprechenden Vorschlag einzubringen. Das war der Startschuss für die später eingeführte Treueprämie. Am 16. Oktober 1961 wird der Jahresabschluss für 1960 genehmigt und der Verlust von 1,7 Millionen Schilling auf neue Rechnung vorgetragen. Vor dem Ausscheiden von Dr. Goerz im Jahre 1962 sahen die Besitzverhältnisse in der C. P. Goerz Electro AG folgendermaßen aus:

Firma Metrawatt Nürnberg	2,500.000,– Schilling
Optische Anstalt C. P. Goerz	750.000,– Schilling
Dr. Hans Carl Freiherr von Müffling/Nürnberg	175.000,– Schilling
Frau Annette Heferich/München	200.000,– Schilling
Dipl. Ing. Kurlbaum	375.000,– Schilling

Einheitsleiste bei C. P. Goerz Electro

Die Gründung der Firma C. P. Goerz machte die Wahl eines Betriebsrates für die neue Firma erforderlich. Am 26. April 1960 wurde in der Goerz Electro die Vollversammlung zur Wahl des neuen Betriebsrats abgehalten. Die Gewerkschaftliche Einheit einigte sich mit der Fraktion Sozialistischer Gewerkschafter auf eine gemeinsame Liste.
Die Vereinbarung sah vier GE-Betriebsräte und zwei SP-Betriebsräte vor: der Obmann sollte von der GE und der Stellvertreter von der SP gestellt werden. Der Gewerkschaftssekretär Kollege Sladek begrüßte diese Vereinbarung bei der Vollversammlung und hob die gute gewerkschaftliche Tradition bei

Goerz hervor, was für damalige Verhältnisse sensationell war. Der ÖAAB brachte keine Kandidatur mehr zustande. Am 7. Juli 1960 konstituierte sich der neue Betriebsrat für die Firma C. P. Goerz Electro AG:

Vorsitz:	Anni Kucera (GE)
Stellvertreter:	Robert Mattis (SP)
Schriftführer:	Ladislaus Pinterits (GE)
Kassa:	Rosa Zawesky (GE)
Bildung:	Richard Goldstein (GE)
Unfallverhütung:	Hans Neudhard (SP)

Nach dem Wechsel einiger Betriebsrätinnen und Betriebsräte in die C. P. Goerz Electro AG musste sich der Betriebsrat der C. P. Goerz Optische Anstalt neu konstituieren. Am 10. Oktober 1960 berichtete Dr. Goerz dem Betriebsrat über die schlechte wirtschaftliche Lage der Optik. Ich ersuchte um die schriftliche Bilanz aus dem Jahr 1959, da ich mit gesprochenen Zahlen nicht viel anfangen könne. Dies wurde nach Prüfung durch den Wirtschaftsprüfer in zwei bis vier Wochen zugesagt.

In der Zwischenzeit wurde mir aus dem mittleren Management in der Buchhaltung zugetragen, dass Dr. Goerz für seinen New Yorker Betrieb optische Linsen erzeugen und fassen lasse und nur die Hälfte der tatsächlichen Produktionskosten dafür bezahle. Das könne nicht gut enden. Wir sprachen darauf bei Herrn Ing. Tinter von der Vermögensschutzstelle in der Strauchgasse vor – die Vermögensschutzstelle wickelte den Verkauf an Dr. Goerz ab – um zu erreichen, dass die Stelle einschreite, weil wir die Gefahr erkannten, dass der Betrieb diese Manipulation nicht aushalten werde. Die Antwort von Ing. Tinter, der von der Gewerkschaft der Privatangestellten für diesen Posten vorgeschlagen wurde, war: *„Dr. Goerz ist Eigentümer des Betriebes und er allein könne entscheiden, was er damit mache.“*

Der Betrieb hat das tatsächlich nicht ausgehalten. Im Mai 1961 fand die letzte Betriebsratswahl in der Optischen Anstalt statt. Das Ergebnis der BR-Wahl lautete:

GE:	5 Mandate: Stern, Prohaska, Pekny, Wlcek und Gestrab
SP:	1 Mandat: Boncina
ÖAAB:	24 Stimmen, kein Mandat

Der Ausgleich der optischen Anstalt zeichnet sich ab

Auf Grund der bereits erwähnten Maßnahmen des Dr. Goerz zeichnete sich bereits der Ruin der Optischen Anstalt ab. Dr. Müffling wollte sich für die Fertigung der Elektrischen Messgeräte das erforderliche Personal sichern und so wurden mit Ausnahme der optischen Fertigung die Abteilungen Hauswerkstätten, Werkzeugbau, Vorfertigung (Dreherei, Stanzerei und Mechanik) von der Optischen Anstalt in die Goerz Electro übernommen. Es war klar: Das war das Ende der Optischen Anstalt.

Anton Benya, damals noch Obmann der Metallarbeitergewerkschaft, lud uns – die Arbeiterbetriebsräte – in die Grillparzerstraße in die Gewerkschaftszentrale ein und warnte uns eindringlich vor Streikaktionen. Außer ein oder zwei Artikeln in der „Volksstimme“, der kommunistischen Tageszeitung, würde ein solcher Streik nichts bewirken, meinte er. Wir dachten damals gar nicht an einen Streik. Gegen wen auch? Die optische Anstalt hat sich in einer aussichtslosen Lage befunden. Aber dann kam eine neue Herausforderung. Alle Arbeiter des Werkzeugbaues wurden in die Goerz Electro aufgenommen – nur ich, der ich aus dem Werkzeugbau kam, aber als Betriebsratsobmann freigestellt war, wurde nicht in die Goerz Electro aufgenommen. Ebenso fehlte auch der Betriebsrat Dolfi Gestrab aus der Schlosserei auf der Liste der Übernommenen.

Die Belegschaft war empört. Ing. Lorenz machte kein Hehl daraus, dass er mich loswerden wollte. Es war das erste Mal, dass ich in eigener Sache verhandeln musste. Gemeinsam mit Dolfi Gestrab saß ich Herrn Lorenz gegenüber. *„Wenn ich Herrn Stern nicht übernehmen muss, werde ich ihn nicht nehmen“* sagte er. Und Dolfi wie aus der Pistole geschossen: *„Und sie werden ihn nehmen müssen.“* Das hat Lorenz dem Dolfi nie verziehen. Nach Liquidierung der Optik wies Lorenz den Portier an, Dolfi nicht in den Betrieb zu lassen, und als Dolfi die Pension erreichte und der Betriebsrat ihn zur Pensionistenweihnachtsfeier einlud, blieb Lorenz demonstrativ der Weihnachtsfeier fern. Manche nennen das konsequent, andere sagen dazu Dickschädel. 20 Jahre später, als Herr Lorenz in Pension ging, gestand er mir: Er dachte daran, um einen Konflikt zu vermeiden, mich als Leiter des Akkordbüros anzustellen, doch kam er von dem Gedanken ab, weil er fürchtete, dass ich ablehnen würde. Wie recht hatte er.

Eine Woche vor dem gemeinsamen Urlaub kam es zu einer stürmischen Vollversammlung im Speisesaal. Es meldeten sich Arbeiterinnen und Arbeiter zu Wort, die noch nie öffentlich gesprochen hatten. Ich war überwältigt von der Solidaritätswelle. Kollege Sladek von der Gewerkschaft war anwesend. Er sagte: *„Wir werden klagen.“* Ich widersprach ihm: *„Eine Klage ist sinnlos. Man kann beim Einigungsamt die Entlassung eines Betriebsrates bekämpfen, man* *kann aber keine Firma zwingen, einen Betriebsrat aufzunehmen."* Darauf wurde der Antrag auf Streik eingebracht. Wieder musste ich widersprechen: *„Eine Woche werden wir streiken. Dann beginnt der Firmenurlaub. Und dann? Dann zerbröckelt unsere Kraft."* Der Streikantrag wurde zurückgezogen. Stattdessen wurde ein Ultimatum an die Firma Goerz Electro beschlossen und die Gewerkschaft beauftragt, die Verhandlungen während des gemeinsamen Urlaubs zu führen.

Dr. Müffling, der immer nur für kurze Zeit in Wien weilte und meistens von Ing. Lorenz vertreten wurde, kam nach Wien und entschied, dass ich ebenfalls in die Goerz Electro aufgenommen werden sollte. Schließlich war ja nicht er, sondern Ing. Lorenz derjenige, der mich nicht haben wollte. Nach dem Urlaub lud er alle Arbeiterinnen, Arbeiter und Angestellten zu einer Vollversammlung ein. Dort gab er seine Entscheidung bekannt und erklärte, dass er damit auch demonstrieren wollte, dass er sich keineswegs vor einem Betriebsrat fürchte.

Ich meldete mich zu Wort und sagte, dass dies eine kluge Entscheidung war, dass es zum Wohle des Betriebes sein könne, wenn sich die Geschäftsleitung dessen bewusst ist, dass die Arbeitnehmerinnen und Arbeitnehmer des Betriebes hinter den gewählten Betriebsräten stehen, und dass hinter ihnen die gesamte Gewerkschaft stehe.

Am 1. September 1961 wurde ich in die Firma Goerz Electro übernommen. Ich begann wieder mit der Arbeit im Werkzeugbau. Dolfi Gestrab wurde Obmann im verbliebenen Rest der Optik, die bald danach den Ausgleich anmeldete. Prof. Bouffier von der Hochschule für Welthandel wurde zum Ausgleichsverwalter bestellt. Er arbeitete bei der Abwicklung des Ausgleichs sehr gut mit Gestrab zusammen.

Dr. Müffling erklärte, dass er an der Weiterführung der optischen Anstalt kein Interesse habe. Die Goerz Electro wollte lediglich die Grundstücke, Gebäude und Anlagen erwerben, was in der Folge auch geschah. Was der Betriebsrat seinerzeit im Memorandum befürchtet hatte, trat ein. Die Optik blieb auf der Strecke. Ich habe nie erfahren, was Dr. Goerz letztendlich von der Firma Metrawatt bekommen hat. Im Ausgleichsverfahren wurden zumindest die kleinen Gläubiger voll befriedigt. Die Ansprüche der Arbeiterinnen, Arbeiter und Angestellten wurden voll abgedeckt. Goerz Electro verkaufte später das alte Gebäude, in dem sich die optischen Fertigungswerkstätten befanden, an die Firma Swarovsky.

Da der Belegschaftsstand der Firma Goerz Electro durch die Übernahme zweier Abteilungen stark angewachsen war, erschien es sinnvoll, rasch einen neuen Betriebsrat zu wählen. Sowohl die SP-Fraktion als auch die Direktion sagten zu, die Wahl nicht zu beeinspruchen, weil ich und andere Kandidaten noch keine sechs Monate im Betrieb waren. Durch die Vergrößerung des

Betriebes wurden sieben statt sechs Betriebsräte gewählt. Die SP lehnte eine gemeinsame Kandidatur ab: Wahlberechtigt waren 356, abgegebene Stimmen 354, gültig waren 344, für die GE stimmten 269 (6 Mandate), für die SP 81 (1 Mandat). Der ÖAAB hatte nicht mehr kandidiert.
Wir haben der SP den Schriftführer und auch einen Sitz im Verhandlungskomitee angeboten, aber Kollege Mattis hat dies auf Grund dieses Wahlergebnisses abgelehnt, versprach jedoch seine aktive Mitarbeit im Betriebsrat. Dr. Müffling übernahm die Arbeiterinnen, Arbeiter und Angestellten inklusive aller Vordienstzeiten von der Goerz Optik, auch jener, die von der öffentlichen Verwaltung in Frage gestellt wurden.
Wir konnten auch eine Vereinbarung treffen, wonach Goerz Electro das Kapital des Pensionsfonds der Goerz Optik bei vierprozentiger Verzinsung übernahm. Dafür hat Goerz Electro die Ausfallshaftung übernommen. Das bedeutete, dass nach Verbrauch des Geldes nach dem Pensionsfonds Goerz Electro die Firmenpension an die anspruchsberechtigten Dienstnehmerinnen und Dienstnehmer der Goerz Optik die Firmenpension zahlt. Das war für uns eine günstige Regelung.
Alle Beschäftigten der Goerz Optik, die bereits 10 Jahre im Betrieb waren, und noch nicht das Pensionsalter erreicht hatten, wurden in einer Liste erfasst. Ihr Anspruch auf Firmenpension bei Erreichung der ASVG-Pension blieb gewahrt. Außerdem wollten wir alle sozialen Errungenschaften in einer Arbeitsordnung verankert wissen. Die Verhandlungen darüber kamen endlich zu einem Abschluss und die neue Arbeitsordnung trat ab 1. Jänner 1962 in Kraft. Es gelang darüber hinaus noch, 13 weitere Mitarbeiterinnen und Mitarbeiter aus der optischen Anstalt in die Goerz Electro zu übernehmen.
Nach der Konstituierung des Betriebsrates wurde ich an Stelle von Anni Kucera vom Betriebsrat in den Aufsichtsrat der Firma delegiert. Das war absolutes Neuland für mich. Ich hatte zwar schon mehrere Internatskurse der Gewerkschaft besucht und hatte dort hervorragende Referenten wie zum Beispiel Dr. Max Vorauer von der niederösterreichischen Arbeiterkammer über „Arbeitsrecht", oder den Chef des Hauptverbandes der Sozialversicherungsträger Dragaschnigg über das „Allgemeine Sozialversicherungsgesetz".
Aber noch bevor ich verschiedene Aufsichtsratskurse von der Arbeiterkammer oder Gewerkschaft besuchte, nahm ich „Privatunterricht" bei meinem Freund Maxl Angerer. Er hat das Studium auf der Hochschule für Welthandel mit einem Doktorat abgeschlossen und arbeitete in der Zentrale der BAWAG. Bevor er die Filiale am Fleischmarkt als Leiter übernahm, hatte er die Aufgabe, die Bilanzen jener Firmen, die um einen größeren Kredit ansuchten, auf deren Kreditwürdigkeit zu überprüfen.

Er war der ideale Partner zur Besprechung unserer Bilanzen. Ein hervorragender und noch dazu kostenloser Lehrer. Jahre später hat uns die Wirtschaftsabteilung der Arbeiterkammer eine klare Bilanzanalyse geliefert.
Am 2. Februar 1962 nahm ich zum ersten Mal an einer Aufsichtsratssitzung teil. Dr. Goerz ließ sich entschuldigen. Ich brachte neuerlich eine Gewinnbeteiligung für Arbeiterinnen, Arbeiter und für Angestellte zur Sprache. Dr. Koliander und Ing. Kurlbaum sagten, dass dies kein Problem für den Aufsichtsrat sei. Der Vorstand soll dies mit dem Betriebsrat verhandeln. An diese Stellungnahme erinnerte ich in den späteren Jahren den Vorstand immer wieder, wenn dieser versuchte Probleme, die ich mit dem Vorstand regeln wollte, an den Aufsichtsrat zu verweisen. Im Aufsichtsrat wäre der Betriebsrat immer überstimmt worden und der Vorstand hätte sich dann bei Verhandlungen mit dem Betriebsrat auf den Beschluss des Aufsichtsrates berufen können.
Bei dieser Sitzung wurde auch ein Angebot an den Ausgleichsverwalter der Optischen Anstalt, Prof. Dr. Bouffier, bezüglich der Übernahme der Liegenschaften der Optischen Anstalt Goerz, sowie der im Eigentum der optischen Anstalt befindlichen Aktien durch die C. P. Goerz Electro AG, einschließlich der im Besitz der Optik befindlichen jungen Aktien sowie aller Liegenschaften, beschlossen. Die Goerz Electro hat 90 Prozent der in Besitz der optischen Anstalt befindlichen Aktien um 900,– Schilling erworben und 20 Millionen Schilling der Verbindlichkeiten übernommen.
Kollege Musil schied aus dem Aufsichtsrat aus und wurde durch den neuen Obmann des Angestelltenbetriebsrates, Kollegen Riese, ersetzt. Auch Dr. Goerz schied aus dem Aufsichtsrat aus und wurde auf Vorschlag von Dr. Koliander durch den Direktor von Elin, Dr. Kohlruss, ersetzt.
Am 10. Dezember 1962 wurden Herr Dipl. Ing. Lorenz und Dr. Herz, ein Freund von Dr. Müffling, als neue Vorstandsmitglieder bestellt. Ich habe dem nicht zugestimmt und mich der Stimme enthalten, weil ich Dr. Herz überhaupt nicht kannte. Auf die Vorhaltung von Dr. Kolinader, dass ich doch Herrn Lorenz kenne und bei ihm zustimmen könnte, habe ich mich so aus der Affäre gezogen, dass ich keine differenzierte Behandlung der Vorstände wollte.
Ich wollte mir nicht später den Vorwurf machen lassen, wenn es zu argen Differenzen mit den Vorständen komme, dass ich als Betriebsrat auch der Bestellung der beiden Vorstände zugestimmt hätte. Als dem Herrn Lorenz die Ernennung zum Geschäftsführer vor versammelten Aufsichtsrat mitgeteilt wurde, versetzte mich seine devote Haltung in Erstaunen: Haken zusammenschlagen, vorgebeugte Haltung. Immer wieder *„Ja wohl."* War das derselbe Mann, der sich als Betriebsleiter so autoritär und herrisch benahm?

Herwin Lorenz

Dipl.-Ing. Lorenz wurde in der optischen Anstalt Anfang 1958 von Dr. Leitner als Betriebsleiter eingestellt, obwohl Herr Ing. Tischberger als Betriebsleiter und Herr Ing. Wegerer als Betriebsassistent für den Elektrobereich zuständig waren. Während des Krieges arbeitete Herr Lorenz als junger Ingenieur bei der Firma Norma, war überzeugtes Mitglied der NSDAP und durfte nach der Befreiung im Jahr 1945 nicht mehr in den Betrieb. Für die Firma Guldenbrein, die schon in der USIA-Zeit Kunststoffteile für Goerz erzeugte, besuchte er mehrmals die Firma Goerz. Von Karl Eppinger, dem Meister im Werkzeugbau, der ihn von der Norma her kannte, habe ich erfahren, dass er bei NORMA trotz seiner NS-Gesinnung nie eine ihm bekannte NS-Gegnerin oder ihm bekannten NS-Gegner bei der Gestapo angezeigt hatte. Ob seine Gesinnung Grund für die Aufnahme durch Dr. Leitner war, kann ich nicht sagen. Denkbar wäre es, da Dr. Leitner ähnliche Ansichten hatte wie Herr Dipl.-Ing. Lorenz, auch wenn er ÖVP-Mitglied war.

Dipl.-Ing. Lorenz führte gemeinsam mit dem Personalchef Dr. Vavra die meisten Verhandlungen mit dem Betriebsrat. Zum ersten größeren Konflikt mit ihm kam es vor Weihnachten 1958. Im Oktober, November, ja sogar noch Anfang Dezember wurden vor allem im Elektrobereich viele Überstunden gemacht. Das war notwendig, um einerseits den erforderlichen Jahresumsatz zu erzielen, aber auch, weil von der Post, Bahn und anderen öffentlichen Stellen noch Bestellungen hereinkamen, die bis Jahresende erfüllt werden mussten, sonst wäre diesen Stellen das Budget gekürzt worden. Ab 20. Dezember bis Mitte Jänner war meistens ein Produktionsloch. Es war im gegenseitigen Interesse, zwischen Weihnachten und Neujahr, sogar bis 6. Jänner, den Betrieb geschlossen zu halten. Wir haben immer mit der Firmenleitung über die Schließung der Firma verhandelt. Die öffentliche Verwaltung wollte den Wunsch der Kollegen nach freien Tagen zwischen den Feiertagen ausnutzen, um sich den 50%igen Zuschlag für Überstunden zu ersparen.

Um den Betriebsrat zu umgehen, hat Herr Dipl.-Ing. Lorenz im Auftrag von Herrn Dr. Leitner eine Unterschriftenbefragung durchgeführt, wer 1:1 einarbeiten möchte. Die Mehrheit der Angestellten hat unterschrieben. Auch viele Arbeiterinnen und Arbeiter. Es gab aber auch Arbeiterinnen und Arbeiter, denen die Geschichte verdächtig erschien und sie eilten zum Betriebsrat, um zu fragen, ob diese Aktion im Einverständnis mit dem Betriebsrat geschehe. Wir wussten nichts davon und haben das sofort in den Abteilungen bekannt gemacht, worauf die meisten Kolleginnen und Kollegen ihre Unterschrift zurückgezogen haben. Wir machten Herrn Lorenz darauf aufmerksam, dass Vereinbarungen über die Arbeitszeit nur mit dem Betriebsrat abgeschlossen werden können. Die Verhandlungen scheiterten. Die öffentliche Verwaltung gab in einem öffentlichen Aushang dem Betriebsrat die Schuld, dass 1958 zwischen den Feiertagen zum Jahresende gearbeitet werden müsse, weil der Betriebsrat nur einer Einarbeitung im Verhältnis 1:1,5 zustimmen wollte. Es war unangenehm, aber der Schaden für die Firma war auch groß, weil in dieser Zeit wenig Arbeit war. Später, als Dr. Leitner schon lange nicht mehr im Haus war, gestand mir Herr Ing. Lorenz, dass diese Aktion für ihn lehrreich war, dass er niemals versuchen werde, etwas hinter dem Rücken des Betriebsrates zu unternehmen. Nach 1959 haben wir immer eine Einarbeitungsregelung getroffen, die im Wesentlichen auf 1:1,5 basierte. Einen Vorfall möchte ich noch erwähnen, weil er so bezeichnend für sein Wesen, aber auch für den Stolz und das Selbstbewusstsein unserer Mitarbeiterinnen und Mitarbeiter war.

Herr Lorenz wollte die Arbeiterin Steffi Huber aus der Optik verwarnen, weil er diese knapp vor Arbeitschluss im Waschraum angetroffen hat. Da er wusste, dass eine solche Verwarnung nur rechtswirksam ist, wenn der Betriebsrat anwesend ist, hat er auch mich eingeladen. Gleich zu Beginn der Aussprache hat er die Kollegin Huber angebrüllt, sie habe ihre Pflichten gröblichst verletzt. Worauf diese Kollegin in aller Ruhe antwortet: *„Sie können mich kündigen, wenn sie wollen, aber anschreien dürfen sie mich nicht."* Er stand auf und verließ den Raum. Herr Lorenz war damals erst sehr kurz Betriebsleiter bei Goerz. Nachdem wir allein im Zimmer waren, machte ich ihn darauf aufmerksam, dass es bei uns nicht üblich ist, das Arbeiterinnen und Arbeiter angeschrien werden. Er schluckte kurz. Ich merke seinen Adamsapfel spielen. Dann erwiderte er: *„Sie werden mich nie mehr schreien hören."* Tatsächlich hat er sich – zumindest in meiner Gegenwart – beherrscht. *„Aber die Weiber muss man manchmal hart anfassen"*, meinte er noch. *„Unsere Arbeiterinnen sind Frauen und keine Weiber"*, erwiderte ich. *„Weib war im Mittelalter ein Ehrennahme"*, sagte er darauf, worauf ich ihn aufmerksam machte, dass wir nicht mehr im Mittelalter leben und uns schon einige Dinge abgewöhnt haben, die im Mittelalter üblich waren. Auf die Verwarnung hatte er vergessen.

In späteren Jahren, da war er bereits Geschäftsführer, hat er den jüdischen Religionsphilosophen Martin Buber gelesen und wollte mit mir darüber diskutieren. Er war sichtlich enttäuscht, dass ich zwar den Namen kannte, aber keine Zeile von ihm gelesen hatte. Nachdem Herr Lorenz nicht verhindern konnte, dass ich in die Firma Goerz Electro aufgenommen werde, gestaltete sich die Zusammenarbeit ganz gut. Er ist verbittert aus dem Betrieb geschieden und hat ihn nie mehr betreten. Auch zur Pensionistenweihnachtsfeier ist er nie gekommen.

Es war doch eigenartig wie das Schicksal zwei Menschen zusammenführte, die gegensätzlicher nicht sein konnten, jedoch zusammenarbeiten mussten. Er mit seiner nationalsozialistischen Vergangenheit fühlte sich noch immer seinen völkischen Idealen verpflichtet und ich hatte kommunistischen Hintergrund und jüdische Wurzeln. Es funktionierte, weil keiner versuchte den anderen über den Tisch zu ziehen. Ein Beispiel nur zur Charakterisierung des Verhältnisses: Es ging um eine Lohnerhöhung für einen Arbeiter, die er mir nicht gewähren wollte. *„Aber sie haben mir das zugesagt"*, entgegnete ich. Worauf er erwiderte: *„Ich kann mich zwar nicht daran erinnern, aber wenn Sie das sagen, wird es schon stimmen."* Und er gewährte mir diese Erhöhung.

Die weitere Entwicklung der Firma C. P. Goerz Electro

Ab Mitte der 1960er Jahre stieg der Umsatz kontinuierlich an. Ein gutes Gerät war in dieser Zeit das Vielfachmessgerät UNIGOR. Dieses Gerät wurde in späteren Jahren auch für die Firma NORMA erzeugt und unter dem alteingeführten Namen NORMAMETER von dieser verkauft. Trotz enormer Rationalisierungsmaßnahmen, die Kabelbäume wurden durch gedruckte Schaltungen und die spitzengelagerten Messwerke durch Spannbandmesswerke ersetzt, blieb das Gerät noch immer sehr lohnintensiv und es gab daher kaum Gewinnspannen.

In die Verbesserung der Präzisionsmessgeräte wurden schon seit einigen Jahren keine Entwicklungskosten investiert. Dennoch blieb der Umsatz für diese Geräte für mehrere Jahre konstant, weil die Konkurrenzfirmen aufgrund geringer Ertragslage die Produktion dieses Gerätetyps eingestellt hatten. Ein großer Erfolg wurden die Laborschreiber SERVOGOR, die etwa denselben Lohnaufwand wie die Vielfachmessgeräte UNIGOR hatten. Trotz einem höheren Kostenanteil durch zugekaufte Bauteile konnte ein wesentlich höherer Preis erzielt werden. Das hat auch die Konkurrenz erkannt und brachte trotz Patentschutz ähnliche Geräte auf den Markt. Den Mut, den Verkaufspreis zu senken, da die Entwicklungs- und Werkzeugkosten schon längst amortisiert waren, um der Konkurrenz die Lust an diesen Geräten zu nehmen, hatte niemand. Auch der Betriebsrat hatte nicht den Mut, einen solchen Vorschlag zu unterbreiten.

Hans Fraenkel

Diplomingenieur Hans Fraenkel leitete die Elektrotechnische Entwicklung in der Firma. Er sammelte seine messtechnischen Erfahrungen schon in der Firma NORMA vor dem Zweiten Weltkrieg. Er ergänzte seine messtechnischen Kenntnisse in einem einschlägigen Betrieb in der Sowjetunion und während des Zweiten Weltkrieges in Großbritannien. Als die Firma mit der Produktion elektronischer Geräte begann, ging er in Pension. Er erklärte, dass zu dem Zeitpunkt, als er studierte, das Fach Elektronik noch nicht existierte und er überlasse daher jüngeren Kollegen, die vielmehr Kenntnisse auf diesem Gebiet haben, das Feld. Er stand der Firma jedoch noch jahrelang durch einen Konsulentenvertrag zur Verfügung. Er übersetzte die Bedienungsanleitungen für die Geräte, sowohl in russische als auch in englische Sprache. Ich bin kaum in meinem Leben einem bescheideneren Menschen begegnet, als es Hans Fraenkel war. Deshalb möchte ich noch einige Worte über ihn verlieren: Er verließ die KPÖ nach dem Einmarsch der Sowjettruppen in die ČSSR und schloss sich der neu gegründeten Gewerkschaftlichen Einheit an. Noch in hohem Alter kam er regelmäßig in die Belvederegasse, um beim Versand der Zeitschrift ALTERNATIVE mitzuhelfen.

Der 100. Geburtstag von Hans Fraenkel. Grete und Theodor Fischhaber gratulieren Hans Fraenkel zum 100. Geburtstag.

Wir, einige alte Freunde, haben ihn an seinem hundertsten Geburtstag im Seniorenwohnheim in Rekawinkel besucht. Er war geistig noch vollkommen frisch und wir alle hatten gehofft, der „liebe Gott" hätte vergessen, ihn zu sich zu nehmen. Leider ist er ein Jahr später verstorben.

1962: Metallarbeiterstreik

Anfang Mai 1962 verhärteten sich die Kollektivvertragsverhandlungen. Die Metallarbeitergewerkschaft hat eine gesamtösterreichische Betriebsrätekonferenz einberufen. Ich habe in einer Vollversammlung im Betrieb am 4. Mai über diese Konferenz um 10:00 Uhr Vormittag berichtet. Bei dieser Konferenz wurde folgender Beschluss gefasst: Sollte bei der nächsten Verhandlung kein annehmbares Ergebnis erreicht werden, dann wird in allen Metallbetrieben am 9. Mai ab 7 Uhr gestreikt. Meinen Handnotizen zur Vollversammlung entnehme ich, worum es ging: Erhöhung der Ist-Löhne um 8 Prozent (angesichts der Preissteigerungen sowie der Erhöhung der Produktivität eine maßvolle Forderung), Erhöhung der kollektivvertraglichen Mindestlöhne um 11–17 Prozent, aber auch eine Reihe Forderungen zum arbeitsrechtlichen Teil des Kollektivvertrages. Wie etwa:

1. Abschaffung der Lohngruppen „Frauenlöhne" und „Jugendliche unter 18 Jahren" im Kollektivvertrag

2. Wegfall der 3-Tage-Karenzfrist (keine Bezahlung der ersten drei Tage im Krankenstand)
3. Wegunfall ist Arbeitsunfall
4. Krankheit unterbricht den Urlaub
5. Abfertigung bei Kündigung durch den Dienstgeber
6. Der Paragraph 82 h der Gewerbeordnung (Entlassung nach 28 Krankentagen) soll fallen.

Wir hatten fast alle diese Punkte im Betrieb bereits durchgesetzt, ohne dass dem Betrieb daraus Schaden erwachsen wäre. Schon 1960 und 1961 hat die Gewerkschaft diese Forderungen erhoben, jedoch nichts erreicht. Am 25. Jänner wurde die Forderung beschlossen. Am 19. Februar wurden die Verhandlungen von der Paritätischen Kommission freigegeben. Vor Ostern blieben die Verhandlungen ergebnislos. Wie reagierte die Unternehmerseite?

1. Bereitschaft, über Erhöhung der Mindestlöhne um 4,6 Prozent zu reden. Keine generelle Erhöhung der Ist-Löhne, diese sollen von den Betriebsräten in den Betrieben ausverhandelt werden.
2. Die sozialpolitischen Forderungen sollten im Parlament behandelt werden.
3. Zur Behandlung der arbeitsrechtlichen Probleme im Kollektivvertrag sollte ein Unterkomitee gebildet werden.

Die Gewerkschaft sollte gedemütigt werden. Als besonders provokant wurde aber empfunden, dass die Industriellenvereinigung zur selben Zeit Verständnis für eine 65%ige Honorarsteigerung der Ärztekammer gegenüber der Gebietskrankenkasse zeigte. Es sollte zwar noch eine Verhandlung stattfinden, doch die Hoffnung war gering. Am 9. Mai sollte die Metallindustrie und das Gewerbe in einen unbefristeten Streik treten und ab dem 14. Mai die Eisen erzeugende Industrie und der Bergbau folgen. Die Vollversammlung bei Goerz am 9. Mai beschloss bei einer Stimmenthaltung einstimmig die Teilnahme am Streik. Der Betriebsrat wurde ins Streikkomitee gewählt. Das Betriebsratszimmer wurde Streiklokal. Streikposten wurden organisiert, es gab aber keinen Versuch, Ware aus dem Betrieb zu liefern. Der Streik war lückenlos. Auch die Angestellten haben keine Arbeiten von Arbeiterinnen und Arbeitern übernommen. Am 10. Mai wurde berichtet, dass im Gewerbe eine Einigung erzielt wurde, nicht aber in der Industrie, daher ging der Streik weiter. Es gab aber bereits einige Industrieunternehmer, die versuchten, in ihrem Betrieb die Lohnforderungen zu erfüllen.

Schließlich kam es auch mit der Industrie zu einer Einigung: Erhöhung der Ist-Löhne um 4 Prozent und 1,5 Prozent der Lohnsumme für individuelle Erhöhungen – durchschnittliche Erhöhung der Mindestlöhne um 10 Prozent, Wegfall der Frauengruppe (auf dem Papier). Für nicht angelernte Hilfsarbeiter wurden die Lohngruppen 4, 5, 6 und 7 eingeführt, wobei Frauen, sofern sie keine Facharbeiterinnen waren, die Lohngruppe 6 vorbehalten blieb. Wir machten der Direktion sofort klar, dass wir keine individuellen Einstufungen wollen und die 5,5 Prozent Erhöhung für alle gleich gelten sollen. Zur Abschaffung des § 82h in der Gewerbeordnung gab es lediglich eine Empfehlung der Bundeswirtschaftskammer. Am 22. Mai gab es eine Verhandlung zur Durchführung der Kollektivvertragsvereinbarung in unserem Betrieb. Dabei wurde folgendes festgehalten:

1. 5,5 Prozent Erhöhung für alle Löhne und Akkorde.
2. Auf die neuen KV-Mindestlöhne wird zu den Stundenlöhnen ein Zuschlag von 35 Groschen für Hilfsarbeiter, und 45 Groschen für Facharbeiter gewährt.

Die neuen arbeitsrechtlichen Bestimmungen im Kollektivvertrag waren für uns ohne Belang, da wir diese Errungenschaften bereits innerbetrieblich erreicht hatten, ebenso wurde bei uns der Paragraph 82h schon lang nicht angewendet. Der Streik hat aber das Selbstbewusstsein vieler Arbeiterinnen und Arbeiter enorm gestärkt.

1962: Auseinandersetzung mit der Ärztekammer

Da die Wiener Gebietskrankenkassa die hohen Forderungen der Ärztekammer nicht erfüllen wollte, kam es zu einem vertragslosen Zustand, der sich verschärfte, weil die Ärzte mit Streik drohten. Am 5. Juli habe ich zufällig bei der Ortsgruppe der Metallarbeiter im 10. Wiener Gemeindebezirk erfahren, dass die SP-Fraktion am nächsten Tag Betriebsräte als Delegationen in die Ärztekammer entsenden wolle. Also wieder eine Aktion ohne Arbeitnehmerinnen und Arbeitnehmer, auf einige wenige Funktionärinnen und Funktionäre beschränkt. Ich habe mit Kurt Urban – unserem Betriebsrat von der Gewerkschaftlichen Einheit bei Wertheim (damals noch nicht Obmann) – besprochen, dass wir eine größere Aktion organisieren sollten. Um 9:45 Uhr beriefen wir bei Goerz eine Vollversammlung ein.

Dort berichtete ich über den Ärztekonflikt und schlug vor, eine sehr repräsentative Delegation in die Ärztekammer und zum Bundeskanzler zu schicken. Darauf Zurufe: *„Alle sollen hingehen!"* Die Kollegen Cerwenka und Dvorak brachten einen entsprechenden Antrag ein. Kollege Kramer meinte, dies habe nur Sinn, wenn mehrere Betriebe hingehen. Darauf gab ich bekannt, dass die Firma Wertheim soeben beschlossen hat, in die Stadt zur Ärztekammer zu marschieren. Daraufhin wurde der Antrag, mit einer Stimmenthaltung, einstimmig angenommen. Um 10:00 Uhr haben Arbeitnehmerinnen und Arbeitnehmer den Betrieb verlassen und zogen zur Ärztekammer. Da es sich um keine angemeldete Demonstration handelte, benutzten wir nicht die Fahrbahn, sondern zogen auf den Gehsteigen in die Stadt zur Ärztekammer. Dort

trafen wir auf die Wertheim-Belegschaft, wie auch auf Betriebsratsdelegationen aus anderen Betrieben.
Wertheim und Goerz gaben der Demonstration das nötige Gewicht. Der Obmann der Fraktion Sozialistischer Gewerkschafter im 10. Bezirk war ein Postgewerkschafter. Er gab nach einiger Zeit vor der Ärztekammer die Anweisung, dass sich die Demonstrantinnen und Demonstranten einzeln zum Bundeskanzleramt begeben sollten. Da sagte ich: *„Wir werden geschlossen marschieren, das erzeugt mehr Aufsehen."* Und so geschah es auch. Eine gewaltige Demonstration zog durch die Stadt zum Bundeskanzleramt. Mir fiel nichts Gescheiteres ein als das Sprüchlein: *„Ist das nicht ein Jammer, mit der Ärztekammer"*, aber es wurde aufgegriffen und alle haben es gerufen. Der Widerhall zwischen den hohen Häusern in der Stadt war enorm. Dann bevölkerten wir den Ballhausplatz und wollten bei Bundeskanzler Gorbach[112] vorsprechen. Ein Beamter sagte uns, der Kanzler dürfe keine Delegation empfangen, solange eine Demonstration vor dem Kanzleramt stattfinde. Einen Moment herrschte Ratlosigkeit. Mittlerweile tauchten noch mehr Betriebsrätinnen und Betriebsräte aus anderen Betrieben auf, überwiegend sozialistisch eingestellt, allerdings ohne jegliche Demonstrationserfahrung. Ich machte einen Kompromissvorschlag: Wir ziehen uns um einige Meter Richtung Präsidentschaftskanzlei zurück. Damit gab sich der Beamte zufrieden. Der Bundeskanzler sei nun bereit, eine Delegation zu empfangen. Und siehe da, jene SP-Betriebsräte, die mir im Bezirk Schwierigkeiten bereiteten, wo sie nur konnten, haben mich in die Delegation miteinbezogen.
So saßen wir, mehrere Betriebsräte, dem Bundeskanzler gegenüber und ersuchten ihn um Intervention, dass vorerst der vertragslose Zustand beendet werde. Auch er sprach sich für die Beendigung des Konfliktes aus und versprach, dass er die ganze Angelegenheit am Dienstag vor den Ministerrat bringen werde. Wir berichteten den Versammelten vor dem Ballhausplatz über die Aussprache und ich ersuchte die Kolleginnen und Kollegen der Firma Goerz, wieder in den Betrieb zurückzukehren. Um 16:00 Uhr hatten wir noch eine Vollversammlung im Betrieb und beendeten diese Aktion. Aber die Ärztekammer hat noch nicht aufgegeben. Am 9. Juli gab es noch keine neue Entwicklung. Zwei Betriebsräte besuchten das Krankenkassenambulatorium, um mit den Ärzten zu sprechen, dass die Ambulanztätigkeit aufrecht bleibt. Sie sagten uns das zu.

[112] Alfons Gorbach (1898–1972): Gemeinderat in Graz, Landesführer der Vaterländischen Front in der Steiermark, 1938 KZ Dachau, 1944 KZ Flossenburg, 1945 Nationalratsabgeordneter, Dritter Präsident des Nationalrats, zeitweilig ÖVP-Bundesparteiobmann, 1961–1964 Bundeskanzler, Kandidat der ÖVP für die Bundespräsidentenwahl 1965.

Die Minister Proksch[113] und Drimmel[114] wurden von der Regierung beauftragt, im Konflikt zu vermitteln. Wir haben an beide in einem Telegramm unseren Standpunkt dargelegt. Der Konflikt wurde schließlich mit einem Kompromiss beendet. Kollege Pichler, der Vorsitzende der Fraktion Sozialistischer Gewerkschafter im 10. Bezirk, überbrachte uns den Dank des Präsidenten des ÖGB Franz Olah für die mustergültige und disziplinierte Durchführung der Aktion und ersuchte mich um eine Liste der Teilnehmerinnen und Teilnehmer des Streiks, damit diesen die Streikunterstützung ausbezahlt werden könne. Am 28. August überbrachte Kollege Pichler dem Betriebsrat während einer Sitzung die Summe von 17.520,– Schilling. Berechnet wurde der Ausfall mit 15,– Schilling je Stunde, das war weit höher als die im Statut vorgesehene Streikunterstützung. Es gab auch keinen Beschluss des Bundesvorstandes, das hat Olah selbst entschieden. Wir haben uns darüber gefreut, weil es eine Hilfe für unsere Kolleginnen und Kollegen war. Aber korrekt war es sicher nicht.

Verbesserte Ertragslage und Verlust von Arbeitsplätzen

Mittlerweile war die Firma Brown Boveri Mannheim bei Metrawatt in Nürnberg eingestiegen. Das hatte auch Auswirkungen auf uns. Am 28. Juni 1965 nahm Dr. Göringer, der Generaldirektor von Brown Boveri Mannheim, zum ersten Mal an einer Aufsichtsratssitzung in Wien teil und wurde zum stellvertretenden Vorsitzenden gewählt. Es wurde eine Kapitalerhöhung der Aktiengesellschaft von vier auf 10 Millionen Schilling ausschließlich aus Eigenmitteln beschlossen. Ebenso die Aufnahme des neuen Gesellschafters Brown Boveri in Mannheim AG. Darauf erfolgte die Übertragung der Optik GesmbH-Anteile an C. P. Goerz Electro zugunsten der Goerz Electro Aktiengesellschaft. Außerdem wurde von den Eigentümern die Umwandlung der Goerz Electro Aktiengesellschaft in eine GesmbH beschlossen. Es wurde

[113] Anton Proksch (1897–1975): Angestellter der Gewerkschaftskommission Österreichs 1919, Sekretär der Jugendabteilung des Bundes freier Gewerkschaften 1924; ab 1934 bei den illegalen „Revolutionären Sozialisten“; 1935 wegen Vorbereitung zum Hochverrat 13 Monate politische Haft; 1936–1944 als Schriftsetzer tätig; 1944–1945 Deutsche Wehrmacht. Nach dem 2. Weltkrieg Abg. zum Nationalrat (1945–1966) und Generalsekretär des ÖGB (1948–1956). Außerdem Bundesminister für soziale Verwaltung (1956–1966). In seine Amtszeit fiel der Ausbau des modernen Sozialrechts.

[114] Heinrich Drimmel (1912–1991): 1936 Eintritt in den Staatsdienst; 1941 Einzug in die Deutsche Wehrmacht; US-Kriegsgefangenschaft. Nach 1946 im Unterrichtsressort tätig; Sekretär von Bundesminister Hurdes, 1952 Leiter der Hochschulsektion, 1954–1964 Bundesminister für Unterricht; führte den Abschluss des Konkordats 1962, gründete mehrere Hochschulen. 1964 Einzug als amtsführender Stadtrat und Landeshauptmann-Stellvertreter in den Wiener Gemeinderat, 1964–1969 Vizebürgermeister von Wien. 1971 Rückzug aus dem politischen Leben.

über die Rückzahlung eines Konsortialkredites aus der Nachkriegszeit von 12 Millionen Schilling an die Länderbank berichtet, sowie über einen Schuldennachlass von 3,83 Millionen Schilling durch die Länderbank.[115] Ebenso wurde die Eröffnung eines Zweigwerkes in Schwarzenau genehmigt. Das Auslaufen der Ablöselieferungen in die Sowjetunion konnte durch ein ständiges Ansteigen des Exports in den Westen, vor allem in die USA und nach England kompensiert werden. Mit der Firma Smith & John's in London wurde ein Lizenzvertrag abgeschlossen und durch die Zusammenarbeit mit der Firma Simpson Electro Company in Chicago konnte der Umsatz enorm ausgeweitet werden. Der Umsatz von 1965 stieg gegenüber dem Vorjahr um 38,5 Prozent. Der Auftragseingang sogar um 58 Prozent. Dementsprechend verbesserte sich auch die Ertragslage. Der Belegschaftsstand erhöhte sich bis zum Jahresende von 488 auf 624 Mitarbeiterinnen und Mitarbeiter. 1965 wurde die Treueprämie für Dienstnehmerinnen und Dienstnehmer ab dem ersten Jahr der Betriebszugehörigkeit als Ersatz für eine Gewinnbeteiligung eingeführt. Darüber wird in einem eigenen Kapitel berichtet. Der Jahresüberschuss von 5,817.000,– Schilling wurde gegen den Verlustvortrag von 12,864.000,– Schilling aufgerechnet, so dass noch immer ein Gesamtverlust von 6,994 Millionen Schilling stehen blieb. Ich stimmte der Errichtung des Werkes Schwarzenau nur unter der Bedingung zu, dass dort sowohl die Arbeitsordnung als auch die lohnrechtlichen Bestimmungen, wie sie in Wien gelten, für Schwarzenau Gültigkeit haben. Es hätte mir aber auch nichts geholfen, wenn ich nicht zugestimmt hätte, denn ich wäre in der Minderheit geblieben. Außerdem kritisierte ich die Verschlechterung des Gemeinkostenfaktors, der dadurch entstand, dass mehr Angestellte als Produktivarbeitskräfte eingestellt wurden.

Die elektronischen Geräte verbesserten die Ertragslage und die Bilanzen der Firma zusehends. Es wurde ein Zweigwerk in Schwarzenau errichtet, eine neue Werkshalle in Wien gebaut und die Aufstockung des Hauptgebäudes vorgenommen. Die Geschäftsleitung plante eine Erweiterung des Betriebes und rechnete mit tausend Beschäftigten. Die Behörde hat deshalb die Errichtung eines dritten Stiegenhauses angeordnet, damit ausreichende Fluchtwege im Falle eines Brandes vorhanden wären. Das Stiegenhaus wurde zwar gebaut, jedoch niemals benützt, da wir nie auch nur annähernd in die Nähe von tausend Beschäftigten kamen. Niemand hat im Aufsichtsrat nach der Vorlage der Ausbaupläne der Geschäftsleitung gefragt, womit die tausend Menschen beschäftigt hätten werden sollten. Auch ich als Vertreter des Betriebsrates

[115] Als die Firma Goerz noch im Besitz der Republik Österreich war, hat die Verstaatlichte Länderbank der Firma keinen Groschen Schuldennachlass gewährt.

nicht. Wer glaubt nicht gerne an frohe Botschaften. Das Investitionsvolumen von sechs Millionen Schilling wurde aus Eigenmitteln finanziert.
Das Jahr 1966 brachte einen Reingewinn von über sieben Millionen Schilling ein. Das war eine Trendwende. Dieser Reingewinn wurde zur völligen Tilgung des Verlustvortrages vorangegangener Jahre verwendet und es konnte erstmals ein Reingewinn von über 200.000,– Schilling auf neue Rechnung vorgetragen werden. Diese positive Entwicklung war vor allem auf den Laborschreiber SERVOGOR zurückzuführen.
Diese Entwicklung führte aber auch zum Verlust von 50 Arbeitsplätzen. Die Geschäftsleitung berichtete über Verhandlungen mit dem Betriebsrat über eine innerbetriebliche Arbeitszeitverkürzung. Die Eigentümervertreter äußerten Bedenken gegenüber einen diesbezüglichen Alleingang in dieser Frage und zu diesem Zeitpunkt, aber sie überließen es der Geschäftsleitung, darüber mit dem Betriebsrat zu verhandeln. Insbesondere dann, wenn dadurch weitergehende Forderungen vermieden werden könnten. Dr. Müffling wechselte vom Vorstand als Eigentümervertreter in den Aufsichtsrat der Firma Goerz.
Den Verlust der Arbeitsplätze versuchten wir möglichst ohne Härten zu überwinden. Da es sich bei uns eingebürgert hatte, dass bei vorangegangenen Abbaumaßnahmen zuerst jene Kolleginnen und Kollegen abgebaut wurden, die zuletzt in den Betrieb eingetreten sind, entstand eine gewisse Überalterung des Personals. Wir setzten uns mit der Pensionsversicherungsanstalt der Arbeiter in Verbindung. Diese war sehr kooperativ. Bei jenen Kolleginnen und Kollegen, bei denen nur kurze Zeiten bis zur Erreichung des Pensionsalters fehlten, ließen wir uns von der Pensionsversicherung die zu erwartende Höhe der Pensionen ausrechnen. Sodann konnten wir ermitteln, wie hoch der Einkommensverlust war, wenn Kolleginnen oder Kollegen ein oder zwei Jahre vor der Pensionierung aus dem Betrieb ausschieden und Arbeitslosenunterstützung bezogen. Dieser Verlust wurde von der Firmenleitung ausgeglichen. So konnten die Kolleginnen und Kollegen die Arbeit beenden, ohne soziale Härten in Kauf nehmen zu müssen.
1967 wurde bereits ein Jahresgewinn von 8,57 Millionen Schilling erzielt und auf neue Rechnung vorgetragen. 1968 wurde ein Reingewinn in der Höhe von 5,2 Millionen Schilling ausgewiesen und davon erstmalig eine Dividende von sechs Prozent des Grundkapitals, also 810.000,– Schilling an die Eigentümer überwiesen. Der vorgetragene Gewinn aus dem Vorjahr wurde der freien Rücklage zugeführt und somit gab es über 21 Millionen Schilling freie Rücklagen. Im Juni 1969 wurde das Stammkapital, das mittlerweile auf 13,5 Millionen gestiegen war, aus diesen Rücklagen auf 30 Millionen Schilling (ausschließlich aus Eigenmittel der Gesellschaft) erhöht. Eine der Begründungen dafür war, dass ein neues Gesetz mit sich brachte, diese Erhöhung steuerfrei durchzuführen. Dies wirkte sich natürlich zugunsten der Eigentümer beson-

ders bei künftigen Gewinnausschüttungen, die auf das Grundkapital erfolgten, positiv aus. So betrug die Dividende im Jahr 1969 sechs Prozent auf das Stammkapital, also bereits 1,8 Millionen Schilling. Ich habe mich fast bei jeder Aufsichtsratssitzung gegen die Auszahlung einer Dividende ausgesprochen, aber das war lediglich ein Formalakt, da ich immer überstimmt wurde. Weiters ist den Protokollen zu entnehmen, dass ich fast bei jeder Aufsichtsratssitzung darauf aufmerksam machte, dass das Anwachsen der Anzahl der Angestellten bei gleichzeitiger Abnahme von produktiven Arbeitern zu einer Erhöhung des Gemeinkostenfaktors führe. Dr. Göringer erwiderte meistens darauf, dass ich mir lieber ansehen sollte, wie positiv sich die Bilanzen entwickeln. Ich wies darauf hin, dass sich die Verschlechterung des Allgemeinunkostenfaktors erst in einigen Jahren negativ auf die Firma auswirken werde. Aber diese Argumentation fand kein Gehör. Die Eigentümervertreter andererseits bemängelten immer wieder, dass ein beachtlicher Teil des Gewinnes in den erhöhten Lagerbeständen zu finden sei.

Einmal wurde Dr. Göringer während einer Aufsichtsratssitzung zum Telefon gerufen. Als er zurück kam, teilte er mit, dass die Witwe des verstorbenen Haupteigentümers der Firma METRAWATT, die in der Schweiz lebte, ihre Anteile an die Firma BROWN BOVERI verkauft hat. Dr. Müffling gratulierte ihm herzlich dazu, aber ich konnte bemerken, wie blass Dr. Müffling wurde. Wusste er doch, dass ab nun BROWN BOVERI als Haupteigentümer von Metrawatt der bestimmende Faktor sei.

In den folgenden Jahren konnte die gute Ertragslage nicht mehr auf demselben Niveau gehalten werden. Dennoch nahmen die Eigentümer in den Jahren von 1968 bis 1972 insgesamt 12 Millionen Schilling Dividende aus dem Betrieb. 1973 verzichteten die Firmeneigentümer auf die Dividende, da es erstmals nach Jahren wieder einen Verlust in der Höhe von 7,3 Millionen Schilling gegeben hat. Vier Millionen Schilling Rücklagen wurden aufgelöst und drei Millionen Schilling Verlust auf neue Rechnung vorgetragen.

Diplomingenieur Lorenz geht in Pension

Eine Ablöse von Dipl.-Ing. Lorenz war aus Altersgründern erforderlich. Im Jahr 1973 wurde Diplomingenieur Friedrich Jahn als neuer Geschäftsführerstellvertreter aufgenommen. 1972 kam der Physiker Schwab von der Firma BROWN BOVERI Mannheim als Konzernbeauftragter in den Aufsichtsrat der Firma. Seine Idee war es, ein DIGITALMULTIMETER zu erzeugen. Die Entwicklung dauerte übermäßig lang und die Kosten der Herstellung waren derart hoch, dass sich dieses Gerät als Flop erwies. Das hat zweifellos auch zu den Verlusten beigetragen. Im Mai 1973 wurde das Stammkapital von 30 Millionen auf 40 Millionen Schilling zur Gänze aus Eigenmitteln der Firma

erhöht. Es gab Schwierigkeiten in den Produktionswerkstätten und so habe ich vorgeschlagen, dass man Lohnaufträge aus anderen Konzernbetrieben hereinnehmen soll, weil sonst die Gemeinunkosten ins Unermessliche steigen würden, da sowohl die Verwaltungskosten, als auch die Vertriebskosten ständig angewachsen sind.
Ein in der Schweiz entwickeltes Lasergerät zum berührungsfreien Messen von Entfernungen wurde in das Produktionsprogramm aufgenommen. Dieses Gerät wurde im Schiffsbau und in Stahlwerken gebraucht. Ein großer Umsatz war nicht zu erwarten, da ein solches Gerät etwa 500.000,– Schilling kostete. Das hat sich als „Danaergeschenk" erwiesen und es musste später mit einem Verlust von 10 Millionen Schilling aufgegeben werden. Im Juni 1974 hat Diplomingenieur Friedrich Jahn bereits den Bericht der Geschäftsleitung im Aufsichtsrat vorgelegt. Dr. Herz und Ingenieur Lorenz waren bei der Sitzung noch anwesend, haben aber nicht mehr in die Geschäftsführung eingegriffen. Sie blieben noch bis Jahresende in der Firma. Außerdem haben die Eigentümer beschlossen, Herrn Rudolf Schiller auf Vorschlag von Herrn Jahn als kaufmännischen Geschäftsführer in die Firma aufzunehmen. Herr Dr. Müffling wurde zeitweise in die Geschäftsführung der Firma Goerz entsendet. Auf meine Anfrage bezüglich der Kosten erklärte Dr. Göringer, dass Herr Dr. Müffling die Personalkosten bei Goerz nicht belasten und Herr Schiller bis Jahresende von der Firma BROWN BOVERI Mannheim bezahlt wird.
Eine große Hoffnung zur Verbesserung der Ertragslage war der neu anlaufende Plotter, ein Zeichengerät, das als Peripheriegerät für Rechner verwendet wird. Im April 1975 wurden die Herren Friedrich Jahn und Friedrich Schiller zu ordentlichen Geschäftsleitern bestellt. Vor allem Herr Jahn hat schon vorher sehr aktiv in die Geschäftsführung eingegriffen. Er hat trotz starkem Rückgang des Umsatzes und Auftragseinganges die Personalkosten stark ausgeweitet. Er hat die Arbeitsvorbereitung neu organisiert, hatte einen „Chefarbeitsvorbereiter" eingestellt, obwohl Herr Riese diese Funktion innehatte. Dieser neue Mann brachte eine Menge anderer „Arbeitsvorbereiter" in den Betrieb, dadurch war diese Abteilung doppelt besetzt. Außerdem hat er das ganze System sehr kostenaufwändig umgestellt und das führte dazu, dass enorme Aufwändungen für Klein- und Kleinstteile erforderlich wurden. Außerdem hat Herr Jahn einen jungen Bekannten von ihm als Leiter des Konstruktionsbüros aufgenommen, obwohl dieser Mann keinerlei Erfahrung auf dem Gebiet der Messtechnik hatte.
Die Situation verschlechterte sich derart, dass der Aufsichtsratsvorsitzende Herr Direktor Koliander kurzfristig telegrafisch eine Aufsichtsratssitzung für 3. September 1975 einberufen hat. Punkt zwei der Tagesordnung lautete: dringend erforderliche Maßnahmen zur Bereinigung der schwierigen Lage des Unternehmens und zur Sicherung seines Bestandes. Den Mitgliedern des

Aufsichtsrates lag eine Ausarbeitung der Geschäftsführung vom 25. August 1975 vor. Die Auswirkungen der darin enthaltenen, zum Großteil bereits eingeleiteten Maßnahmen sollte für 1975 eine Einsparung an Gemeinkosten von 6,3 Millionen und für 1976 von 18,2 Millionen Schilling bringen. In dieser Sitzung bezweifelte ich laut Protokoll, ob mit diesen Maßnahmen tatsächlich der Betrieb auf eine gesunde Basis gestellt werden kann. Die Geschäftsführung hat meiner Meinung nach insbesondere auf dem Angestelltensektor falsche Maßnahmen getroffen und soll deswegen zur Verantwortung gezogen werden. Das schlechte Betriebsklima wird ebenso auf verfehlte Maßnahmen zurückgeführt. Der Geschäftsführung wurde vom Betriebsrat vorgeworfen, dass sie seit Jänner 1975 weitere Neuaufnahmen von Arbeiterinnen und Arbeitern sowie von Angestellten vorgenommen hat, obwohl beide Betriebsräte im Hinblick auf die zu erwartende schlechte Wirtschaftslage schon damals einen Aufnahmestopp vorgeschlagen haben. Herr Dr. Göringer sah als wesentliche Voraussetzung für die Gesundung des Unternehmens ein marktgerechtes Sortiment, eine straffe und sparsame Führung und eine Einschränkung der „Manpower". Er stellte mir die Frage, welche Maßnahmen ergriffen werden sollten. Ich antwortete, dass man sich von teuren, im letzten Jahr eingestellten Leuten trennen sollte, dass neue Büromöbel und neue Büroräume hätten eingespart werden sollen, dass es zu viele Doppelbesetzungen gäbe und dass ein Geschäftsführer genügen würde. Außerdem wäre die Entwicklung fachlich zu verbessern, selbst unter Inkaufnahme der Einstellung eines neuen erfahrenen Leiters für die Entwicklung.
Dr. Göringer schlug vor, dass über weitere Einsparungsmöglichkeiten ausführliche Gespräche zwischen Geschäftsführung und Betriebsrat stattfinden sollen. Ich erklärte weiter, dass es solche Gespräche schon gab, jedoch bisher noch keine Einigung erzielt werden konnte. Im Protokoll steht, dass der Betriebsrat grundsätzlich die Maßnahmen der Geschäftsleitung billigt. Dazu stellten Herr Riese und ich fest, dass eine grundsätzliche Zustimmung seitens der Betriebsratskörperschaften nicht erfolgt ist. Die Verschlechterung des Betriebsklimas ist auch darauf zurückzuführen, dass Herr Jahn öffentlich erklärt habe, „... wo er *hineingreife, greife er in den Dreck.*" Das hat zweifellos viele Mitarbeiterinnen und Mitarbeiter, vor allem im Angestelltenbereich demotiviert.
Herr Dr. Müffling hat mich in dieser Zeit, als er einmal in Wien war, zu einem Gespräch eingeladen, um über die Vorgänge in der Firma Näheres zu hören. Ich habe ihn auf verschiedene Mängel aufmerksam gemacht, aber weder Herr Riese noch ich haben die Abberufung der Geschäftsleitung gefordert. Aus folgendem Grund: Hätten wir das getan und sie wäre nicht erfolgt, hätten wir zu Kampfmaßnahmen schreiten müssen und das wollten wir damals nicht.
Das Geschäftsjahr 1975 wurde mit einem Bilanzverlust von 21,4 Millionen

Schilling zuzüglich des Verlustvortrages aus 1974 von 6,8 Millionen Schilling, zusammen also 28,2 Millionen Schilling auf neue Rechnung abgeschlossen. BROWN BOVERI Mannheim hat einen Großteil dieses Verlustes übernommen, was sich allerdings nur auf die Geschäftsbilanz ausgewirkt hat. In der Steuerbilanz ist der Verlust in voller Höhe stehen geblieben und konnte in den kommenden Jahren steuermindernd angerechnet werden. Aber BROWN BOVERI Mannheim konnte die Verlustübernahme selbstverständlich in Deutschland steuerschonend verbuchen.
Herr Jahn hat so ziemlich alles, was er angepackt hat, besonders bei der Personalpolitik, falsch gemacht. Er versuchte den Obmann des Angestelltenbetriebsrates, Herrn Riese, aus dem Betrieb hinauszudrängen und hat das so ungeschickt gemacht, dass selbst ich, der ich weder politisch noch persönlich zu den Freunden Herrn Rieses gehörte, mich schützend hinter ihn stellen musste. Das erklärte ich bei einer Vollversammlung der Angestellten und bemerkte dazu, dass es der Geschäftsleitung nicht gelingen werde, einen Keil zwischen dem „roten Stern" und dem „schwarzen Riese", in Anspielung auf die Reklame einer Waschmittelfirma mit dem „Weißen Riesen", zu treiben. Um zu dokumentieren, dass auch die Angestelltengewerkschaft hinter ihrem Betriebsratsobmann Herrn Riese steht, hat auf Antrag des Arbeiter- und Angestelltenbetriebsrates nach einer Vorsprache bei dem Vorsitzenden der Angestelltengewerkschaft, Alfred Dallinger, der Gewerkschaftsvorstand beschlossen, Walter Laichmann als Vertreter der Gewerkschaft der Angestellten (GPA) in den Betriebsrat der Firma Goerz zu entsenden.
Herr Dr. Erich Unger, der Geschäftsführer der Firma METRAWATT kam auch manchmal nach Wien, um nach dem Rechten zu sehen. Er lud mich einmal zu einem Gespräch ein und bemerkte, dass er mir Grüße von Dr. Müffling bringe und dieser ihm sagte, wenn er die Wahrheit über den Betrieb erfahren wolle, dann müsse er mit dem Betriebsrat sprechen. Es dauerte nicht lange und die Gesellschafter in Mannheim haben Herrn Ingenieur Jahn von der Geschäftsleitung entbunden und ihn in der österreichischen BROWN BOVERI AG untergebracht. Herr Diplomphysiker Schwab wurde ebenfalls als Konzernbeauftragter für die Firma Goerz abberufen.
Diplomingenieur Siegfried Heinze aus Deutschland wurde darauf als Geschäftsführer in Wien bestellt. Bei der Aufsichtsratsitzung am 10. Mai 1976 in Mannheim war Herr Jahn nicht mehr anwesend, sondern von der Geschäftsführung nur mehr Herr Diplomingenieur Heinze und Herr Rudolf Schiller. Als Gäste nahmen der Herr Apel-Dube, der neue Beauftragte für Goerz sowie Herr Prof. Dr. Ing. Schnörr und Dr. Erich Unger teil. Dr. Koliander stellte bei dieser Gelegenheit fest, dass mehr als die Hälfte des Gesellschaftskapitals verloren gegangen sei. Der Verlust ist vor allem auch dadurch entstanden, dass viele Halbfabrikate vernichtet werden mussten, weil sie nicht mehr gebraucht

wurden, da diese Geräte nicht mehr erzeugt wurden. Das kann man sicher nicht Herrn Ingenieur Jahn anlasten, sondern das war ein Versäumnis, dass schon in den Vorjahren geschehen ist, da man die Bestände, bei denen es keine Bewegung mehr gab, nicht rechtzeitig abgewertet hat.
Herr Heinze hatte im Konzern den Ruf eines großen Sanierers. Als er bei uns zum Sprecher der Geschäftsführung bestellt wurde, wollte er die freiwilligen Sozialleistungen drastisch einschränken oder zur Gänze streichen und die Lehrwerkstätte schließen. Selbst die komplette Streichung der Treueprämie (die aufwendigste Sozialleistung) hätte der Firma lediglich zwei Millionen Schilling erspart. Um die Verluste wett zu machen, bedurfte es aber einer Summe von 25 Millionen Schilling. Da waren ganz andere Maßnahmen erforderlich. Es gelang mir Herrn Heinze zu überzeugen, dass er ohne Mitarbeit der ganzen Belegschaft den Betrieb nicht sanieren könne, und er deshalb durch Abbau der freiwilligen Sozialleistungen die Menschen im Betrieb nicht verärgern soll. Weiters konnte ich ihm klar machen, dass die Schließung der Lehrwerkstätte sehr rasch in ganz Wien bekannt werden würde. Das würde zur Folge haben, dass man unserem Betrieb keine Perspektive für die Zukunft gäbe. Wer bestellt noch Geräte bei einem Unternehmen, das vor der Schließung steht? Wir könnten dadurch einen Teil unserer österreichischen Kunden verlieren. So gelang es uns alle sozialen Errungenschaften und die Lehrwerkstätte trotz Krise zu retten.
Im Jahr 1977 war außer Herrn Heinze, Herrn Schiller auch Dr. Unger aus Nürnberg im Vorstand der Firma Goerz vertreten. Herr Heinze erstellte ein Konzept zur Sanierung der Firma. Dr. Göringer hat den Kollegen Riese und mich nach Mannheim zu einem Gespräch eingeladen, und legte uns das neue Konzept von Herrn Heinze vor. Er wollte wissen, ob wir der Meinung sind, dass dieses Konzept realisierbar sei. Ich erklärte dazu, dass es meiner Meinung nach eher „tiefgestapelt" ist, und das das Ergebnis besser sein müsste, als im Konzept veranschlagt. Das hat sich später auch bewahrheitet. Die Maßnahmen haben überwiegend den Angestelltenbereich betroffen, da die Geschäftsleitung und vor allem die Eigentümer erkannt haben, dass es tatsächlich dort einen Überhang gegeben hat. Dieser war auch teilweise darauf zurückzuführen, dass Kollege Riese ein äußerst gutmütiger Mensch war und kaum „Nein" sagen konnte. Er stammte aus Schlesien und war natürlich auch der „Schlesischen Landsmannschaft" sehr verbunden. Wann immer man von dort an ihn herantrat, dass er jemand aufnehmen möge, dann hat er dies, auch wenn es nicht unbedingt nötig war, getan.
Im August 1977 hat der Arbeiter- und Angestelltenbetriebsrat an den Vorsitzenden des Aufsichtsrates einen Brief geschrieben, in dem wir ihn ersucht haben, im Aufsichtsrat Maßnahmen zur Erhöhung der Kapazität auf die Tagesordnung zu setzen, damit der Rückstand in der Produktion aufgeholt

werden kann. Zum neuen Leiter des Rechnungswesens wurde Herr Dr. Ridder aus Mannheim bestellt. Ich verstand mich mit ihm sehr gut. Wir hatten dieselben Intentionen. Sowohl er als auch ich waren dagegen, dass immer mehr Produktionen außer Haus vergeben werden. Bei Aufträgen, die größere Beträge umfassten, hat er mich regelmäßig gerufen und ersucht, dass ich überprüfen möge, ob diese Außerhausvergabe tatsächlich notwenig sei. Besonders an einen Fall erinnere ich mich: Ein „Arbeitsvorbereiter" erklärte mir, man müsse den Auftrag außer Haus vergeben, weil das Werkzeug nicht mehr vorhanden sei und weil die Anschaffung eines neues Werkzeuges nicht rentabel wäre. Aber die Firma, die das übernimmt, macht auch das neue Werkzeug, und deshalb wäre es kostengünstiger. Ich habe das nicht geglaubt und bin in die Werkzeugausgabe gegangen, wo mir ein Kollege, auf den ich mich verlassen konnte, sagte, dass das Werkzeug wirklich nicht mehr vorhanden sei. Nach einiger Zeit rief mich dieser Kollege an und sagte: *„Du, ich habe das Werkzeug gefunden."* Es wurde nur die Nummer geändert, und deshalb glaubt man, dass es nicht mehr da sei. Aber es war tatsächlich noch vorhanden und in diesem Fall konnte verhindert werden, dass die Arbeit außer Haus gegeben wurde.

Die Rationalisierungsmaßnahmen in der Firma führten dazu, dass der Umsatz von 251.000,– Schilling im Jahr 1975, auf 276.000,– im Jahr 1976 und auf 383.000,– Schilling im Jahr 1977 pro Kopf der Beschäftigten gestiegen ist. Wie weit auch die Außerhausvergabe von Arbeiten dazu beigetragen hat, kann jetzt nicht mehr festgestellt werden. Die neu anlaufenden Geräte trugen wesentlich dazu bei, dass der Umsatz und Ertrag wieder gestiegen ist. Das Zweigwerk in Schwarzenau wurde noch von Direktor Jahn stillgelegt und an die Gemeinde Schwarzenau verkauft.

Im Jahr 1978 wurde wieder ein Reingewinn von fünf Millionen Schilling ausgewiesen. Dies verringerte den Gesamtverlust auf 13,6 Millionen Schilling. 1978 ist Kollege Riese altersbedingt aus dem Betrieb ausgeschieden und er wurde im Aufsichtsrat durch den neuen Obmann des Angestelltenbetriebsrates Ing. Franz Demmer ersetzt. Im Jahr 1979 wurde ein Gesamtergebnis von 6,1 Millionen Schilling erzielt. 1980 betrug der erzielte Reingewinn bereits mehr als 10,5 Millionen Schilling. Im April 1982 wurde Ing. Demmer durch den neuen Obmann des Angestelltenbetriebsrates, Ing. Walter Geppert, im Aufsichtsrat ersetzt. In die Geschäftsleitung kam Herr Dr. Wolfgang Martin von BROWN BOVERI Mannheim. 1981 gab es einen Reingewinn von annähernd vier Millionen Schilling. Seit 1980 wurden wieder schwarze Zahlen in der Bilanz geschrieben, aber für die Steuer galt noch immer die Steuerbilanz, in der der Verlustvortrag aus dem Jahren 1975 abgeschrieben wurde, so dass jahrelang keine Körperschaftssteuer bezahlt werden musste. 1982 wurde ein Jahresergebnis von 6,9 Millionen Schilling erwirtschaftet. Im November

1983 nahm ich das letzte Mal an einer Aufsichtsratssitzung teil. Da ich mit Ende April 1984 aus Altersgründen aus der Firma ausgeschieden bin, hat der Betriebsrat beschlossen, Kollegen Geiler, der mir als Betriebsratsobmann nachfolgte, für den Aufsichtsrat zu nominieren. Er nahm im März 1984 das erste Mal an einer Aufsichtsratssitzung teil. In dieser Aufsichtsratssitzung wurde ein Ergebnis von 5,4 Millionen als Reingewinn ausgewiesen. Dieser wurde fast zur Gänze an die Gesellschafter als Dividendenausschüttung weitergegeben, das entsprach einer Dividende von 13,5 Prozent.
Die weitere Entwicklung der Firma Goerz habe ich als Pensionist von außerhalb beobachtet. Über das Jahr 1984 habe ich keine Bilanz beziehungsweise keine Berichte über eine Aufsichtsratssitzung gefunden. Anfang 1985 erschien in dem Wirtschaftsmagazin TREND ein „Jubelartikel" über die Firma Goerz, der von den Erfolgen der Direktion berichtete. Dieser Artikel war derart unsachlich, dass ich einen Leserbrief an die Zeitung schickte (siehe Anhang). Ich habe weder eine Antwort bekommen, noch wurde dieser Brief auch nur auszugsweise im TREND veröffentlicht.
1985 wurde ein Jahresgewinn von 5,7 Millionen Schilling erzielt. Davon wurden 6 Millionen an die Gesellschafter als Dividende ausgeschüttet. Das entsprach einer Dividende von 15 Prozent auf das erhöhte Stammkapital. Der Jahresgewinn 1986 betrug sechs Millionen Schilling, die zur Gänze an die Gesellschafter als Dividende ausgeschüttet wurden. Dieser ausgewiesene Jahresgewinn erfolgte bereits teilweise durch Auflösung von Rücklagen. 1987 wurde ein Reingewinn von 7,4 Millionen Schilling ausgewiesen und auf neue Rechnung vorgetragen. 1988 ist Dr. Koliander, der schon längere Zeit nicht mehr in der Länderbank tätig war, aus dem Aufsichtsrat ausgeschieden. Am 1. Jänner 1988 wurde BROWN BOVERI mit dem schwedischen Konzern ASEA fusioniert und ab diesem Zeitpunkt übernahm praktisch ASEA das Kommando. Das hatte auch Auswirkungen auf die Firma Goerz Electro in Wien. Die Firma unterstand ab diesem Zeitpunkt nicht mehr BROWN BOVERI Mannheim, sondern wurde an den österreichischen Zweig von ASEA BROWN BOVERI angegliedert. Die Firma hieß ab diesem Zeitpunkt: ABB GOERZ ELECTRO AG. Vorsitzender des Aufsichtsrates dieser Firma wurde für kurze Zeit Generaldirektor Mossbeck von der Firma BROWN BOVERI Österreich.
1989 übernahm Generaldirektor Woltron von BROWN BOVERI die Stelle des Aufsichtsratsvorsitzenden bei ABB GOERZ AG. Dr. Martin schied aus dem Vorstand aus und es wurde ein technischer Direktor namens Schmickl in die Firma aufgenommen. Direktor Woltron versprach in der Sitzung ein Konzept vorzulegen, aber sich ansonsten nicht in operative Angelegenheiten der Firma einzumischen. Von Anfang an verfolgte er ein Ziel: die Verwertung des sehr lukrativen Grundstückes und der Gebäude in der Gudrunstraße im zehnten

Wiener Gemeindebezirk. Die Ertragslage der Firma verschlechterte sich zusehends und es wurden wieder enorme Verluste geschrieben. Schließlich verkaufte Direktor Woltron die Grundstücke samt Gebäude an Herrn Burkhard Ernst von Mazda Rainer und die Firma Goerz samt ihren Einrichtungen und der Belegschaft an Herrn Walter Hecke, der vorher schon die Firma NORMA erworben hatte. Dieser legte den Rest der Firma Goerz mit NORMA zusammen und übersiedelte nach Wiener Neudorf.
Ein großer Teil der Belegschaft wollte jedoch nicht nach Wiener Neudorf mitgehen, nahm den zwischen Betriebsrat und Geschäftsleitung ausgehandelten Sozialplan in Anspruch und verließ das Werk. Das war praktisch das Ende der Firma Goerz. Bald darauf wurde diese Firma durch eine Schweizer Firma übernommen und Dr. Hecke ist aus diesem Unternehmen ausgeschieden. Geblieben ist die alljährliche Betriebsweihnachtsfeier im Haus der Metallergewerkschaft (heute: Gewerkschaft Metall-Textil-Nahrung). Dort treffen sich noch immer zwischen 80 und 100 Goerz-Pensionistinnen und -pensionisten und denken nostalgisch an die schöne Zeit zurück.

Gewerkschaftsarbeit im Betrieb

Beim Durchlesen der Betriebsratsprotokolle 1960 bis Ende 1971 ist mir klar geworden, dass eine tagebuchartige Wiedergabe der Ereignisse im Betrieb ermüdend sein würde, deshalb möchte ich nur einige grundsätzliche Überlegungen zu unserer Betriebsratsarbeit darlegen und über die wichtigsten Ereignisse berichten: In den Jahren der öffentlichen Verwaltung 1955 bis 1959 stand die Verteidigung der sozialen Errungenschaften im Betrieb aus der USIA-Zeit, die über Gesetz und Kollektivvertrag hinausgingen, im Vordergrund. Es gelang uns in jener Zeit nur eine Errungenschaft hinzuzufügen, nämlich eine Fahrtkostenentschädigung für Mitarbeiterinnen und Mitarbeiter, die außerhalb Wiens wohnten. Ab 1960 strebten wir wesentliche Verbesserungen auf sozialrechtlichem Gebiet an.
Natürlich waren wir ständig mit Lohnforderungen aus den Abteilungen konfrontiert. Neben gruppenweisen und individuellen Lohnverhandlungen war es zur Gewohnheit geworden, dass es neben der fast alljährlichen kollektivvertraglichen Lohnrunde wie schon erwähnt auch eine generelle innerbetriebliche Lohnerhöhung gab. Wir waren aber auch ständig mit Abbaumaßnahmen konfrontiert. Da in den Fertigungsabteilungen alle Arbeiten im Akkord vergeben wurden – also die gesamte Kapazität zeitmäßig erfasst war – konnte die Betriebsleitung ziemlich genau feststellen, wann Arbeitskräftemangel oder Überkapazität vorhanden war.
Da Direktor Lorenz die Streiks unter der öffentlichen Verwaltung miterlebte, war er über die Kampfbereitschaft unserer Belegschaft voll im Bilde. Er ließ

es fast nie mehr auf eine Konfrontation ankommen. Das erleichterte unser Verhandeln. Nur einmal lehnte er eine Lohnforderung der Mechaniker kategorisch ab, worauf diese sich weigerten, Überstunden zu leisten. Ein einziger Mechaniker tanzte aus der Reihe, er habe sich ein Fernsehgerät auf Raten gekauft und brauche das Überstundengeld, war sein Argument. Nach vier Wochen gab Direktor Lorenz nach und es kam bei den Verhandlungen zu einem tragbaren Kompromiss, weil die Firmenleitung auf die Überstunden in der Vorfertigung angewiesen war. Die Mechaniker erklärten sich bereit, Überstunden zu machen, aber nur unter der Bedingung, dass jener „Kollege", der ihnen in den Rücken gefallen war, keine Überstunden machen dürfe. Man könne ihnen nicht zumuten, mit diesem Kollegen länger als acht Stunden zusammen zu arbeiten. Es müsste schon genügen, wenn er die Lohnerhöhung bekommen habe, die die Mechaniker erkämpften. Und die Direktion gab nach und teilte diesen Mann nicht mehr zu Überstunden ein.
Wann immer eine Gruppe oder eine Abteilung den Wunsch nach einer Lohnerhöhung an den Betriebsrat herangetragen hat, habe ich zur Bedingung gestellt, dass eine etwaige Ablehnung durch die Direktion Konsequenzen der Fordernden zur Folge haben müsse. Ohne Erfolg oder annehmbaren Kompromiss lasse ich mich nicht nach Hause schicken. *„Wenn ich das einmal mache, dann brauche ich nie wieder eine Forderung an die Direktion heranzutragen, weil der Betriebsrat dann nicht ernst genommen wird."* Dieser Standpunkt wurde von den Kolleginnen und Kollegen akzeptiert und diesen Standpunkt habe ich bis zu meiner Pensionierung durchgehalten. Natürlich wurde jede Forderung so formuliert, dass noch ein annehmbarer Kompromiss möglich war. Andererseits war mir klar, dass bei Abbaumaßnahmen der Direktion, dem Betriebsrat immer eine größere Liste überreicht wurde, um diesem die Möglichkeit eines „Erfolges" zu bieten. Es entwickelte sich im Laufe der Jahre eine „friedliche Koexistenz" – andere nennen das vielleicht auch „Sozialpartnerschaft". Wir haben daher bei größeren geplanten Abbaumaßnahmen diese Taktik der Direktion bei Arbeitsmangel im Betrieb nicht mehr akzeptiert, sondern eine massive Arbeitszeitverkürzung gefordert, aber diesem Thema sei ein eigenes Kapitel gewidmet.
Bei jeder Lohnverhandlung wurden immer die Kosten für den Betrieb berechnet und diskutiert. Die Firma rechnete immer die Kosten doppelt so hoch. Auf meine Frage, warum das so sei, bekam ich die Antwort: *„Was ich Ihnen gebe, muss ich auch meinen Angestellten gewähren." „Aber der Angestelltenbetriebsrat hat doch keine Forderung erhoben"*, entgegnete ich. Diese Situation führte dazu, dass ich später vor jeder Forderung den Angestelltenbetriebsrat kontaktiert habe. Ich wollte vor jeder Verhandlung wissen, ob dieser sich den Lohnverhandlungen der Arbeiterinnen und Arbeiter anschließt oder auf Gehaltserhöhungen verzichtet. Eine Verzichtserklärung konnte er seinen Angestellten

gegenüber nicht verantworten, obwohl er mittlerweile schon zum Prokuristen in der Firma aufgestiegen war. Und so überreichten wir im Mai 1963 erstmals eine gemeinsame Forderung von 6 Prozent. Unsere Position hat das natürlich gestärkt. Wir haben mit 4 % Erhöhung mindestens jedoch 45 beziehungsweise 50 Groschen für Löhne unter 10,– Schilling abgeschlossen.
Unser Lohnniveau war in der Elektroindustrie überdurchschnittlich hoch. Darüber hinaus stellten wir fest, dass von 1,– Schilling Lohnerhöhung tatsächlich etwa netto nur 60 Groschen im „Lohnsackerl" übrig blieben, wobei aber die Firma mit etwa 2,– Schilling belastet wurde. Es war daher eine Orientierung auf sozialpolitische Forderungen zweckmäßig. Und da stand natürlich die Angleichung der Rechte der Arbeiterinnen und Arbeiter an jene der Angestellten im Vordergrund. In jenen Jahren waren die Unterschiede noch sehr beachtlich. Auch die Gewerkschaft hat sich dieses Themas angenommen. Es gab kaum ein Forum in der Gewerkschaft, wo ich nicht diese Forderung erhob. Doch war ich der Ansicht, dass es mehr Gewicht hätte, wenn wir auch im Betrieb etwas in dieser Richtung durchsetzen könnten. Der erste kleine Schritt in unserem Betrieb war, dass auch Arbeiterinnen und Arbeiter, wie im Angestelltengesetz vorgesehen, nach 20 Dienstjahren fünf Wochen Urlaub bekamen.
Die Firma EUMIG hatte damals alle Arbeiterinnen und Arbeiter ins Angestelltenverhältnis überstellt, das war nicht auf Initiative des Betriebsrates erfolgt, sondern ging von der Firmenleitung aus. Manche Firmen führten den Begriff des „Monatslöhners" für einzelne Facharbeiterinnen und Facharbeiter ein. Auch wir wurden in diese Richtung aktiv, doch die Verhandlungen scheiterten, da die Firmenleitung sich vorbehalten wollte, welche Facharbeiterin oder welchen Facharbeiter, denn nur solchen wollte die Firma nach dem Begriff „Monatslöhner" Angestelltenrechte gewähren. Wir wollten eindeutige Kriterien: Vorerst sollten alle Arbeiterinnen und Arbeiter nach drei Jahren Betriebszugehörigkeit, unabhängig von der Lohngruppeneinstufung, also vor allem auch unsere Frauen und Akkordarbeiter, einbezogen werden. Eine Selektion, wie sie sich die Firmenleitung vorstellte, haben wir abgelehnt, denn dies hätte zu einer Aufspaltung und Entsolidarisierung im Betrieb geführt.
Also beschritten wir einen anderen Weg. In einem Schreiben an die Direktion detaillierten wir unsere sozialrechtlichen Forderungen. Am 3. April 1970 fand die erste Aussprache statt. Herr Lorenz lehnte eine Verhandlung über diese Vorschläge ab und begründete dies mit der geschmälerten Ertragslage durch den voraussichtlichen Wegfall der Exportrückvergütung und damit, dass solche Dinge per Gesetz und Kollektivvertrag geregelt werden müssten. Im Namen des Betriebsrates gab ich folgende Erklärung ab: Der Betriebsrat habe sich diese Wünsche reiflich überlegt. Es sei erstaunlich, dass die Direktion Verhandlungen mit dem Hinweis auf die Ertragslage ablehne, obzwar sie die

Kosten unserer Wünsche nicht einmal ausgerechnet habe. Der Hinweis auf Gesetz und Kollektivvertrag sei ebenfalls nicht stichhaltig, da es bereits eine Reihe von Metallbetrieben gäbe, die die eine oder andere Forderung unseres Programms innerbetrieblich geregelt hätten.

Der Betriebsrat könnte jetzt eine Vollversammlung einberufen und der Belegschaft mitteilen, dass die Direktion nicht verhandlungsbereit sei. Aber wir wollten nicht gleich zu Beginn die Dinge auf die Spitze treiben. Wir ersuchten die Direktion daher, die Angelegenheit nochmals zu überdenken. Das Wort „ersuchen" mag vielleicht für manche „Klassenkampftheoretiker" weich erscheinen, aber ich habe solche Worte wie „fordern" möglichst vermieden. Doch der Direktor wusste immer, worum es ging. Als ich einmal in der Direktion ein Schreiben abgab, in dem der Betriebsrat ein Gespräch über Lohnregulierungen „wünschte", sagte mir Herr Lorenz: „*Wenn sie Gespräche über Lohnregulierungen wünschen, dann weiß ich, dass das Lohnforderungen sind.*" Im Laufe der Diskussion fragte der Direktor, was der Betriebsrat als Gegenleistung bieten könne. Es wurde ein weiteres Gespräch für den 10. April vereinbart.

Wir haben ganz bewusst nicht gleich zu Beginn mit Kampfmaßnahmen begonnen. Wir haben es immer so gehalten, der Gegenseite eine Ausstiegsmöglichkeit ohne Gesichtsverlust zu lassen. Aber auch für uns war es wichtig, Steigerungsmöglichkeiten offen zu halten. Am 10. April war die Direktion doch bereit, über die Vorschläge des Betriebsrates zu verhandeln. Die Direktion werde die Kosten durchrechnen. Aber in vollem Umfang würden die Wünsche keinesfalls erfüllt werden. Die Direktion wollte aber keine generelle, sondern eine individuelle Regelung.

Ein entsprechender Vorschlag, den die Direktion überreichte, wurde von uns abgelehnt. Wir informierten die gewerkschaftlichen Vertrauenspersonen, dass wir uns vor allem auf die Frage der Abfertigung für Arbeiterinnen und Arbeiter und Verbesserung der Urlaubs- und Krankenentgeltbestimmungen konzentrieren wollen. Es wurde parallel auch noch eine Lohnforderung beschlossen mit der Absicht, bei dieser dann nachzugeben, wenn die entscheidenden sozialrechtlichen Forderungen Erfolg haben.

Vor dem Urlaub wurde eine Vereinbarung unterschrieben, die auch für Arbeiterinnen und Arbeiter eine Abfertigung ab dem 10. Dienstjahr vorsah, sowie weiters eine Verbesserung der Krankenentgeltbestimmungen auf 70 und 84 Tage Anspruch auf Krankenentgelt im Jahr und vier Wochen Urlaub für Dienstnehmerinnen und Dienstnehmer nach 10-jähriger Betriebszugehörigkeit. Später kam noch die Anrechnung von fünf Jahren Vordienstzeiten von anderen Firmen für die Berechnung des Urlaubsanspruches analog dem Angestelltengesetz hinzu.

Im Laufe der Jahre wurde dies teilweise gesetzlich und kollektivvertraglich überholt, aber für das Jahr 1970 war das ein großer Erfolg. Es hat sich gezeigt, dass wir Recht hatten, nicht sofort durch Kampfmaßnahmen die Situation zu verhärten. Als von der Firma geforderten Gegenleistung haben wir uns zur Einführung der bargeldlosen Lohnauszahlung bereit erklärt, unter der Voraussetzung der Zustimmung jeder einzelnen Dienstnehmerin und jedes einzelnen Dienstnehmers, da der Betriebsrat nicht das Recht habe, in diesem Fall für jede und jeden zu entscheiden. Damals war der bargeldlose Verkehr über die Sparkassa der Gemeinde Wien noch kostenlos, aber wir haben dennoch eine Vereinbarung mit der Firma getroffen, dass eventuell später anfallende Kosten von der Firma getragen werden.

Die Treue-Prämie

Eine der ersten Maßnahmen des Aufsichtsrates der Goerz Electro AG war die Ausschüttung einer Erfolgsbeteiligung für sechs leitende Angestellte der Firma. Dies veranlasste den Betriebsrat, eine Erfolgsbeteiligung für alle Arbeiterinnen und Arbeiter und Angestellten zu verlangen. Am 4. September 1964 beschloss der Arbeiterbetriebsrat die Forderung nach einer Sozialdividende beziehungsweise einer Umsatzbeteiligung, da sowohl der Umsatz als auch der Ertrag enorm angestiegen waren.

Der Angestelltenbetriebsrat wurde kontaktiert, damit eine gemeinsame Forderung formuliert werden sollte. Am 16. September fand bereits ein erstes Gespräch mit Direktor Lorenz statt. Er vertrat den Standpunkt, er könne darüber nicht allein verhandeln, werde jedoch sofort nach Rückkehr von Dr. Herz mit dem Betriebsrat darüber sprechen. Diese Angelegenheit müsse jedoch vom Aufsichtsrat genehmigt werden. Ich verwies jedoch auf das Protokoll einer Aufsichtsratssitzung, in dem eindeutig festgehalten wurde, dass sozialrechtliche Fragen ausschließlich Gegenstand von Verhandlungen zwischen Vorstand und Betriebsrat seien. Herr Lorenz wollte schon einmal Forderungen des Betriebsrates vor den Aufsichtsrat bringen. Ich habe das immer abgelehnt, weil der Betriebsrat im Aufsichtsrat in der Minderheit ist und ein negativer Aussichtsratsbeschluss dem Vorstand die Hände gebunden hätte.

Unser erster Vorschlag sah die Ausschüttung eines Betrages in der Höhe von 15 Prozent des Umsatzes, mindestens jedoch 500,– Schilling für jede Dienstnehmerin und jeden Dienstnehmer und darüber hinaus eine Ausschüttung entsprechend der Betriebszugehörigkeit, vor. Am 6. Oktober 1964 lehnten Dr. Herz und Dipl.-Ing. Lorenz gegenüber dem Betriebsrat die Forderung nach einer Umsatzbeteiligung ab. Am 7. Oktober beschloss der Betriebsrat ein Schreiben an die Direktion, in dem gegen die ablehnende Haltung der Direktion Stellung bezogen wurde. Dieser Brief wurde auch vom Angestelltenbetriebsrat unterzeichnet. Es wurde beschlossen, die Jahreshauptversamm-

lung der Arbeiterinnen und Arbeiter für den 15. Oktober 1965 um 14:00 Uhr einzuberufen.
Auf Grund des Briefes kam es am 14. Oktober im Beisein von Herrn Dr. Müffling und beider Betriebsratsobmänner zu einer Aussprache, bei der Herr Dr. Müffling seine Verhandlungsbereitschaft erklärte. Die erste Verhandlung wurde für den 15. Oktober um 11:00 Uhr festgelegt. Die Geschäftsleitung hat auf Grund ihrer Verhandlungsbereitschaft vorgeschlagen, die für 14:00 Uhr angesetzte Versammlung zu verschieben. Der Betriebsrat erklärte sich bereit, die Versammlung auf 14:30 Uhr zu verschieben. Ich berichtete dort unter anderem über die Verhandlung. Die Geschäftsleitung hat angeboten, einmalig in diesem Jahr das zusätzliche Weihnachtsgeld von 200,– Schilling auf 400,– Schilling zu verdoppeln und an alle Beschäftigten auszuzahlen. Im nächsten Jahr sollte das Problem einer Treue-Prämie grundsätzlich verhandelt werden. Darüber hinaus sollte sich der Betriebsrat zu einem Lohnstopp verpflichten. Wir haben das abgelehnt. Die 200,– Schilling könnten nicht einmal der Ausgangspunkt für die Verhandlungen sein. Da eine 6%ige Lohnforderung des Werkzeugbaus zur Diskussion stand, haben wir diese Forderung auf den ganzen Betrieb ausgedehnt, wobei uns von Anfang an klar war, dass dies nur als Druckmittel gedacht war, um die Verhandlungen bezüglich der Treue-Prämie voran zu treiben. Die Verhandlungen wurden abgebrochen, da die Firmenleitung erklärte, dass sie unter diesen Umständen nur unter Beiziehung eines Vertreters des Unternehmerverbandes weiter verhandeln könne. Worauf wir erklärten, dass auch ein Gewerkschaftssekretär beizuziehen sei.
Die Vollversammlung billigte einstimmig die Vorgangsweise des Betriebsrates. Es kam zu einer weiteren Verhandlung, bei der zwar unser Sekretär Pokorny anwesend war, der Vertreter des Unternehmerverbandes sich jedoch entschuldigen ließ. Die Firmenleitung erklärte sich zu ernsthaften Verhandlungen über die Treue-Prämie bereit, wenn wir die 6%ige generelle Lohnforderung zurückziehen würden. Wir erklärten uns zur Zurückziehung der generellen 6%igen Lohnforderung bereit, wenn ein annehmbares Ergebnis bei der Treue-Prämie erreicht werden könnte. Das Ergebnis für das Jahr 1964 sah wie folgt aus: jeder zumindest ein Jahr im Betrieb Beschäftigte erhält 550,– Schilling zusätzlich zu den 200,– Schilling Weihnachtsgeld (Neueintritte aliquot) und für das Jahr 1965 wird ein Treue-Prämienvertrag mit einem noch zu vereinbarenden Prozentsatz der Lohn- und Gehaltssumme ausgearbeitet und nach einem noch zu verhandelnden Schlüssel entsprechend der Betriebszugehörigkeit ausbezahlt.
Am 11. Juni 1965 erinnerte ich in einer Aussprache die Direktion an die Zusage bezüglich eines Treue-Prämie-Vertrages. Dr. Herz erwiderte, dass er am 28. Juni bei der Aufsichtsratssitzung dem Aufsichtsrat einen Vertragsentwurf vorlegen wolle. Und wieder bestand ich darauf, dass der Aufsichtsrat kein

Verhandlungspartner sein könne. Es wäre doch vernünftiger, wenn sich die Geschäftsleitung vorher mit dem Betriebsrat einigen könnte und der fertige Vertrag dann dem Aufsichtsrat zur Bestätigung vorgelegt werden würde. Am 1. Juli berichtete ich in einer Betriebsratssitzung, dass Dr. Herz dem Betriebsrat erklärt habe, dass er bestenfalls in vier Wochen einen konkreten Vorschlag dem Betriebsrat übergeben könne, das dies eine freiwillige Leistung der Firma sei und daher sich die Firmenleitung die Höhe des Betrages vorbehalte. Dieser Auffassung habe ich entschieden widersprochen und verwies darauf, dass der 30. Juni als Termin schriftlich vereinbart worden sei. Die Belegschaft sei unruhig geworden. Wir würden Vereinbarungen einhalten und erwarten dasselbe von der Geschäftsleitung. Die Geschäftsleitung sagte zu, dass sie nach einem Telefongespräch mit den Gesellschaftern bereit sei, bis 9. Juli einen Entwurf vorzulegen. Dem stimmten wir zu.

Am 7. Juli wurde dem Betriebsrat der Entwurf überreicht und von uns ohne Stellungnahme entgegengenommen. Dieser Entwurf wurde vom Betriebsrat abgelehnt, da er zu unkonkret war und sich die Direktion das alleinige Entscheidungsrecht über die Höhe der Prämie vorbehalten hat. Ich habe es in der Betriebsratssitzung übernommen, bis zum 9. Juli einen Gegenvorschlag vorzulegen. Am 9. Juli lag unser Entwurf vor. Er enthielt folgende Grundsätze: Keine Unterscheidung der Höhe nach Einkommen, sondern nur nach Betriebszugehörigkeit. Dem stimmte auch der Angestelltenbetriebsrat in einer gemeinsamen Sitzung am 15. Juli zu. Basis sollten 20 Prozent eines durchschnittlichen Monatsverdienstes sein. Wir haben die Basis Umsatzbeteiligung aufgegeben, da ein Zusammenhang mit der Lohn- und Gehaltssumme realistischer schien. Lohn- und Gehaltssumme wurden zusammen gerechnet. Die Firmenleitung wollte ursprünglich die Lohnsumme von der Gehaltssumme trennen. Aber der Arbeiterbetriebsrat setzte sich bei den Verhandlungen durch. Die Gehaltssumme war größer als die Lohnsumme, obwohl es mehr Arbeiterinnen und Arbeiter als Angestellte im Betrieb gab. Trotzdem konnten wir kein einziges böses Wort von den Angestellten hören, weil sie wussten, von wem die Initiative ausging.

Am 30. August überreichte ich gemeinsam mit Herrn Riese der Direktion unseren Entwurf. Ein neuer Entwurf der Direktion, der sich vom alten kaum unterschied, wurde abgelehnt. Ich vertrat die Ansicht, dass die nächsten Verhandlungen vom großen Verhandlungskomitee fortgesetzt werden sollten. Am 2. September einigten wir uns über einige Grundsätze der Treue-Prämie mit der Direktion. Ich habe auf Grund dieser Einigung einen neuen Entwurf ausgearbeitet, der vom Betriebsrat bestätigt der Direktion vorgelegt wurde. Am 17. September legte die Direktion dem Betriebsrat einen neuen Entwurf zur Diskussion vor. Ich habe diesen Entwurf der Direktion zurückgegeben und vorgeschlagen, dass auf der Grundlage der bereits mit dem Arbeiter- und

Angestelltenbetriebsrat besprochenen Grundlage weiter verhandelt werden sollte. Die Direktion wollte wieder eine Treue-Prämie für die Angestellten auf Grund der Gehaltssumme. Das haben wir kategorisch abgelehnt, ebenso der Angestelltenbetriebsrat. Das war ein großer Akt der Solidarität vom Angestelltenbetriebsrat, da eine Treue-Prämie für Angestellte ausgehend von der Gehaltssumme höhere Beträge für die Angestellten ergeben hätte. Es war aber auch eine Demonstration gegenüber der Direktion, dass sich der Angestelltenbetriebsrat nicht gegen den Arbeiterbetriebsrat ausspielen lässt. Diese Haltung wurde von den Angestellten einhellig gebilligt. Die Direktion erklärte sich bereit, maximal 500.000,– Schilling für die Treue-Prämie aufzuwenden. Der letzte Vorschlag des Betriebsrates hätte 550.000,– Schilling gekostet. Am 29. September konnte ich dem Betriebsrat berichten, dass Herr Dr. Müffling, nachdem er mit dem Herrn Dr. Göhringer von BBC Mannheim telefoniert hatte, Herrn Riese und mir mitteilte, dass die Gesellschafter mit der Zusammenlegung der Lohn- und Gehaltssumme einverstanden seien. Die Unterteilung erfolgte folgendermaßen: Ein bis drei Dienstjahre, drei bis 10 Dienstjahre, zehn bis 15 Dienstjahre, 15 bis 20 Dienstjahre – und über 20 Dienstjahre. Am wichtigsten war jedoch die Festlegung, dass 4,63 Prozent der Jahreslohn- und Gehaltssumme zur Ausschüttung gelangten sollten. Das führte jedes Jahr zu einer Steigerung in den einzelnen Gruppen oft weit über die Steigerung des Lebenshaltungsindex. Hilfsarbeiterinnen und Hilfsarbeiter mit über 15 Jahre Betriebszugehörigkeit konnten in vielen Fällen einen vollen Monatsbezug realisieren. Die Vollversammlung am 28. Oktober 1965 billigte einstimmig das Ergebnis.

In den Folgejahren gab es jedes Jahr Verhandlungen mit der Direktion über die Ausschüttung der Prämie. Die Direktion machte meistens den Vorschlag, nicht die volle Prämie auf Grund der klar ausgearbeiteten Regulativ-Steigerung in Anspruch zu nehmen, damit eine Reserve auch für die Folgejahre vorhanden sei. Einmal wären wir dazu bereit gewesen, wenn sich die Direktion dazu bereit erklärt hätte, im Folgejahr 5 statt 4,63 Prozent der Lohn- und Gehaltssumme auszuschütten. Das lehnte wieder die Direktion ab. Es hat sich als richtig herausgestellt, dass wir einen klar umrissenen Vertrag hatten und die Ausschüttung der Treue-Prämie nicht dem alleinigen Willen der Direktion überlassen haben.

Es erfüllte uns auch mit Stolz, dass ausschließlich die Betriebszugehörigkeit und nicht das Einkommen für die Höhe der Prämie ausschlaggebend war. Das bevorzugte eindeutig die Kolleginnen und Kollegen mit geringerem Einkommen. Zur Ehre der Angestellten in den höheren Verdienstbereichen sei hinzugefügt, dass diese sich nie über diese Regelung beklagten. Da die Treue-Prämie immer zu Jahresende ausbezahlt wurde, war dies eine beachtliche Zubuße zum Weihnachtsgeld. Die 200,– Schilling zusätzliches Weihnachtsgeld wurden später aufgrund der Treueprämie aufgegeben, da der reale Wert von Jahr zu Jahr geringer wurde.

Die Firmenpension

Die Firmenpension geht auf das Jahr 1954 – also noch auf die USIA-Verwaltung – zurück. Damals hat es noch kein allgemeines Sozialversicherungsgesetz gegeben und Arbeiterinnen und Arbeiter waren erst ab dem 1. Jänner 1939 pensionsversichert. Die Pensionen von Arbeiterinnen und Arbeitern waren daher sehr klein. Ich habe die Argumentation vieler damals etwa Dreißigjähriger in den Ohren: *„Wozu brauch ma des, der Urlaubszuschuss wäre wichtiger."* Die meisten dieser Kolleginnen und Kollegen waren heilfroh, als sie anlässlich ihrer Pensionierung in den Genuss der Firmenpension kamen. Die besonderen Merkmale dieser Firmenpension waren:

- Grundsätzlich war es eine freiwillige Leistung.
- Die Pension war ausschließlich von der Betriebszugehörigkeit und nicht vom Einkommen abhängig.
- Sie wurde bereits nach einer 10jährigen Betriebszugehörigkeit gewährt.
- Politisch Verfolgten der Nazizeit wurden Haftzeiten zwischen 1938 bis 1945 in Gefängnissen oder Konzentrationslagern als Dienstzeit angerechnet.

In den 1960er Jahren trat die Firmenleitung einmal an den Betriebsrat mit einem Änderungsvorschlag heran, der im ersten Moment faszinierend erschien: Die Firmenleitung würde den Differenzbetrag – je nach Betriebszugehörigkeit – von der ASVG-Pension von 65 bis 85 Prozent des letzten Nettoverdienstes des jeweiligen Dienstnehmers aufzahlen. Der Angestelltenbetriebsrat war Feuer und Flamme für diese Idee.

Wir haben dieses Angebot durchgerechnet und festgestellt, dass der überwiegende Teil der Arbeiterinnen und Arbeiter, aber auch jene Angestellten, deren Verdienst unter der Höchstbemessungsgrundlage der Pensionsversicherung lag, bei diesem Modell benachteiligt wären. Profitiert hätten jene Dienstnehmerinnen und Dienstnehmer – ausschließlich Angestellte – deren Verdienst oberhalb der Höchstbemessungsgrundlage gelegen ist. Zu jenem Zeitpunkt war Direktor Kohlruss von der Elin AG noch im Aufsichtsrat der Goerz Electro AG. In einem Gespräch nach einer Aufsichtsratsitzung berichtete er, dass dieses Modell bei Elin eingeführt wurde. Er gestand, dass die Arbeiterpensionisten dabei benachteiligt wurden und man überlege, damit es nicht gar so arg sei, diesen einen Zuschuss von monatlich 100,– Schilling zu geben, damit diese nicht ganz ohne Firmenpension dastünden.

Für mich war das eine Bestätigung, dass wir mit unserer Ablehnung richtig lagen. Die Idee wurde begraben. Der Gesellschafter der Firma hat jedoch für die beiden Geschäftsführer und etwa 10 leitende Angestellte einen Sondervertrag bezüglich der Firmenpension abgeschlossen. Da hatten wir inhaltlich nichts mitzureden. Wir hatten bald bemerkt, dass die alljährlichen Inflationsraten den Wert der Firmenpension erheblich schmälerten. Deshalb haben wir von der Firmenleitung die Valorisierung der Firmenpension verlangt. Die Verhandlungen wurden dadurch erleichtert, dass es in der Bundesrepublik Deutschland eine aktuelle gerichtliche Entscheidung gab, dass auch bei freiwilligen Firmenpensionen eine Wertanpassung erfolgen müsse.

Die erste Valorisierung erfolgte im Jahr 1964. In der Aufsichtssitzung vom 1. September 1964 stellte der Vorstand den Antrag, die mit dem Betriebsrat ausgehandelte Vereinbarung bezüglich der Erhöhung der Firmenpension zu genehmigen. Also wurde der Grundbetrag nach 10-jähriger Betriebszugehörigkeit von 120,– Schilling auf 160,– Schilling und der Steigerungsbetrag von sechs Schilling auf acht Schilling per Dienstjahr erhöht. Ausgerechnet der Bundestagsabgeordnete der SPD, Ing. Kurlbaum, äußerte grundsätzliche Bedenken gegen das bei der Firma herrschende System der Rentenzuschüsse, weil es keinerlei Staffelung der Beträge nach der früheren Leistung und dem Einkommen des Empfängers vorsehe. Er regte an, bei einer zukünftigen Neufassung der geltenden Betriebsvereinbarung das System zu ändern. Das scheiterte aber am Widerstand des Betriebsrates. Der Aufsichtsrat erteilte seine Genehmigung zu der beantragten Erhöhung im vorher erwähnten Umfang.

Eine automatische Wertanpassung konnten wir nicht durchsetzen, jedoch eine Zusage, dass die Firmenpension alle drei Jahre angepasst werde. Im Gegenzug haben wir durchgesetzt, dass die Anpassung nicht auf der Grundlage des Preisindex, sondern auf der Basis der ASVG-Anpassung erfolge. Der ASVG-Anpassungsfaktor lag damals noch höher als die Erhöhung des Lebenshaltungskostenindex.

Herr Hecke, der im Jahre 1989 die Firma Goerz Electro kaufte und mit der Firma Norma, die er schon vorher erworben hatte, verschmolzen hat, hat die Firmenpension im Jahre 1992 liquidiert. In zähen Verhandlungen haben wir diese noch für ein weiteres Jahr durchgesetzt. Heute muss ich eingestehen, dass es ein Fehler von mir war, dass ich, als der Verkauf der Firma Goerz zur Diskussion stand, nicht zumindest den Versuch unternahm, die Zahlung der Firmenpension durch den ASEA-Brown-Bovery-Konzern zu verlangen. Immerhin hat dieser Konzern allein durch den Verkauf der Goerz Liegenschaften einen dreistelligen Millionenbetrag (Gerüchte sprechen von 165 Millionen Schilling) lukriert. Da wäre genügend Reserve vorhanden gewesen.

Franz Röhrenbacher, ehemaliger Angestelltenbetriebsrat, und ich haben namens der Goerz-Pensionisten einen Brief an Direktor Schmidt von der Creditanstalt (CA), Herrn Direktor Hecke und Herrn Direktor Woltron von der Firma ASEA-Brown Bovery geschrieben, weil wir die Firmenpension noch retten wollten. Wir haben von beiden ersteren Herren eine Antwort erhalten, während Herr Direktor Woltron uns nicht einmal geantwortet hat.

Andere Betriebsvereinbarungen: Verbesserung im Krankheitsfall

Das neue Betriebsverfassungsgesetz legte fest, dass an Stelle der Vereinbarungen, die bis dahin im Rahmen einer Arbeitsordnung geregelt waren, in einzelnen Betriebsvereinbarungen zwischen Geschäftsleitung und Betriebsrat zu regeln sind. Die, wie mir scheint, bedeutendste Vereinbarung war in einem einzigen Satz festgehalten: *„Zwischen Geschäftsleitung und Betriebsrat wird vereinbart, dass die Kündigung eines Dienstverhältnisses während eines Krankenstandes nur einvernehmlich erfolgen kann."* Das hat oft vielen kranken Kolleginnen und Kollegen bis zur Pensionierung aus gesundheitlichen Gründen über die Runden geholfen. Sicher hat das die Firma finanziell belastet, da ja der Anspruch auf Sonderzahlungen und Urlaub aufrecht blieb. Rückblickend bin ich heute noch stolz darüber, dass uns diese Regelung gelungen ist. Hat es doch vielen Kolleginnen und Kollegen ermöglicht bis zur Pensionierung im Betrieb zu bleiben.

Über die im Entgeltfortzahlungsgesetz vorgesehene Anspruchsdauer der Lohnfortzahlung im Krankheitsfall hinaus wurden ab dem 10. Dienstjahr 15 und nach dem 15. Dienstjahr 20 Tage zusätzlich bezahlt. Außerdem hat die Direktion einen Sozialfond finanziert, der vom Betriebsrat verwaltet wurde, um soziale Härtefälle bei langer Krankheit auszugleichen.

Der Metaller-Kollektivvertrag für Metall und Bergbau sah vor, dass für Arztbesuch und Behördenwege bezahlte Freizeit im Ausmaß von einer Woche (ursprünglich 48, dann 40 Stunden) im Jahr gewährt wird. Wir haben am 13. Dezember 1962 vereinbart, dass die im Laufe des Jahres nicht verbrauchten Stunden am Ende des Jahres ausbezahlt werden. Als wir dann merkten, dass in vielen Fällen ein Drittel davon weggesteuert wurde, haben wir vereinbart, dass diese Abgeltung im beiderseitigen Einvernehmen durch Freizeit erfolgen kann. Das wurde dann überwiegend zwischen Weihnachten und Neujahr konsumiert.

Ich war mir der Problematik dieser Regelung durchaus bewusst, doch wurde diese von den Kolleginnen und Kollegen uneingeschränkt begrüßt. Als aber dann von einigen Kolleginnen verlangt wurde, man möge eine solche Regelung auf die laut Vertrag zustehenden Krankentage ausdehnen, habe ich kategorisch abgelehnt, denn das wäre auf Kosten der Gesundheit gegangen. Das hätte bestimmt dazu geführt, dass manche kranke Kolleginnen und Kollegen zur Arbeit erschienen wären, um die zustehenden Krankenstandstage anzusparen. Ich habe deshalb eine solche Regelung nie in Erwägung gezogen.

Arbeitszeitverkürzung in der Firma C. P. Goerz

Zu einer dramatischen Situation in der Firma kam es im Frühjahr 1972. Wir hatten wenig Arbeit in den Fertigungsabteilungen und die Firma beabsichtigte, uns eine Kündigungsliste zu überreichen. Um einen Abbau zu verhindern, haben wir die Einführung der 40-Stunden-Woche bei vollem Lohnausgleich gefordert. Sowohl der Geschäftsleitung als auch dem Betriebsrat war klar, dass die 40-Stunden-Woche allgemein in einiger Zeit eingeführt werden wird, weil es schon lange eine Diskussion darüber gab. Trotz schwieriger Verhandlungen kamen wir zu einer Vereinbarung. 40 Stunden bei vollem Lohnausgleich auch für die Akkordarbeiterinnen und Akkordarbeiter. Der Betriebsrat erklärte sich bereit, in diesem Jahr keine generellen Lohnforderungen mehr zu stellen. Die Arbeitszeit sollte am Freitag um 13:00 Uhr enden. Dadurch sparte die Firma einmal in der Woche den Zuschuss zur Werksküche. Es war alles perfekt, da erklärte die Geschäftsleitung, sie könne den Vertrag nicht unterschreiben, weil die Gesellschafter in Mannheim die Zustimmung verweigern. Der Betriebsrat machte nun die Angelegenheit zur „nationalen Frage" und wir fanden Zustimmung sogar bis in die oberen Etagen. Das kann man sich nicht gefallen lassen, dass eine österreichische Geschäftsleitung mit dem Betriebsrat etwas vereinbart und in Deutschland wird diese Vereinbarung nicht akzeptiert. Eine gemeinsame Vollversammlung von Arbeiterinnen und Arbeitern und Angestellten beschloss ein Ultimatum.
Die Geschäftsleitung wurde daraufhin von den Eigentümern nach Mannheim zitiert. Genau für diesen Zeitpunkt hatten Elfi und ich gemeinsam mit Freunden einen Urlaub in der Nähe von Davos geplant. Daraus wurde natürlich nichts. Elfi fuhr allein mit den Freunden dorthin, weil das Quartier schon bestellt war. Die beiden Direktoren sollten am Dienstagabend nach Wien zurückkehren. Für Mittwoch 7:00 Uhr Früh haben wir eine Vollversammlung einberufen. Dort sollten, falls notwendig, Kampfmaßnahmen beschlossen werden. Mit dem Direktor Lorenz habe ich vereinbart, dass er mich noch am Abend vom Flugplatz anruft und mich über das Ergebnis von Mannheim informiert, damit ich gegebenenfalls meinen Urlaub, wenn auch verspätet, antreten könne. Spät abends kam der Anruf von Herrn Lorenz. *„Sie können morgen ihre Ski in die Arbeit mitnehmen"*, sagte er. Der Geschäftsleitung wurde in Mannheim zwar der Kopf gewaschen, desavouieren wollte man sie jedoch nicht. *„Es handle sich um ein Missverständnis"*, ließ man uns von Mannheim ausrichten. Man habe keine Einwände mehr. Der Vertrag, der auch ein einjähriges Stillhalteabkommen beinhaltet hat, wurde von der Vollversammlung

angenommen. Der Direktionswagen brachte mich zum Westbahnhof, wo ich noch den 10:00-Uhr-Zug in die Schweiz erreichte. In Davos erholte ich mich noch einige Tage von den Aufregungen.

1973: Lohnverhandlungen

Als im Jahr 1973 das Stillhalteabkommen aufgrund des Arbeitszeitverkürzungsvertrages ausgelaufen ist, haben wir eine Vollversammlung einberufen, um wieder eine generelle Lohnforderung innerbetrieblich zu beschließen. Ich habe in dieser Versammlung auf die schwierige Situation im Betrieb hingewiesen und die Frage gestellt, wie hoch denn die Forderung sein soll. Niemand wollte dazu etwas sagen, keiner wollte die Verantwortung übernehmen. *„Der Betriebsrat soll das entscheiden"*, sagte ein Mechaniker. *„Aber weniger als fünf Prozent dürfen am Ende nicht herausschauen"*, sagte ein anderer und damit war die Vollversammlung zu Ende. Vor dem Tor warteten einige Funktionäre des kommunistischen Bundes auf die Kolleginnen und Kollegen und befragten diese nach dem Ergebnis der Vollversammlung. Über Nacht hatten sie dann sofort ein Flugblatt verfasst, das sie am nächsten Tag vor dem Tor der Firma verteilten. Darin hieß es, dass die Vollversammlung der Firma Goerz eine Lohnforderung in der Höhe von fünf Prozent beschlossen habe. Im Anschluss an die Vollversammlung haben wir in der Betriebsratssitzung eine Lohnforderung von 7½ Prozent beschlossen, damit wir auch noch Verhandlungsspielraum haben. Als wir am nächsten Morgen in der Direktion erschienen, und diese Forderung der Direktion überreichten, hatte der Direktor Lorenz das Flugblatt vom kommunistischen Bund schon auf dem Schreibtisch liegen und sagte ganz überrascht *„Wieso verlangen sie 7½ Prozent? In dem Flugblatt steht doch, dass die Vollversammlung nur eine fünfprozentige Forderung beschlossen hat?"* Ich antwortete ihm darauf: *„Wenn Sie über fünf Prozent verhandeln wollen, dann müssen sie mit jenen Leuten verhandeln, die vor dem Betrieb dieses Flugblatt verteilt haben. Mit dem Betriebsrat müssen sie über 7½ Prozent verhandeln."* Die Verhandlungen zogen sich über längere Zeit hin und waren äußerst schwierig. Manchmal, wenn es gar nicht weiter ging, und die Fronten so verhärtet waren, dass keiner mehr weiter konnte, erzählte ich einen jüdischen Witz, der mit der Verhandlung überhaupt nichts zu tun hatte, um die Atmosphäre aufzulockern, so dass es weiterging. (Verzeiht mir diese Abschweifung, aber es wäre sinnlos jede einzelne Lohnverhandlung im Detail zu schildern). Um das Verhandlungsergebnis zu begreifen, muss erwähnt werden, dass im Herbst noch kollektivvertragliche Lohnverhandlungen zu erwarten waren.

Das Verhandlungsergebnis lautete: fünf Prozent Erhöhung der Ist-Löhne und Akkordverdienste, wobei ein Prozent davon bei den kollektivvertraglichen Erhöhungen im Herbst eingerechnet werden soll, falls die Kollektivvertrags-

erhöhungen noch in diesem Jahr erfolgen. Sollten die Kollektivvertragserhöhungen 10 Prozent übersteigen, erklärte sich der Betriebsrat bereit, über eine weitere Anrechnung zu verhandeln. Den zweiten Zusatz konnten wir bedenkenlos unterschreiben, weil wir überzeugt waren, dass die kollektivvertraglichen Ist-Löhne sicher 10 Prozent nicht übersteigen werden. Dieses Ergebnis haben wir der Vollversammlung vorgelegt.
Wenn wir wissen wollten, wie groß die Kampfbereitschaft der Belegschaft ist, haben wir Vollversammlungen immer nach der Arbeitszeit angesetzt. Der Besuch war uns wichtig. Von geringfügigen Ausnahmen abgesehen, war die Vollversammlung immer voll besetzt und beschlussfähig. Das Ergebnis wurde bei sieben Stimmenthaltungen angenommen. Die Zufriedenheit war groß. Am nächsten Morgen wurde wieder der „Klassenkampf"[116] vor der Firma verteilt. Darin hieß es unter anderem: der Betriebsrat habe die Belegschaft verraten, zur Ergänzung dieser Auffassung wurde noch eine Karikatur gezeichnet, in der der Betriebsrat aus dem Hintern des Direktors heraus kriecht und die Belegschaft zu überzeugen versucht, dass das Ergebnis positiv sei. Einige junge Kolleginnen und Kollegen wollten hinaus aus dem Betrieb und die Verteiler des Flugblattes verprügeln. Aber das konnte ich verhindern, in dem ich ihnen sagte, *„... nehmt doch diese Leute nicht allzu ernst."* Einige Tage später hat mich der Direktor Lorenz in sein Büro eingeladen. Dort saß auch der Meister der Mechanik. *„Herr Stern"*, begann er *„... ich weiß jetzt, wer von unseren Leuten im Betrieb mit denen da draußen zusammenarbeitet."* Offenbar hat der Meister der Mechanik jemanden „vernadert". *„Ich schmeiße denjenigen hochkantig hinaus"*, fuhr Lorenz fort. *„Das werden Sie nicht tun"* erwiderte ich. *„... Sie wissen, dass ich ihnen in all den Jahren noch nie mit einem Streik gedroht habe. Ich weiß nicht, um wen es sich handelt. Im Falle einer Entlassung oder Kündigung werden wir streiken. Wir lassen es nicht zu, dass jemand aus politischen Gründen die Arbeit verlieren soll."* Da erwiderte Herr Lorenz: *„Ich begreife Sie nicht. Niemand weiß besser als ich, wie sehr sie sich für ihre Kolleginnen und Kollegen einsetzen. Ich dulde nicht, dass sie derart beleidigt werden."* Darauf ich: *„Das ist mein Problem, nicht ihres."* Damit war die Angelegenheit erledigt. Es ist auch niemand gekündigt worden. Ich habe natürlich erfahren, wer mit dem Kommunistischen Bund zusammen arbeitete. Damals war ich schon gesetzter, da wusste ich schon, wie leicht man Irrtümer begeht, die einem später Leid tun. Die meisten dieser jungen Leute waren ja meist Mittelschüler und Studenten. Einer war jedoch Schlosser von Beruf. Es gelang mir, ihn zu überreden, dass er bei Goerz eintreten soll. Er arbeitete dann als Hausschlosser. Ich erhoffte mir Verstärkung

[116] „Der Klassenkampf": Zeitung des Kommunistischen Bundes (Maoisten).

für den Betriebsrat. Eine linke Opposition würde die Szene beleben, dachte ich. Er hat jedoch die Arbeit nicht einmal sechs Monate, die für eine Kandidatur für einen Betriebsrat notwendig gewesen wären, ausgehalten und hat vorzeitig gekündigt.

Kurzarbeit in der Firma C. P Goerz

Als wir uns wieder einmal mit einem größeren beabsichtigten Abbau von Seiten der Firmenleitung konfrontiert sahen, wollten wir das nicht einfach hinnehmen. Wir beriefen eine Vollversammlung ein, zu der wir auch einen Sekretär der Metallarbeitergewerkschaft eingeladen haben. Anstelle des für den Betrieb zuständigen Sekretärs Pokorny kam Kollege Modritzky. In einem Diskussionsbeitrag verwies er auf das „Ausländerbeschäftigungsgesetz“ und meinte: *„Solange Ausländer im Betrieb beschäftigt sind, dürfen keine Österreicher abgebaut werden!“* Das löste heftige Diskussionen aus. Der Ausländeranteil bei Goerz, überwiegend Kolleginnen und Kollegen aus Jugoslawien, betrug damals etwa 10 bis 15 Prozent. Die Aussage des Gewerkschaftssekretärs bedeutete, dass zuerst die ausländischen Arbeitnehmerinnen und Arbeitnehmer abgebaut werden müssten. Kein Wort von Widerstand gegen den geplanten Abbau. Da meldete sich der jugoslawische Hauselektriker zu Wort und fragte: *„Wozu zahle ich eigentlich meinen Gewerkschaftsbeitrag, wenn ich mir von meinem Sekretär anhören muss, dass ich als erster gekündigt werden soll.“*
Ich schaltete mich in die Diskussion ein und widersprach dem Gewerkschaftssekretär: *„Das ist doch keine Lösung“*, sagte ich *„Zuerst sollen die Ausländer gekündigt werden und wenn das noch immer nicht ausreicht, kommen dann die Niederösterreicher dran, denn wir sind ja ein Wiener Betrieb. Und wenn das dann noch immer nicht genug ist, dann werden die Hernalser und die Ottakringer gekündigt, weil wir ja ein Favoritner Betrieb sind. So geht das nicht, wir müssen alle gemeinsam den Abbau verhindern.“*
Der Betriebsrat wurde von der Vollversammlung beauftragt, Maßnahmen zu ergreifen, damit es zu keinem Abbau kommt. Bei dieser Versammlung wurde mir die Unsinnigkeit des „Ausländerbeschäftigungsgesetzes“ vollkommen bewusst. Hätte man etwa den Hauselektriker, der die Anlagen bestens kannte, und auch ein sehr tüchtiger Facharbeiter war, kündigen sollen, oder einen hoch qualifizierten Versuchsmechaniker? In dieser Frage war ich eigentlich mit der Firmenleitung einig, dass die Qualifikation maßgeblich ist und nicht, ob einer „Inländer“ oder „Ausländer“ ist. Wir haben der Firmenleitung vorgeschlagen, vorübergehend „Kurzarbeit“ einzuführen und die „Kurzarbeiterunterstützung“ beim Arbeitsamt zu beantragen. Darauf wollte die Firmenleitung nicht eingehen, da in einem solchem Falle die Firma verpflichtet gewesen wäre, auch sechs Monate nach Beendigung der Kurzarbeit keine

Kündigungsmaßnahmen durchzuführen. Schließlich haben wir uns doch durchgesetzt und einen Vertrag abgeschlossen, bei dem die Firmenleitung auch noch einen Zuschuss zur Kurzarbeiterunterstützung des Arbeitsamtes gewährte. Letztendlich stand einer um 20 Prozent verringerten Arbeitszeit ein Einkommensverlust von fünf Prozent gegenüber. Die Firma zahlte die Sozialversicherungsbeiträge in voller Höhe weiter und die reduzierte Lohnauszahlung hatte keine negativen Auswirkungen auf die Sonderzahlungen und den Urlaubsanspruch.
Der Vertrag fand allgemeine Zustimmung, auch bei jenen Kolleginnen und Kollegen, die in Abteilungen arbeiteten, für die Kurzarbeit nicht in Frage kam. Die Versuchsmechanik und der Werkzeugbau waren von dieser Regelung ausgenommen, weil in diesen Abteilungen für neu anlaufende Geräte Überstunden erforderlich waren. Wir haben diesen Vertrag noch einmal um drei Monate verlängert. Als dann wieder normal gearbeitet wurde, sind viele an mich herangetreten, ob es nicht möglich wäre, diese Regelungen weiter zu verlängern. Das wäre natürlich unsinnig gewesen. Aber auch für die Firma war dieser Vertrag von Vorteil, weil sie bei Wiederanlaufen der vollen Produktionskapazität keine neuen Arbeiterinnen und Arbeiter anlernen mussten und qualifizierte Kräfte bereits im Betrieb hatte.

Gleiche Abfertigung für Arbeiter wie Angestellte

Als nach dem Inkrafttreten des Arbeitsverfassungsgesetzes im Jänner 1974 die Arbeitsordnungen durch einzelne Betriebsvereinbarungen ersetzt wurden, hat der Arbeiterbetriebsrat von der Firma Goerz der Direktion unter anderem einen Entwurf für eine Betriebsvereinbarung vorgelegt der vorsah, dass Arbeiterinnen und Arbeiter die gleichen Abfertigungen wie Angestellte bekommen. Direktor Schiller zeigte Verständnis für diesen Wunsch, erklärte mir jedoch, dass er diese Vereinbarung bei den Eigentümern in Mannheim niemals durchbringen würde. Er sagte mir jedoch zu, dass er im Falle des Ausscheidens langjähriger Arbeiterinnen und Arbeiter, diese nicht nach dem Kollektivvertrag, sondern nach dem Angestelltengesetz abgefertigt werden,- und zwar in Form einer freiwilligen Sonderzahlung. Diese Erklärung gab er mir bei einem Vieraugengespräch. Ich habe darüber in einer Betriebsratssitzung berichtet und vorgeschlagen, dass wir dieser Erklärung Vertrauen schenken, und nicht weiter auf eine schriftliche Vereinbarung bestehen sollten, da wir eine solche nicht erzwingen könnten. Das Vertrauen war voll gerechtfertigt. Herr Direktor Schiller hat Wort gehalten und hat jedes Mal, wenn ich in diese Richtung intervenierte, die zusätzliche Abfertigung gezahlt, bis einige Jahre später das neue Arbeiterabfertigungsgesetz in Kraft getreten ist und die Sonderzahlung nicht mehr erforderlich war.

Zusatzurlaub

Ab 1. Jänner 1984 trat das neue Urlaubsgesetz mit fünf Wochen Mindesturlaub in Kraft. Im Gesetz gab es jedoch eine Bestimmung, nach der günstigere Regelungen, den neuen Bestimmungen angerechnet werden können. Wir hatten eine Betriebsvereinbarung in der, der Betriebszugehörigkeit entsprechend, Zusatzurlaube von einem bis fünf Tagen im Jahr gewährt wurden. Herr Direktor Schiller gab, ohne mit dem Betriebsrat vorher darüber zu sprechen, dem Lohnbüro die Anweisung, die Zusatzurlaube einfach zu streichen. Als ich davon erfahren habe, meldete sich das Verhandlungskomitee des Betriebsrates in der Direktion an und erklärte dezidiert, dass das so nicht gehe. Es handelt sich im Gesetz um eine „Kannbestimmung", aber nach dem es eine Vereinbarung mit dem Betriebsrat gibt, muss die Direktion vorher mit dem Betriebsrat über die Auflösung dieser Vereinbarung verhandeln. Es müsse auf jeden Fall ein Gespräch zu diesem Thema stattfinden. Wir konnten eine Vereinbarung herbeiführen, die zwar den Verzicht auf je einen Tag Sonderurlaub beinhaltete, aber doch im Wesentlichen die alte Vereinbarungen über das neue Gesetz hinüber retten konnte. Ich erntete zwar dafür Kritik vom Vertreter des Linksblocks in unserem Betriebsrat, als ich ihm aber dann die Frage stellte, was er vorschlagen würde, was wir tun sollten, erklärte er, es bleibe uns ja doch nichts anderes übrig, als diesen Kompromiss anzunehmen.

Auszug aus den Betriebsvereinbarungen der Firma Goerz Electro Ges.m.b.H.

XIV. Urlaub

1. Der Zusatzurlaub wird ab 1.1.1984 geregelt.
   a) Für die Berechnung des Ausmaßes werden nur die der Firma Goerz verbrachten Dienstzeiten herangezogen.
   b) Alle Dienstnehmer erhalten
   nach Vollendung des 5. Goerz-Dienstjahres – 1 Arbeitstag
   nach Vollendung des 10. Goerz-Dienstjahres – 2 Arbeitstage
   nach Vollendung des 15. Goerz-Dienstjahres – 3 Arbeitstage*
   nach Vollendung des 20. Goerz-Dienstjahres – 5 Arbeitstage
   nach Vollendung des 25. Goerz-Dienstjahres – 4 Arbeitstage
   zusätzlichen Urlaub.
   * bei Anrechnung von Vordienstzeiten wird der Zusatzurlaub entsprechend der Tabelle 16 B berechnet
   c) Dieser Zusatzurlaub ist im jeweils laufenden Dienstjahr zu konsumieren bzw. zu beantragen und kann höchstens in das nächstfolgende Dienstjahr übertragen werden.
   d) Wurde der Zusatzurlaub im folgenden Dienstjahr nicht konsumiert, dann erfolgt bei Beendigung des Dienstverhältnisses keine

Abgeltung für den Zusatzurlaub, es sei denn, der Zusatzurlaub wurde beantragt, jedoch nicht gewährt.

e) **Zusatzprotokoll:**
Diese Regelung wird in beiderseitigem Einvernehmen ersetzt oder erneuert, wenn eine gesetzliche bzw. kollektivvertragliche Etappenregelung der Arbeitszeitverkürzung von mind. 2 Stunden wöchentlich in Kraft tritt.

f) Erläuterungen und Übergangsregelung im Zusammenhang mit dem Bundesgesetz vom 3. 2. 1983, mit dem urlaubsrechtliche Bestimmungen geändert werden.
Für den einzelnen Dienstnehmer tritt diese Regelung in dem Urlaubsjahr in Kraft, das im Jahr 1984 beginnt. Bis dahin gelten die Bestimmungen der Betriebsvereinbarungen vom Jänner 1983.

Da einerseits das Urlaubsgesetz anrechenbare Vordienstzeiten berücksichtigt und die Firmenregelung von der tatsächlichen Firmenzugehörigkeit ausgeht, andererseits das entsprechende Bundesgesetz vom 3.2.1983 bestimmt, dass bestehende Regelungen nicht verschlechtert werden dürfen, ist auf folgendes bedacht zu nehmen:

- Dienstnehmer, welche auf Grund gesetzlich anrechenbarer Vordienstzeiten mindestens 20, jedoch noch keine 25 Dienstjahre erreicht haben, erfahren durch das neue Urlaubsgesetz keine Verbesserung. Für diese Dienstnehmergruppe bleibt daher das Ausmaß des Zusatzurlaubes nach den Bestimmungen der diesbezüglichen Betriebsvereinbarung vom Jänner 1983 aufrecht.
- Dienstnehmer mit 20 Jahren Dienstzeiten, die auf Grund anrechenbarer Vordienstzeiten 25 Dienstjahre vollendet haben, erhalten nicht 5, sondern nur 4 Arbeitstage Zusatzurlaub.

	1984/85	1985/86	1986/87 und danach
Im 1. Dienstjahr	22 AT	24 AT	25 AT (30 WT)
Nach Vollendung des 5. Dienstjahres	22 AT + 1 Tg	24 AT + 1Tg	25 AT + 1 Tg
Nach Vollendung des 10. Dienstjahres	22 AT + 2 Tg	24 AT + 2 Tg	25 AT + 2 Tg
Nach Vollendung des 15. Dienstjahres	22 AT + 3 Tg	24 AT + 3 Tg	25 AT + 3 Tg
Nach Vollendung des 20. Dienstjahres (unter Anrechnung von Vordienstzeit)	25 AT + 4 Tg*	25 AT + 4 Tg*	25 AT + 4 Tg*
Nach Vollendung des 20. Dienstjahres	25 AT + 5 Tg	23 AT + 5 Tg	25 AT + 5 Tg
Nach Vollendung des 25. Dienstjahres (unter Anrechnung von Vordienstzeit)	27 AT + 4 Tg	29 AT + 4 Tg	30 AT + 4 Tg
Nach Vollendung des 25. Dienstjahres	27 At + 4 Tg	29 AT + 4 Tg	30 AT + 4 Tg

* nur bei min. 15-jähriger Betriebszugehörigkeit

2. Kriegsversehrte, Opferbefürsorgte sowie Zivilversehrte erhalten von der Firma zusätzlich einen bezahlten Urlaub von 3 Arbeitstagen im Urlaubsjahr, falls die nachgewiesene Versehrtheit (Rentenbescheid oder amtliches Dokument über Invalidität) mindestens 25 % beträgt.
3. Präsenzdiener (Zivildiener), die durch Ableistung ihrer Präsenzpflicht (Zivildienst) einen verringerten Urlaubsanspruch haben, erhalten einen Sonderurlaub in der halben Höhe des ausfallenden Urlaubes, höchstens jedoch 5 Arbeitstage.
   Tritt der Arbeitnehmer ohne triftigen Grund innerhalb eines halben Jahres nach Ende des Präsenzdienstes (Zivildienstes) aus, so hat er keinen Anspruch auf diesen Zusatzurlaub. Eine Urlaubsabfindung für den Zusatzurlaub erfolgt nicht.
   Die Vereinbarung tritt außer Kraft, wenn durch eine gesetzliche Regelung Präsenzdiender (Zivildiener) der volle Urlaubsanspruch für die Dauer des Präsenzdienstes (Zivildienstes) gewahrt bleibt.
4. Krankheit unterbricht den Urlaub, soferne sie kassen- oder amtsärztlich nachgewiesen wird. Bei Auslandsreisen gilt die Bestätigung des behandelnden Arztes.
5. Der Urlaubszuschuß des laufenden Jahres wird bei Urlaubsantritt, spätestens am 20. Juni ausbezahlt. Arbeitnehmer, die im Laufe des Kalenderjahres eingetreten sind, erhalten den aliquoten Teil ihres Urlaubszuschusses mit der Weihnachtsremuneration ausbezahlt.

Politische Erinnerungen

Über meinen Beitritt zur KPÖ im Jahre 1947 und die ersten Erschütterungen nach dem Ausschluss Titos aus der Kominform habe ich bereits berichtet. Das nächste größere Ereignis war der 20. Parteitag der KPdSU. Stalin starb am 5. März 1953. Im Jahr 1955 wurde in der Sowjetunion in der Kommunistischen Partei nach längerer Unterbrechung wieder ein Parteitag der Kommunistischen Partei einberufen, der legendäre 20. Parteitag. Auf diesem Parteitag hielt Chruschtschow[117] eine Geheimrede, in der er mit den Praktiken Stalins und dieser Zeit abrech-

[117] Nikita Sergejewitsch Chrustschow (1894–1971): Parteichef der KPdSU 1953–1964; Regierungschef 1958–1964. Auf dem 20. Parteitag (1956) Einleitung der „Entstalinisierung". Nach der Entfernung von Kritikern aus der Parteispitze 1958 Ministerpräsident. Außenpolitisch Einleitung der friedlichen Koexistenz bei internationalen Konflikten (z. B. Koreakrieg) und in Kontroversen (z. B. mit Jugoslawien), setzte jedoch mit der Unterdrückung des Ungarnaufstandes 1956, dem Berlin-Ultimatum 1958 und dem Bau der Berliner Mauer 1961 sichtbar deren Grenzen. Die „Entstalinisierung" sowie die Politik der friedlichen Koexistenz führte zum Konflikt mit der KP-Führung der Volksrepublik China. Neben verschiedenen außenpolitischen Misserfolgen trugen vor allem die zunehmenden innen- und wirtschaftspolitischen Probleme und sein Führungsstil zu seinem Sturz 1964 durch den Parteiapparat bei. Er lebte bis zu seinem Tod zurückgezogen in Moskau.

nete. Das bewirkte eine große Erschütterung in der gesamten kommunistischen Weltbewegung. Friedl Fürnberg, der an diesem Parteitag als Delegationsleiter der Kommunistischen Partei Österreichs teilnahm, berichtete anschließend in einer großen Parteikonferenz über die Ereignisse. Ich habe an dieser Konferenz nicht teilgenommen. Aber ich erinnere mich an die Empörung und an die Erschütterung, die diese Konferenz unter den meisten Mitgliedern der KPÖ auslöste, noch gut. Alle warteten auf den Bericht Chruschtschows, aber Fürnberg berichtete lediglich – wie gehabt – über die Erfolge der KPdSU, wie viel Tonnen Stahl produziert wurden, wie viel Kubikmeter Erdgas produziert wurde, wie viel Erdöl und so weiter. Kein Wort über den Geheimbericht. Es war jedoch nicht zu verhindern, dass dieser Geheimbericht, der von der westlichen Presse veröffentlicht wurde, auch in den Reihen der Kommunistinnen und Kommunisten bekannt wurde. Die kommunistische Zeitung „Volksstimme" bezeichnete diesen Bericht als Verleumdung, musste aber später zugeben, dass es *„... Verletzungen der sozialistischen Gesetzlichkeit"*, – so wurden die Verbrechen umschrieben, gegeben hat. Ich kam innerlich nicht mehr zur Ruhe. Ausgetreten aus der Partei bin ich jedoch nicht, weil es zu knapp nach dem Staatsvertrag war und zu diesem Zeitpunkt alle jene, die aus Karrieregründen der Partei beigetreten sind, die Partei wieder verlassen haben. Zu diesen Leuten wollte ich nicht dazugehören. Aber ich ging seit jenem Zeitpunkt nicht mehr referieren, was hätte ich den Genossinnen und Genossen auch sagen sollen. Und ich habe auch niemanden mehr dazu überredet, der Kommunistischen Partei beizutreten. Ich drängte auf eine marxistische Erklärung, wieso es dazu kommen konnte. Ich konnte mich nicht damit abfinden, wie die Partei, – besonders Friedl Fürnberg – die Dinge darstellte. Er erklärte immer wieder: *„... dass war in den besonderen Umständen und ... in dem besonderen Charakter von Stalin begründet."* Und dann kam die Verteidigungsstrategie der KPÖ: Keine Partei in der Welt hätte je soviel Mut und soviel Kraft aufgebracht wie die KPdSU mit der Vergangenheit so selbstkritisch abzurechnen. Und der Neubeginn wird jetzt alles besser machen. Unter den kritischen Genossinnen und Genossen machte folgendes „Bonmot" die Runde: Chruschtschow berichtete in einer Parteiversammlung über die Untaten Stalins. Plötzlich ein Zwischenruf aus den hinteren Reihen: *„Genosse Nikita, wo bist du damals gewesen?"* Darauf Chruschtschow: *„Wer hat das gefragt?"* Keine Antwort. Nochmals: *„Wer hat das gefragt?"* Und als nach dem dritten Mal noch immer keine Antwort folgte, sagte Chruschtschow: *„Siehst Du Genosse, dort bin ich damals auch gewesen."*

Als Fürnberg wieder einmal bei einer Parteikonferenz im Haus des Globus-Verlages die These vertrat, die besonderen Umstände und Stalins Charakter, wären an diesen *„... Verletzungen der sozialistischen Gesetzlichkeit"* Schuld gewesen, habe ich mich mit dieser Analyse nicht abgefunden. In einem Diskussionsbeitrag habe ich gesagt: *„Diese Analyse würde jedem bürgerlichen Geschichts-*

schreiber zur Ehre gereichen." Worauf mir Empörung aus dem Saal entgegen schlug. Wie konnte ich es wagen, den Generalsekretär der Kommunistischen Partei mit einem bürgerlichen Geschichtsschreiber auf eine Stufe zu stellen. Bald darauf gab es wieder einen Zusammenstoß mit Friedl Fürnberg und zwar auf einer Parteikonferenz im 10. Wiener Gemeindebezirk. Das war 1956 nach der Niederschlagung des Aufstandes in Ungarn. Ich meinte, dass die mangelnde Aufklärung, wieso es zu Stalins Verbrechen kommen konnte, auch eine der Ursachen für den Aufstand in Ungarn gewesen sei. Fürnberg, der natürlich der wesentlich bessere Rhetoriker war, griff mich frontal an und machte mich vor der Konferenz lächerlich. Da geschah etwas, was es bisher in der KPÖ nicht gegeben hat. Ein anderes Mitglied des Politbüros[118], nämlich Ernst Fischer, trat öffentlich gegen Fürnberg auf, verteidigte mich und entgegnete Fürnberg, man könne nicht so einfach über die Verbrechen Stalins hinweggehen, man müsse die Bedenken der Genossinnen und Genossen ernst nehmen. Der Aufstand in Ungarn erschütterte uns alle. Fischhaber saß bei mir im Betriebsratszimmer und weinte bitterlich. *„Wie ist so etwas möglich?"* fragte er immer wieder. *„... Arbeiter streiken gegen die eigene Regierung", „... oder war es doch gar nicht die eigene Regierung?"* Die Artikel in der Volksstimme waren wenig überzeugend. Aber die in der bürgerlichen Presse veröffentlichten Bilder von aufgehängten Kommunistinnen und Kommunisten in den Straßen Budapests überzeugten mich (wahrscheinlich auch andere) davon, dass es sich doch um eine Konterrevolution handeln musste. Ein ungarischer Pfeilkreuzler[119], der unmittelbar nach seiner Flucht nach Österreich bei uns im Betrieb zu arbeiten begann und aus seiner faschistischen Einstellung kein Hehl machte, bestärkte mich in dieser Ansicht.

Entsetzt und verbittert war ich und mit mir die gesamte Leitung der kommunistischen Betriebsorganisation von Goerz wegen des Todesurteils gegen Imre Nágy.[120] Er flüchtete in die jugoslawische Botschaft in Budapest und obwohl ihm freies Geleit zugesagt wurde, wenn er die Botschaft wieder ver-

---

[118] Politbüro: höchstes Führungsgremium in der KP.

[119] Pfeilkreuzler: Die Nationalsozialistische Partei Ungarns erhielt bei den ungarischen Parlamentswahlen 1939 25 % der Stimmen, war jedoch bis Herbst 1944 nie an einer Regierung beteiligt. Erst als der Versuch Hórthys, mit den Alliierten einen Separatfrieden zu schließen, misslungen war, übernahmen sie die Führung einer Regierungskoalition. Mit Hilfe der „Pfeilkreuzler" konnten von den Nationalsozialisten geplanten Terroraktionen und Deportationen der jüdischen Bevölkerung durchgeführt werden.

[120] Imre Nágy (1896–1958): Maschinenschlosser, Dreher, Argarökonom. 1945 Landwirtschaftsminister der KP in Ungarn, Durchführung der Bodenreform, 1953 Ministerpräsident. Er propagierte die Idee des nationalen und menschlichen Kommunismus. 1955 wurde er seiner Ämter enthoben, 1956 setzte ihn das Zentralkomitee erneut als Ministerpräsident ein. Er bildete eine Mehrparteienregierung, forderte Demokratie und die Neutralität Ungarns. Nach der Niederschlagung des Aufstandes durch die Sowjets wurde er 1958 hingerichtet.

lässt, wurde er verhaftet, vor Gericht gestellt und hingerichtet. Wäre er wie Kardinal Mindszenty[121] in die amerikanische Botschaft geflohen oder hätte er sich mit einem Rot-Kreuz-Wagen, wie es Fürst Esterházy tat, nach Österreich herausfahren lassen, hätte er sein Leben retten können. Wir mussten unseren Zorn Ausdruck verleihen. Damals stand die Abschaffung der Todesstrafe in Österreich auf der Tagesordnung. Die Betriebsorganisation Goerz der KPÖ beschloss eine Resolution, in der die Abschaffung der Todessstrafe auch in den sozialistischen Ländern gefordert wurde. Wir übermittelten diese Resolution dem Zentralkomitee der KPÖ und verlangten, dass auch dieses sich dieser Resolution anschließe. Das geschah natürlich nicht. Stattdessen schickte das Zentralkomitee eines ihrer Mitglieder in eine Mitgliederversammlung der Betriebsorganisation Goerz. Poldi Spira[122] sollte uns überreden, diese Resolution zurückzuziehen, weil diese nach Ansicht der Parteiführung politisch falsch sei. Vergeblich, wir taten das nicht und als dann Spira auch noch das Todesurteil gegen Imre Nágy verteidigte, geriet ich derart in Wut, was bei mir selten vorkam, und sagte ihm: *„Steigt´s doch endlich von eurem Podest im ZK herunter und hört´s Euch an, wie die einfachen Mitglieder in der Partei denken!"* Nach 1968 gehörte Poldi Spira zu den führenden Dissidenten innerhalb der KPÖ und verließ die Partei.

Die kommunistische Weltbewegung kam nach den Enthüllungen Chruschtschows über die Verbrechen Stalins nicht mehr zur Ruhe. So auch die KPÖ. Der KPÖ-Führung wurde es klar, dass man mit den alten Perspektiven nicht mehr weiter konnte. Und so wurden auf einer Parteikonferenz am 19. und 20. Februar programmatische Leitsätze beschlossen: „Der Weg Österreichs zum Sozialismus". Neben manch vernünftigen Erkenntnissen war dieses Dokument von der Realität weit entfernt. Es beinhaltete nach wie vor die These von der führenden Rolle der Sowjetunion im Sozialismus, sowie von der führenden Rolle der Arbeiterklasse und deren Avantgarde, der kommunistischen Partei. Einerseits wurde immer wieder die Einheit der Arbeiterklasse beschworen, aber an der führenden Rolle der Partei, ja an dem Alleinvertre-

---

121 Jószef Mindszenty (1892–1975): 1944 Bischof von Veszprém, 1945 Erzbischof von Esztergom und Primas von Ungarn, 1946 Kardinal; 1949 als Gegner des Kommunismus verhaftet, des Hochverrats angeklagt und zu lebenslanger Haft verurteilt. Während des ungarischen Aufstandes (1956) Flucht in die amerikanische Botschaft, wo er bis 1971 im Asyl lebte (danach in Wien). 1974 vom Vatikan gegen seinen Willen amtsenthoben und vom Apostolischen Stuhl als Persona non grata betrachtet. 1990 wurde durch die ungarische Regierung rehabilitiert, seine sterblichen Überreste wurden 1991 im Dom von Esztergom feierlich bestattet.

122 Leopold (Poldi) Spira (1913–1997): Stammte aus einer bürgerlich-jüdischen Familie und nahm als Spanienkämpfer auf der Seite der Interbrigaden am Spanischen Bürgerkrieg teil. Danach lebte er im Exil in Großbritannien. 1946 kehrte er nach Österreich zurück und wurde zum einem der führenden Intellektuellen der KPÖ. Mit Ernst Fischer und Franz Marek gehörte er zum Kreis des Wiener Tagebuchs.

tungsanspruch der KPÖ immer wieder festgehalten. Ich konnte mit diesem Widerspruch nicht mehr mit, dachte jedoch noch immer nicht an einen Parteiaustritt. Als ich bei einer Wiener Parteikonferenz im Globus-Verlag bei einem Diskussionsbeitrag gesagt habe: *„Die Schwierigkeiten bei der Herstellung der Arbeitereinheit bestehen darin, dass viele sozialistische Kolleginnen und Kollegen das Gefühl hätten, wenn sie uns den kleinen Finger reichten, dass wir die ganze Hand wollen."* Da unterbrach mich Pepi Lauscher, damals Wiener Obmann der KPÖ und Landtagsabgeordneter mit dem Zwischenruf: *„Natürlich wollen wir die ganze Hand!"*

Zur Vorbereitung des 18. Parteitages der KPÖ gab es eine schriftliche Diskussion in der „Volkstimme". Auch das war ein Novum. Es ging immer wieder um das Verhältnis zur Sozialistischen Partei und um die Gleichsetzung der SPÖ mit der ÖVP und das Leugnen fortschrittlicher Tendenzen innerhalb der SPÖ. Josef Hindels, der Obmann des Bundes Sozialistischer Freiheitskämpfer und Sekretär der Gewerkschaft der Privatangestellten, mit dessen Positionen ich in vielen Fällen übereinstimmte, wurde von der KPÖ-Führung scharf kritisiert. Seine Aufgabe bestehe darin, revolutionär denkende Sozialistinnen und Sozialisten davon abzuhalten, aus der SPÖ aus und der KPÖ beizutreten, wurde in der KPÖ von führenden Funktionärinnen und Funktionären behauptet. Mit Sozialistinnen und Sozialisten, die ihrer Parteiführung noch vertrauen, kann man nicht zusammenarbeiten und ähnlicher Unsinn wurde in manchen Diskussionsbeiträgen verzapft. Ich stellte dann die Frage: *„Mit wem wollt ihr dann die Arbeitereinheit verwirklichen?"* und wies darauf hin, dass es in vielen Betrieben sehr wohl zu gemeinsamen Aktionen mit Sozialistinnen und Sozialisten kommt, obwohl diese ihrer Parteiführung treu sind. Als Oscar Pollak nach dem Ungarnaufstand 1956 in einem Leitartikel in der Arbeiter-Zeitung die Sozialistinnen und Sozialisten aufforderte, keiner Kommunistin und keinem Kommunisten mehr die Hand zu geben, kam der damalige Obmann der Betriebsorganisation der SPÖ Strasil zu mir und gab mir demonstrativ die Hand und sagte: *„Der Pollak hinter seinem Schreibtisch kann das leicht schreiben, er begegnet ja keinem Kommunisten. Aber für uns, die wir gemeinsam in einem Betrieb arbeiten, da geht das nicht."* Das war derselbe Mann der mir kurz nach Abschluss des Staatsvertrages erklärte, *„ ...dass er erst zufrieden sein werde, wenn der Einfluss der Kommunisten bei Goerz so gering sein werde wie im ganzen Land."*

Auch innerhalb der Gewerkschaftlichen Einheit, die damals noch unter der absoluten Vormundschaft der KPÖ stand, kam es zu Auseinandersetzungen. Es gab eine Wochenendtagung im Heim der niederösterreichischen Arbeiterkammer in Hirschwang, an das genaue Datum kann ich mich nicht mehr erinnern, an der Betriebsrätinnen und Betriebsräte, sowie Betriebsfunktionärinnen und Betriebsfunktionäre der Gewerkschaftlichen Einheit, ebenso wie der Generalsekretär der KPÖ Friedl Fürnberg, teilnahmen. Einige von uns, so auch ich, wollten eine echt unabhängige Gewerkschaftsfraktion, auch wenn wir Mitglieder der KPÖ waren. Auch Egon Kodicek, der damals noch Mitglied des Zentralkomitees der KPÖ war, vertrat diese Auffassung. Unsere Argumentation lautete: *„Wie können wir von den sozialistischen und christlichen Gewerkschaftern verlangen, dass diese eine selbständige von der SPÖ und ÖVP unabhängige Gewerkschaftspolitik machen, wenn wir uns selbst unsere Gewerkschaftsarbeit von der KPÖ diktieren lassen."* Bei dieser Tagung kam es zu starken Differenzen zwischen Kodicek und Fürnberg. Fürnberg vertrat die altbekannte These von der führenden Rolle der Partei, also der KPÖ. Da merkte ich wieder einmal, dass es unter der Oberfläche der so genannten „Einheit der Partei" starke Differenzen gibt.

Paul Frischauer

Nachdem die KPÖ im Jahr 1959 ihre Vertretung im österreichischen Parlament verloren hat, trat die Parteiführung mit der Losung: *„Kommunisten ins Parlament"* an die Öffentlichkeit. Dem setzte Paul Frischauer, Parteisekretär der KPÖ in Favoriten, eine andere Losung entgegen. Er meinte, es wäre richtiger, die Losung zu formulieren: *„Die ÖVP muss geschlagen werden."* Zu diesem Zweck wäre es vernünftig, nur in jenen Wahlkreisen zu kandidieren, wo die Stimmen für die KPÖ tatsächlich von Bedeutung wären und in den restlichen Wahlkreisen, wo Stimmen für die KPÖ nicht einmal im Reststimmenverfahren zur Geltung kommen, sollte man die SPÖ wählen. Das trug ihm seitens der Parteiführung die Verurteilung als „Revisionisten" ein, eine der ärgsten Verfehlungen in der KP. Er verlangte außerdem eine marxistische Analyse der Vorgänge in der Sowjetunion und gab keine Ruhe. Er verfasste auch eine Broschüre mit dem Titel „Sozialismus – Gestern und Morgen"[123], in der er sich auch mit den Problemen in der Sowjetunion auseinandersetzte. Diese Broschüre wurde aber erst von seiner Witwe nach seinem Tod veröffentlicht. Er war einer der ersten, wenn nicht der erste, der erkannte, dass solange Fürnberg an der Spitze der Partei steht – denn der Generalsekretär und nicht der Obmann leitet nach stalinscher Tradition die Partei – werde sich die Partei nicht ändern. Ich sah damals naiverweise keine personelle Alternative und konnte mir die Partei ohne Fürnberg nicht vorstellen. Paul pflegte unglaublich viele gute Kontakte, man kann ohne weiters „Freundschaften" sagen, außerhalb der Partei. Was für einen Menschen des Parteiapparates unge-

[123] Paul Frischauer: Sozialismus – Gestern und Morgen. Probleme des Sozialismus von heute. Wien. Eigenverlag, ohne Jahr.

wöhnlich war. Um nur einige zu nennen: mit dem katholischen Publizisten Helmut Butterweck von der „Furche“, Albrecht Konecny von der Sozialistischen Jugend (SJ) und dem Jugendseelsorger von der Antonskirche in Wien Favoriten. Eine enge Freundschaft verband ihn auch mit dem Zukunftsforscher und späteren Präsidentschaftskandidaten Robert Jungk[124], mit dem er auch im Ostermarschkomitee[125] arbeitete. Gemeinsam sah ich beide in Wien Speising, es muss im Jahr 1962 gewesen sein, hinter einem Transparent „Für eine friedliche Nutzung der Atomkraft“ marschieren.
Viele spätere „KPÖ-Dissidentinnen“ und „KPÖ-Dissidenten“ des Jahres 1968 waren damals noch lange nicht soweit wie der Pauli. Heute habe ich noch den Ausspruch einer alten Freundin in den Ohren: *„Was glaubt denn der Pauli, er ist gescheiter als die ganze Partei?“* Diese Freundin will schon seit Jahrzehnten nichts mit der Partei zu tun haben.
Er war damals nicht der einzige in der Partei, der sich diese Gedanken machte, aber der einzige im Parteiapparat, der dies offen aussprach. Um ihn scharten sich einige Genossinnen und Genossen, wie Willi Frank, der Energiefachmann und Ministerialrat im Handelsministerium war, Franz Danimann[126] vom KZ-Verband, der der erste Obmann der Freien Österreichischen Jugend 1945 war und die Betriebsräte im 10. Wiener Gemeindebezirk Pospichil und Aurednik von der Firma Felten, Erwin Fischer und Kurt Urban von der Firma Wertheim, sowie Kucera, Ofner, Fischhaber und ich von der Firma Goerz. Weiters Prettner und Hornig von den Eisenbahnern im 10. Wiener Gemeindebezirk.
Am 18. Parteitag der KPÖ wurde Paul Frischauer angegriffen und kritisiert, aber die Möglichkeit, dass er seine Ausführungen dort selbst vertreten konnte, wurde ihm nicht geboten. Er war zum Parteitag nicht mehr zugelassen. Auf diesem Parteitag übten ehemalige Freunde von ihm Selbstkritik. Besonders unangenehm war das Bekenntnis von Fritz Vosol, ebenso Bezirksparteisekretär im 10. Bezirk. Er bekannte vor dem Parteitag, dass Frischauer ihn

[124] Robert Jungk (1913–1994): War einer der ersten Zukunftsforscher und war 1986 Empfänger des Alternativen Nobelpreises. 1992 trat er als Kandidat der österreichischen Grünen bei der Wahl zum österreichischen Bundespräsidenten an (er erhielt 5,7 % der Stimmen).

[125] Der Ostermarsch ist eine politische Protestaktion der Friedensbewegung in Deutschland und anderen Mitgliedstaaten der Nato. In Deutschland fand der erste Ostermarsch 1960 mit ungefähr 1.000 Teilnehmern statt, bis 1969 war die Zahl auf 300.000 gestiegen. Zu Beginn der 1970er Jahre kam die Bewegung fast zum erliegen. Ab den 1980ern, insbesondere nach dem Nato-Doppelbeschluss zur Stationierung von Atomwaffen in der Bundesrepublik, nahmen etwa 700.000 Menschen an verschiedenen Friedensaktionen teil.

[126] Franz Danimann: geboren 1919 in Lugos/Rumänien, wächst in Schwechat auf, aktiv bei den Roten Falken bis 1934, danach bei der illegalen freien Gewerkschaftsbewegung, Verbindungen zum KJV, nach 1938 verhaftet, KZ Auschwitz, nach 1945 Polizeibeamter und ab 1958 in der Öserreichischen Arbeitsmarktverwaltung tätig (1973–1979 Leiter des Landesarbeitsamtes Niederösterreich); Publizist.

verwirrt habe. Aber jetzt habe er wieder auf den richtigen Weg zurückgefunden. Georg Schwarz[127], Parteisekretär aus Baden, ein alter Freund von Paul aus der Emigration in England, vermied es zwar Paul zu kritisieren oder anzugreifen, aber auch er bekannte sich vorbehaltlos zur Linie der Partei, obwohl er dieselbe Meinung wie Paul hatte. Diesen Kniefall hat er sich später nie verziehen.

Als ich mich zu Wort meldete, versuchte Pepi Lauscher, Wiener Obmann der KPÖ, mich noch auf dem Weg zum Rednerpult von meiner Wortmeldung abzubringen, da er ahnte, was kommen würde. Schon der erste Satz: *„Frischauer ist kein Revisionist"*, löste Protestrufe im Saal aus. Ich fuhr fort: *„Das Geschrei erschüttert mich nicht, denn so ergeht es mir auf den Gewerkschaftstagen, wenn ich dort den Standpunkt der Kommunistischen Partei vertrete."* Ich meinte dass eine differenzierte Auffassung zur Wahltaktik doch keine Frage des Revisionismus sein kann. Es tut mir heute noch Leid, dass ich meinen Diskussionsbeitrag mit dem Satz beendete: *„Kommunisten ins Parlament"*, weil ich diese Losung für falsch hielt. Bei der Nationalratswahl 1966 hat das Zentralkomitee der KPÖ beschlossen, nur in den aussichtsreichen Wahlkreisen zu kandidieren, und in den anderen Wahlkreisen wurden die KP-Genossen aufgerufen, die SP zu wählen. Trotzdem erreichte bei dieser Wahl die ÖVP die absolute Mehrheit, weil Franz Olah mit einer eigenen Liste kandidiert hat.[128]

Erst später erkannte ich, dass die Angriffe auf Paul Frischauer nicht so sehr ihm persönlich gegolten haben, sondern vor allem den Genossen Ernst Fischer und Franz Marek.[129] Beide waren am 18. Parteitag der KPÖ nicht anwesend, weil sie sich aus gesundheitlichen Gründen entschuldigt haben. Wahrscheinlich haben sie damals die offene Konfrontation noch gescheut. Aber schließlich waren sie ja wirklich nicht gesund, beide laborierten am Herz. Ich war der einzige, der auf diesem Parteitag Paul Frischauer verteidigte und sagte, *„... dass eine andere Auffassung zur Wahltaktik nicht durch eine grundsätzliche Frage über Revisionismus oder nicht Revisionismus ersetzt werden kann."* Ich stand allein auf weiter Flur.

---

[127] Namensgleichheit mit meinem Freund Georg Schwarz, den ich aus dem palästinensischen-kommunistischen Jugendverband kannte. Auch er kehrte nach Wien zurück, arbeitete als Kulturreferent in der Wien-Film, später als Direktor in der Firma Avenarius und bis zu seiner Pensionierung als Geschäftsführer im Tuchhaus Silesia.

[128] Ergebnisse der NR-Wahl 1966: ÖVP 48,4 %, SP 42,60 % FPÖ 5,40 %, KPÖ 0,41 %. Die Demokratische Fortschrittliche Partei (Franz Olah) erreichte 3,28 %.

[129] Franz Marek (1913-1979): einer der führenden Intellektuellen der KPÖ und später, gemeinsam mit Ernst Fischer, Repräsentant des sog. „Eurokommunismus". Ab 1969 Chefredakteur der Kulturzeitschrift „Wiener Tagebuch".

Der Ausschluss von Paul Frischauer aus der KPÖ wurde konsequent durchgezogen. Formell wurde er durch seine Grundorganisation im 10. Bezirk ausgeschlossen. Aber jeder wusste, dass dieser Ausschluss von oben, vor allem von Friedl Fürnberg, gefordert wurde. Die einzelnen Mitglieder wurden wochenlang bearbeitet. Viele Genossinnen und Genossen wurden in einen furchtbaren Gewissenskonflikt gestürzt. Sie brachten es einfach nicht über sich, gegen die Parteiführung aufzutreten und glaubten an die von der Parteiführung geforderte Parteidisziplin. Und das auch noch nach den Enthüllungen Chruschtschows über Stalins Verbrechen. Dann gab es allerdings auch noch jene „Genossinnen" und „Genossen", die von der Partei abhängig waren, weil sie entweder im „Parteiapparat" oder in einer „Parteifirma" beschäftigt waren. Mir ist eine alte Freundin in Erinnerung. Eine ganz besonders herzensgute Frau. Sie war von den vorgebrachten Ausschließungsgründen keineswegs überzeugt, aber aus „Parteidisziplin" stimmte sie nach langem Zögern für den Ausschluss. Das hat sie sich später bis zu ihrem Lebensende nicht verziehen.
Fast alle Metallarbeiter-Betriebsräte und auch einige KP-Gewerkschaftsvertrauenspersonen im 10. Wiener Gemeindebezirk protestierten in einem Schreiben an das Zentralkomitee gegen den Ausschluss. Paul selbst hat viele davon abgehalten, aus der Partei auszutreten. Auch sein Rekurs an das Schiedsgericht blieb natürlich ohne Erfolg. Viele Jahre später erzählte mir Erwin Fischer, damals Angestelltenbetriebsrat bei der Firma Wertheim und Mitunterzeichner des Protestbriefes, folgende Geschichte: Franz Kammerer, langzeitiger kommunistischer Arbeiterbetriebsrat bei der Firma Wertheim, Mitglied des Zentralvorstandes der Metall- und Bergarbeiter, erster und einziger kommunistischer Bezirksrat in Wien vor der Zerschlagung der Demokratie in den 1930er Jahren, der nach 1934, als er im Anhaltelager Wöllersdorf eingesperrt war und wegen Trotzkismus aus der Partei ausgeschlossen wurde, wollte im Streit zwischen den Favoritner Betriebsräten und der Parteiführung vermitteln. Er organisierte eine Aussprache zwischen ihm, Erwin Fischer und Friedl Fürnberg. Dort sagte Fürnberg unter anderem: *„Um den Kurt Urban, das ist ein guter Genosse und Betriebsrat, müsst ihr euch bemühen, das zahlt sich aus. Aber den Stern könnt's vergessen, das ist ein typischer Trotzkist."* Dabei hatte ich zu jenem Zeitpunkt nicht einmal noch das Buch über Trotzki von Isaac Deutscher gelesen.[130]
Ich hatte damals keine Ahnung, wie der wichtigste Mann in der Partei über mich dachte. Aber den Mut, mich auszuschließen, brachte er auch nicht auf. Erstens war ich in keiner Weise von der Partei abhängig und zweitens wäre

[130] Deutscher, Isaac: Trotzki. 3 Bde. Stuttgart 1962–1963.

dann die KP-Mehrheit bei Goerz weg gewesen. Es ist mir wohl aufgefallen, dass ich Anfang der 1950er Jahre auf eine 14-tägige Parteischule gehen sollte, die Kaderabteilung diesen Vorschlag jedoch abgelehnt hatte und dass ich als Betriebsratsobmann noch nie auf eine Auslandsdelegation geschickt wurde. Aber letzteres brachte ich natürlich mit meiner Freundschaft zu Paul Frischauer in Verbindung.

Für Paul brachte der Ausschluss aus der Partei auch den Verlust seines Arbeitsplatzes mit sich. War er doch seit seiner Rückkehr im Jahre 1945 im Parteiapparat beschäftigt: erst als Wiener Sekretär der Freien Österreichischen Jugend, dann ein Jahr lang in Budapest beim Weltbund der Demokratischen Jugend und später als Sekretär in Favoriten. Mit diesen Eintragungen in der Lohnsteuerkarte war es nicht leicht, einen Arbeitgeber zu finden. Auch eine berufliche Praxis war nicht vorhanden. Nach kurzer Arbeitslosigkeit arbeitete er als Vertreter für eine Firma, die Getränkeautomaten in Bahnhöfen und Betrieben aufstellte. Dann hatte er eine Firma gefunden, deren Chef seine außerordentlichen Fähigkeiten erkannte. Er wurde als Einkaufsleiter aufgenommen, und noch ehe er richtig zu arbeiten begann, verstarb er ganz plötzlich 1962 an einem Gehirnschlag im Alter von 41 Jahren. Das war ein furchtbarer Schock für uns alle. Er war ein rastloser Arbeiter, verfasste Abhandlungen bei Nacht, da er ja tagsüber arbeiten musste. Er war im Herzen Kommunist geblieben. Er glaubte an einen besseren Kommunismus. Die Überlastungen und auch die Kränkungen haben zweifellos zu seinem frühen Tod beigetragen.

Seine Witwe Lene ersuchte mich, eine der Trauerreden im Krematorium zu übernehmen. Außer mir sprach ein evangelischer Religionslehrer und Albrecht Konecny von der Sozialistischen Jugend. Ich machte mir Notizen, doch konnte ich sie nicht lesen. Meine Augen waren zu nass und verschwommen. Ich sagte unter anderem: *„Stalin sagte einmal, Kommunisten seien Menschen aus besonderem Holz geschnitzt. Du aber warst kein Mensch aus Holz, sondern ein Mensch mit denkendem Kopf und fühlendem Herzen – und die Partei wird auch noch drauf kommen, dass du recht hattest und dein Ausschluss zu Unrecht erfolgte."* Damals war ich noch Mitglied der KPÖ.

Für mich waren all die Aufregungen zu viel. Ich laborierte andauernd an Kopfschmerzen und Magenbeschwerden. Bei einer Durchuntersuchung im Lainzer Krankenhaus wurden mehrere Zwölffingerdarmgeschwüre festgestellt, die mit Injektionen erfolgreich behandelt wurden, das ganze dauerte vier Wochen. Während meines Spitalaufenthaltes erschütterte der Mord an Präsident Kennedy die Welt. In dieser Zeit erreichte mich ein Brief von Pauls Bruder Ernst aus der Schweiz. Darin bedankte er sich in berührenden Worten für meinen Nachruf und ersuchte mich die Arbeit Pauls fortzusetzen. Dazu fühlte ich mich nicht fähig, ich hatte weder die intellektuelle Fähigkeit noch die Energie eines Paul Frischauer. Leider habe ich den Brief nie beantwortet.

Es kam aber noch ein eingeschriebener Brief von Heinz Altschul zu Hause an, den meine Frau Elfi übernahm, mir aber nicht aushändigte, weil sie mich nicht weiteren Aufregungen aussetzen wollte. In diesem Brief kritisierte er, wie er meinte, meine parteifeindlichen Äußerungen. Am Ende teilte er mir mit, dass eine Abschrift des Briefes an das ZK der KPÖ gehe. Und dass er eine schriftliche Antwort erwarte. Elfi gab mir diesen Brief erst Jahre später, da regte mich der Brief nicht mehr auf, sondern amüsierte mich – denn da war Heinz Altschul bereits aus der Partei ausgetreten.

Reise in die Sowjetunion

Im Jahr 1965 muss sich bereits einiges im Parteiapparat abgespielt haben. Zum 1. Mai 1965 wurde ich mit einer 1.-Mai-Delegation nach Moskau geschickt. Gemeinsam mit Karl Flanner[131] von der Gewerkschaft der Privatangestellten (GPA) aus Wiener Neustadt und Hermann Gottlieb, Betriebsratsobmann von TEUTLOF-VAMAG. Da war also jemand in der Leitung der Gewerkschaftlichen Einheit (damals noch KPÖ-dominiert), der mich trotz oder vielleicht sogar wegen meiner kritischen Einstellung fördern wollte.
Wir verbrachten zwei Wochen in der UdSSR als Gäste der Sowjetischen Gewerkschaft. Wir wollten möglichst viel sehen und auch Einzelheiten über das sowjetische Sozialversicherungssystem erfahren. Diesbezügliche Detailgespräche scheiterten jedoch an der Auffassung unserer Gastgeber, dass dies keine Studiendelegation sei und sie uns möglichst viel zeigen wollten. Auch ein Besuch in einem Moskauer Betrieb war nicht vorgesehen. Wir waren im Hotel Moskau untergebracht. Gottlieb und ich in einem schönen geräumigen Zweibettzimmer und Karl Flanner als Delegationsleiter in einer noch geräumigeren Zwei-Zimmer-Suite. Das war dem Karl furchtbar peinlich, kannten wir doch absolut keinen Unterschied zwischen Delegationsleiter und uns. Es wurde uns ein enormes Programm geboten. Am 29. April Besuch der berühmten Tretjakow-Galerie.[132] Am 30. April abends besuchten wir den Staatszirkus mit dem legendären Clown Oleg Popow.[133] Ich war durch einen Zuschauer

[131] Karl Flanner: Geboren 1920 in Wiener Neustadt, Gärtnerlehre, Hilfsarbeiter am Flughafen, später Elektroschweißer, aktiv für den KJV, 1939 verhaftet, im Oktober 1940 zu vier Jahren schweren Kerkers verurteilt, bis 1943 in der Karlau, 1943/44 Wiener Polizeigefängnis, 1944 KZ-Dachau, Dezember 1944 bis April 1945 in Buchenwald, 1946–1955 und 1960–1971 Gemeinderat der KPÖ in Wiener Neustadt, nach Parteiausschluss im Stadtarchiv Wiener Neustadt tätig und Aufbau der Industrieviertelmuseums.

[132] Tretjakow-Galerie: Kunstsammlung in Moskau, die mit rund 140.000 Werken der Malerei, Graphik und Bildhauerei neben der St. Petersburger Eremitage eine der größten und bedeutendsten Kunstsammlungen Russlands ist.

[133] Oleg Popow (geb. 1939): russischer Clown und Pantomime.

irritiert: Ein Mann ohne Beine auf einem Brett mit vier Kugellagern – ähnlich den Brettern, wie wir sie als Kinder zum Spielen bauten – und mit kleinen Polstern an den Händen, die er zum Antauchen verwendete. Auch im Straßenbild Moskaus konnte ich Beinamputierte – offensichtlich Kriegsveteranen – sehen, die ein Holzstück am Bein hatten, so wie ich es noch als Kind bei den Beinamputierten nach dem Ersten Weltkrieg in Erinnerung hatte.

Reise in die Sowjetunion (mit Karl Flanner, ganz rechts außen, und Hermann Gottlieb, BR-Obmann der Firma Teutlof-Vamag, zweiter von links). In der Mitte: Walter Stern.

Der 1. Mai war dem Maiaufmarsch am Roten Platz gewidmet. Damals ohne Militärparade, da diese am 9. Mai anlässlich der Feier „20 Jahre Sieg über den Faschismus" stattfand.[134] Es war bitter kalt auf dem Roten Platz und es schneite zeitweise. Zu den Tribünen durfte man nur mit einem Passierschein, den wir natürlich hatten. Vorbei zogen die Belegschaften vieler Betriebe und die sowjetischen Olympiasieger. Mir taten die Kinder leid, die in ganz leichten Gewändern – so, als ob schon Frühling wäre, mit ihren Darbietungen über den Roten Platz zogen. Da sah ich auf einmal den Kameramann Kaloschin, jenen sowjetischen Kameramann, mit dem ich während des Oktoberstreiks

[134] In der Sowjetunion wurde der 9. Mai als offizielles Kriegsende begangen.

1950 gemeinsam im Arrestantenwagen abtransportiert wurde, schon ganz ergraut, unterhalb der Tribüne mit seiner Kamera bei der Arbeit. Ich wollte die Tribüne verlassen, um ihn zu begrüßen. Ein strenger Ordner hinderte mich aber daran, und so konnte ich nicht mit ihm reden.
Am 2. Mai erfolgte ein Besuch und Kranzniederlegung im Lenin-Mausoleum. Eine lange Menschenschlange wartete auf den Einlass, doch als ausländische Gäste mussten wir nicht warten. Ich muss zugeben, dass ich von dem einbalsamierten Lenin beeindruckt war. Lenin hatte wirklich die Welt verändert. Anschließend besuchten wir noch die Gräber prominenter Sowjetführer. Wir sahen auch die Urne des amerikanischen Journalisten John Reed[135], der in seinem Buch „Zehn Tage, die die Welt erschütterten" ein unsterbliches Dokument über die Oktoberrevolution geliefert hat. Sie war in der Kremlmauer beigesetzt.
Ein großer Grabstein fiel auf, weil weder eine Büste noch eine Inschrift darauf zu sehen war. Dort hatte man Stalin beigesetzt, nach dem dieser aus dem Mausoleum getragen wurde. Es war eigenartig, aber wenn wir nach Chruschtschow gefragt haben, schien ihn niemand gekannt zu haben. Dabei war es doch noch gar nicht so lange her, dass er der mächtigste Mann im Staat gewesen ist. Am Nachmittag besuchten wir ein Fußballmatch im Moskauer Stadion. Aber vorher zeigte man uns den Film „Lenin im Oktober."[136] Es wurden mitunter auch Originalaufnahmen verwendet. Dass Trotzki in dem Film überhaupt nicht vorkam, wunderte mich nicht, ist doch der Film noch zu Stalins Zeiten entstanden. Aber auch Stalin kam in diesem Film nicht vor. Das versetzte mich in Staunen. Das sagte ich auch Karl Flanner. Er zögerte eine Weile, war er doch damals noch parteitreu – dann sagte er mir: *„Ich habe denselben Film schon während der Besatzungszeit in Wien gesehen – da war Stalin bei fast jeder Aufnahme neben Lenin zu sehen."* Er wurde also geschickt herausretouschiert. Aber an diese Art von Geschichtsdarstellung war ich schon gewöhnt. In einer Aussprache über Gewerkschaftsfragen mit einem Vertreter für internationale Beziehungen beim Zentralrat der Gewerkschaft erfuhren wir, dass die Gewerkschaft ihre Politik neu überdacht habe und nicht mehr „Transmissionsriemen" der Partei sein wolle, sondern in Zukunft echte Gewerkschaftsarbeit machen wird.
Am 3. Mai flogen wir gemeinsam mit den italienischen, west- und ostdeutschen sowie den brasilianischen Delegierten nach Wolgograd. Am besten verstanden wir uns, trotz Sprachschwierigkeiten, mit den Italienern. Aber

[135] Reed, John: 10 Tage, die die Welt erschütterten. Berlin 1973.

[136] Der Film „Lenin im Oktober" von Michail Romm über die Ereignisse der Oktoberrevolution wurde 1937 gedreht.

auch mit dem westdeutschen Delegierten verband uns bald eine Freundschaft. Er war ein sympathischer Betriebsrat aus dem Ruhrgebiet, der in der Bundesrepublik Deutschland als Kommunist schon einige Gefängnisjahre hinter sich hatte. Die beiden ostdeutschen Gewerkschafter sprachen perfekt russisch, waren ausgesprochene Funktionärstypen, die offensichtlich schon lange nicht (wenn überhaupt) einen Betrieb von innen gesehen haben.
Beim Empfang am Flughafen hatte sich ein Mann eingefunden, der erfahren hatte, dass Gäste aus Österreich kommen. Er hat im Zweiten Weltkrieg in Wien gekämpft und war anschließend in der Nähe von Mistelbach stationiert. Sein Deutsch war gut und er wollte wieder einmal mit Österreichern sprechen.
Wir waren im Hotel Intourist untergebracht, gleich neben jenem Kaufhaus, in dessen Kellern Generalfeldmarschall Paulus[137] und sein Stab kapitulierten, nachdem er vorher auf Befehl Hitlers Hunderttausende Wehrmachtssoldaten den „Heldentod" sterben ließ. Der Besuch in Stalingrad, die Stadt war ja schon in Wolgograd umbenannt, aber wir verwendeten konsequent den alten Namen „Stalingrad", obwohl wir schon längst keine Anhänger Stalins mehr waren, sondern weil dieser Name Symbol für die Wende im Zweiten Weltkrieg und dem Beginn des Untergangs des Hitlerreichs ist.
Der Frontverlauf wurde durch Gedenksteine markiert und es mutet wie ein Wunder an, dass sich die sowjetischen Soldaten auf einem so kleinen Gebietsstreifen am rechten Wolgaufer, nachdem praktisch fast die ganze Stadt schon erobert war, noch halten konnten. Ich glaube, die Zahl der dort gefallenen Sowjetsoldaten und Zivilisten kann heute niemand mehr genau angeben.[138]
20 Jahre nach Kriegsende war die vollkommen zerstörte Stadt weitgehend wieder aufgebaut. Natürlich hat das ganze Land einen entsprechenden Beitrag geleistet. Die DDR hat ein Planetarium gespendet, welches wir besuchten. Wir besichtigten auch einen Gedenkpark für gefallene Soldaten nahe der Wolga. Links und rechts waren auf Säulen die Köpfe von Sowjetbürgern, die sich besonders auszeichneten – ich erinnere mich nur an ein Denkmal, des Sohnes von Dolores Ibárruri[139], jener legendären Bergarbeiterführerin, die

---

[137] Friedrich Wilhelm Ernst Paulus (1890–1957): deutscher Heeresoffizier, seit 1943 Generalfeldmarschall und Armeeoberbefehlshaber während des 2. Weltkrieges. Am 31. Jänner 1943 kapituliert Paulus mit 90.000 Soldaten im Südteil des Kessels von Stalingrad. Die Einheiten im Nordteil ergeben sich wenige Tage später.

[138] Die Schlacht von Stalingrad war eine der größten Schlachten des Zweiten Weltkrieges und gilt als der Wendepunkt und Endpunkt des Vordringens der Deutschen Wehrmacht in die Sowjetunion. Schätzungen zufolgen kamen in Stalingrad und Umgebung mindestens 700.000 Soldaten und Zivilisten ums Leben.

[139] Dolores Ibárruri (1895–1989): War Abgeordnete der Kommunistischen Partei (PCE) im spanischen Parlament. Im Spanischen Bürgerkrieg (1936–1939) war sie Protagonistin der Republikaner gegen Franco. Sie flüchtete 1939 in die Sowjetunion, 1977 kehrte sie nach Spanien zurück und wurde über 80-jährig ins Parlament gewählt. 93-jährig starb sie in Madrid.

dann Vorsitzende der kommunistischen Partei Spaniens wurde. Ihr Sohn Ruben ist als Flieger bei den Kämpfen um Stalingrad abgeschossen worden. Ein Erlebnis dort stimmte mich traurig und nachdenklich. Auf einer Marmorplatte brannte eine „ewige" Flamme zum Gedenken an die Opfer. Junge Burschen entzündeten an dieser Flamme ihre Zigaretten. Eine vorübergehende ältere Frau, sie hätte die Großmutter dieser Burschen sein können, stürzte sich auf die Burschen und beschimpfte diese. Ich verstand kein Wort. Aber die Gestik und die Stimme sprachen Bände. Die Burschen suchten das Weite. Mir aber wurde bewusst, wie groß der Unterschied im Denken der Menschen ist, die diesen schrecklichen Krieg erlebt und jenen, die ihn nur aus den Geschichtsbüchern her kannten. Am 4. Mai besichtigten wir bei einer Stadtrundfahrt den Mamajev-Hügel[140], einem der heiß umkämpften strategischen Punkte des Zweiten Weltkrieges, wo auch mehr als 20 Jahre nachher auf Schritt und Tritt Granatsplitter herumlagen. Dort war eine gigantische Gedenkstätte im Entstehen, die teilweise schon fertig war.
Angesichts der Unsummen, die dieses Projekt verschlang, musste ich an den beinlosen Mann auf der Holzplatte mit ausrangierten Kugellagern und die beinamputierten Veteranen mit dem Holzbein denken. Gesprochen hab ich mit niemand darüber. Auch das so heiß umkämpfte Traktorenwerk, das wieder normal produzierte, haben wir besucht. Von hektischem und übertriebenem Arbeitseifer haben wir nichts bemerkt, aber man soll sich nach einem kurzfristigen Besuch kein Urteil anmaßen.
Es fand auch eine Aussprache mit dem Vorsitzenden der Gewerkschaft des Wolgograder Gebietes, Konstantin Nekrassow, statt. Er referierte über die Aufgaben der Gewerkschaft. Diese müsse sich um alles kümmern: Produktion, Versorgung, soziale Einrichtungen, Sicherheit und vieles mehr. In der Diskussion erlaubte ich mir die Frage: *„Wieso? Sind denn das nicht Aufgaben, die der Partei obliegen?" „Natürlich"*, war seine Antwort. *„Die Gewerkschaften sind doch die Transmissionsriemen der Partei."* Da raunte mir der Betriebsrat aus dem Ruhrgebiet, der neben mir saß, ins Ohr: *„Ich dachte, das gibt es nicht mehr."* Da gab es nur zwei Schlussfolgerungen: Entweder hat sich die neue Linie aus Moskau noch nicht bis Wolgograd durchgesprochen, oder die Feststellung in Moskau bezüglich der „Transmissionsriemen" war nur für ausländische Delegationen bestimmt. Ich stellte noch die Frage: *„Wie lange bekleiden sie ihre Funktion in dieser Stadt Genosse? „25 Jahre"*, lautete die Antwort. *„Danke"*, sagte ich. Da war mir alles klar.

140 Mamajev-Hügel: Der Hügel, der nach einem Emir aus dem 14. Jahrhundert benannt ist, befindet sich im Gebiet der Stadt Wolgograd und war in der Schlacht von Stalingrad ein strategisch wichtiger und hart umkämpfter Punkt. Die monumentale Gedenkstätte ist bereits aus einigen Kilometern Entfernung zu sehen.

Wir besuchten noch eine Schleuse am Wolga-Don-Kanal, daneben ein riesiger viereckiger Steinblock, auf dem einst Stalin stand. Dann den gewaltigen Staudamm an der Wolga, oberhalb von Wolgograd mit eingebauten Fischaufzügen, um es den Fischen zu ermöglichen, Fluss aufwärts zum Laichen zu gelangen. Weiters Besuch des Kraftwerks und des in der Nähe errichteten Aluminiumwerkes, das deshalb in der Nähe des Kraftwerks gebaut wurde, weil ja die Erzeugung von Aluminium bekanntlich sehr viel Strom benötigt. Zum Bau des Staudammes kamen viele Menschen aus der Sowjetunion und so entstand die Stadt Wolski. Das Aluminiumwerk diente auch als Arbeitsplatz für jene Arbeiterinnen und Arbeiter, die nach Fertigstellung des Staudammes nicht mehr benötigt wurden. Am Abend nahmen wir an einer Festveranstaltung in Wolski teil. Im Anschluss an die Reden fand eine Tanzveranstaltung statt. Wir freuten uns darauf, denn da hätten wir endlich mit normalen Sowjetbürgerinnen und Sowjetbürgern und nicht nur KP-Funktionärinnen und KP-Funktionären ins Gespräch kommen können. Daraus wurde nichts, denn Nekrassow hat uns zu einer Abschiedsfeier eingeladen, die in eine unangenehme Sauferei mancher Teilnehmender ausartete.
Am 7. Mai flogen wir zurück nach Moskau. Abends sahen wir das Ballett „Schwanensee" von Tschaikowsky im neu erbauten Kremlpalast. Am 8. Mai war wieder im Kremlpalast eine Festveranstaltung vor geladenen Veteranen. Breschnew hielt die Festansprache. Das heißt, er hat sie vorgelesen. Er erwähnte alle Persönlichkeiten, die im Zweiten Weltkrieg eine Rolle spielten. Auch die, die keine Rolle spielten, etwa die Vorsitzenden der europäischen Kommunistischen Parteien, auch Österreichs Koplenig. Anschließend wurde von mehreren Chören und Tanzgruppen der Roten Armee ein fantastisches Programm dargeboten. In der Pause sah ich im Foyer General Shukow[141], der, so wurde mir erzählt, seit langem wieder einmal in der Öffentlichkeit erschien. Am 9. Mai vormittags fand die große Militärparade statt.
Am 10. Mai flogen wir nach Simferopol[142] auf der Krim. Auf dem Weg nach Jalta[143] besuchten wir eine Weinbaukolchose. In den Weinkellern sahen wir

---

141 Georgi Konstantinowitsch Shukow (1896–1974): Generalstabschef der Roten Armee. Verteidiger bei der Schlacht um Moskau (1941), Sieger der Schlacht um Berlin (1945). Am 9. Mai 1945 nahm er als Vertreter der Sowjetunion die bedingungslose Kapitulation der Deutschen Wehrmacht entgegen. Später war er Verteidigungsminister.

142 Simferopol: Heute Hauptstadt der autonomen Republik Krim mit etwa 340.000 Einwohnern.

143 Jalta: Kur- und Urlaubsort auf der Insel Krim im Schwarzen Meer. International bekannt wurde Jalta durch die Konferenz von Jalta (3.–11. Februar 1945), an der sich die alliierten Regierungschefs Winston Churchill, Josef Stalin und Franklin D. Rossevelt beteiligt haben und über das Schicksal des besiegten Nazideutschland und sich über die Neuaufteilung der Welt beraten haben.

große, neue Fässer, die in der Wachau erzeugt wurden. In Liwadija[144] besuchten wir die prunkvolle ehemalige Zarenvilla. Dort wurde 1965 ein Sanatorium eingerichtet. Im Februar 1945 trafen dort Roosevelt, Churchill und Stalin zusammen, um die Nachkriegsordnung für Europa zu besprechen. Am 11. Mai waren wir im Pionierlager „Artek", in der Nähe der ukrainischen Stadt Gursuf. Ein ganzjährig geöffnetes Kinderlager, das 7.000 Kinder beherbergen konnte. Besonders ergreifend war dieser Besuch für die italienischen Teilnehmer, denn genau in diesem Kinderlager ist Palmiro Togliatti[145] einem Herzanfall erlegen. Wir sahen die letzten Aufnahmen Togliattis mit dem Pionierhalstuch inmitten fröhlicher Kinder. Eine Lehrerin, die bei dem Schlaganfall Togliattis anwesend war, schilderte uns das tragische Ereignis.
Am 12. Mai ging es in die Stadt Sewastopol[146], damals ein wichtiger Hafen der sowjetischen Kriegsflotte. Ich fotografierte Kriegsschiffe und wurde nicht daran gehindert. Es gab zwei getrennte Gedenkstätten zu besichtigen. Eine über die Schlacht um Sewastopol im Zweiten Weltkrieg und ein Panorama über die Krim-Kriege (1853-1856), als Engländer und Franzosen über die Krim nach Baku wollten, was ja bekanntlich nicht gelungen ist. Heutzutage kommt man durch Bestechung und Korruption leichter an dieses Öl.
Für den Abend waren wir von Studentinnen und Schwesternschülerinnen zu einem Tanz eingeladen, aber daraus wurde nichts, weil die Regierung der Sowjetunion beschlossen hat, allen Gewerkschaftsdelegierten die Medaille „20 Jahre seit dem Sieg" zu überreichen. Diese Medaille war eigentlich für Veteranen des Zweiten Weltkrieges gedacht und es war ein Zufall, dass wir gerade im Land weilten. Die meisten Delegierten hatten mit dem Zweiten Weltkrieg wirklich nichts zu tun. Der damalige Vorsitzende der Sowjetgewerkschaften Wiktor Grischin[147] überreichte uns den Orden. Grischin wurde erst kurz vorher auf Zentralkomiteebeschluss von einer führenden Position des KGB kommend als Gewerkschaftschef eingesetzt. Vorher hatte er nie etwas mit der Gewerkschaft zu tun gehabt oder in einem Betrieb gearbeitet.

---

[144] Der Liwadija-Palast war die Sommerresidenz des letzten russischen Zaren Nikolaus II. Der Palast liegt in der Nähe von Liwadija, einem Vorort von Jalta auf der Insel Krim.

[145] Palmiro Togliatti (1893–1964): Von 1947 bis 1963 Generalsekretär der kommunistischen Partei Italiens (PCI). Nach dem Tod Togliattis wurde die Stadt Stawropol an der Wolga ihm zu Ehren in Togliatti umbenannt.

[146] Sewastopol: größte Stadt auf der Halbinsel Krim mit etwa 380.000 Einwohnern. Während des 2. Weltkrieges galt die Stadt als stärkste Festung der Welt. Nach der Belagerung durch Deutsche Truppen wurde sie in der Schlacht um Sewastopol (1941/42) erobert und sollte in Theoderichhafen umbenannt werden. Dazu ist es nicht mehr gekommen.

[147] Wiktor Grischin (1914–1992): Von 1956 bis 1967 Vorsitzender des Allunions-Zentralrats der Gewerkschaften. Später trotz einiger Kritik an seiner Person einer der stärksten Konkurrenten im Kampf um Gorbatschows Nachfolge an der Staats- und Parteispitze der UdSSR.

Bei der Überreichung der Medaille im Kreml kam ein Reporter, der deutschsprachigen Sendung des Moskauer Rundfunks, um Interviews zu machen. Ich hörte, wie ein Mann neben mir – offensichtlich aus der DDR – sagte: *„Das ist der erhebendste Augenblick meines Lebens."* Das wurde dann auch im Rundfunk gesendet. Ich antwortete auf die Frage des Reporters: *„Ich hoffe, dass dies die letzte Verleihung eines Ordens wegen eines Krieges sei."* Das wurde natürlich nicht gesendet. Aber die selektive Information ist ja auch hierzulande nicht unbekannt.

Ich wollte recht viel über die Sowjetunion erfahren. Vor dem offiziellen Programm bin ich allein durch die Stadt spaziert und bin vor allem zu den Schulen gegangen. Ich war beeindruckt, wie nett und sauber die Kinder zur Schule kamen. Auch die meisten Frauen waren nett und sauber gekleidet, wenn auch nicht nach der bei uns vorherrschenden Mode. Na und? Bei den Männern war das anders. Da gab es eine Menge Verwahrloste, ja sogar Betrunkene im Straßenbild. Nur die Uniformierten waren gut gekleidet. Alle Mängel, die mir auffielen, schob ich auf die Verwüstungen des Landes, die man in 20 Jahren nicht beseitigen könne.

Bitter enttäuscht war ich aber, als ich 20 Jahre später mit einer Touristengruppe, die von Martin Grünberg geleitet wurde, Moskau wieder besuchte – damals war Gorbatschow kurz an der Macht. Ich hatte den Eindruck, die Zeit sei stehen geblieben. Das Stadtbild war kaum verändert, und die Häuser waren um 20 Jahre älter geworden.

Man kann innerhalb von 14 Tagen ein Land nicht kennen lernen, und schon gar nicht, wenn man der Landessprache nicht mächtig ist. Jede Beobachtung ist subjektiv. Wir begegneten 1965 in Moskau einer Reisegruppe österreichischer Eisenbahner, darunter viele Sozialistinnen und Sozialisten, die ganz begeistert über Moskau sprachen. Warum? Sie waren von der negativen Berichterstattung beeinflusst und waren dann überrascht, dass es auch positive Dinge gab.

Anders ist es vielen Kommunistinnen und Kommunisten ergangen, die daheim nur die „Volksstimme" lasen. Sie merkten recht bald, dass sie nicht in „Gottes eigenem Land" waren. Trotz meiner kritischen Einstellung zur Parteiführung und deren Politik in Österreich stand ich 1965 überwiegend positiv zur Sowjetunion. Ich hatte mir aber damals eine private Theorie zurechtgezimmert: Die bürgerliche Revolution in Frankreich war historisch gesehen ein absoluter Fortschritt, das heißt doch nicht, dass deshalb alles, was eine französische Regierung macht, richtig und fortschrittlich sein muss. Gleiches muss auch für jede Sowjetregierung gelten, auch wenn diese auf den Grundlagen der Oktoberrevolution steht. Der Besuch in der Sowjetunion hat meine Einstellung zur Sowjetunion trotz manch negativer Eindrücke nicht verändert.

Internationales Seminar vom 12. – 18. Juni 1966 in der Volkswirtschaftsschule Stifting/Graz

Dr. Rupert Gmoser, der Leiter der Volkswirtschaftsschule in Stifting, lud zu einem internationalen Seminar unter dem Titel „Wirtschaftspolitik in Ost und West" in Graz ein. An diesem Seminar nahmen Gewerkschafter und Wirtschaftsfachleute aus Holland, Jugoslawien, der ČSSR, sowie Vertreter der drei Fraktionen im ÖGB teil. Von der KPÖ wurden als Teilnehmer Willi Gaisch, Parteisekretär aus Graz, und ich entsendet. Ein Referat hielt Prof. Ota Sik aus Prag mit dem Titel „Die neue ökonomische Politik in den volksdemokratischen Ländern." Er war einer der wichtigsten Protagonisten des „Prager Frühlings." Er hat nach dem Einmarsch der Warschauer-Pakt-Truppen das Land verlassen und eine Professur an einer Schweizer Universität angenommen. Der Abgeordnete Dr. Bruno Kreisky sprach über „Ideologie, Politik und Wirtschaft." Dr. Riedl von der Arbeiterkammer referierte über „Wirtschaft und Gesellschaft im Lichte der katholischen Soziallehre" und Prof. Nußbaumer von der Universität Graz über „Die Möglichkeit einer Koexistenz zwischen östlichen und westlichen Wirtschaftssystemen." Ota Sik gab eine ungeschminkte Darstellung der Mängel der tschechoslowakischen Wirtschaft. Preise im Land wurden künstlich festgesetzt, ohne auf die tatsächlichen Kosten der Produkte Rücksicht zu nehmen. Die Defizite der Betriebe wurden aus dem Staatsbudget abgedeckt. Das müsse sich ändern. Er sprach sich nicht für eine Abschaffung der Planwirtschaft aus. Die Pläne müssen veränderbar sein, meinte er und der jeweiligen Situation angepasst werden. Außerdem sprach er sich auch für eine Regulierung des Marktes aus. Dienstleistungen und Gegenstände des täglichen Bedarfs sollten mehr marktgerecht produziert werden. Die Wirtschaft könne durch Vergabe und Verweigerung von Krediten viel besser gelenkt werden. Angesichts der dominierenden Wirtschaftskompetenz von Ota Sik gestand Kreisky gleich zu Beginn seines Referates, dass er kein Wirtschaftsfachmann sei. Eine seiner Kernaussagen, an die ich mich heute noch erinnere war: die theoretische Auseinandersetzung in der Arbeiterbewegung in der ersten Hälfte des Jahrhunderts, ob der revolutionäre oder der reformerische Weg der richtige sei, ist heute eindeutig zugunsten des reformistischen Weges entschieden worden.

1966 waren die wichtigsten Industrien und Banken in Österreich noch verstaatlicht, die Sozialversicherung unterstand der Selbstverwaltung. Auf beide Segmente hatte die SPÖ großen Einfluss. Arbeitslosigkeit war noch kein Problem in Österreich. Ob Kreisky heute noch vom Erfolg des reformistischen Weges sprechen würde, kann bezweifelt werden. Dass der revolutionäre Weg in Russland nach Stalins Gewaltherrschaft im bürokratischen Sumpf unterging, hat die Realität bewiesen. Eine weitere Kernaussage kam in Dr. Kreiskys

Referat vor: *„...die heranwachsende Intelligenz und die Fachleute sowie die Wissenschafter in der Sowjetunion werden sich nicht auf Dauer von Parteisekretariaten bevormunden lassen."* Diese These hat sich rascher als erwartet bewahrheitet.
Nach jedem Referat entspannte sich eine Diskussion, die sich mit den Grundproblemen der Wirtschaft auseinandersetzte: 1. Wie erreicht man die maximalste Ausnützung der wirtschaftlichen Reserven, ohne den Menschen als Menschen dem ständigen Wirtschaftswachstum der fortschreitenden Rationalisierung zu opfern und im Zusammenhang damit, wie gewährleistet man für das Individuum ein Maximum an Freiheit, ohne die Freiheit der Gesellschaft, also der Masse der anderen Individuen einzuschränken. Weitere Punkte der Diskussion waren: 2. Planwirtschaft oder freie Marktwirtschaft und 3. Freie Unternehmensinitiative und Verantwortung oder Mitbestimmung soweit es die Probleme in den kapitalistischen Ländern betraf. 4. Zentral gelenkte Planwirtschaft oder Arbeiterselbstverwaltung, soweit es sich um sozialistische Länder handelt.
Obwohl die Meinungen manchmal auseinander gingen, stellte sich aber oft auch eine erstaunliche Übereinstimmung heraus. In einem Punkt waren sich alle Teilnehmer einig: die Wirtschaft, die Art und Weise wie produziert wird, ist für die Gesellschaft von wesentlicher Bedeutung. Sie ist daher mit der Gesellschaft untrennbar verbunden. Deshalb ist die Wirtschaft von den in der Gesellschaft existierenden Auseinandersetzungen, also von der Politik, nicht zu trennen. Für Marxisten ist das ja schon immer selbstverständlich gewesen. Führen sie doch die jeweilige gesellschaftliche Entwicklung auf den Fortschritt der jeweiligen Produktionsweise zurück. Aber auch jene, die nicht auf Marx schwören. Ja, sogar jene, deren Grundhaltung auf dem Glauben an Gott beruht, bekannten sich dazu, dass die Wirtschaft gesellschaftlich gesehen nicht im luftleeren Raum schwebt, sondern zumindest ein sehr wichtiger Teil des gesellschaftlichen Lebens ist und daher mit der Politik untrennbar verbunden ist. Es wäre an sich gar nicht notwendig, dies so sehr zu betonen, wenn es nicht immer wieder Politikerinnen und Politiker gäbe, die immer so tun, als ob die Wirtschaft eine rein sachliche Angelegenheit sei, die nur von Expertinnen und Experten geleitet wird und mit Politik gar nichts zu tun hat. Man könnte übrigens in diesem Zusammenhang an Stelle des Wortes „Politik" auch das Wort „Klassenkampf" setzen, aber mit dieser Formulierung sind dann schon wieder nicht alle einverstanden.
Natürlich habe auch ich mich sehr rege an der Diskussion beteiligt und den Standpunkt vertreten, dass es eine absolut freie Marktwirtschaft nicht mehr gäbe, da es kaum ein Land gibt, in dem nicht Monopole den freien Markt einschränken und Regierungen regelnd eingreifen. Selbst in jenen Ländern der absoluten Planwirtschaft setzt sich langsam aber sicher der Markt durch. Auf der anderen Seite wissen wir auch, dass viele Marktbedürfnisse gar keine ech-

ten Bedürfnisse sind, sondern von einer raffinierten Werbung, auch falsch verstandenem Prestige, hoch gezüchtet werden.
Ungeheuer viel Arbeitskraft geht auf diese Weise nutzlos verloren. Wer die Frage nach mehr Plan- oder mehr freier Markt beantworten will, kann doch nicht einfach an der Frage vorbeigehen, in wessen Interesse dies alles geschehen soll. Schließlich haben heute auch die hart gesottensten Unternehmer erkannt, dass ein guter Plan, ein im Interesse der großen Konzerne erstellter Plan, der auch die Ausschaltung unliebsamer Konkurrenten mit einschließt, ein sehr brauchbares Instrument zur Vergrößerung der Profite sein kann. Der Mensch muss sich den technischen Fortschritt zunutze machen, um sein Leben schöner zu gestalten und nicht Sklave der technischen Entwicklung werden. Das gilt für den einzelnen Menschen genauso wie für die menschliche Gesellschaft in ihrer Gesamtheit.
Das sind Binsenwahrheiten, die zumindest in der Theorie von einem Kapitalisten genauso unterschrieben werden wie von einem Arbeitnehmer. Aber wenn man diese allgemeinen Wahrheiten in der Praxis anwenden will, tauchen bereits die ersten Schwierigkeiten auf, denn in der kapitalistischen Gesellschaft befinden sich Eigentum und Verfügungsgewalt über die Produktionsmittel in den Händen einiger weniger, demokratisch nicht legitimierter Menschen. Aber auch in einer sozialistischen Gesellschaft, in der zwar das private Eigentum von Produktionsmitteln aufgehoben wurde, liegt die Verfügungsgewalt über diese Produktionsmittel ebenfalls in den Händen nicht demokratisch legitimierter Parteifunktionäre.
Um feststellen zu können, welche Gesellschaftsordnung besser geeignet ist, die Wirtschaftsprobleme menschlich zu lösen, muss einmal festgestellt werden, welche menschliche Lösung überhaupt erstrebenswert ist. Es sollte letztendlich für die Wirtschaft derselbe Grundsatz gelten wie für das Zusammenleben in der menschlichen Gesellschaft überhaupt.
Es soll der maximalste Nutzen für den Einzelnen erzielt werden, ohne dadurch den Nutzeffekt für andere Individuen der Gesellschaft zu schmälern. Das scheint in einer Gesellschaft, in der es Privateigentum an Produktionsmitteln gibt, in der sich Einzelne durch Erwerb von Arbeitskraft Anderer bereichern, ausgeschlossen. Es muss jedoch hinzugefügt werden, dass auch die so genannte sozialistische Gesellschaft zumindest in der Form, wie wir sie bis heute kennen, die Erreichung dieses Zieles nicht gewährleistet. Das was für das Verhältnis Individuum zur Gesellschaft gilt, gilt letztendlich auch für das Verhältnis des einzelnen Betriebes zur Wirtschaft des gesamten Landes und darüber hinaus für die Wirtschaft eines Landes zur gesamten Weltwirtschaft. Wie stimme ich das Interesse des einzelnen Betriebes mit der gesamten Wirtschaft ab? Verhindert der auf dem instinktiven Selbsterhaltungstrieb basierende Egoismus, der auch dann ein Egoismus bleibt, wenn es sich um

Gruppenegoismus handelt, eine konstruktive Lösung? Es bedarf der ideologischen Überzeugung, dass es letztendlich den Individuen am besten geholfen ist, wenn es der ganzen Gesellschaft besser geht.
Das der einzelne Betrieb besser gedeihen kann, wenn dadurch auch ein Wachstum der gesamten Wirtschaft erreicht wird. Der Gedanke, sich selbst zu erhöhen, in dem man andere erniedrigt, ist nicht nur zutiefst unmoralisch, er ist auch auf lange Sicht unproduktiv, unpraktisch und unrentabel. Aber, so werden sich Skeptiker fragen, was hilft die beste Moral und Ideologie, wenn die Wirtschaft eines Landes nicht imstande ist, die Bedürfnisse seiner Menschen zu befriedigen, wenn in die Wirtschaft mehr hineingesteckt wird als heraus kommt. Um konkret zu werden: Es muss getrachtet werden, in welcher Gesellschaftsordnung auch immer, möglichst rationell, aber mit möglichst geringem Aufwand, ein Maximum an Produktion zu erreichen. Das kann letzten Endes nur durch eine großzügige Planung erreicht werden. Pläne werden aber von Menschen gemacht. Menschen sind aber weder Heilige noch Genies. Es soll daher so ein Plan 1. kein unbedingter Befehl, sondern eher eine Richtschnur sein und 2. nicht selbstherrlich von einer Zentralstelle erfunden, sondern in Zusammenarbeit mit den Betrieben unter möglichst großer Mitbestimmung der Belegschaft erfolgen.
Interessant ist, dass sich auch bei den vehementesten Verfechtern einer freien Marktwirtschaft der Gedanke einer Wirtschaftsplanung immer mehr durchsetzt. Allerdings muss zuerst hinzugefügt werden, dass diese Planungen die Aufteilung des Marktes untereinander unter wenigen Monopolen vorsehen.
Für mich war dieses Seminar auch eine unglaubliche persönliche Bereicherung. So lernte ich Kollegen Haidvogel, den Zentralbetriebsratsobmann von Siemens in Graz, und den christlichen Gewerkschaftssekretär im ÖGB, Kollegen Richard Dimmel, kennen.
Es hat mir sehr geholfen festzustellen, dass es in allen Parteien anständige Leute gibt, die sich ernste Sorgen um die Zukunft machen und mit der kommunistischen Bewegung überhaupt nichts zu tun haben.
Interessant an dem Seminar war zu bemerken, dass im Jahr 1966 die Frage von Umweltproblemen in der Diskussion noch überhaupt keine Rolle spielte. Dr. Teddy Prager[148], Mitarbeiter der Wiener Arbeiterkammer war

148 Teddy Prager (1917–1986): Sohn eines Bankbeamten, schloss sich dem Verband sozialistischer Mittelschüler (VSM), später einer kommunistischen Jugendorganisation an. 1934 wegen der Verteilung von Flugblättern einer illegalen Organisation zu einer Polizeistrafe verurteilt. 1935 Emigration nach Großbritannien und Studium an der London School of Economics (LSE). 1945 Rückkehr nach Wien und 1946–1963 hauptberuflich Angestellter des ZK der KPÖ. 1963 Mitarbeiter der von Eduard März gegründeten wirtschaftswissenschaftlichen Abteilung der AK Wien. 1969 wurde Teddy Prager, der auch dem Kreis um das „Wiener Tagebuch" angehörte, aus der Partei ausgeschlossen.

einer der ersten, der dieses Thema in die Arbeiterbewegung hereinbrachte und zur Diskussion stellte, und später auch Paul Blau.[149]

Urlaub in Ungarn

Im Sommer 1967 wurde ich von der Gewerkschaftlichen Einheit auf Einladung der ungarischen Gewerkschaft samt der ganzen Familie auf Urlaub geschickt. Als Anerkennung für meine Arbeit im Betrieb. Da waren offensichtlich mir unbekannte Förderer am Werk. Eine Woche Budapest und zwei Wochen Plattensee. Wir wurden mit echt ungarischer Gastfreundschaft verwöhnt. In die Freuden des wunderschönen Urlaubs schlich sich manchmal der Gedanke, dass dieser Urlaub schließlich von den ungarischen Arbeiterinnen und Arbeitern bezahlt wird. Bis zu jenem Zeitpunkt wusste ich nicht, dass solche Urlaubsaktionen alljährlich stattfanden. Zur Ehre der österreichischen Gewerkschaftlichen Einheit (GE) muss gesagt werden, dass ich der einzige Gast war, der aus einem Betrieb und nicht aus dem Apparat kam. Die Gäste aus den anderen Ländern, Polen, Bulgarien, Tschechoslowakei, DDR waren alle so genannte höhere Funktionäre. Aus der DDR kam der Gewerkschaftsbeauftragte des Zentralkomitees der SED.[150] Bei diesem Urlaub waren wir die einzigen aus dem westlichen Ausland. Für ein paar Tage tauchte am Plattensee ein Gewerkschaftssekretär aus Neuseeland auf, mit dem ich lange interessante Gespräche führen konnte. Er erzählte, dass er von seiner Gewerkschaft nach Europa geschickt wurde, um die Probleme der Arbeitslosigkeit zu studieren. Bis zum Jahre 1967 kannte man dieses Problem in Neuseeland

---

[149] Paul Blau (1915–2005): Sohn von Robert Blau, jüdischer Herkunft. Seine Mutter kam aus einer niederösterreichischen katholischen Bäckerfamilie. Sie bestand auf der katholischen Taufe der beiden Söhne und hat ihnen dadurch vermutlich das Leben gerettet. Sie galten nach den Nürnberger Gesetzen als Halbjuden, doch bis 1940 durch die Taufe zunächst als wehrpflichtig und wurden zur Deutschen Wehrmacht eingezogen. 1940 wurde vom Deutschen Oberkommando ein Erlass herausgegeben, der auch Soldaten halbjüdischer Herkunft christlichen Bekenntnisses vom Wehrdienst ausschloss. Nach seiner Abrüstung im Herbst 1940 wieder zurück in Wien, schloss er sich der Widerstandsbewegung an. Seit der frühesten Kindheit war Blau mit der Arbeiterbewegung verbunden: bei den Kinderfreunden, als sozialistischer Mitschüler, im Arbeiterturnverein, bei den Naturfreunden. Ab April 1945 Wirtschaftsreferent der Bezirkshauptmannschaft Meidling, ab Juni desselben Jahres Bezirkssekretär der SPÖ Meidling, Bezirksobmann der SJÖ ab 1947, 1950 Verbandssekretär der SJÖ, von 1950 bis 1956 Sozialreferent, ab 1954 Leiter der Personal- und Sozialabteilung im Bundesministerium für Verkehr und Verstaatlichte Betriebe. Ab 1956 Leiter des arbeitswissenschaftlichen Referates des ÖGB, nach der Tätigkeit im diplomatischen Dienst ab 1972 bis 1980 Wissenschaftlicher Leiter des Instituts für Gesellschaftspolitik der AK. Gemeinsam mit seiner Frau Freda Meissner-Blau Mitbegründer der rot-grünen Plattform. Er hatte sich auch – entgegen der Beschlüsse von Parteiführung und des ÖGB – gegen den Bau des geplanten AKW Zwentendorf eingesetzt. Quelle: http://www.arbeit-wirtschaft.at/

[150] SED: Abkürzung für „Sozialistische Einheitspartei Deutschlands". „Staatspartei" in der ehemaligen Deutschen Demokratischen Republik (DDR).

nicht. Die Gewerkschaften wollten aus den europäischen Erfahrungen mit der Arbeitslosigkeit lernen – welch beneidenswertes Land – in Wien, so berichtete er mir, war er relativ erfolglos, da alle führenden Funktionäre im ÖGB gerade im Urlaub waren. Die herzliche Gastfreundschaft, das umfangreiche Programm, brachte unsere – Elfi dachte genau so wie ich – Gewissensbisse bald zum Erliegen. Es war – auch für unsere Kinder – ein unvergessliches Erlebnis.

1968: Urlaub im August in der Slowakei

Ein Jahr später, 1968, hatten wir auch einen unvergesslichen Urlaub in der ČSSR so ganz anderer Art. Ernstl Pospischil, Betriebsrat bei Felten und Guillaume im zehnten Wiener Gemeindebezirk, erzählte mir von einer Urlaubsmöglichkeit in der Niederen Tatra. Auch er werde dort mit seiner Familie Urlaub machen. Organisiert wurde die Reise von einem Neffen von Willi Amberger, der gute Kontakte zur Familie des Försters von Jasna, so hieß der Ort, hatte. Wir wurden mit dem Auto mitgenommen und planten die Rückreise mit dem Zug, da wir eine Woche länger bleiben wollten. In der ersten Augusthälfte 1968 spitzte sich die Auseinandersetzung zwischen der KPdSU unter der tschechischen KP-Führung immer mehr zu. Viele Kollegen bei Goerz meinten, ich sei verrückt, in dieser Situation in der Tschechoslowakei Urlaub zu machen. Das Aufbauschen der Differenzen sei doch nur antikommunistische Stimmungsmache, meinte ich. Vollends beruhigt waren wir, als wir bei der Anreise im Autoradio vom Treffen Breschnews[151] und Dubčeks[152] auf der

[151] Leonid Breschnew (1906–1982): War ab 1952 Mitglied des ZK der KPdSU und ab 1957 des Parteipräsidiums, war 1960–64 und erneut ab 1977 Vorsitzender des Präsidiums des Obersten Sowjets (nominelles Staatsoberhaupt). 1964 beteiligte er sich führend am Sturz Chruschtschows und übernahm seine Nachfolge als Erster (seit 1966 General-) Sekretär der KPdSU. 1976 erhielt er den Titel eines Marschalls der Sowjetunion. Unter seiner Führung wurde die Entstalinisierung abgebrochen; es setzte wieder eine verstärkte innenpolitische Reglementierung (u. a. Unterdrückung der entstehenden Bürgerrechtsbewegung) ein. Mit der militärischen Intervention von Staaten des Warschauer Pakts in der Tschechoslowakei (1968) unterband Breschnew reformkommunistische Entwicklungen im Ostblock und sicherte die sowjetische Vormachtstellung (Breschnew-Doktrin). Nach einer Phase der Entspannungspolitik verschärfte der von ihm veranlasste Einmarsch sowjetischer Truppen in Afghanistan (1979) wieder den Ost-West-Konflikt.

[152] Alexander Dubček (1921–1992): 1958–1970 Mitglied des ZK der KP, 1963–68 1. Sekretär der slowakischen KP. War als 1. Sekretär der KP Mitinitiator, Träger und Symbolfigur des „Prager Frühlings". Nach dem Einmarsch von Truppen des Warschauer Pakts (21. 8. 1968) isoliert, 1969 als 1. Sekretär abgesetzt, bis 1970 aus allen Ämtern gedrängt und aus der Partei ausgeschlossen, wurde er 1989 rehabilitiert, ins Bundesparlament aufgenommen und 1989 zu dessen Präsidenten gewählt. Er schloss sich in der Slowakei zunächst der „Öffentlichkeit gegen Gewalt" (VPN), 1992 der Sozialdemokratischen Partei der Slowakei (SDSS) an und wurde deren Vorsitzender. Nach den Wahlen vom Juni 1992 musste er sein Amt als Präsident des Bundesparlaments abgeben. Dubček starb an den Folgen eines Autounfalls.

Burg in Bratislava und der herzlichen Umarmung der beiden samt Bruderkuss erfuhren. Jetzt war alles klar. Der „Prager Frühling“, dessen glühende Anhänger wir von Anfang an waren, hat sich durchgesetzt. Ähnlich dachten die meisten Slowaken.

Unsere ganze Reisegruppe schlief in einem großen Raum in Stockbetten. Die Sanitäranlagen waren in Ordnung. Wir konnten duschen, das Essen war tadellos, das Wetter wunderschön. Wir machten herrliche Wanderungen und genossen den Urlaub ohne jegliche Gewissensbisse, hatten wir doch alles selbst bezahlt.

Im Urlaubsheim, wo wir unsere Mahlzeiten einnahmen, waren viele verschiedene Gäste, mit denen wir interessante Gespräche führten. Ein junges Ehepaar aus Leipzig, er Architekturstudent, sie Bibliothekarin. Sie setzten auch große Hoffnungen in den „Prager Frühling“, waren überzeugt davon, dass der Sozialismus dem Kapitalismus überlegen sei.

Eine junge Medizinstudentin erzählte uns: *„Wissen sie, da bringt man uns schon in der Schule bei, wir sollten kritisch denken, und wenn wir dann Kritik üben, dann redet man uns nieder, bis wir aufgeben und den Mund halten. Aber überzeugt sind wir nicht. Ich will mein Medizinstudium rasch beenden, muss aber einige Semester Dialektischer Materialismus belegen. Da trägt ein Professor vor, der selbst nicht daran glaubt, was er auswendig gelernt hat; und das spüren die Studenten.“*

Da war noch ein alter Herr mit dem SED-Parteiabzeichen im Knopfloch, Direktor im Leuna Chemie Werk. Mit uns aus dem „Westen“ wagte er eine offene Sprache: *„Ach Quatsch, ihr Österreicher seid doch Deutsche.“* Aber auch sonst merkte man, dass er einer ganz anderen Ideologie nachhing als der SED. Das war eindeutig ein typischer Posten-Kommunist. Er beklagte auch, dass die Jungen die Alten bald verdrängt haben werden. Aber am unangenehmsten waren die Typen der Judo-Nationalmannschaft aus der DDR, die dort Urlaub machten. Kein Interesse an Politik, in keine Richtung. Aber auch nicht an Wanderungen, nur ständig besoffen.

Unsere Freunde kehrten nach zwei Wochen nach Wien zurück. Wir wollten noch eine Woche bleiben. Am Morgen des 21. August 1968, als wir zum Frühstück kamen, war helle Aufregung unter den meist tschechischen Urlaubsgästen: *„Die Russen sind in Prag.“*

Das klang so unglaublich. Im Fernsehen sah man einen bleichen unrasierten Mann sprechen. Wir haben gefragt, was los ist – bis einer übersetzte: Die Russen sind am Prager Flugfeld gelandet, haben die Kontrolle des Flughafens übernommen. Das Gebäude des Zentralkomitees der Kommunistischen Partei wurde besetzt.

Der Mann im Fernsehen rief auf, Ruhe zu bewahren, keine Taten zu setzen, die Blutvergießen hervorrufen könnten. Gerüchte aus dem Tal drangen herauf, dass russische Panzer bereits in Liptovský-Mikuláš[153] seien und dass junge Menschen, die mit ausgebreiteten Armen, ohne Waffen, die Panzer aufhalten wollten, überrollt worden seien. Jedes Gerücht verbreitete andere Zahlen. Die Menschen waren erschüttert. Alte tschechische Kommunistinnen und Kommunisten, die im nahe gelegenen Urlaubsheim der Gewerkschaft ROH ihren Urlaub verbrachten, und die wir während des Urlaubs kennen lernten, weinten bitterlich. Wir sahen an diesem Tag nur ein einziges fröhliches Gesicht, jenes der Frau des Försters. Eine Frau, die sehr gut deutsch sprach und mit der der Neffe von Willi Amberger den ganzen Urlaub für uns organisierte und auch abgerechnet hat.

Wir hielten das nicht länger aus. Elfi sagte: *„Gehen wir auf den Berg."* Wir nahmen die Kinder und gingen fort hinauf auf einen Berg, wo keine Menschen waren. Wolfi war sechs und Andi dreizehn Jahre alt. Elfi sprach über die Ereignisse mit den Kindern. Ich war eher sprachlos. Sie meinte zu Recht, unsere Kinder sollen uns nicht einmal den Vorwurf machen können, wir hätten alles gewusst und nicht mit ihnen darüber gesprochen.

Nachmittags kehrten wir zurück. Auf das Mittagessen hatten wir keinen Appetit. Wir wollten nicht länger bleiben. Die Lust auf Urlaub ist uns vergangen. Die Züge fuhren nur sporadisch, wenn überhaupt. Da hatten wir Glück im Unglück. Zufällig war auch ein deutscher Autobus mit einer Gruppe Münchner Studenten auf einer Rundreise durch die Slowakei – gerade in Jasna. Die Studenten hatten keine Lust mehr, die Rundreise fortzusetzen. Deren Reiseleiter bot uns an, uns nach Wien mitzunehmen, da der Bus ohnedies über Wien nach München fahre. Wir waren froh. Bis Bratislava kamen wir problemlos. Auf der ganzen Strecke malten Menschen Parolen gegen die Eindringlinge auf die Straße und an die Häuserwände. In Bratislava kam es zu einem längeren Aufenthalt vor der Donaubrücke, da diese für den Verkehr nicht frei gegeben war. Niemand konnte uns sagen, wie lange das dauern würde. Doch endlich konnten wir über die Donau. An der Grenze war es ruhig. Es gab keine Warschauer-Pakt-Truppen am Grenzübergang und die wenigen tschechoslowakischen Privatautos konnten zu jenem Zeitpunkt noch problemlos die Grenze nach Österreich passieren. In Ober St. Veit stieg Elfi mit Gepäck und Kindern aus und ein Taxi brachte alle nach Hause. Ich fuhr mit dem Bus bis zum Hütteldorfer Jugendgästehaus. Da dort kein Platz war, lotste ich den Bus ins Pötzleinsdorfer Gästehaus. Als ich nach Hause kam, schliefen die Kinder schon fest.

---

153 Liptovský-Mikuláš: Stadt in der mittleren Slowakei.

1968/69: Winterurlaub in Jasna

Zum Jahreswechsel 1968/69 war ich wieder mit Elfi und Wolfi in Jasna – diesmal im großen ROH-Hotel von der Gewerkschaft. Organisiert hat diese Reise Georg Schwarz, der ehemalige Parteisekretär der KPÖ in Baden, damals Direktor des Reisebüros Phönix. Es war eine illustre Gesellschaft. So weit ich mich erinnere, war natürlich Georg dabei. Die Angestelltenbetriebsräte Walter Marek von Elin, Franz Feitschinger und Erwin Fischer von Wertheim samt Gattinnen, Herbert Steiner vom Dokumentationsarchiv des Österreichischen Widerstandes samt Familie und Martin Grünberg, Generalsekretär der Österreichisch-Sowjetischen Gesellschaft mit Tochter. Der einzige Außenseiter unter der österreichischen Reisegruppe war der linientreue Volksstimmeredakteur Bruno Furch samt Familie.
Tagsüber amüsierten wir uns beim Skilauf und auch abends „rannte der Schmäh." Ein Witz jagte den anderen, zumeist über die KP und die sowjetische Besetzung. Bis uns eines Abends unsere Betreuerin und Dolmetscherin sagte: *„Ihr könnt leicht lachen, ihr fahrt in einer Woche wieder fort, aber wir müssen hier bleiben."* Da verstummten wir und erzählten keine politischen Witze mehr. Aber am Silvesterabend erhoben wir die Gläser und ließen den tschechischen Gesandten in Ankara „hoch leben". Alexander Dubček, der Parteivorsitzende im „Prager Frühling" wurde vorerst als Botschafter nach Ankara geschickt. Vielleicht in der Hoffnung, dass er im Westen bleiben werde; aber er kehrte dennoch in seine Heimat zurück. Unter Stalins Herrschaft hätte er den sowjetischen Einmarsch sicher nicht überlebt. Also doch ein Fortschritt?

18. bis 21. März 1969: Konferenz des Weltgewerkschaftsbundes (WGB) in Konakry

In der Leitung der Gewerkschaftlichen Einheit (GE) stand damals die Mehrheit offensichtlich auf dem Boden des „Prager Frühlings", daher hatte ich Förderer, von denen ich nichts wusste. So wurde ich als einziger Delegierter Österreichs zu dieser Konferenz in Guinea in Westafrika entsendet. Begründet wurde dies, weil ich Betriebsrat in einem weltumspannenden Konzern sei und eine der Konferenzsprachen, Englisch, beherrschte. Am 15. März 1969 fuhr ich mit dem Zug „Vindobona" nach Prag, wo ich vom Bahnhof abgeholt wurde. Ich konnte nur eine halbe Nacht im Hotel schlafen, da wir schon um 1:00 Uhr mit dem Bus zum Prager Flugplatz fuhren. Ein Kälteeinbruch in der Nacht brachte Glatteis auf den Straßen und die Busse blieben hängen und wir mussten das letzte Stück zum Flugplatz gehen. Es spielte keine Rolle, denn der Flug war um mehrere Stunden verschoben. Die Tragflügel der

Maschine mussten erst enteist werden. Die meisten Passagiere waren Funktionäre und zumeist tschechische Angestellte des Weltgewerkschaftsbundes. Keiner schien deutsch zu sprechen, und so fand ich bis zur Zwischenlandung in Algier keinen Gesprächspartner.
Auf einer Terrasse am Flughafen warteten wir, bis das Flugzeug aufgetankt war. Neben mir ein junger Engländer, Brian Bicat, Lehrer von Beruf und Sekretär im Weltgewerkschaftsbund (WGB) in Prag, wie sich bald herausstellte. Um endlich mit jemandem ins Gespräch zu kommen, sagte ich: *„Nach mehr als 25 Jahren bin ich wieder einmal in Afrika."* Er: *„Hast du in der Wehrmacht unter Rommel gekämpft?" „Nein, unter Montgomery." „Wieso?"* Also wieder einmal meine Geschichte, wie so oft zuvor. Ich war froh, dass endlich einer mit mir sprach und es entwickelte sich eine Freundschaft, die sich erst 1977 verlor. Ich war froh, dass mich endlich einer zur Kenntnis nahm. Als wir einige Stunden später in Guinea landeten, nahm uns die Hitze beinahe den Atem. Noch vor wenigen Stunden eisige Kälte in Prag und nun diese Hitze, südlich vom Äquator, das Flugpersonal muss das dauernd aushalten.
Guinea war ehemalige französische Kolonie und hatte erst vor 10 Jahren seine Unabhängigkeit erreicht. Die offizielle Landessprache war französisch, die einzige Sprache, die die verschiedenen im Land lebenden Stämme gemeinsam sprachen. An der Spitze des Landes stand Sekou Tourre[154], der sich schon vorher als Gewerkschaftsführer einen Namen gemacht hat.
Die Konferenz begann am 18. März 1969 mit einem 25 Seiten umfassenden Bericht des Weltgewerkschaftsbundes zum Thema: „Gemeinsamer Kampf gegen die imperialistischen Monopole und Kolonialismus und ökonomische und soziale Hilfe unter Beachtung der Souveränität und nationalen Unabhängigkeit".
Die Absicht der Konferenz war, den gemeinsamen Kampf der Arbeiterklasse in Europa und Afrika zu koordinieren. In keiner Phase gab es dazu auch nur Kontaktansätze. Der Bericht war voller Phrasen und war vollkommen realitätsfremd. Das schreibe ich nicht nur heute, das geht aus meinen Anmerkungen zum schriftlichen Bericht von damals hervor. Da ist die Rede von der ständig wachsenden Kraft der antiimperialistischen Kräfte, des sozialistischen Lagers an der Spitze die Sowjetunion (das durfte nicht fehlen), auch von den progressiven arabischen Staaten wurde gesprochen. Der Berichterstatter merkte offenbar selbst, dass er den Erfolgen zu viel Raum einräumte, und er wies darauf hin, dass die imperialistischen Kräfte nicht freiwillig kapitulieren werden und daher der Kampf weitergehen müsse. Unabhängig von vielen

[154] Ahmed Sékou Touré (1922–1984): Setzte als Regierungschef von Guinea 1958 dessen Unabhängigkeit durch; errichtete als Staatspräsident (1958–84) von Guinea ein diktatorisches Regierungssystem.

realitätsfremden Gemeinplätzen enthielt der Bericht aber auch einige erwähnenswerte Fakten:
Bis in die frühen 1950er Jahre war der Großteil Afrikas noch immer von den Kolonialmächten Großbritannien, Frankreich, Belgien, Spanien und Portugal besetzt. Große Teile Afrikas haben sich von der Kolonialherrschaft befreit, die ökonomische Ausbeutung durch ausländische Konzerne ist geblieben. Große Teile von Angola, Mocambique und Guinea-Bissau waren der Kontrolle durch die Kolonialmächte entrissen. Zimbabwe und Südwest-Afrika kämpften damals noch um ihre Unabhängigkeit. Der Kampf gegen das Apartheidregime in Südafrika kostete viele Opfer und schien fast aussichtslos.
Die ökonomischen Bindungen an die ehemaligen Kolonialmächte führten dazu, dass 31 der unabhängigen Staaten 80 Prozent ihrer erwirtschafteten Produktion durch Grundstoffe erzielten, die häufig nur aus ein oder zwei Produkten bestanden. Als Beispiel der wachsenden Ausbeutung der afrikanischen Länder wurde berichtet: 1951 kostete eine Tonne Stahl den Gegenwert von 92 kg Kakao, 1961 musste man für eine Tonne Stahl bereits 259 kg Kakao produzieren. Bei Kaffee stieg der Preis je Tonne Stahl von 72 kg 1951 auf 172 kg im Jahr 1961. Ähnlich war das Verhältnis Baumwolle zu Zement, wobei damals Baumwolle durch Kunstfaser verdrängt wurde. (Mittlerweile hat sich Baumwolle wieder durchgesetzt.)
Es wurde im Bericht aufgezeigt, dass die europäischen Steuerzahler die Entwicklungshilfe finanzieren, Hauptnutznießer jedoch vor allem die Konzerne waren. Es wurde zum Beispiel angeführt, dass im Jahr 1963 die Investitionen US-amerikanischer Firmen in Afrika 1.426 Mill. Dollar betrugen und im Jahr 1963 bereits 2.078 Mill. Dollar. Allein im Jahr 1963 brachten diese Investitionen 415 Mill. Gewinn. Ich habe keinerlei Gewähr für die Richtigkeit all dieser Zahlen. Dennoch kann ich mit Bestimmtheit behaupten, dass:

- ein beachtlicher Teil der Verbesserung unseres Lebensstandards von den Menschen der armen Länder durch billigen Rohstoffexport mitfinanziert wird
- dass privates Kapital nur dort investiert wird, wo entsprechende Gewinne rasch realisiert werden können. Fehlinvestitionen sind natürlich immer möglich – und da Afrika ein Risiko beinhaltet, wollen die Investoren sehr rasch hohe Gewinne einfahren.

Bei der Lektüre des Buches „Das Imperium der Schande“ von Jean Ziegler[155] konnte ich feststellen, dass sich die Situation seit damals noch verschlechtert

[155] Ziegler, Jean: Imperium der Schande. München 2005.

hat. Über Sinn und Zweck der Entwicklungshilfe sollen Berufenere schreiben, aber die Rolle der Weltbank und der Welthandelsorganisation wurde schon damals richtig erkannt, jedoch keine Gegenstrategien entwickelt. Keiner der Diskussionsredner ging auf den Bericht ein. Brachte doch jeder seinen bereits in der Heimat vorbereiteten Beitrag mit. Da wollte ich die Atmosphäre etwas auflockern; welch Illusion!

Ich schrieb abends einen Diskussionsbeitrag mit der Hand. Morgens gab ich diesen Entwurf an Brian Bicat, mit dem Ersuchen, jemand im Sekretariat des WGB solle mit der Schreibmaschine diesen Beitrag abtippen. Erstens könnte ich ihn dann ausbessern und zweitens auch leichter lesen.

Noch war ich nicht entschlossen, diesen Bericht auf der Konferenz vorzutragen: *„Warum sitzt du abends nicht mit uns zusammen in der Hotelbar?"* fragte mich Brian. *„Weil ich kein Geld habe, einen Drink zu bezahlen"*, war meine Antwort. Weder im Hotel noch auf der Bank kannte man den österreichischen Schilling und wollte ihn daher nicht eintauschen. *„Ja, hat denn dir deine Organisation keine Dollar mitgegeben?"* – diese wurden nämlich überall angenommen. *„Nein, meine Organisation hat mir außer einer Fahrkarte nach Prag gar nichts mitgegeben – nicht einmal gute Ratschläge"*, antwortete ich. Brian organisierte für mich Geld in einheimischer Währung bei der Konferenzleitung und versprach mir, dass mein Text auf der Schreibmaschine getippt werde. Ich habe diesen Text nie bekommen. Wahrscheinlich wurde er auch nie in deutscher Sprache mit Maschine geschrieben. Ich wartete auf den Text, während ich überlegte, ob ich überhaupt das Wort ergreifen sollte. Da bekam ich – neben anderen Materialien – ein abgezogenes Material in englischer Sprache auf den Tisch: Speech by Walter Stern, Unity Fraction of the A.T.U.F Austria. Rede von Walter Stern, Einheitsfraktion im ÖGB. Andere, wahrscheinlich die tschechischen Mitarbeiterinnen und Mitarbeiter im Weltgewerkschaftsbund, denen die Passage über die Tschechoslowakei gefallen hat, haben mir die Entscheidung abgenommen. Nachdem meine Rede bereits an alle Delegierten verteilt wurde – noch bevor sie gehalten war – konnte ich nicht mehr schweigen.

Da für viele Delegierte Österreich kein Begriff war, erklärte ich, dass Österreich ein kapitalistisches Land an der Grenze zu vielen sozialistischen Ländern liege. Die Arbeiterklasse konnte viele soziale Errungenschaften durchsetzen und wichtige Industrien wie Bergbau, Erdöl und Produktion von Eisen und Stahl sind im Besitz des Staates. Aber auch bei uns wird die Wirtschaft permanent von ausländischen Konzernen unterwandert, so sind diese zum Beispiel erst kürzlich mit Erfolg in die verstaatlichte Elektro-Industrie eingedrungen. Weiters führte ich aus, dass die Verstaatlichung der wichtigsten Produktionsmittel allein noch nicht Sozialismus bedeutet. Vor allem dann nicht, wenn die wichtigsten Positionen im Staat von Gegnern der Arbeiterklasse besetzt sind.

Ja, selbst die Positionen in der Verstaatlichten Industrie können nicht richtig genutzt werden, wenn den Belegschaften nicht die entsprechenden Möglichkeiten zur Mitentscheidung eingeräumt werden.
Auf die Stelle im Bericht „*... der Imperialismus werde immer wieder durch Putschversuche die Entwicklung in den sozialistischen Ländern gefährden*", bezugnehmend sagte ich: „*Es mag verschiedene Maßnahmen gegen solche Umsturzversuche geben. Die beste Maßnahme ist jedoch die Schaffung solcher Lebensbedingungen im Lande, dass etwaige Putschisten von der Bevölkerung isoliert sind. Eine sozialistische Ordnung kann nur dann gehalten werden, wenn sie vom Volk verteidigt wird; und sie wird dann verteidigt, wenn sie den Menschen ein menschenwürdiges Leben gewährleistet. Es ist notwendig, die maximale Freiheit des Individuums mit den Erfordernissen der Allgemeinheit in Einklang zu bringen. Unser Land liegt an der Grenze zur sozialistischen Welt. Unsere Menschen beobachten genau, was dort vor sich geht. Viele haben schon erkannt, dass der Kapitalismus ihre Probleme nicht lösen kann, aber sie sind noch nicht überzeugt, dass die sozialistische Gesellschaft besser ist. Deshalb waren wir vor einem Jahr mit Hoffnung erfüllt, als unsere tschechoslowakischen Nachbarvölker daran gingen, die Probleme in ihrem Land so zu lösen, dass die Bedürfnisse des Individuums mit den Gesamterfordernissen des Sozialismus in Einklang gebracht werden. Diese Entwicklung hat die Anziehungskraft des Sozialismus auf die Bevölkerung unseres Landes gewaltig gesteigert.*
Im Interesse des gemeinsamen Kampfes gegen den Imperialismus sollte niemand den vor einem Jahr in unserem Nachbarland eingeschlagenen Weg behindern. Diese Konferenz zeigt klar auf, gegen wen der gemeinsame Kampf geführt werden muss. Wir sollten uns aber auch mit den Mängeln innerhalb unserer eigenen Reihen beschäftigen und diese zu überwinden trachten."[156] Angesichts der vielen afrikanischen Delegierten im Saal, die das Mao-Tse-Tung-Abzeichen[157] an ihre Kleidung geheftet hatten, aber auch an die Adresse der Delegierten aus den Warschauer-Pakt-Staaten, setzte ich fort: „*Wem hilft es im Kampf gegen den Imperialismus, wenn junge Menschen im Streit um eine unbewohnte Insel im fernen Osten ihr Leben lassen. Junge Menschen, die für den Aufbau des Sozialismus gebraucht werden. Ich will nicht nach Schuldigen suchen – und verurteilen. Ich möchte nur, dass sich diese Konferenz an die beiden sozialistischen Großmächte wendet, mit dem Appell, diesen unseligen Streit friedlich beizulegen.*"[158]
Es gab keinerlei Reaktion auf meinen Diskussionsbeitrag. Weder negativ noch positiv. Jeder der Delegierten lieferte seinen vorbereiteten Diskussions-

---

156 Nach den persönlichen Aufzeichnungen von Walter Stern.

157 Mao-Tse-Tung (auch Mao Zedong, 1893–1976): seit 1921 Engagement in der KP Chinas, 1949 Ausrufung der Volksrepublik China.

158 Nach den persönlichen Aufzeichnungen von Walter Stern.

beitrag ab. Man redete aneinander vorbei. Erst einige Zeit später – da hatte ich schon lange nichts mehr mit der alten Gewerkschaftlichen Einheit zu tun – erfuhr ich, dass Wolfgang Bayreuther, damals Spitzenfunktionär der DDR-Gewerkschaften und Leiter der DDR-Delegation bei der Konferenz, sich anlässlich eines Wien-Besuches bei der KPÖ über meinen Diskussionsbeitrag beschwert hat. Wahrscheinlich beruhigte man ihn mit der Erklärung, dass ich ohnedies schon aus allen Funktionen der alten Gewerkschaftlichen Einheit ausgeschlossen sei. An dieser Stelle möchte ich anmerken, dass meine Stellungnahme sowohl zur ČSSR als auch zum sowjetisch-chinesischen Konflikt der offiziellen Meinung der KPÖ des Frühjahrs 1969 entsprach.

Der Sinn der Konferenz ist mir verschlossen geblieben. Vor allem die Teilnahme der Delegierten aus Europa. Die Diskussionen haben gezeigt, dass die Probleme der europäischen Gewerkschaften ganz andere sind als die der afrikanischen. Selbst in Europa konnte man von keinem einheitlichen Bild sprechen.

Während die großen Gewerkschaften Italiens und Frankreichs echte Gewerkschaften im klassischen Sinn waren, konnte man dies von den Gewerkschaften der Sowjetunion und der anderen Länder des so genannten „realen Sozialismus" nicht behaupten. Nach meinem Diskussionsbeitrag konnte ich feststellen, dass die Delegierten der tschechoslowakischen Gewerkschaft noch immer auf den Positionen des „Prager Frühling" standen. Ebenso die tschechischen Angestellten des Weltgewerkschaftsbundes, die auf einmal alle deutsch sprachen und sich gerne mit mir unterhielten. Trotz der Problematik waren die Tage in Guinea freilich ein unvergessliches Erlebnis für mich.

Von Ägypten über den Sudan bis Äthiopien und Mauretanien waren – so meine ich – fast alle Länder Afrikas vertreten. Auch Länder, deren Namen ich auf der Konferenz erstmals hörte. Natürlich konnte ich nicht beurteilen, ob diese Delegierten große Gewerkschaften vertraten oder solchen Minderheitsgruppen angehörten wie ich selbst.

Der Delegierte aus Südafrika war auch Mitglied der Leitung des ANC.[159] Er saß bei der Konferenz neben mir und erklärte mir bei jedem afrikanischen Diskussionsredner, ich hatte vor mir eine afrikanische Landkarte, aus welchem Land dieser komme. Man sah ihm an, dass er schon einiges durchgemacht hatte und war auch nicht mehr ganz jung. Wann immer sich eine Gelegenheit bot, sagte er mir: *„Denk nach, wie ihr in eurem Land unseren Kampf gegen*

[159] ANC: Abkürzung für Afrikanischer National Kongress. Wurde 1912 als „South African Native National Congress" gegründet und organisiert seit 1923 unter der Bezeichnung ANC den Kampf für Gleichberechtigung.

die Apartheid unterstützen könnt." Ob er die Präsidentschaft Mandelas noch erlebt hat? Er hätte es verdient.
Unvergesslich auch die Aufführung des Ballett „Africans". Dieser Rhythmus, diese Anmut der Tänzerinnen im Kulturpalast – ein Geschenk der chinesischen Volksrepublik. Ein wundervolles Bauwerk mit allen modernen Einrichtungen. Ich stellte mir schon damals die Frage: *„Was empfindet ein Einwohner von Konakry, wenn er nach einer Veranstaltung in diesem Prunkbau in seine Elendsbehausung nach Hause zurückkehrt?"* Ich konnte leider keinen darüber befragen.
Faszinierend war die Geschicklichkeit der Kunsthandwerker. Ich besuchte mehrere Holzschnitzereien und auch Werkstätten zur Herstellung von filigranem Silberschmuck. Wie einfach doch die Werkzeuge und wie geschickt die Menschen bei der Arbeit waren. Hätte ich das geahnt, ich hätte unsere ausrangierten Bohrer, Zangen, Pinzetten und Stemmeisen mitgebracht. Wir besuchten auch eine Kollektivplantage für Orangen, Bananen und Ananas. Im Inneren des Landes zeigte man uns das Serum-Institut, einst eine Zweigstelle des Pasteur-Institutes in Paris. Hier wurde ein Anti-TBC-Medikament entwickelt und an Menschenaffen getestet. Außerdem wurde dort ein Serum gegen Giftschlangenbisse hergestellt. Man zeigte uns auch, wie einer Schlange das Gift entnommen wurde, das zur Herstellung des Serums erforderlich ist. Die Häuser für das medizinische Personal hatten durchaus europäischen Standard. Auf dem Weg zum Institut passierten wir einige Dörfer, die ihren ursprünglichen Charakter erhalten haben.
Guinea war damals ein Teil des „Sozialistischen Lagers". Aber der Islam war überall präsent. Sékou Touré rühmte sich, dass es ihm gelungen sei, die „Vielweiberei" im Lande per Gesetz abzuschaffen. Wenn er sprach – ich habe außer den Worten „Liberté", „Fraternité" und „Revolution" nichts verstanden – klang immer das Pathos der französischen Revolution durch. So müssen die Volkstribunen damals gesprochen haben. Das war so bei seiner Begrüßungsrede auf dem Kongress bei einer Festveranstaltung im Volkspalast und bei der Abschlusskundgebung für die Bevölkerung, bei der auch Volkstänze der eingeladenen Stämme gezeigt wurden, und der Iman von Konakry ein Gebet sprach. Es würde zu weit gehen, die auf der Konferenz gehaltenen Reden auch nur auszugsweise wiederzugeben. Aber einige Sätze aus Sékou Tourés Begrüßungsrede scheinen mir erwähnenswert: *„Der vor hundert Jahren erschollene Ruf: Proletarier aller Länder vereinigt Euch ist noch immer wichtig. Wir kämpfen für Gleichberechtigung – absolute Souveränität und internationale Solidarität. Es gibt keinen Frieden, weil es keine Balance, keine Bedingungen der Gleichheit in der Welt gibt. Das muss geändert werden. Es gibt viele Wege dahin. Hauptsache ist, dass wir uns selbst befreien – aber das genügt nicht. Wir müssen auch die Natur der Menschen studieren* (interessante Aussage

von einem Marxisten, Anm. d. Autors). *Appell zur Einheit zwischen den sozialistischen Ländern. Es darf keinen Chauvinismus und keine Vorherrschaft geben. Die großen sozialistischen Staaten sollen bei ihrer Preispolitik gegenüber den Entwicklungsländern nicht den kapitalistischen Staaten folgen.* (Ein Wunschtraum, Anmerkung d. Autors). *Sozialismus ist nicht das Eigentum eines Landes. Man muss Vertrauen in das eigene Volk haben. Marxismus ist kein Privileg von Karl Marx. Er selbst baut auf die Erkenntnisse anderer Philosophen auf. Er muss ständig weiterentwickelt werden, weil er kein Dogma ist. Selbst Kapitalisten bedienen sich einiger Erkenntnisse von Marx, um die Ausbeutung zu verbessern. Es darf weder Import noch Export einer Revolution geben."*[160]

Ein tschechischer Delegierter erzählte mir über ein Gespräch, das der tschechische Botschafter mit Sékou Touré geführt hatte. Sekou Touré habe gesagt, *„.. trotz aller Hilfe aus der Sowjetunion sei er froh, dass sein Land nicht an die Sowjetunion angrenze."* Beweis für diese Aussage habe ich keinen und will diese daher als sehr vorsichtig behandelt wissen. Aber angesichts der Aussagen Sékou Tourés auf der Konferenz halte ich dies für möglich. Mittlerweile hat ja die Geschichte Wichtigeres als diese Konferenz überrollt.

Die KPÖ nach 1968

Unmittelbar nach dem Einmarsch der Warschauer-Pakt-Truppen in die Tschechoslowakei im August 1968 beschloss das Zentralkomitee der KPÖ einen Protest gegen diesen Einmarsch. Friedl Fürnberg, der Zentralsekretär der KPÖ, war bei dieser Sitzung nicht anwesend, weil er in Moskau war. Den meisten KP-Betriebsrätinnen und Betriebsräten in Favoriten war ein einfacher Protest jedoch zu wenig. So sprach eine kleine Delegation, die Betriebsräte Pospisil und Aurednig von der Firma Felten und ich, beim Vorsitzenden der KPÖ Franz Muhri am Höchstädtplatz vor.

Wir verlangten von ihm, dass die KPÖ ihre Beziehungen zur Kommunistischen Partei der Sowjetunion für die Dauer der Besetzung der Tschechoslowakei abbrechen sollte. Franz Muhri lehnte das entschieden ab. Wir gingen enttäuscht nach Hause.

Bruno Kreisky meinte damals lapidar: *„Dieser Protestbeschluss werde nicht lange halten, dazu sind die Beziehungen der KPÖ zur Sowjetunion viel zu eng geknüpft."* Wieder einmal hatte er Recht behalten. Bald danach setzte eine Kampagne innerhalb der KPÖ zur Revision dieses Beschlusses ein. Unter anderen besuchten auch Beamte der sowjetischen Botschaft den langjährigen Vorsitzenden

[160] Nach den persönlichen Notizen von Walter Stern.

und damaligen Ehrenvorsitzenden der KPÖ, Johann Koplenig. Sie ersuchten ihn, er möge seinen Einfluss in der Partei geltend machen, damit der Protest gegen den Einmarsch widerrufen werde. Lisa Markstein, die Tochter von Hilde und Hans Koplenig, ist heute noch stolz auf ihren Vater, dass er zu dem Protest stand und dieses Ansinnen abgelehnt hat.
Ernst Fischer wurde nach seinem im ORF gegebenen Interview, in dem er nicht nur gegen den Einmarsch der Warschauer-Pakt-Truppen in die ČSSR protestierte, was ja zu jenem Zeitpunkt auch der offizielle Standpunkt der KPÖ war, sondern auch noch den Ausdruck vom Panzerkommunismus prägte, aus der Partei ausgeschlossen. Der Großteil der kommunistischen Intellektuellen, die sich um die Monatszeitschrift „Wiener Tagbuch"[161] scharrten, standen hinter Ernst Fischer. Es entstand unter dem Chefredakteur Franz Marek das „Neue Wiener Tagebuch" und der Verein „Freunde des Neuen Wiener Tagebuch".
Bei den kommunistischen Intellektuellen, selbst dann als sie der KPÖ schon den Rücken kehrten, bestand eine Vorliebe, Arbeiterinnen und Arbeiter in ihre Aktivitäten einzubinden. So wurde Kurt Urban, Betriebsrat von der Firma Wertheim, und ich als Betriebsrat der Firma Goerz in den Vorstand des Vereines gewählt. Ich kann mich nicht erinnern, dass ich je an einer Vorstandssitzung teilgenommen habe, ausgenommen an jener, die viele Jahre später die Auflösung des Vereines beschlossen hat.
Das Tagebuch hatte ein unglaublich hohes Niveau. Es kamen dort nicht nur kommunistische Publizistinnen und Publizisten zu Wort, sondern auch solche, die mit der KPÖ nie etwas zu tun hatten. Besonders gerne las ich die Beiträge von Teddy Prager. Diese Bemerkung soll jedoch die Beiträge der anderen nicht schmälern: Franz Marek, Viktor Matejka, Ernst Fischer, später auch Karl-Markus Gauß und Martin Pollak gehörten zu den renommiertesten Publizisten dieses Organs.
Noch wichtiger und interessanter fand ich jedoch die vom Tagebuch wöchentlich versendete „Internationale Presseschau", kurz IPS genannt. Mit Beiträgen aus den wichtigsten Zeitungen der ganzen Welt. Teddy Prager bearbeitete die englischsprachige Presse. Toni Lehr italienische und französische, Poldi Grünwald russische und tschechische sowie Martin Grünberg Beiträge aus russischen Publikationen.

[161] Wiener Tagebuch: Name für die zwischen 1946 und 1989 erschienene österreichische (kommunistische) Kulturzeitschrift.

Verein der Freunde des Tagebuch lädt ein

zum 70. Geburtstag Ernst Fischers

INTELLEKTUELLE UND ARBEITERBEWEGUNG

Es sprechen: Ernst Fischer, Franz Marek, Prof. Dr. Eduard März, Alfred Hrdlicka, Betriebsratsobmann Walter Stern, Betriebsratsobmann Erwin Fischer.

Vorsitz: Dr. Friedrich Scholl

Donnerstag, 26. Juni 1969, 19 Uhr im Porr-Haus, Großer Saal, Wien IV, Treitlstraße.

Regiebeitrag: S 5.–

Nach dem Ausschluss von Ernst Fischer aus der KPÖ veranstaltete der Verein der „Freunde des Tagebuch" am 26. Juni 1969 anlässlich des 70. Geburtstages von Ernst Fischer eine Versammlung im Großen Saal des Porr-Hauses in Wien zum Thema „Intellektuelle und Arbeiterbewegung". Unter dem Vorsitz von Dr. Friedrich Scholl waren Ernst Fischer, Franz Marek, Prof. Dr. Eduard März, der Bildhauer Alfred Hrdlicka, der Obmann des Angestelltenbetriebsrates Erwin Fischer und ich als Redner geladen. Außer Prof. März waren alle Redner damals noch Mitglieder der KPÖ. Franz Marek und Dr. Scholl sogar Mitglieder des Zentralkomitees. Ernst Fischer war zweifellos einer der besten Redner, die es damals in Österreich gab. Als er noch als Abgeordneter im Parlament das Wort ergriff, leerte sich die Parlamentskantine und füllte sich der Plenarsaal. Selbst seine eingefleischtesten Gegnerinnen und Gegner wollten hören, was er zu sagen hatte. Da sollte ich in seiner Anwesenheit zu seinem Geburtstag eine Rede halten? Mir war etwas mulmig zu Mute. Also erzählte ich von einem Gespräch, das ich vormittags mit einem sozialistischen Kollegen in der Firma hatte. Ich zitierte diesen Kollegen einfach, er sagte: *„Walter, du kannst mir erzählen, was du willst, der Fischer ist doch der gescheiteste, den ihr in der Partei habt."* Da wurde ich durch spontanen Applaus unterbrochen. Dann berichtete ich von Ernst Fischers Artikel in der „Internationalen Literatur", die ich im Kibbuz Tell Joseph gelesen habe und die mich, und wahrscheinlich auch viele andere, der kommunistischen Bewegung näher brachten. Weiters führte ich aus, *„dass die Arbeiterbewegung in ihren verschiedensten Schattierungen nicht gerade anziehend auf Intellektuelle wirkt. Auch die Ereignisse in jenen Ländern, wo im Namen der Arbeiterklasse die Macht ausgeübt wird, sind dazu angetan anziehend zu wirken. Weder für Arbeiter noch für Intellektuelle. Wir sind Kommunisten geworden, weil wir die Ungerechtigkeiten und die Brutalität der kapitalistischen Gesellschaftsordnung zutiefst ablehnen. Aber es schmerzt doppelt und dreifach, wenn man Ungerechtigkeit und Brutalität in jenen Ländern feststellen muss, in denen Kommunisten an der Macht sind. Da kann man nicht schweigen – auch wenn die eine oder andere Formulierung überspitzt erscheint."*[162]

Zum Thema des Abends meinte ich: *„Arbeiter wollen nicht durch Intellektuelle und Intellektuelle wollen nicht durch Arbeiter und beide gemeinsam wollen nicht durch Parteisekretäre bevormundet werden."*[163] Dann bat ich Ernst Fischer die Feder noch nicht aus der Hand zu legen, um noch einige Publikationen zu schreiben. Leider ist er zwei Jahre später an Herzversagen gestorben. Eine Delegation unseres Betriebsrates nahm an der Urnenbeisetzung am Wiener Zentralfriedhof teil. Ernst Fischer war neben seiner herausragenden Intelligenz, die sich vor allem in seiner Begabung als Redner äußerte, ein blendender Formulierer und Schriftsteller. Seine Fantasie und Träumereien spielten ihm so manchen Streich.

Toni Lehr, die, bevor sie im Auftrag der Partei nach Frankreich ging, im Apparat der Komintern arbeitete, erzählte mir folgende Geschichte: Als nach der Okkupation Österreichs durch die Deutsche Wehrmacht die Komintern beschloss für die Unabhängigkeit Österreichs einzutreten, diskutierte Georgi Dimitrow[164] mit Ernst Fischer über dieses Thema. Ernst Fischer, aus der Sozialdemokratie kommend, war noch immer vom großdeutschen Gedanken (wenn auch unter anderen Voraussetzungen) behaftet. Als sich Dimitow in seiner Argumentation nicht mehr zu helfen wusste, fragt er Ernst Fischer: *„Wie fühlen sie Genosse Fischer, deutsch oder österreichisch?"* Worauf Fischer antwortete: *„Deutsch"* – *„Dann fühlen sie falsch, Genosse* Fischer", war Dimitrows Reaktion. Später entwickelte sich Fischer zum glühenden österreichischen Patrioten. Sogar so überspitzt, dass er nach dem Krieg den Vorschlag machte, Österreich möge als Reparation für die Okkupation im Jahre 1938 das Deutsche Eck von

---

162 Nach den persönlichen Aufzeichnungen von Walter Stern.

163 Nach den persönlichen Aufzeichnungen von Walter Stern.

164 Georgi Dimitrow (1882–1949): Mitbegründer der bulgarischen KP 1919; Emigration nach dem Aufstand von 1923, wurde 1933 vor dem Reichsgericht in Leipzig von der Anklage der Brandstiftung (Reichstagsbrand) freigesprochen. 1935–44 Generalsekretär der Komintern, 1946–49 Ministerpräsident von Bulgarien und 1948–49 KP-Generalsekretär.

Bayern fordern. Dieser Wunsch wurde jedoch von niemanden, auch nicht von der KPÖ aufgegriffen. Persönlich erlebte ich Ernst Fischers Fantasie bei einer Versammlung im Theater „Scala". Es war nach dem Wahlsieg der Labour-Party in England bei der ersten Nachkriegswahl. Fischer sprach von einer sozialistischen Achse in Europa von London bis Moskau. Fern von jeder Realität, doch habe ich dies damals keineswegs so empfunden. Diese Dinge habe ich bei der Versammlung anlässlich seines 70. Geburtstages nicht erwähnt.
Am 1. Mai 1969 marschierte ich zum letzten Mal im Zug der KPÖ über den Ring. Aber nicht wie üblich mit dem 10. Bezirk, sondern im Anschluss an den offiziellen KPÖ-Zug. Am Schwarzenbergplatz sammelten sich jene Kommunistinnen und Kommunisten, die mit der Besetzung der Tschechoslowakei nicht einverstanden waren. Es waren großteils Studenten des Verbandes demokratischer Studenten (VDS), unter diesem Namen kandidierten die kommunistischen Studenten an den Hochschulen, die Freie österreichische Jugend (FÖJ) und viele Betriebsrätinnen und Betriebsräte der Gewerkschaftlichen Einheit (GE). Als wir an der KPÖ-Tribüne vor dem Parlament vorbeizogen, skandierten wir den Ruf: *„Dubček! Svoboda!"*[165] Darauf antworteten die moskautreuen Kommunistinnen und Kommunisten vor der Tribüne *„Husák! Svoboda"*! Der bereits erkrankte Svoboda wurde noch einige Zeit im Amt als Präsident der tschechoslowakischen Republik belassen, bis Husák an seine Stelle trat.[166]
In den Bezirken wurde der 19. Parteitag der KPÖ vorbereitet. Ich nahm zwar an der vorbereitenden Bezirkskonferenz im 10. Bezirk teil, hatte aber keine

[165] Ludvik Svoboda (1895–1979): ab 1922 Berufsoffizier, Gründer und Mitglied der tschechischen Widerstandsbewegung „Obrana". Flüchtete vor den Nationalsozialisten über Polen in die Sowjetunion. Ab 1941 Befehlshaber einer tschechoslowakischen Einheit, die auf sowjetischer Seite kämpfte, ab 1943 Brigadegeneral und Kommandeur der 1. Tschechoslowakischen Brigade. Verteidigungsminister der tschechoslowakischen KP-Regierung (1950 entlassen), kurzfristig stellvertretender Ministerpräsident. Verlor später sämtliche Ämter, 1952 mehrere Monate in Haft. Während des „Prager Frühlings" holte man ihn zurück, am 30. März 1968 wurde er zum Staatspräsidenten gewählt. Nach dem Einmarsch der Truppen der Warschauer Pakts am 20. August 1968 verweigerte er die Zusammenarbeit mit der von der sowjetischen Besatzung eingesetzten Regierung und trat gegen die Politik der „Normalisierung" ein. Aufgrund gesundheitlicher Probleme wurde er im Mai 1975 vom Parlament abgesetzt. Nachfolger wurde Gustáv Husák.

[166] Gustáv Husák (1913–1991): trat 1933 der KP bei. Während des 2. Weltkrieges in der Slowakei im illegalen Widerstand tätig und führendes Mitglied des Slowakischen Aufstandes, 1944 stv. Vorsitzender der Slowakischen KP und 1946–1950 Vorsitzender des sog. Beauftragtenausschusses", der die Slowakei verwaltete, 1950 aller Funktionen enthoben, im Februar 1951 verhaftet und im April 1954 als „bürgerlicher Nationalist" zu lebenslänglicher Haft verurteilt. 1960 Begnadigung und 1963 Rehabilitierung. Danach wissenschaftlicher Mitarbeiter am Institut für Staat und Recht. Während des Prager Frühlings stellvertretender Ministerpräsident und im August 1968 Erster Sekretär der Slowakischen KP. Nach dem Einmarsch der Warschauer-Pakt-Truppen zunächst auf Seiten der Parteiführung und trat für die so genannte „Normalisierung" ein. Im April 1969 Nachfolger von Alexander Dubček als Erster Sekretär der KP und im Mai 1975 Staatspräsident. Im Dezember 1987 Übergabe der Führung der Partei an Miloš Jakeš. Rücktritt im Dezember 1989. Sein Nachfolger wurde Václav Havel.

große Lust mehr weiterzumachen. Die Delegiertenwahl war organisatorisch so vorbereitet, dass vom 10. Bezirk weder ein Jugendfunktionär noch ein Betriebsrat aus Favoriten zum Parteitag delegiert wurde. Aber in den Diskussionsbeiträgen wurde immer lauthals erklärt, die wichtigste Arbeit sei die Arbeit in den Betrieben und mit der Jugend. Das war wieder einmal der Widerspruch zwischen Theorie und Praxis. Ein beliebtes Argument zur Abwürgung der Diskussion war: *„Jetzt haben wir genug diskutiert, jetzt muss gearbeitet werden."* Ich wollte niemanden am Arbeiten hindern und habe mich aus der Partei vollkommen zurückgezogen. Ich hatte einfach genug. Leicht ist mir dieser Entschluss dennoch nicht gefallen. Ich habe mich stillschweigend verabschiedet. Nach dem Ausscheiden von Ernst Fischer, Franz Marek, Egon Kodicek, Teddy Prager und vieler langjähriger Mitglieder aus der KPÖ fand ich es nicht mehr erforderlich, jenen, die nun allein die Politik der KPÖ bestimmten, einen Austrittsbrief zu schreiben.

Tätigkeit außerhalb der Firma: In der Landesleitung Wien der Gewerkschaft der Metall- und Bergarbeiter

Bis zum Jahr 1962 gab es in der Metall- und Bergarbeitergewerkschaft keine eigene Landesleitung für Wien. Diese Agenden wurden bis dahin vom Zentralvorstand wahrgenommen. 1962 wurde erstmals eine Wiener Landesleitung gegründet. Die damals noch unter dem Einfluss der KPÖ stehende Gewerkschaftliche Einheit entsandte Kollegen Ernst Schmidt, Betriebsratsobmann von Austro-Fiat, und Kollegen Rudolf Teply, Betriebsratsobmann von der ÖMV-Firma Bau-Montage und mich, nach einer uns von der Fraktion der sozialistischen Gewerkschafter zugestandenen Anzahl von Sitzen in die Landesleitung. Erster Obmann der Wiener Landesleitung war Kollege Anton Benya,[167] der damalige Obmann der Gewerkschaft der Metall- und Bergarbeiter. Für das Präsidium der Wiener Landesleitung wurde der KPÖ-Fraktion zwar ein Sitz eingeräumt, jedoch nicht besetzt, weil die Fraktion sozialistischer Gewerkschafter den Vorschlag der Gewerkschaftlichen Einheit, Ernst Schmidt, nicht zustimmen wollte. Ich halte es auch heute noch für undemokratisch, dass die Mehrheit die Vorschläge der Minderheit nicht akzeptiert hat. Einer der ers-

[167] Anton Benya (1912–2001): Lehre als Elektromechaniker, 1934–1945 illegale Tätigkeit für die freien Gewerkschaften, zwei Mal in Haft. 1948 Organisationssekretär des ÖGB, 1956 Stellvertretender Generalsekretär des ÖGB, Abgeordneter zum Nationalrat. 1959 Vorsitzender der Gewerkschaft der Metall- und Bergarbeiter, Vizepräsident des ÖGB. 1962 Vorsitzender der Gewerkschaft der Metall- und Bergarbeiter. 1963–1987 Präsident des ÖGB, 1971–1986 Präsident des Nationalrates.

ten Beschlüsse dieser Landesleitung war eine Resolution zur Verteidigung der Verstaatlichten Industrie gegen die Privatisierungswünsche der ÖVP.
Noch vor meinem Ausscheiden aus der Landesleitung stellte ich den Antrag, man möge im Gewerkschaftshaus der Metall- und Bergarbeitergewerkschaft eine Gedenktafel für jene Metallarbeiterinnen und Metallarbeiter anbringen, die in der faschistischen Ära hingerichtet und in nationalsozialistischen Konzentrationslagern ermordet wurden. Kollege Adolf Czettel antwortete, dass dies keine Wiener Angelegenheit sei, er werde diesen Vorschlag jedoch weiterleiten. Bis heute gibt es diese Tafel nicht. Ich erwähne diese Angelegenheit in der Hoffnung, dass sich doch noch jemand dieses Vorschlages annehmen wird.

Die „Gewerkschaftliche Einheit"

Die Arbeiterkammerwahl im Jahr 1964 brachte einen überraschenden Erfolg für die damals von der KPÖ dominierten Gewerkschaftlichen Einheit (GE). Die Wahl erfolgte noch in drei verschiedenen Wahlkörpern: Arbeiter, Angestellte und Verkehr. Die Gewerkschaftliche Einheit erzielte im Sektor Arbeiter in Wien 14.490 Stimmen und 15 Mandate. So kam es, dass ich – obwohl an aussichtsloser Stelle gereiht – als Ersatzmann gewählt wurde. Als Elek Lustmann im Jahr 1966 unerwartet starb, rückte ich als aktiver Arbeiterkammerrat nach. Insgesamt hatte die Gewerkschaftliche Einheit in Wien 20 Arbeiterkammerräte. Die Standpunkte der GE wurden von erfahrenen Funktionären wie dem leider sehr früh verstorbenen Otto Horn, Egon Kodicek, Ing. Fred Margulies, Fritz Neubauer und Theodor Heinisch dargelegt. Da war es nicht erforderlich, dass ich mich zu Wort meldete.
Bei der Arbeiterkammerwahl 1969, also nach dem Einmarsch der Warschauer-Pakt-Truppen in die ČSSR, verlor die Gewerkschaftliche Einheit (GE) trotz massiven Protests gegen den Einmarsch den Großteil der Stimmen. Auch ich wurde nicht wieder gewählt. Die Auseinandersetzung innerhalb der KPÖ zwischen Gegnerinnen, Gegnern, Befürworterinnen und Befürwortern der Intervention in der ČSSR färbte natürlich auch auf die Gewerkschaftliche Einheit ab. Aber auch die Diskussion um eine von der Partei unabhängige Gewerkschaftsfraktion flammte wieder auf. Die meisten Betriebsrätinnen und Betriebsräte wollten sich nicht länger von – in Gewerkschaftsfragen inkompetenten und unerfahrenen – Parteisekretären bevormunden lassen. Unterstützung bekamen wir auch von Funktionären wie Egon Kodicek, Teddy Prager, Ing. Fred Margulies und Gustl Zickler, die im Partei- oder im Gewerkschaftsapparat beschäftigt waren.
Trotz aller Differenzen war man sich in einer Frage einig: Die Politik der Sozialpartnerschaft führte dazu, dass die Interessen der Arbeitnehmerinnen

und Arbeitnehmer den Interessen der „Wirtschaft" untergeordnet wurden und daher abzulehnen ist. Der Widerruf des Protestes der KPÖ gegen den Einmarsch der Warschauer Pakt-Truppen in der ČSSR führte dazu, dass die meisten Gegnerinnen und Gegner des militärischen Einmarsches der Warschauer-Pakt-Truppen in die ČSSR aus der Partei ausschieden.

Um der Stimmung vieler Betriebsrätinnen und Betriebsräte Rechnung zu tragen, legte Leo Horak der GE-Leitung einen Entschließungsantrag vor, in dem es unter anderem heißt: *„Die Gewerkschaftliche Einheit ist eine autonome Bewegung, die durch ein enges Kampfbündnis mit der KPÖ verbunden ist."*[168] Der zweite Teil der Resolution sollte Friedl Fürnberg und den Parteiapparat zufrieden stellen. Viele von uns (auch ich) hatten noch die Illusion, dass man die Gewerkschaftliche Einheit trotz aller politischer Differenzen als einheitliche, nun echt unabhängige Fraktion erhalten könne. Am 4. April 1969 wurde noch in einer zentralen Leitungssitzung auf Antrag des Kollegen Zickler mit 20 gegen 11 Stimmen beschlossen, dem ÖGB-Präsidium vorzuschlagen, Kollegen Kodicek an Stelle des aus Altersgründen ausscheidenden Kollegen Täubl als Fraktionssekretär anzustellen. Daraufhin wurde Kollege Kodicek als Fraktionssekretär im ÖGB aufgenommen.[169]

Als einige Zeit danach der Vorsitzende der KPÖ, Franz Muhri, bei Anton Benya anrief und meinte, dass er mit Kodicek nicht einverstanden sei und Benya diesen kündigen möge, antwortete Benya: *„Ich lasse mir nicht einmal von der Löwelstraße*[170] *vorschreiben, wen ich anstelle oder kündige, schon gar nicht vom Höchstädtplatz."*[171] Nach der Pensionierung von Egon Kodicek wurde dieser Posten auf Vorschlag der KPÖ von Kollegen Rudolf Streiter vom Linksblock besetzt. Am 15. Mai 1970 hat Walter Neuhaus, Kurt Neumann und Ing. Simek bei der Wiener Sicherheitsdirektion Wien einen Verein unter dem Namen „Arbeitsgemeinschaft für Gewerkschaftliche Einheit" angemeldet. Die Bewilligung durch die Vereinsbehörde erfolgte am 23. Juni desselben Jahres.

Trotz beleidigender Diffamierungen gegen Egon Kodicek versuchte dieser noch eine Kompromisslösung zu finden. Das hat alles nichts genützt. So wie in der besetzten Tschechoslowakei das neue politische Schlagwort „Normalisierung" dazu diente, die Anhänger Dubčeks aus Gewerkschaft und Partei zu entfernen, wollte auch Friedl Fürnberg die politische Lage in der Gewerkschaftlichen Einheit „normalisieren." Alle wichtigen Funktionen wurden mit

---

[168] Entschließungsantrag von Leo Horak zur Bundeskonferenz der Gewerkschaftlichen Einheit vom 17. und 18. Oktober 1970.

[169] Vgl. Protokoll der 7. Landesleitung der Gewerkschaftlichen Einheit vom 2. April 1970.

[170] Löwelstraße: Sitz der Parteizentrale der SPÖ.

[171] Höchstädtplatz: damals Sitz der Parteizentrale der KPÖ.

Genossen besetzt, die treu zu seiner politischen Linie standen und die die führende Rolle der Partei auch in der Fraktion der Gewerkschaftlichen Einheit anerkannten. In der Angestelltengewerkschaft allerdings behielten die Genossen Fred Margulies, Walter Marek und Ingenieur Schimek die Oberhand und dort setzte sich die neue Gewerkschaftliche Einheit fast komplett durch. Am 9. Gewerkschaftstag der Metall- und Bergarbeiter hat die KPÖ-Fraktion ihre Kandidaten für den Zentralvorstand mit der Mehrheitsfraktion vereinbart.

In der Metallarbeitergewerkschaft wurde der allgemein geschätzte und beliebte Rechtsschutzsekretär Gustl Zickler[172] nicht mehr für den Zentralvorstand nominiert, sondern alle Zentralvorstandsposten, die der Gewerkschaftlichen Einheit zustanden, wurden mit KPÖ-treuen Genossinnen und Genossen besetzt. Lediglich ich wurde noch für die Kontrolle vorgeschlagen. Ich habe mich in meiner Funktion in der Kontrolle der Gewerkschaft der Metall- und Bergarbeiter absolut nicht wohl gefühlt, da die Kontrolle nicht wirklich einer Kontrolle entsprach, wie ich sie mir vorstellte. So wurde bei einer Kontrollsitzung mein Vorschlag auch die Kontoauszüge zu prüfen, mehrheitlich abgelehnt, und dadurch habe ich nie erfahren, welche Zuwendungen die einzelnen Fraktionen für die Bildungsarbeit bekamen. Es erfolgte alle drei Monate lediglich eine stichprobenartige Prüfung der Belege der Handkassa, aber mehr nicht. Ich war erleichtert, als nach dem folgenden Gewerkschaftstag diese Funktion von einem Vertreter des Linksblocks besetzt wurde.

Bei diesem Gewerkschaftstag wurden auch alle Mandate im Zentralvorstand von Betriebsrätinnen und Betriebsräten des Gewerkschaftlichen Linksblocks besetzt. Begründet wurde dies damit, dass der ÖGB nur die Gründerfraktionen SPÖ, ÖVP und KPÖ anerkenne und nur diese Ansprüche auf Sitz und Stimme im Zentralvorstand haben. Das Mandat in der Wiener Landesleitung habe ich jedoch behalten, da es noch eine größere Anzahl von Betriebsrätinnen und Betriebsräten gab, die sich zur Arbeitsgemeinschaft für Gewerkschaftliche Einheit bekannten.

[172] Gustl Zickler habe ich im Jahr 1946 als Bezirksobmann der FÖJ Döbling kennen gelernt. Später war er jahrelang Betriebsrat bei Siemens Schuckert in der Engerthstraße. Er wurde auf Vorschlag der Gewerkschaftlichen Einheit, die damals noch unter dem Einfluss der KPÖ stand, als Rechtsschutzsekretär in der Gewerkschaft der Metall- und Bergarbeiter aufgenommen. Er war auch Obmannstellvertreter dieser Gewerkschaft und Mitglied des Bundesvorstandes im ÖGB. Als Rechtsschutzvertreter musste er sehr oft Klagen von Arbeitnehmerinnen und Arbeitnehmern beim Arbeitsgericht einreichen, weil sie um ihre Ansprüche bei insolventen Firmen kamen. Er hat zwar bei Gericht Recht bekommen, aber die Kolleginnen und Kollegen sahen das Geld nie, weil keines vorhanden war. Zuerst wurden die Ansprüche der Finanzbehörde und der Sozialversicherung befriedigt. Kollege Benya bezeichnete ihn als einen der wichtigsten Initiatoren des Insolvenzsicherungsgesetzes. Eine wichtige sozialpolitische Leistung in der 2. Republik. Seit diesem Gesetz werden die Ansprüche der Beschäftigten aus dem Insolvenzsicherungsfonds abgegolten.

Fast alle Betriebsrätinnen und Betriebsräte der Metallarbeitergewerkschaft in Favoriten bekannten sich von Beginn an zu dem neu begründeten Verein der „Arbeitsgemeinschaft der Gewerkschaftlichen Einheit." Ich hielt natürlich den freundschaftlichen Kontakt zu diesen Betriebsrätinnen und Betriebsräten, vor allem bei Wertheim und Felten, aufrecht. Immerhin war ich noch Mitglied der Wiener Leitung der alten Gewerkschaftlichen Einheit der Metallarbeiter. Bei einer Leitungssitzung wurde ich aufgefordert meine Kontakte zu den Betriebsrätinnen und Betriebsräten der Arbeitsgemeinschaft abzubrechen. Ich weigerte mich, darauf hin wurde ich aus der Leitung mit Mehrheitsbeschluss ausgeschlossen: Ich stand auf und verließ das Sitzungszimmer.

Da der Name „Gewerkschaftliche Einheit" bei der Vereinsbehörde vorher nicht angemeldet war, nannte die KPÖ in der Folge ihre Fraktion im ÖGB Gewerkschaftlicher Linksblock (GLB). Ich bekannte mich zu der neuen Arbeitsgemeinschaft der Gewerkschaftlichen Einheit. Auch im Betriebsrat haben wir weiterhin unter der Bezeichnung „Gewerkschaftliche Einheit" kandidiert. Ein einziger Betriebsrat, der auf unserer Liste kandidierte, bekannte sich zum Gewerkschaftlichen Linksblock.

Bei der Arbeiterkammerwahl 1974 kandidierte die KPÖ bereits unter dem Namen „Gewerkschaftlicher Linksblock". Die Gewerkschaftliche Einheit erreichte bei dieser Wahl in Wien ein Angestelltenmandat (Dr. Teddy Prager) und ein Mandat im Sektor der Arbeiter (Kurt Urban), Arbeiterbetriebsrat der Firma Wertheim. Ich wurde zum ersten Ersatzkandidaten gewählt. Als Kurt Urban Mitte der 1970er Jahre sein Mandat zurücklegte, weil er der SPÖ beitrat, rückte ich als aktiver Arbeiterkammerrat nach. Diesmal fand ich eine gänzlich neue Situation vor.

Nachdem ich der einzige Arbeiterkammerrat der Gewerkschaftlichen Einheit im Arbeitersektor war, musste ich bei jeder Vollversammlung das Wort ergreifen, um den Standpunkt der „Gewerkschaftlichen Einheit" darzulegen. 1979 habe ich dieses Mandat verloren. 1984 bin ich noch einmal als Spitzenkandidat der Gewerkschaftlichen Einheit im Arbeitersektor angetreten, konnte aber kein Mandat erreichen. Seit 2004 ist die Gewerkschaftliche Einheit (AUGE/UG) mit 10 Mandaten in der Wiener Arbeiterkammer vertreten.

1977: Mit Wolf Biermann in der Wiener Stadthalle

Die GE, eine Gewerkschaftsfraktion, stellt sich vor.

WALTER STERN **Arbeiterkammerrat der GE**

Vielleicht haben Sie schon von der Arbeitsgemeinschaft für Gewerkschaftliche Einheit gehört und gelesen, von unseren Veranstaltungen, Aktionen bei Betriebsrats- oder Arbeiterkammerwahlen.

Dennoch wollen wir die Gewerkschaftliche Einheit vorstellen, weil viele, die uns nicht näher kennen, die GE oft mit dem Gewerkschaftlichen Linksblock, der KP-Fraktion, verwechseln. Es stimmt, daß viele unserer Funktionäre seinerzeit in der KPÖ waren. Sie haben sich aber nach der Besetzung der Tschechoslowakei durch die Sowjettruppen im Jahr 1968 von dieser Partei getrennt. Das war jedoch nicht der einzige Grund für die Trennung.

- Ausschlaggebend dafür war vor allem unsere Auffassung, daß die Gewerkschaften nicht den Interessen einer Partei untergeordnet werden dürfen.
- Die GE setzt sich dafür ein, daß die Gewerkschaften autonom und ohne Bevormundung durch die Parteizentralen ihre Politik bestimmen sollen.
- Die GE tritt dafür ein, daß die Mitglieder und nicht die Gewerkschaftssekretäre, d. h. der „Apparat", die Gewerkschaftspolitik bestimmen.
- Die GE sieht die Aufgaben der Gewerkschaften heute vor allem darin, die Vollbeschäftigung zu sichern und gleichzeitig die Lebensbedingungen der arbeitenden Menschen stetig zu verbessern und dazu beizutragen, daß die erarbeiteten Güter gerecht verteilt werden.
- Die GE fordert darüber hinaus das Recht, daß die Arbeiter und Angestellten in allen betrieblichen und gesellschaftlichen Bereichen die Entwicklung beeinflussen, damit gegen ihre Interessen nichts entschieden werden kann.
- Die Gewerkschaftliche Einheit ist für einen ständigen Kampf zur Einschränkung der Macht der Unternehmer, mit dem Ziel eine sozialistische Gesellschaft zu schaffen, deren Grundlagen die demokratische Selbstverwaltung ist.

Die GE, eine Gewerkschaftsfraktion stellt sich vor.

Im Jahr 1977 organisierte die Arbeitsgemeinschaft der Gewerkschaftlichen Einheit (GE) gemeinsam mit dem „Wiener Tagebuch" und der „Bewegung für Sozialismus" ein Konzert mit dem Liedermacher und Lyriker Wolf Biermann unter dem Motto „Solidarität mit der sozialistischen Opposition Osteuropas" in der Halle B der Wiener Stadthalle (damals glaubte ich, so wie viele meiner Freunde noch an eine einflussreiche sozialistische Opposition hinter dem Eisernen Vorhang. Auch diese Illusion brach 1989 zusammen). Die 3.000 Plätze der Halle B waren vollbesetzt und das Konzert musste auch in die überfüllten Vorräume der Halle übertragen werden. Als Hauptredner war Zdenek Mlynar[173] geladen, der seit 1977 in Wien im Exil lebte. In einer kurzen Ansprache habe ich die Gewerkschaftliche Einheit (GE) vorgestellt. Kurz vor allem deshalb, weil mir klar war, das die Menschen kamen, um Wolf Biermann zu hören. Der Inhalt entsprach dem Text im Begleitheft zur Veranstaltung.

[173] Mlynar, Zdenek (1930–1997): Jusstudium an der Lomonosow-Universität in Moskau. 1956–1967 wissenschaftlicher Mitarbeiter des Instituts für Staat und Recht der Akademie der Wissenschaften in Prag. Seit 1964 Sekretär der Rechtskommission beim ZK der KP . Als einer der Autoren des Aktionsprogrammes der KP im „Prager Frühling" 1968 zum Sekretär des ZK der KP und dann zum Mitglied des Parteivorstandes gewählt. Dann in der sozialistischen Opposition gegen das Husák Regime in Prag tätig, 1977 einer der Organisatoren und Unterzeichner der Charta 77. Ab 1977 im Exil in Wien und 1997 dort gestorben.

Diskussionsbeiträge in Gewerkschaft und Arbeiterkammer

Anfang der 1970er Jahre kam eine Kollegin zu mir in das Betriebsratszimmer und klagte ihr Leid. Ihr Mann war als Bauarbeiter mit Reparaturarbeiten am Bundeskanzleramt beschäftigt. Das Gerüst, auf dem er arbeitete, war mangelhaft abgesichert und er stürzte in die Tiefe. Er erlitt an beiden Beinen einen Fersenbeinbruch. Nach einjährigem Krankenstand wurde er in die Invaliditätspension geschickt. Da er noch nicht sehr alt war, war auch die Pension entsprechend gering. Er bekam keinerlei Entschädigung und trotz langem Spitalsaufenthalt auch kein Schmerzensgeld. Er konnte nicht glauben, dass das gesetzlich möglich ist. Ich glaubte das auch nicht. Ich wandte mich daher an die Rechtsabteilung der Wiener Arbeiterkammer und erhielt folgende Aufklärung: *„Mit der Entrichtung eines Beitrages an die Unfallversicherung hat sich das Unternehmen von jeder Haftung frei gekauft."* Weiters wurde mir erklärt, dass, wenn das Gerüst von einer anderen Firma aufgestellt worden wäre, man diese Firma klagen hätte können, aber in der eigenen Firma gäbe es keine Ansprüche auf Entschädigung. Da etwa zur selben Zeit ein Urteil gefällt wurde, wonach ein Lastkraftwagenfahrer seinem Unternehmer Schadenersatz leisten musste, weil er dessen Auto beschädigte, nahm ich diesen Fall zum Anlass, um am 9. Gewerkschaftstag der Metall- und Bergarbeiter diesen Mangel in den Gesetzen aufzuzeigen. *„Es kann doch nicht sein, dass das Eigentum des Unternehmers besser geschützt ist wie die Gesundheit der Arbeiterinnen und Arbeiter"*, sagte ich damals sinngemäß.

Auf diesem Gewerkschaftstag habe ich mich auch mit dessen Motto „Größeres Wirtschaftswachstum, höherer Lebensstandard" intensiv auseinander gesetzt, und meinte, dass größeres Wirtschaftswachstum nicht automatisch zu höherem Lebensstand führt. Dieser muss erst von den Arbeiterinnen und Arbeitern gemeinsam mit der Gewerkschaft erkämpft werden. Weiters vertrat ich die Ansicht, dass die Gewerkschaft, so wichtig die Tagesprobleme auch sind, darüber nicht vergessen sollte, dass sie auch gesellschaftspolitische Aufgaben erfüllen müsse. Ich endete, um mich von der KPÖ-Fraktion zu unterscheiden, mit der Bemerkung, wir müssen für eine soziale Gesellschaftsordnung, für einen Sozialismus mit menschlichem Antlitz (das war auch die Losung der Tschechischen KP im „Prager Frühling") eintreten.

Am 11. Gewerkschaftstag im Jahr 1977 befasste ich mich unter anderem mit der Steuerpolitik der Regierung und wies darauf hin, dass die Arbeitnehmerinnen und Arbeitnehmer immer mehr und die Unternehmer immer weniger an Steuerleistung zum Staatshaushalt beitragen. So betrug etwa im Jahr 1967 der Anteil der Einnahmen aus der Lohnsteuer 33,3 Prozent und der aus der Kapitalertrags-, Vermögens-, Körperschafts- und Gewerbesteuer 64,7 Prozent. 1972 betrug der Anteil der Lohnsteuer bereits 41,4 und der der Unternehmersteuern nur mehr 58,6 Prozent. Für das Jahr 1977 wird ein Lohnsteueranteil von 54,9 gegen einem Unternehmeranteil von 45,1 Prozent erwartet. Wäre dies auf einen ebensolchen Einkommenszuwachs bei den arbeitenden Menschen zurück zu führen, ginge dies in Ordnung. Das Gegenteil ist jedoch der Fall. Diese Entwicklung ist vor allem auf die enormen Gestaltungsmöglichkeiten, die die Steuergesetze den Unternehmern einräumen, zurückzuführen.

Die FSG-Konferenz in den Wiener Sofiensälen 1978

Am 17. September 1978 lud Kollege Benya zu einer gesamtösterreichischen Betriebsrätekonferenz der Fraktion Sozialistischer Gewerkschafter ein. Konferenzthema waren Probleme der Verstaatlichten Industrie. Er lud auch die anderen im ÖGB vertretenen Fraktionen zu dieser Konferenz ein. Doch sowohl die christlichen Gewerkschafter als auch der Gewerkschaftliche Linksblock lehnten eine Teilnahme ab. Nicht so die Gewerkschaftliche Einheit, die durch den Kollegen Urban und mich auf dieser Konferenz vertreten war. Bei dieser Gelegenheit kritisierte ich, dass dieses so wichtige Thema nicht zu einer Angelegenheit des ÖGB gemacht wurde. Ebenso kritisierte ich die ÖVP- und die KPÖ-Betriebsrätinnen und Betriebsräte wegen deren Abwesenheit.
Die Anwesenheit von Bundeskanzler Bruno Kreisky und Finanzminister Hannes Androsch veranlasste mich zu einer Auseinandersetzung mit der Wirtschaftspolitik der Regierung. So erinnerte ich daran, dass Bruno Pittermann[174] die so genannten „Strukturverbesserungsgesetze" der Regierung Klaus im Parlament heftig kritisierte, weil diese zwar den Unternehmern große Steuererleichterungen brachten, aber an der Wirtschaftsstruktur nichts verbesserten. Die absolute Mehrheit der SPÖ im Parlament hatte es jedoch nicht zu Wege gebracht, diese Gesetze zu ändern bzw. abzuschaffen. An Finanzminister Androsch gewendet, kritisierte ich die Politik der verstaatlichten Banken, insbesondere der CA, die ihren eigenen Betrieben lieber hoch verzinste Kredite einräumte, anstatt ihnen die erforderlichen Eigenmittel zur Kapitalaufstockung zur Verfügung zu stellen. So kassierte die Bank jedes Jahr enorme Zinsen, egal ob der Betrieb Gewinne machte oder nicht. Dies mochte vielleicht vom Standpunkt der Bank interessant sein, aber volkswirtschaftlich gesehen bringt es die Betriebe in arge Bedrängnis.

---

174 Dr. Bruno Pittermann (1905–1983): Jurist, Angestellter der Arbeiterkammer Klagenfurt, Entlassung 1934, Lehrtätigkeit, Entlassung 1938, Rechtsanwalt: Erster Sekretär der Wiener Arbeiterkammer 1945. Obmann des SPÖ-Parlamentsklubs 1956–1970, SPÖ-Vorsitzender 1956–1967, Vizekanzler 1957–1966.

Die so genannten Wirtschaftswachstumsgesetze brachten zwar enorme Steuererleichterungen für die Unternehmen, also verringerte Einnahmen für das Budget, haben aber nicht zur Sicherung von Arbeitsplätzen beigetragen. Es ist genau das eingetreten, was die Sozialistische Parlamentsfraktion bei einer Nationalratssitzung anlässlich der Beschlussfassung dieser Gesetze vorher gesagt hat. Nur geändert hat die Sozialistische Mehrheit an diesen Gesetzen nichts. Wir treten für eine Steuerreform ein, die nicht dem Staat weniger Geld bringt, sondern für eine Steuerreform die die Steuerlasten gerechter verteilt.

1978: Volksabstimmung über das Atomkraftwerk Zwentendorf

Bei der 79. Tagung der Vollversammlung der Arbeiterkammer Wien am 3. November 1978 kam es wegen Zwentendorf zu einem heftigen Schlagabtausch zwischen der Sozialistischen- und der ÖVP-Fraktion. In meinem Diskussionsbeitrag wies ich darauf hin, dass sowohl die FPÖ als auch die ÖVP für den Bau des Atomkraftwerkes Zwentendorf gestimmt haben.
Weiters führte ich aus, dass sehr namhafte Wissenschafterinnen und Wissenschafter, die sich seit Jahren mit dem Problem der Atomenergie beschäftigen, ernste Bedenken gegenüber der Inbetriebnahme von weiteren Atomkraftwerken – nicht nur in Österreich – geäußert haben. In der Sozialistischen Parlamentsfraktion wurde die Aufhebung des Klubzwanges überlegt, um den Meinungsverschiedenheiten in dieser Sachfrage Rechnung zu tragen. Das wurde jedoch durch den Beschluss des Parteivorstandes mit „JA" zu stimmen, hinfällig. Außerdem bemerkte ich, dass ich als Laie überfordert bin, jemandem eine Empfehlung zu geben. Deshalb werde ich weder der Pro- noch Contra-Empfehlung meine Zustimmung geben.
Den damaligen AK-Präsidenten Adolf Czettel kritisierte ich, weil er eine Bemerkung machte, die nicht zu akzeptieren sei. Er sagte, dass man mit jenen Angestellten der Arbeiterkammer ein ernstes Wort reden müsse, welche entgegen dem Beschluss des AK-Vorstandes öffentlich gegen die Inbetriebnahme von Zwentendorf aufgetreten sind. Diese Äußerung Czettels richtete sich offensichtlich gegen Dr. Peter Kreisky und Dr. Teddy Prager von der Wirtschaftswissenschaftlichen Abteilung der Wiener Arbeiterkammer. Dr. Teddy Prager, der sich schon seit Jahren mit dieser Materie befasste, sprach sich nicht nur wegen der Gefährlichkeit gegen die Inbetriebnahme von Atomkraftwerken aus, sondern er wies auch nach, dass der b i l l i g e Atomstrom ein Märchen sei, weil die Folgekosten selbst – ohne Unfall eines Atomkraftwerkes – in keiner der vorgelegten Rechnungen berücksichtigt wurden.

Am 12. Gewerkschaftstag der Metall- und Bergarbeitergewerkschaft im Mai 1980, also fast zwei Jahre nach der Volksabstimmung über die Inbetriebnahme von Zwentendorf, nahm ich wieder zu diesem Problem Stellung und sagte: „*Ich möchte mich nicht auf eine Diskussion über die Gefährlichkeit oder Ungefährlichkeit der Atomenergie einlassen, weil ich zugegebenermaßen von dieser Problematik ebenso wenig verstehe wie viele Kolleginnen und Kollegen, die sich sehr vehement für die Inbetriebnahme von Zwentendorf einsetzen.*
Ich möchte mich vor allem mit einer Argumentation beschäftigen, weil es obwohl es ein Kernenergieproblem ist, am Kern der Sache vorbeigeht. Es ist die Argumentation, dass die Atomenergie unbedingt notwendig ist, um die Arbeitsplätze zu sichern. Ich frage jene Kolleginnen und Kollegen, die so argumentieren, wieso kommt es dann, dass gerade jene Länder, die USA, die Bundesrepublik Deutschland, England, die die meisten Atomkraftwerke besitzen, auch zufällig die meisten Arbeitslosen haben?
Ich glaube, dass das Problem der Sicherung der Arbeitsplätze kein technisches Problem ist, sondern ein zutiefst gesellschaftspolitisches Problem, ein Problem des Kapitalismus, der Wirtschaftsstruktur, der Wirtschaftsordnung, in der die Profitmaximierung an erster Stelle steht und die Bedürfnisse der arbeitenden Menschen erst danach kommen. Und ich glaube, dass wir uns deshalb diesem Problem im besondern widmen müssen und dass wir den Klassenkampf nicht durch Kampf für oder auch gegen Atomkraftwerke ersetzen können.“[175] Ich persönlich habe bei der Abstimmung 1978 über Zwentendorf gegen die Inbetriebnahme des Atomkraftwerkes gestimmt, weil ich im Zweifelsfall gegen das große Risiko gewesen bin.

1981: Der Kongress der Solidarność

Im September 1981 organisierte Hermann Dworczak im Namen eines Komitees „Solidarität mit Solidarność“ eine Reise zum ersten Kongress der Solidarność nach Gdansk. Ich wurde von der Gewerkschaftlichen Einheit (GE) ersucht, an dieser Delegation teilzunehmen. Es gab auch eine offizielle Delegation des ÖGB, der jedoch keine Spitzenfunktionärinnen und Spitzenfunktionäre angehörten. In unserer Delegation waren der Obmann-Stellvertreter des Angestelltenbetriebsrates von der Voest-Linz, Kollege Sulzbacher, zwei sozialistische Betriebsräte des Judenburger Metallwerkes VEW, Peter Diethard und Ernst Fassolder, sowie Imma Palme und Hermann Dworczak vom Komitee. In Warschau wurden wir von einem Herrn Stefan Trzcinski empfangen und begleitet. Er bezeichnete sich als Pressesprecher der Solidarność für das Gebiet Warschau und sprach ausgezeichnetes Deutsch. Mangels einer neuen

[175] Diskussionsbeitrag von Walter Stern auf dem 12. Gewerkschaftstag der Gewerkschaft Metall-Bergbau-Energie am 5. – 7. Mai 1980. Wien 1980, S. 94.

Visitenkarte, wie er betonte, übergab er uns noch seine alte Visitenkarte, die ihn als Manager der Abteilung zur Koordination der Import-Export-Abteilung des Ministeriums der Chemischen Industrie Polens auswies. Dies schien mir als Widerspruch, denn er betonte immer wieder, dass wichtige Posten im Staat ausschließlich für Mitglieder der polnischen Arbeiterpartei (Kommunisten) vorbehalten seien. Um seine Geisteshaltung zu dokumentieren, möchte ich eine seiner Aussagen wiedergeben. So sagte er unter anderem *„Wir werden siegen, weil die beiden Weltmächte auf unserer Seite sind."* Ich blickte ihn verständnislos an: *„Wie bitte? Die USA wohl, aber die Sowjetunion auch?"* Er hatte jedoch eine ganz andere Vorstellung von den Weltmächten als ich: *„Der Papst und die Juden"*, erläuterte er. Weiters beklagte er sich unter anderem auch darüber, dass er sich schon seit langem bemühte vom polnischen Innenministerium eine Ausreisegenehmigung in den Westen zu bekommen.
Einmal besuchten wir ein Lokal der Solidarność in Warschau. Dort prangte ein Bild eines Mannes in Militäruniform an der Wand. Ich ahnte es, wusste jedoch nicht genau, wer es war und fragte dann nach. Es war Pilsudski.[176] Ich sagte: *„Aber das war doch ein Diktator, der die Gewerkschaft verboten hat."* Er antwortete: *„Ja, aber er hat gegen die Russen gekämpft, das müssen sie verstehen."* Also ich könnte mir nicht vorstellen, dass in einem ÖGB-Lokal ein Bild von Dollfuß hängen könnte. Wir hatten auch eine Aussprache mit Funktionären der Solidarność im Stahlwerk Huta-Warzawa.
Der Großteil der Arbeitskräfte kam aus ländlichen Gebieten und war stark katholisch geprägt. Dadurch wurde dieser Betrieb zu einer Hochburg der Solidarność. Ein großer Erfolg schilderte unser Begleiter, war die Errichtung einer katholischen Kirche auf dem Werksgelände. Er führte das auf die Unterstützung des österreichischen Kardinals Franz König zurück, der kurz zuvor das Werk besuchte. Er bedankte sich bei uns dafür, weil wir ja aus Österreich kamen, obwohl wir überhaupt nichts mit dieser Angelegenheit zu tun hatten.
Dann flogen wir nach Gdansk zum Kongress. Wir beobachteten den Einzug der Delegationen in die Sporthalle. Vor allem die Bergarbeiter aus der Region Kattowitz (Katowice) kamen mit ihren Kirchenfahnen. Kollege Sulzbacher,

[176] Józef Klemens Pilsudski (1867–1935): 1887–1892 wegen seiner politischen Einstellung nach Sibirien verbannt, 1893 Mitbegründer der Polnischen Sozialistischen Partei, stellte sich im Interesse der Eigenstaatlichkeit Polens im 1. Weltkrieg auf die Seite der Mittelmächte und befehligte 1914–16 auf österreichischer Seite die 1. Brigade der Polnischen Legionen. Nach der Proklamation des Königreichs Polen (1916) durch die Mittelmächte geriet Piłsudski in Konflikt mit diesen (1917/18 in deutscher Haft). 1918–22 war er „Staatschef" des unabhängigen Polen. Im Krieg gegen Sowjetrussland (1920–21) konnte Piłsudski drohende militärische Niederlage in einen Sieg wenden. Nach einem Staatsstreich errichtete Piłsudski 1926 in Polen ein autoritäres Regime. 1926–35 war er Kriegsminister und 1926–28 sowie 1930 Ministerpräsident; schloss Nichtangriffspakte mit der Sowjetunion (1932) und Deutschland (1934).

der neben mir stand, raunte mir ins Ohr: „*Wenn die an die Macht kommen, müssen die Arbeiter in 10 Jahren wieder streiken.*"
Ich konnte die Diskussionen lediglich durch Zuhilfenahme einer Dolmetscherin verfolgen. Wenig beeindruckt war ich vom Vorsitzenden Lech Walesa[177], der immer wieder an die Einheit appellierte, jedoch nichts Wesentliches sagte. Es wurde viel über Verfahrensfragen diskutiert. Ein Delegierter hat es auf den Punkt gebracht: „*Die Arbeiterinnen und Arbeiter in den Betrieben erwarten von uns Antworten, wie es weitergehen soll und wir diskutieren hier über Verfahrensfragen.*"
Noch im Zug von Gdansk nach Warschau verfasste Hermann Dworczak eine flammende Resolution zur Unterstützung der Solidarność, die ich nicht unterschrieben habe, weil ich das Erlebte erst verarbeiten wollte. Nach meiner Rückkehr gab ich der „Alternative" ein Interview, in dem ich unter anderem gefragt wurde: „*Hast Du den Eindruck, dass die Entwicklung in Polen zu einer Katastrophe führen kann oder siehst Du die Möglichkeit einer anderen Entwicklung?*" Ich antwortete: „*Beides ist möglich, aber es gibt auch eine dritte Möglichkeit, nämlich, dass bei Fortdauer des gegenwärtigen Zustandes das ganze Land in Demoralisierung, Apathie und Hoffnungslosigkeit verfällt. Was letztendlich auch zu einer Katastrophe führen würde. Eine gewaltsame Auseinandersetzung in Polen hätte jedenfalls verheerende Folgen nicht nur für Polen, sondern auch für Europa, ja für die ganze Welt. Also müssen wir auf eine positive Entwicklung hoffen. Nachdem, was die Arbeiter mit der Solidarność erreicht haben, ist es nur natürlich, dass viele glauben, man könnte alles durchsetzen. Andererseits waren sich alle unserer Gesprächspartner der geografischen und politischen Lage Polens und der dadurch begrenzten Möglichkeiten bewusst. Sicher gibt es in der Solidarność Leute, die selbst die Macht anstreben. Aber es gibt auch viele, ich kann nicht beurteilen, wie das Kräfteverhältnis tatsächlich ist, die von einem einzigen Machtzentrum derart genug haben, dass sie auch eine monolithische Machtausübung der Solidarność ablehnen. Sie sind schon damit zufrieden, wenn sie die monolithische Machtausübung der kommunistischen Partei durchbrechen können.*"[178] Dann kam das Kriegsrecht. Da sah ich auf unserem Fernsehschirm Herrn Stefan Trzcinski, unseren Begleiter in Warschau, wie er von Schweden aus seine Kolleginnen und Kollegen in Polen zum Widerstand aufrief.
Durch Vermittlung von Ulli Lehner wurde ich einige Zeit später von der katholischen Arbeiterbewegung des Werkes Steyr eingeladen, um über

[177] Lech Walesa (geb. 1943): polnischer Politiker und Friedensnobelpreisträger. Von Beruf Elektriker war Walesa von 1980 bis 1990 Vorsitzender der Gewerkschaft Solidarność und von 1990 bis 1995 Staatspräsident Polens.

[178] Die Alternative. Hrsg. UG – Unabhängige GewerkschafterInnen im ÖGB. Oktober 1981.

meine Eindrücke in Polen zu berichten. Anlässlich des Gedenkens an die im vergangenen Jahr verstorbenen Mitarbeiterinnen und Mitarbeiter der Steyr-Werke wurde am 30. Oktober eine Messfeier in der katholischen Kirche von Münichholz abgehalten. Anschließend sollte ich im Pfarrheim über Polen berichten. Mehr als hundert interessierte Teilnehmerinnen und Teilnehmer waren anwesend. Das Thema lautete: „Wofür kämpft Polens Solidarnośċ?" Eingeleitet wurde die Veranstaltung durch zwei Lieder des Arbeiterchores „Stahlklang", unter anderem mit dem Lied „Brüder, zur Sonne, zur Freiheit". Da fühlte ich mich schon etwas heimischer, in der für mich an sich fremden Umgebung.

Einleitend habe ich auf den Widerspruch hingewiesen, dass die polnische Kirche zwar die Demokratisierung des Landes vorantreiben will, aber in den eigenen Strukturen streng hierarchisch aufgebaut und ohne jegliche Demokratie organisiert ist. Das fand zu meiner Überraschung allgemeine Zustimmung. Sodann berichtete ich über die Erfolge der Solidarnośċ, soweit sie uns mitgeteilt wurden.

Überprüfen konnte ich diese Angaben natürlich nicht. In einem Jahr habe die Solidarnośċ zehn Millionen Menschen organisiert. Einen Beleg für diese Behauptung habe ich nie gefunden. Tatsache jedoch ist, dass Warschau mit Plakaten der Solidarnośċ überschwemmt war, während ich kein einziges Plakat der polnischen Arbeiterpartei gesehen habe, die immerhin immer noch die Macht ausübte. Viele Menschen haben das Abzeichen der Solidarnośċ getragen, sowohl am Flughafen, in der Eisenbahn, als auch in den Straßen.

Aufgrund der Streiks kam es zu Verhandlungen, in der die Regierung das Recht auf autonome freie Gewerkschaft zugestanden hat (was ja bereits Realität war). Während andererseits die Solidarnośċ die führende Rolle der polnischen Arbeiterpartei anerkannte, eine Papiererklärung, die in Wirklichkeit mit der Realität nichts zu tun hatte.

In vielen größeren Betrieben sind frei gewählte Arbeiterräte zu Verhandlungspartnern der Direktoren geworden. In fünfzig Prozent der Betriebe wurden die Konzernauflösung und eine Dezentralisierung verlangt, in keinem einzigen konnte diese Forderung durchgesetzt werden.

In 28 Prozent der Betriebe wurde die Absetzung des Direktors durchgesetzt, in 15 Prozent wurde eine solche zwar verlangt, jedoch nicht durchgesetzt. In 45 Prozent der Betriebe wurde eine Absetzung gar nicht gefordert. In 50 Prozent der Betriebe wurden Lohnerhöhungen seit dem 11. August 1980 durchgesetzt.

In 20 Betrieben wurde eine solche abgelehnt und in 30 Prozent eine solche gar nicht gefordert. In 40 Prozent konnte der Zugang zu den Personalakten und sonstigen Dokumenten durchgesetzt werden.

Das Ende der Veranstaltung war für 22:30 Uhr geplant, doch diskutierten wir weit über Mitternacht hinaus. Ich war von der hohen moralischen Einstellung und dem Enthusiasmus der zumeist jungen Ehepaare, die anwesend waren, tief beeindruckt. Ich weiß nicht, ob heute noch die erkämpften Mitbestimmungsrechte in Polen erhalten geblieben sind. Die Danziger Schiffswerft, die praktisch die Wiege der Solidarność war, war einer der ersten Betriebe, die nach der Wiedereinführung der kapitalistischen Wirtschaft zugesperrt wurde. Im Sommer 1984 begegnete ich zufällig wieder einer Gruppe der katholischen Arbeiterjugend aus St. Valentin auf einer Hütte in den Schladminger Tauern.
Die Jugendlichen sangen alle mir bekannten Arbeiterlieder aus meiner Jugendzeit, darunter „Brüder, zur Sonne, zur Freiheit", „Die Arbeiter von Wien" und „Brüder, seht die rote Fahne." Ich war wieder an meine Jugendzeit erinnert, weil ich diese Lieder schon lange nicht mehr gehört habe. Aber dass es gerade von der katholischen Arbeiterjugend kam, überraschte mich sehr.

Interessante Begegnungen mit bedeutenden Österreichern der Zweiten Republik:

Dr. Bruno Kreisky

Über die Begegnung mit Bruno Kreisky im Bundeskanzleramt und auf dem Seminar in Graz-Stifting habe ich bereits berichtet.
Kreiskys Memoiren habe ich entnommen, dass er die gleiche Volksschule in der Sonnenuhrgasse im sechsten Wiener Gemeindebezirk wie ich besucht, und im selben St.-Johann-Park in Margareten wie ich spielte – nur eben 13 Jahre vor meiner Zeit. Als er bereits Bundeskanzler war, kam er zu einer Favoritner Betriebsräte-Konferenz in das legendäre Arbeiterheim in der Laxenburger Straße, bevor dieses traditionsreiche Haus in ein Hotel umgewandelt wurde.
Anschließend an sein Referat gab es eine Diskussion, bei der die Tatsache kritisiert wurde, dass Politiker von deren Bezügen keine Steuern zahlen mussten. Kreisky meinte, dass man dies lösen müsse, jedoch in einer Weise, dass für die Betroffenen kein Einkommensverlust eintreten dürfe. *„Wenn man qualifizierte Leute in der Politik haben wolle, dann müsse man diese auch anständig bezahlen, da man sonst eine Negativ-Auslese bekomme."*
Dieser Auffassung widersprach ich in der weiteren Diskussion und meinte: *„Ein Politiker soll nicht am Hungertuch nagen und keine Finanzsorgen haben, aber*

er sollte die Politik nicht als Beruf ansehen. Von einem Politiker erwarte ich mir eine Überzeugung und etwas Idealismus." Als Kreisky, bereits in Pension, den Ehrenvorsitz der SPÖ zurücklegte, weil er mit der Politik der Parteiführung unzufrieden war und die Geldgier manch führender Genossen beklagte, schrieb ich ihm einen Brief, indem ich ihn unter anderem auch an die Diskussion im Arbeiterheim erinnerte. Abgeschickt habe ich den Brief nicht, denn ich wollte kein Salz in die Wunden des „alten Mannes" streuen.

Die letzte Begegnung mit Bruno Kreisky fand im Lokal der Gewerkschaftlichen Einheit (GE) unter der Brücke in der Wipplingerstraße statt. Erich Makomarski hatte Kreisky bei einer Gelegenheit darauf angesprochen, ob er nicht einmal zu einem „Politischen Gespräch" mit der FÖJ-Bewegung über Sozialismus kommen wolle. Kreisky sagte zu und hielt auch sein Wort. Er ließ es sich nicht nehmen, für seine Überzeugung mit anderen Menschen zu diskutieren. Er war schon lange nicht mehr gesund, kam aber dennoch in dieses verrauchte, schlecht gelüftete Lokal und stellte sich seinen Kritikerinnen und Kritikern. Es war eine interessante Diskussion.

Wirklich aggressiv wurde er jedoch nur, als er von einem Genossen seiner eigenen Partei angegriffen wurde. Nach dem „Politischen Gespräch" plauderten wir noch ein wenig. *„Wir kennen uns doch"*, sagte er zu mir. Welch unglaubliches Gedächtnis. Er musste doch mit zehntausenden Menschen gesprochen haben. *„Wir kennen uns auch"*, sagte Walter Neuhaus. *„Aus Schweden"*, fügte er hinzu. *„Helfen Sie mir mit ihrem Namen, damit ich mich erinnere." „Neuhaus"*, sagte Walter. *„Ach, sie hatten ja eine wunderschöne Schwester"*, sagte Kreisky. *„Stimmt"*, sagte Walter. Also, an die schönen Mädchen konnte er sich gut erinnern.

Kreiskys Ansichten habe ich nur manchmal geteilt. Beeindruckend war seine Normalität. Er konnte mit Staatsmännern ebenso gut sprechen wie mit Arbeiterinnen und Arbeitern. Man hatte den Eindruck, dass er sich im Kreis von Arbeiterinnen und Arbeitern manchmal sogar wohler fühlte als anderswo. Er konnte so menschlich grantig sein.

Besonders beeindruckend war seine Haltung in Klagenfurt anlässlich des Ortstafelkonfliktes in Kärnten im Jahr 1972. Während er im Saal der Klagenfurter Arbeiterkammer die Politik der Regierung in dieser Angelegenheit erklärte, versammelten sich Gegnerinnen und Gegner der zweisprachigen Ortstafeln auf der Straße vor der Arbeiterkammer. Die Lage war bedrohlich und der Einsatzleiter der Exekutive empfahl Dr. Kreisky die Arbeiterkammer durch den Hinterausgang zu verlassen. Darauf antwortete Bruno Kreisky: *„Ein österreichischer Bundeskanzler verschwindet nicht durch die Hintertüre. Sorgen Sie dafür, dass ich die Arbeiterkammer vorne verlassen kann."* Und er verließ, von brüllenden Gegendemonstrantinnen und -demonstranten begleitet, die Arbeiterkammer.

Dreißig Jahre später wurde dieser Vorfall in einer Sendung des Senders Ö1 vollkommen konträr dargestellt, nämlich, dass Kreisky die Arbeiterkammer durch einen Hinterausgang verlassen habe. War es schlampige Recherche oder politische Absicht? Ich kann es nicht beurteilen. Ich rief beim Rundfunk an und brachte meine Empörung zum Ausdruck, und machte Bruno Kreiskys Sohn Peter auf diese Verdrehung der Tatsachen aufmerksam. Auch er rief beim Rundfunk an. Tatsächlich erfolgte noch am selben Tag eine Berichtigung des „Irrtums" im Sender Ö 1.

Kardinal Franz König

Eines Tages kam Kardinal Franz König zu Besuch in die Firma Goerz. Der Direktor hat mich nicht informiert. Den Grund weiß ich nicht. Erst kurz vor Eintreffen des Kardinals teilte er mir den bevorstehenden Besuch mit und sagte, dass der Kardinal Wert darauf lege, die Betriebsrätinnen und Betriebsräte kennenzulernen. Also musste er mich informieren. Die zwei Direktoren, der Betriebsleiter, das Gefolge des Kardinals und die beiden Betriebsratsobmänner zogen durch den Betrieb. Immer wieder unterbrach Kardinal König den Rundgang, um sich bei den Arbeiterinnen und Arbeitern nach deren Arbeit zu erkundigen. Mich beeindruckte sein Interesse. Das war nicht bloß Imagepflege, wie das sonst bei Ministerbesuchen üblich war.
Im Anschluss gab es ein gemeinsames Gespräch bei belegten Broten und Wein. Der Kardinal lobte die Gewerkschaften im Allgemeinen und im Besonderen die besonnene Haltung des ÖGB. Er unterstrich die Wichtigkeit der Funktion der Betriebsrätinnen und Betriebsräte und meinte, diese haben schließlich ähnliche Aufgaben wie ein Seelsorger wahrzunehmen. Ich musste ihm zustimmen, meinte jedoch, dass ich meine Kolleginnen und Kollegen bei Problemen nicht auf das Jenseits vertrösten könne. Also hat es der Betriebsrat schwerer als ein Priester. Dafür müsse der Betriebsrat wieder nicht im Zölibat leben, also doch wieder leichter.
Unwillkürlich musste ich an den alten jüdischen Witz denken: Kommt eine Frau zum Rabbi und klagt ihr Leid: *„Mein Mann gibt mir kein Wirtschaftsgeld, er betrügt mich, die Kinder wollen nicht lernen."* Das geht so eineinhalb Stunden. Der Rabbi hört sich das an und sagt: *„Ich weiß nicht, wie ich ihnen helfen soll?" „Aber lieber Rabbi, sie haben mir schon geholfen. Als ich herkam, hatte ich solche Kopfschmerzen vor lauter Sorgen. Jetzt sind sie weg." „Sie irren, gute Frau"*, erwiderte der Rabbi. *„Weg sind sie nicht, jetzt hab ich sie."*
Diese Geschichte kann man auch auf Pfarrer und Betriebsrätinnen und Betriebsräte anwenden. Ein Mann aus der Begleitung des Kardinals fragte mich, ob ich einer Einladung des Kardinals Folge leisten würde. *„Natürlich"*, sagte ich – aber leider folgte nie eine Einladung.

Nach meiner Pensionierung

Ende April 1984 beendete ich meine Tätigkeit in der Firma, blieb jedoch noch einige Zeit als Vertreter der Gewerkschaftlichen Einheit in der Landesleitung Wien der Gewerkschaft Metall-Bergbau-Energie. Von der Gewerkschaftlichen Einheit wurde ich als Delegierter zum 10. ÖGB-Bundeskongress vom 3. bis 7. Oktober 1984 und in dessen Antragsprüfungskommission entsendet. Dort stand unter anderem ein Antrag des Vorstandes der Postgewerkschaft folgenden Inhalts zur Diskussion: Der ÖGB möge jenen Kolleginnen und Kollegen, die während der Nazizeit der Deutschen Arbeitsfront (DAF) beigetreten sind, die Zeit im ÖGB anrechnen.

Dieser Antrag nahm Bezug auf die Tatsache, dass jenen Mitgliedern, die bereits vor der faschistischen Ära 1934 einer Gewerkschaft angehörten, die Mitgliedschaft durchgehend angerechnet wurde. Als ich mich gegen diesen Antrag aussprach, meinte der damalige Leitende Sekretär des ÖGB Erich Hofstetter namens der Fraktion Sozialistischer Gewerkschafter, dass dieser Antrag sicher abgelehnt werden wird, darauf erwiderte ich, dass es eine Schande wäre, wenn ein solcher Antrag überhaupt gedruckt dem Bundeskongress vorgelegt werden würde. Bei der darauf folgenden Sitzung teilte Kollege Hofstetter mit, dass die Postgewerkschafter diesen Antrag zurückgezogen hätten.

Als Pensionist nahm ich gelegentlich an Aktivitäten der Gewerkschaftlichen Einheit teil. Bei einer Tagung im Angestelltenbildungszentrum der Gewerkschaft der Privatangestellten in Velm wurde die Namensänderung der Gewerkschaftlichen Einheit diskutiert. Der Name sollte lauten: Alternative und Grüne Gewerkschafter (AUGE). Ich habe mich gegen diese Namensänderung ausgesprochen und stimmte mit einigen anderen Teilnehmerinnen und Teilnehmern dagegen, doch blieben wir in der Minderheit. Nicht etwa, weil ich den Namen „Gewerkschaftliche Einheit“ so toll fand, im Gegenteil er hat mir nie richtig gefallen, sondern weil ich den Verdacht hegte, dass wir mit dem Namen „Grüne Gewerkschafter“ zu sehr in die Nähe der Grünen Partei gebracht werden könnten. Wenn ich heute sehe, wie erfolgreich die unabhängigen Gewerkschafter (UG) im Öffentlichen Dienst oder die Konsequente Interessenvertretung (KIV) bei den Gemeindebediensteten ist, ohne dass sie den Namen „Grüne“ verwenden, so fühle ich mich in meiner Ansicht immer noch bestätigt.

Wenn ich mich über etwas besonders geärgert habe, überwand ich meine Schreibfaulheit und schrieb Briefe. So etwa über einen Artikel im Wirtschaftsmagazin TREND im Frühjahr 1984 oder an Bundeskanzler Dr. Franz Vranitzky über eine Rede des damaligen Heeresministers Dr. Fasslabend am Flugplatz Langenlebarn in Niederösterreich (siehe Anhang).

Wiedersehen mit alten Freunden

Als im Jahre 1995 der Nationalfonds zur Entschädigung von Opfern des Nationalsozialismus eingerichtet wurde, kam mir die Idee, dass ich über diesen Nationalfonds den liebsten Freund meiner Kindheit finden könnte. Ich wusste nur sein ungefähres Geburtsdatum, dass er im dritten Bezirk gewohnt hat und dass er nach Amerika ausgewandert ist. Dies alles habe ich Frau Hannah Lessing vom Nationalfonds bekannt gegeben. Sie hat mir den Kontakt zu ihm vermittelt. Walter Wohlfeiler lebt nun in San Franzisko und ich stehe bis zum heutigen Tag mit ihm in engem Kontakt. Nach 60 Jahren habe ich meinen Freund wieder gefunden. Die Freude war auf beiden Seiten unbeschreiblich. Elfi und ich entschlossen uns im Sommer 2000 zu einem Besuch in die Vereinigten Staaten. Ehrlich gesagt war mir etwas bang, 60 Jahre sind eine lange Zeit, da kann sich ein Mensch sehr verändern. Er wurde zwar wohlhabend, aber er ist kein Snob geworden. Er ist derselbe liebe Bub geblieben, so wie ich ihn in Erinnerung hatte.

Wiedersehen mit Milton Wolff in San Francisco

In San Francisco erlebte ich aber noch eine zweite Überraschung. Walter erzählte mir, dass einer seiner Söhne an einer Videoaufzeichnung über amerikanische Kämpfer im Spanischen Bürgerkrieg mitgearbeitet hat. Da müsse er doch Milton Wolff kennen, meinte ich. Darauf Walter, dann ruf doch meinen Sohn an, was ich sofort tat. *„Wolff"*, kam es von der anderen Seite der Leitung, *„... natürlich kenne ich ihn, er wohnt gleich ums Eck bei mir, ich kann dir seine Telefonnummer geben."*

Ich rief sofort bei Milton an, und die Stimme die von der anderen Seite der Leitung kam, war nicht zu verkennen. *„Where, the hell is Foster City"* fragte er mich, nachdem ich ihm sagte, woher ich anrief. Diese Stimme war unverändert, so wie ich sie aus dem Jahr 1944 in Italien in Erinnerung hatte. Vom Aussehen her hätte ich ihn nicht erkannt.

An meinen Namen konnte er sich nicht erinnern, aber den amerikanischen Codenamen, den ich beim Office of Strategic Services (OSS) hatte, wusste er noch. Wir vereinbarten einen Besuch bei ihm. Walters Frau Gloria, Walter, Elfi und ich, waren von Milton sehr beeindruckt. Als ich ihm nach den Spanienkämpfern, die ich von OSS kannte, fragte, bekam ich eine traurige Antwort. Er war der einzige aus dieser Gruppe, der noch lebte. Trotz seiner 85 Jahre wirkte er sehr vital und sprach voll Zorn über Ernest Hemingway und dessen Buch „Wem die Stunde schlägt". *„Er war nie an der Front"*, sagte er. Er saß in Madrid im Kaffeehaus und schrieb seine Bücher über den Spanischen Bürgerkrieg, während wir an der Front kämpften. Deshalb habe ich, fuhr er fort, einen autobiografischen Roman mit dem Titel „Another Hill"[179] geschrieben. Tatsache ist jedoch, dass Hemingways Roman und die Verfilmung desselben mit Ingrid Bergmann und Gary Cooper, die Sache der Spanischen Republik in der ganzen Welt bekannt gemacht haben, während Wolffs Roman kaum jemand kennt.
Wir haben den Roman erworben und bei der Lektüre desselben, glaube ich, die Ursache von Wolffs Zorn auf Hemingway erkannt zu haben. Beide Männer waren in dieselbe Spanierin verliebt. Wolff kehrte jedoch nach einem kurzen Urlaub in Madrid an die Front zurück, während Hemingway bei der Spanierin in Madrid geblieben ist.

Private Bemerkungen

Jetzt, da sich meine Aufzeichnungen dem Ende nähern, doch noch einiges aus meinem privaten Leben. Im Dezember 1953 haben Elfi und ich geheiratet. Am 19. März 1955 kam unser erster Sohn Andreas zur Welt. Wir wohnten in einem Untermieterzimmer im vierten Bezirk. Das Ansuchen um eine Gemeindewohnung wurde unter dem Hinweis, dass es 25.000 Anmeldungen gäbe, die vor mir gereiht wären, abgelehnt.
Wir konnten eine Eigentumsgarconniere im Ausmaß von 36 Quadratmetern im 10. Bezirk erwerben. Wir waren überglücklich. 1957 zahlten wir bei einer Gemeinnützigen Wohnbaugesellschaft für eine 60 Quadratmeter Wohnung mit drei kleinen Wohnräumen ein. Das ermöglichte uns den Wunsch nach einem zweiten Kind zu erfüllen. Wolfgang kam am 13. April 1962 zur Welt, doch die Wohnung wurde nicht termingerecht fertig und so mussten wir bis zum Spätsommer noch in der Garconniere bleiben. Elfi verließ den Polizei-

[179] Milton Wolff. Another Hill. An Autobiographical Novel. Universitiy of Illinois Press. Erschienen in mehrerer Auflagen u. a 1995, 2001, 2005. Vgl. dazu auch: http://ourworld.compuserve.com/homepages/karlahuebner/milt/milt.htm

dienst und ihre Abfertigung, die für Möbel und Einrichtung vorgesehen war, ging zur Gänze für die Nachzahlung auf, die auf Grund der höheren Baukosten verlangt wurde. Trotzdem, das Glück war vollkommen. Elfi blieb acht Jahre zu Hause bei den Kindern und fand dann eine Halbtagsbeschäftigung im Bundesseminar für das landwirtschaftliche Bildungswesen.
Der Arbeitsplatz lag in der Nähe unserer Wohnung und so konnte sie ihn leicht zu Fuß erreichen. Später arbeitete sie wieder ganztägig. Zu meinem 80. Geburtstag am 11. April 2004 beglückte uns Heidi und Wolfi mit dem Enkelkind Miriam, das am 19. März des Jahres zur Welt kam. Dann kam Dennis zu Martina und Andi.

Hochzeitsfoto von Elfriede und Walter Stern 1953.

Im Februar 2005 wurde mir im Lainzer Krankenhaus ein bösartiger Tumor aus dem Dickdarm entfernt. In der 2. Chirurgischen Abteilung unter Professor Dr. Franz Schulz operierte mich Frau Oberärztin Dr. Tscherbati so gut, dass keine weitere Nachbehandlung notwendig war. Die mir durch die Schwestern und Ärzte zuteil gewordene Behandlung war einfach großartig. Da wurde mir wieder bewusst, was ich eigentlich schon immer wusste. Es ist ein Glück in einem Land mit einem solchen Gesundheitssystem zu leben. Das kam nicht alles von selbst, daran hatte die Gewerkschafts- und Arbeiterbewegung einen großen Anteil.
Ich erwähne das, um mich auf diesem Weg bei dem gesamten Personal der 2. Chirurgischen Abteilung nochmals zu bedanken. Außerdem will ich damit jenen Patientinnen und Patienten, die von der Diagnose Krebs betroffen sind, zeigen, dass dies kein unbedingtes Todesurteil sein muss. Enkelkinder sind eine wunderbare Hilfe zur Genesung. Während meines anschließenden Erholungsaufenthaltes in Aflenz brachte Martina ein Mädchen namens Sarah zur Welt, jetzt war das Leben noch schöner geworden. Oft denke ich daran, wie schade es ist, dass meine Eltern das Glück mit ihren vielen Enkelkindern nicht erleben konnten.

Grabstein der Eltern auf dem Wiener Zentralfriedhof.

Was ist von meinen Erfahrungen geblieben?

Als Kind besuchte ich den Religionsunterricht und glaubte so wie viele andere Kinder an den lieben Gott (natürlich an den jüdischen). Diesen Glauben habe ich mit 14 Jahren verloren, als Nazideutschland Österreich überfiel. Was ist das für ein Gott, der so schreckliches Unrecht zulässt, dachte ich.
In jungen Jahren war ich von der zionistischen Idee begeistert, weil ich glaubte, dass ein eigener jüdischer Staat Schluss machen würde mit dem Antisemitismus und der Verfolgung der Juden. Als ich in Palästina an Land ging, fast zehn Jahre vor Gründung des Staats Israel, glaubte ich, dass mein Traum in Erfüllung ging. Als ich aber merkte, dass der Traum von einer eigenen Heimat für die Juden zur Vertreibung und Unterdrückung eines anderen Volkes führen würde, wollte ich damit nichts mehr zu tun haben.
Später wandte ich mich dem Kommunismus zu, weil ich glaubte, dass die neue Gesellschaftsordnung die Ausbeutung abschaffen werde, die Gleichberechtigung aller Völker (also auch für die Juden) bringen werde. Als ich dann merkte, welche „Unmenschlichkeiten" im Namen der „Menschlichkeit" begangen wurden, dass in Ländern, wo Kommunismus herrschte, die Macht nur von anderen Herrschern ausgeübt wird, dass es auch dort Privilegierte und Unterprivilegierte gab, habe ich mich auch von dieser Ideologie getrennt.
Durch den Zerfall der Sowjetunion ist der Kapitalismus weder besser noch erträglicher geworden. Bin ich jetzt enttäuscht oder verzweifelt? Keineswegs. Wenn es nicht gelingt das Zusammenleben der Menschen besser zu gestalten, dem wahnsinnigen Egoismus, der gegenwärtig herrscht, Schranken zu setzen, wird diese Welt zu Grunde gehen. In all den Jahren habe ich gelernt, wie wichtig Toleranz ist, die Fähigkeit andere Menschen zu verstehen, sich in deren Lage hinein zu versetzen.
Soweit mich meine Beine noch tragen, gehe ich zu Friedensdemonstrationen. Denn Kriege haben lediglich Machtverhältnisse verändert, aber kein einziges Problem der Menschheit gelöst. Wenn dem so wäre, dürfte es nach den vielen Kriegen, die es in der Geschichte der Menschheit gegeben hat, kein einziges Problem für die Menschen mehr geben.
In den 1930er Jahren des vorigen Jahrhunderts gab es in Wien eine Tageszeitung, die auf der Titelseite das Motto hatte „Wo es Stärkere gibt, auf Seite der Schwächeren". Ich war damals noch ein Kind, kann also nicht beurteilen, ob diese Zeitung ihrem Leitmotiv auch gerecht wurde. Mich hat dieses Leitmotiv ein Leben lang nicht losgelassen. Ich möchte es durch einige andere ergänzen: „Wo es Ausbeuter gibt, auf Seite der Ausgebeuteten! Wo es Unterdrücker gibt, auf Seite der Unterdrückten! Wo es Kriegstreiber gibt, auf Seiten der Friedliebenden!"

Elfi und ich haben uns bemüht diese Lebenseinstellung an unsere beiden Söhne weiterzugeben. Nach all den Misserfolgen in der Politik sind wir wenigstens in dieser Hinsicht erfolgreich gewesen. Beide wissen, dass Reichtum und Karriere nicht das Wichtigste im Leben ist. Sie leben danach und haben Lebenspartnerinnen gefunden, die ebenso denken. Wenn ich deren Freundeskreis und die vielen engagierten jungen Menschen beobachte, dann bin ich voller Hoffnung für die Zukunft. Gewiss, man soll die eigene Kraft nie überschätzen, aber nichts ist schädlicher als Defaitismus. Die Einstellung *„Man kann ja eh nichts machen"* hat immer dazu geführt, dass man nichts gemacht hat und alles ist dadurch beim Alten geblieben. *„Man kann so manchen Glauben verlieren, aber den Glauben an die eigene Kraft, an die eigenen Möglichkeiten sollte man behalten."*

Verwendete Literatur

Augeneder, Sigrid, Maderthaner, Wolfgang, Mittersteiner, Reinhard (Hg.): Metallerleben. 100 Jahre Gewerkschaft Metall-Bergbau-Energie. Wien 1990.

Autengruber, Peter: Parks und Gärten in Wien. Wien 2008.

Beer, Siegfried: Die Geheimdienste im besetzten Österreich. In: *Jagschitz, Gerhard, Karner, Stefan (Hg.):* Menschen nach dem Krieg – Schicksale 1945–1955. Ausstellungskatalog Schloss Schallaburg 1995.

Benz, Wolfgang (Hg.): Legenden, Lügen, Vorurteile, Ein Wörterbuch zur Zeitgeschichte. 12. Auflage. München 2002.

Blaha, Franz: Karl Seitz. Mann des Volkes. Mann der Herzen. Wien 1947.

Danimann, Franz, Pepper Hugo (Hg): Österreich im April 1945. Wien 1985.

Erzählte Geschichte. Berichte von Widerstandskämpfern und Verfolgten. Bd. 1. Arbeiterbewegung. Hg. DÖW. Wien-München o. J.

Fleck, Christian: Die Koralmpartisanen, Über abweichende Karrieren politisch motivierter Widerstandskämpfer, Wien 1986.

Foucault, Michel: Die Wahrheit und die juristischen Formen. In: Dits et Ecrits. Schriften. 2. Band. Frankfurt am Main.

Franer, Killian, Fuchs, Ulli: Erinnern für die Zukunft. Ein Projekt zum Gedächtnis an die Mariahilfer Opfer des NS-Terrors, Wien 2009.

Freund, Florian: Der Mauthausen-Prozess. In: Dachauer Hefte, Bd. 13. Gericht und Gerechtigkeit. Hg. Comité International de Dachau. Brüssel 1997.

Freund, Florian: Der Dachauer Mauthausenprozess. In: Dokumentationsarchiv des österreichischen Widerstandes. Jahrbuch 2001. Wien 2001.

Hodos, Georg H.: Schauprozesse. Stalinistische Säuberungen in Osteuropa 1948-54. Berlin 1990.

Kirchner, Susanne, Weber, Fritz: Die ersten zehn Jahre. Der wirtschafts- und gesellschaftspolitische Diskurs in der Besatzungszeit. Wien 2005.

Klenner, Fritz, Pellar, Brigitte: Die österreichische Gewerkschaftsbewegung. Von den Anfängen bis 1999. Wien 1999.

Kleindel, Walter: Österreich Daten zur Geschichte und Kultur. Wien 1995.

Kykal, Inez: Richard Bernaschek. Odyssee eines Rebellen. Wien 1976.

Landauer, Hans, Hackl, Erich: Lexikon der österreichischen Spanienkämpfer 1936-1939. Wien 2003.

Lehner, Peter Ulrich: „Ich wollte unter Arbeitern sein". Gespräch mit Walter Stern. In: Mitbestimmung. Zeitschrift für Demokratisierung der Arbeitswelt. 34. Jg., Heft 6/2005.

McLoughlin, Barry, Schafranek, Hans, Szevera, Walter: Aufbruch, Hoffnung, Endstation, Österreicherinnen und Österreicher in der Sowjetunion 1925-1945. Wien 1997.

Makomaski, Erich: Die Freie Österreichische Jugend. (Ehemalige) Mitglieder erzählen ihre Geschichte. Selbstverlag. Wien o. J.

Maršálek, Hans: Die Geschichte des Konzentrationslagers Mauthausen, 3. erweiterte Auflage. Wien–Linz 1995.

Mugrauer, Manfred: Der „Prager Frühling" und die Parteikrise der KPÖ. In: Karner, Stefan, Tomilina, Natalja.

Nenning, Schmidt, Lehner u. a.: Wo bleibt die Mitbestimmung? Ergebnisse und Forderungen eines Arbeitskreises der Paulusgesellschaft, österreichische Sektion.

Prader, Hans: Probleme konservativer Gewerkschaftspolitik. Am Beispiel der Politik des ÖGB im Wiederaufbau 1945–1951, phil. Diss. Salzburg 1975.

Rathkolb, Oliver: Gesellschaft und Politik am Beginn der Zweiten Republik. Vertrauliche Berichte der US-Militäradministration aus Österreich in englischer Originalfassung. Wien-Köln-Graz 1985.

Rehder, Peter (Hg.): Das neue Osteuropa von A-Z. München 1992.

Protokoll des 12. Gewerkschaftstages der Gewerkschaft Metall-Bergbau-Energie vom 5. – 7. Mai 1980.

Sieder, Reinhard (Hg.): Brüchiges Leben. Biographien in sozialen Systemen. Wien 1999.

Spring, Claudia: Staatenloses Subjekt, vermessenes Objekt. Anthropologische Untersuchungen an staatenlosen Juden im September 1939. In: Zeitgeschichte 3/2003.

Spring, Claudia: Vermessen, deklassiert und deportiert. Dokumentation zur anthropologischen Untersuchung an 440 Juden im Wiener Stadion im September 1939 unter der Leitung von Josef Wastl vom Naturhistorischen Museum Wien. In: Zeitgeschichte 2/2005.

Streiter, Rudolf: Österreichs Kommunistische Gewerkschafter in der 2. Republik. Wien 1989.

Tálos, Emmerich, Hanisch, Ernst, Neugebauer, Wolfgang, Sieder, Reinhard: NS-Herrschaft in Österreich. Ein Handbuch. 1. Auflage. Wien 2000.

Tausig, Otto: Kasperl, Kummerl, Jud. Eine Lebensgeschichte. Wien 2005.

Tschubarjan, Alexander u.a. (Hg.): Prager Frühling. Das internationale Krisenjahr 1968. Köln- Weimar-Wien 2008.

Tagungsbericht Biographieforschung und Oral History – Methoden, Theorien, Praxis. 26.05.2008-27.05.2008, Wien. In: H-Soz-u-Kult, 07.08.2008, http://hsozkult.geschichte.hu-berlin.de/tagungsberichte/id=2219.

Unfried, Berthold: Arbeiterprotest und Arbeiterbewegung in Österreich während des Ersten Weltkriegs. Univ. Wien, Diss. Wien 1990.

Ziegler, Jean: Das Imperium der Schande. München 2005. Zeitgeschichte. Heft 9-10, 22. Jg., 1955.

Archive und Bibliotheken

Archiv der KZ-Gedenkstätte Mauthausen.

Archiv des Österreichischen Gewerkschaftsbundes (ÖGB)

Bibliothek der AK Wien

Dokumentationsarchiv des österreichischen Widerstandes (DÖW)

Institut für Gewerkschafts- und AK-Geschichte, AK-Archiv (AK Wien).

Privatarchiv Walter Stern

Verein für Geschichte der Arbeiterbewegung (VGA)

Abbildungsverzeichnis

Privatarchiv Walter Stern

Seite 95: *Blaha, Franz:* Karl Seitz. Mann des Volkes. Mann der Herzen. Wien 1947, o. S.

Seite 129: AZ vom 13. Jänner 1918, S. 10.

Seite 298: *Nenning, Schmidt, Lehner u. a.:* Wo bleibt die Mitbestimmung? Ergebnisse und Forderungen eines Arbeitskreises der Paulusgesellschaft, österreichische Sektion, Wien o. J. S. 69 ff.

Anhang

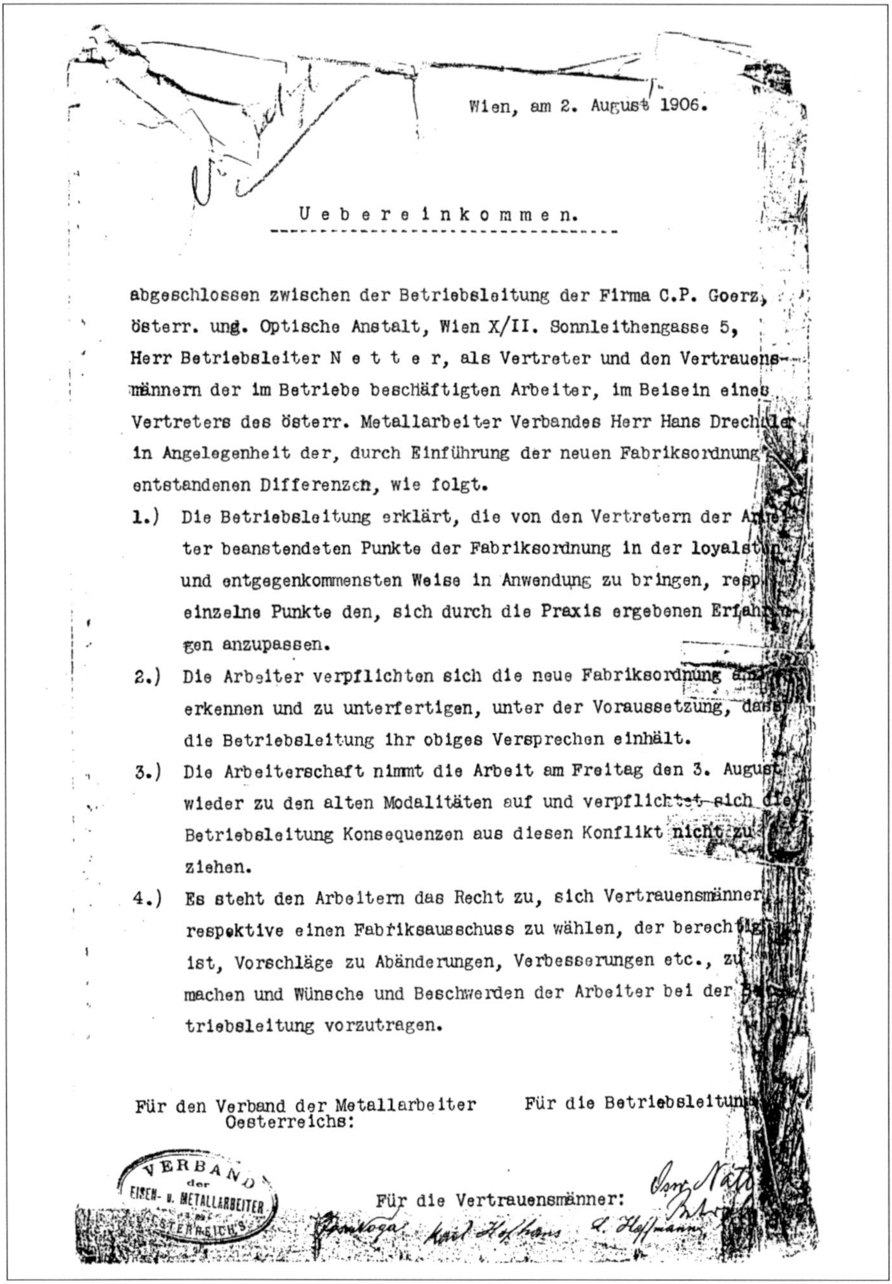

Wien, am 2. August 1906.

U e b e r e i n k o m m e n.

abgeschlossen zwischen der Betriebsleitung der Firma C.P. Goerz, österr. ung. Optische Anstalt, Wien X/II. Sonnleithengasse 5, Herr Betriebsleiter N e t t e r, als Vertreter und den Vertrauensmännern der im Betriebe beschäftigten Arbeiter, im Beisein eines Vertreters des österr. Metallarbeiter Verbandes Herr Hans Drechsler in Angelegenheit der, durch Einführung der neuen Fabriksordnung entstandenen Differenzen, wie folgt.

1.) Die Betriebsleitung erklärt, die von den Vertretern der Arbeiter beanstandeten Punkte der Fabriksordnung in der loyalsten und entgegenkommensten Weise in Anwendung zu bringen, resp. einzelne Punkte den, sich durch die Praxis ergebenen Erfahrungen anzupassen.

2.) Die Arbeiter verpflichten sich die neue Fabriksordnung anerkennen und zu unterfertigen, unter der Voraussetzung, dass die Betriebsleitung ihr obiges Versprechen einhält.

3.) Die Arbeiterschaft nimmt die Arbeit am Freitag den 3. August wieder zu den alten Modalitäten auf und verpflichtet sich die Betriebsleitung Konsequenzen aus diesen Konflikt nicht zu ziehen.

4.) Es steht den Arbeitern das Recht zu, sich Vertrauensmänner respektive einen Fabriksausschuss zu wählen, der berechtigt ist, Vorschläge zu Abänderungen, Verbesserungen etc., zu machen und Wünsche und Beschwerden der Arbeiter bei der Betriebsleitung vorzutragen.

Für den Verband der Metallarbeiter Oesterreichs: Für die Betriebsleitung:

Für die Vertrauensmänner:

Übereinkommen vom 2. August 1906.

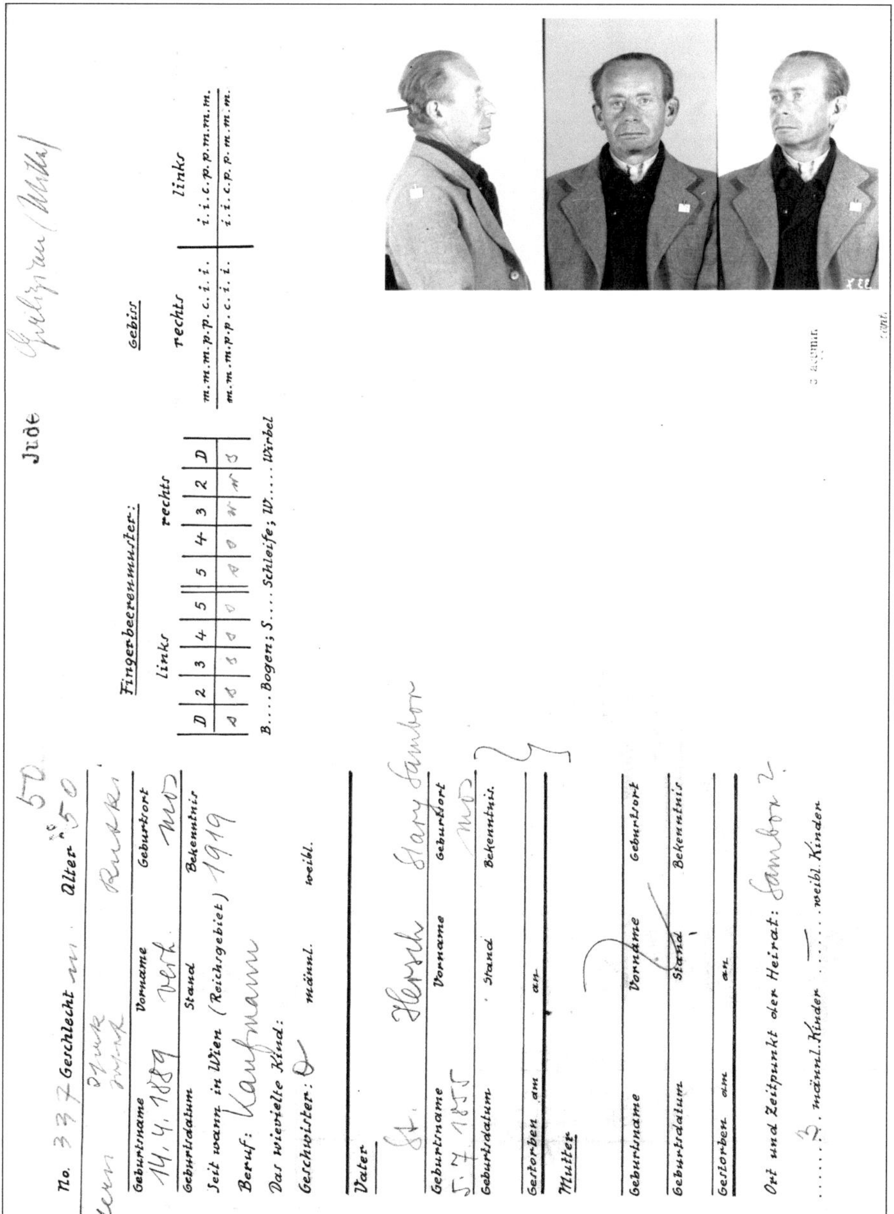

No. 337 Geschlecht m Alter 50

Stern [illegible]

Geburtsname	Vorname	Geburtsort
14.4.1889	[illegible]	mos
Geburtsdatum	Stand	Bekenntnis

Seit wann in Wien (Reichsgebiet) 1919

Beruf: Kaufmann

Das wievielte Kind:

Geschwister: 0 männl. weibl.

Vater

St.	Hersch	Stary Sambor
Geburtsname	Vorname	Geburtsort
5.7.1855		mos
Geburtsdatum	Stand	Bekenntnis
Gestorben am	an	

Mutter

Geburtsname	Vorname	Geburtsort
Geburtsdatum	Stand	Bekenntnis
Gestorben am	an	

Ort und Zeitpunkt der Heirat: Sambor

3 männl. Kinder — weibl. Kinder

Jude

Galizien

Fingerbeerenmuster:

links					rechts				
D	2	3	4	5	5	4	3	2	D

B.... Bogen; S.... Schleife; W.... Wirbel

Gebiss

rechts	links
m.m.m.p.p.c.i.i.	i.i.c.p.p.m.m.m.
m.m.m.p.p.c.i.i.	i.i.c.p.p.m.m.m.

Verhaftet, vermessen und deportiert: Das „Vermessungsblatt“ von Josef Stern, dem Vater von Walter Stern.

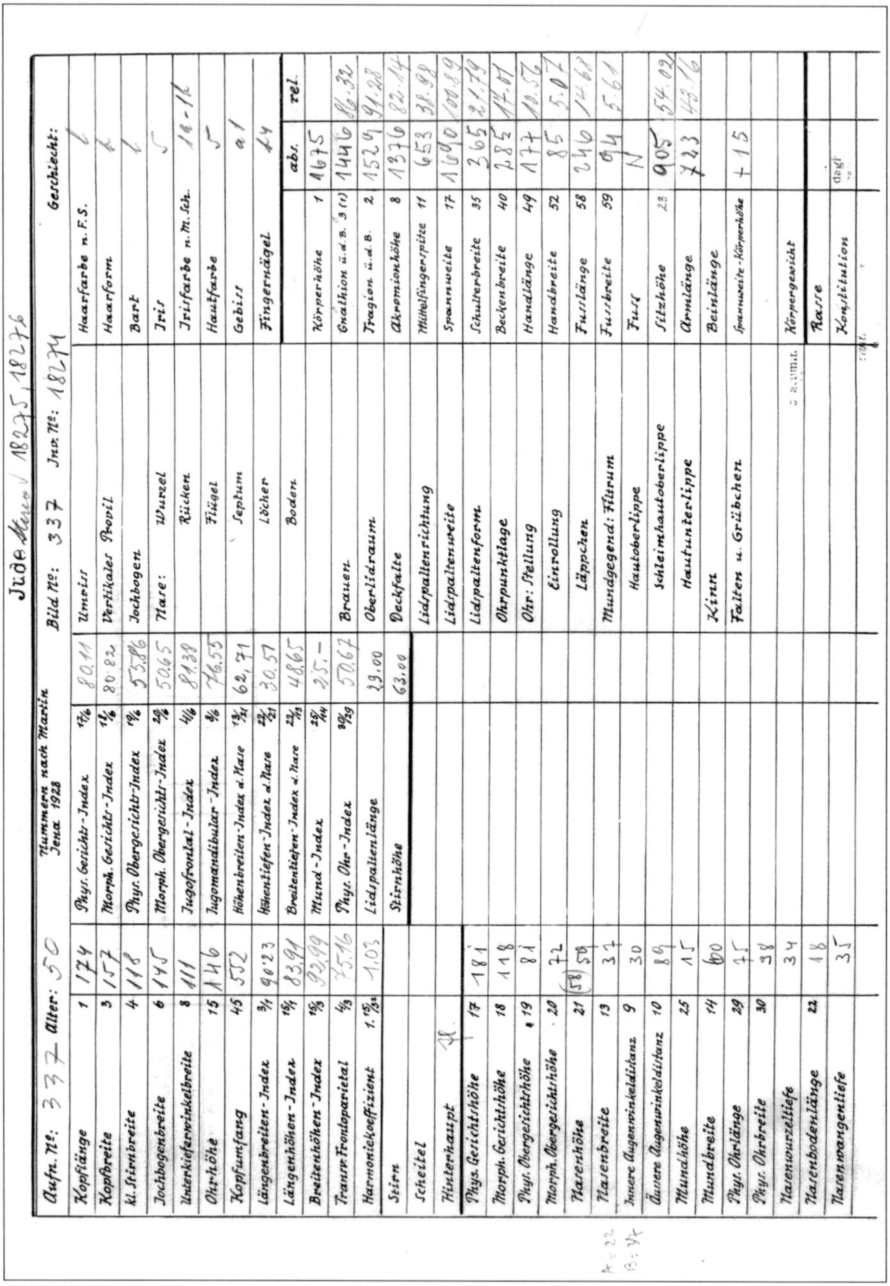

Jude Stern 18275, 18276

Aufn. Nº: 337 Alter: 50 — Nummern nach Martin Jena 1928 — Bild Nº: 337 Jnv. Nº: 18274 — Geschlecht:

Kopflänge	1	174	Phys. Gesichts-Index	17/6	80.11
Kopfbreite	3	157	Morph. Gesichts-Index	18/6	80·82
kl. Stirnbreite	4	118	Phys. Obergesichts-Index	19/6	53.86
Jochbogenbreite	6	145	Morph. Obergesichts-Index	20/6	50.65
Unterkieferwinkelbreite	8	111	Jugofrontal-Index	4/6	81.38
Ohrhöhe	15	146	Jugomandibular-Index	8/6	76.55
Kopfumfang	45	552	Höhenbreiten-Index d. Nase	13/21	62,71
Längenbreiten-Index	3/1	90·23	Höhentiefen-Index d. Nase	22/21	30.57
Längenhöhen-Index	15/1	83.91	Breitentiefen-Index d. Nase	22/13	48.65
Breitenhöhen-Index	15/3	92.99	Mund-Index	25/14	25.–
Transv. Frontoparietal	4/3	75.16	Phys. Ohr-Index	30/29	50.67
Harmoniekoeffizient	1. 15/32	1.03	Lidspaltenlänge		29.00
Stirn			Stirnhöhe		63.00
Scheitel					
Hinterhaupt		fl.			
Phys. Gesichtshöhe	17	181			
Morph. Gesichtshöhe	18	118			
Phys. Obergesichtshöhe	19	81			
Morph. Obergesichtshöhe	20	72			
Nasenhöhe	21	(58) 59			
Nasenbreite	13	37			
Innere Augenwinkeldistanz	9	30			
Äussere Augenwinkeldistanz	10	89			
Mundhöhe	25	15			
Mundbreite	14	60			
Phys. Ohrlänge	29	75			
Phys. Ohrbreite	30	38			
Nasenwurzeltiefe		34			
Nasenbodenlänge	22	18			
Nasenwangentiefe		35			

A = 22
B = 47

Umriss		Haarfarbe n. F. S.	l
Vertikales Provil		Haarform	h
Jochbogen		Bart	l
Nase:	Wurzel	Iris	5
	Rücken	Irisfarbe n. M. Sch.	1a-1b
	Flügel	Hautfarbe	5
	Septum	Gebiss	a 1
	Löcher	Fingernägel	4 4
	Boden		

		abs.	rel.
Brauen	Körperhöhe 1	1675	
Oberlidraum	Gnathion ü. d. B. 3 (1)	1446	86·32
Deckfalte	Tragion ü. d. B. 2	1529	91.28
Lidspaltenrichtung	Akromionhöhe 8	1376	82·14
Lidspaltenweite	Mittelfingerspitze 11	653	38.98
Lidspaltenform	Spannweite 17	1690	100.89
Ohrpunktlage	Schulterbreite 35	365	21,79
Ohr: Stellung	Beckenbreite 40	285	17.01
Einrollung	Handlänge 49	177	10.56
Läppchen	Handbreite 52	85	5.07
Mundgegend: Filtrum	Fusslänge 58	246	14.68
Hautoberlippe	Fussbreite 59	94	5.61
Schleimhautoberlippe	Fuss	N	
Hautunterlippe	Sitzhöhe 23	905	54.02
Kinn	Armlänge	723	43.16
Falten u. Grübchen	Beinlänge		
	Spannweite-Körperhöhe	+ 15	
	Körpergewicht		
	Rasse		
	Konstitution		

Verhaftet, vermessen und deportiert: Das „Vermessungsblatt" von Josef Stern, dem Vater von Walter Stern.

Walter Stern
Gheleng. 34/5/16
1130 Wien

Wien, am 21. Juni 1985

An die
Redaktion des "trend"
Österr. Wirtschaftsmagazin
Marc Aurel-Str. 10-12
1010 Wien

<u>Betrifft:</u> Artikel "Unigor, Servogor, Wunderbar"
im "trend" 6/85.

Da Ihr Bericht vor allem in den historischen Belangen nicht den Tatsachen entspricht, erlaube ich mir als langjähriger – derzeit pensionierter – Goerz-Arbeiter, einige von Ihnen dargestellte Fakten richtigzustellen.
Sie schreiben: "Fast jedes Goerz-Erzeugnis wurde ein Renner und ging um die Welt. Ausgenommen ist die USIA-Zeit, in der das Firmengelände als Schlachthof, Grosswäscherei und Zwischenlager für alles Mögliche und Unmögliche missbraucht worden war."
Wie können Sie nur mit so einem Unsinn die Glaubwürdigkeit Ihrer ehrenwerten Zeitschrift untergraben! Ich habe von 1947 bis 1984 in dieser Firma gearbeitet, aber von einem Schlachthof habe ich nichts bemerkt. Das einzige Schlachtvieh bei Goerz war der "Grubenhund", dem Sie aufgesessen sind.
Und besagte Grosswascherei war eine von einer Wäscherin betriebene Wäscherei für die Belegschaftsangehörigen; eine Sozialeinrichtung jener Zeit, in der Haushaltswaschmaschinen noch nicht zum Alltag gehörten. Diese Sozialeinrichtung wurde noch viele Jahre nach der USIA-Zeit aufrechterhalten und auch zum Waschen der Betriebswäsche verwendet. Sie war sicher nicht die Ursache für rote Zahlen in der Bilanz.
Es geht mir keineswegs um die Ehrenrettung der USIA-Verwaltung, sondern um die Würdigung der Leistung der seinerzeit in der Firma beschäftigten österreichischen Arbeiter und Angestellten, die damals die Grundlage für den heute florierenden Betrieb gelegt haben. Sie erwähnen in Ihrem Artikel die Kleinbildkamera "Minicord" und das Vielfachmessgerät. Aber genau diese beiden Produkte wurden in jenen Jahren entwickelt und erzeugt, von

Brief vom 21. Juni 1985 an die Redaktion des TREND.

- 2 -

denen Sie nur über einen Schlachthof, eine Grosswäscherei und ein Zwischenlager zu berichten wussten.
Ich könnte noch viele andere Geräte aus dieser Zeit anführen.
Wesentlich erscheint mir jedoch, dass im Jahre 1947 unter schwersten Bedingungen eine Entwicklung und Produktion elektrischer Messgeräte aufgebaut wurde, die heute noch den Weltruf der Firma begründen.
Ohne diese Messgeräteproduktion würde es die Firma Goerz in Wien nicht mehr geben, denn Dr. Goerz hat den optischen Teil der Firma innerhalb kurzer Zeit, nachdem er diese zum Kaufpreis von S 1.000,-- (kein Schreibfehler) erworben hat, in den Ausgleich geführt. Aber auch die Information über die Zeit nach 1955 wurde offensichtlich nur oberflächlich recherchiert.
Wie können Sie behaupten, dass wegen der Personalreduktion ein Gewerkschaftsfunktionär in die Firma gesetzt wurde, und erst seit dieser wieder verschwand, im Betrieb Ruhe herrscht?
Hier die Tatsachen zu Ihrer Story:
Die damalige Geschäftsleitung wollte den Obmann des Angestelltenbetriebsrates aus dem Betrieb entfernen. Daraufhin haben alle im Angestelltenbetriebsrat vorhandenen Fraktionen beschlossen, bei der nächsten Betriebsratswahl auf einer Einheitsliste zu kandidieren und die Gewerkschaft zu ersuchen, einen Sekretär der Angestelltengewerkschaft für diese Liste zu nominieren. Dies sollte die Unterstützung des Betriebsrates durch die Gewerkschaft dokumentieren.
Die Anwesenheit des Gewerkschaftssekretärs hatte eher demonstrativen Charakter, aber kaum praktische Bedeutung und war keineswegs Ursache der Unruhe im Betrieb. Daher stimmt auch Ihre Aussage nicht, dass im Betrieb erst Ruhe eintrat, seit jener Sekretär nicht mehr im Betrieb gewesen ist. Sie haben übersehen, dass etwa zum selben Zeitpunkt die Konzernleitung den Vertrag mit dem damaligen Geschäftsführer praktisch über Nacht löste und auch eine Reihe leitender Angestellter, die dieser Geschäftsführer in den Betrieb brachte, aus dem Betrieb ausgeschieden sind. Trotzdem würde ich nicht die Behauptung aufstellen, dass seit dem Abgang des Geschäftsführers wieder Ruhe in den Betrieb eingekehrt ist. So nebenbei: Gerade jener Gewerkschaftssekretär ist im Betriebsrat dafür eingetreten, dass im Zuge der Veränderungen in der Geschäftsführung der Betriebsrat nicht für die Lösung des Vertrages mit Herrn Schiller plädieren soll.

Brief vom 21. Juni 1985 an die Redaktion des TREND.

- 3 -

Sie schreiben ausserdem, dass die Arbeiter gerne im Akkord arbeiten. Hat Ihr "Berichterstatter" auch nur mit einem einzigen Akkordarbeiter gesprochen? Weiters schreiben Sie, dass der Betriebsrat kaum Anlass zur Klage hat. Haben Sie den Betriebsrat darüber befragt? Dafür hat Ihr Reporter einen Arbeiter sagen gehört: "Die da oben sind schon in Ordnung." Ich habe so einen Ausspruch in den 37 Jahren, die ich bei Goerz arbeitete, noch nie gehört; und zwar über keine der vielen Geschäftsleitungen, die es bei Goerz gegeben hat.
In Zukunft werde ich Ihre Berichte mit weit grösserer Vorsicht lesen. Ihre Glaubwürdigkeit hat sehr gelitten.

Hochachtungsvoll

(ehem. Arbeiterbetriebsrat der Fa. Goerz)

Brief vom 21. Juni 1985 an die Redaktion des TREND.

Walter Stern
Ghelengasse 34/5/16
1130 Wien

An die
Landesleitung der Gewerkschaft MBE Wien
Plösslgasse 14
1040 Wien

Wien,28.2.1989

Werte Kolleginnen und Kollegen !

Das von der sozialistischen Fraktion dominierte Präsidium der Wiener Landesleitung der Gewerkschaft Metall-Bergbau-Energie hat nach meinem altersbedingten ausscheiden aus der Landesleitung beschlossen, keinen Vertreter der "Gewerkschaftlichen Einheit" in dieses Gremium zu kooptieren. Begründet wurde dieser Beschluß damit, daß sich nicht genügend Metallarbeiterbetriebsräte in Wien zur "Gewerkschaftlichen Einheit" bekennen. Es wurde mir gegenüber eine Mindestgrenze von 1 Prozent genannt.

Dazu muß ich bemerken, daß sich an der Stärke der GE in Wien im Bereich der Gewerkschaft MBE schon seit Jahren kaum etwas geändert hat. Es kommt aber auch auf den ideellen Beitrag und die Aussagekraft einer Gruppierung an, die eine Vertretung in den Gremien der Gewerkschaft rechtftertigen. Wir sind zwar eine kleine Minderheit, aber dennoch ein wichtiger Bestandteil der Gewerkschaftsbewegung. Auch dann, oder vielleicht gerade deswegen, weil wir der Führung der Gewerkschaft kritisch gegenüberstehen.

Wobei so unrecht wir doch nicht hatten, als wir auf die enormen Gefahren der Atomindustrie hingewiesen hatten – lange vor Tschernobyl. Wir haben auf die Problematik der Umweltzerstörung aufmerksam gemacht, als die Mehrheit in der Landesleitung noch den Menschen, die sich Sorgen um die Umwelt machten, die Schuld an der Arbeitslosigkeit zugeschoben hatte – als ob es Arbeitslosigkeit nicht schon gegeben hätte, als man den Begriff "Umweltbewußtsein" noch gar nicht kannte. Wir haben immer schon eine generelle Lösung der 35- Stunden- Woche verlangt. Nun hat auch der ÖGB-Kongreß den Beschluß für einen Generalkollektivvertrag verlangt. Noch manches Beispiel könnte ich anführen. Wir wollen keineswegs als Besserwisser gelten oder klüger als andere sein. Auch wir haben uns gewiß schon bei so manchen Einschätzungen geirrt oder Fehler gemacht. Ich wollte bloß aufzeigen, daß auch Minderheiten ein wichtiges Korrektiv sein können – besonders dann, wenn sie positiv zur Arbeiterbewegung stehen. Man sollte daher nicht – nur weil man die Macht dazu hat, Normen und Regeln aufzustellen – Minderheiten einfach ignorieren und beiseite schieben.

Es gäbe so viele Gelegenheiten, die Macht und Stärke der Organisation zu demonstrieren – besonders gegenüber der Industriellenvereinigung. In der Frage der

Brief vom 28. Februar 1989 an die Landesleitung der Gewerkschaft Metall, Bergbau, Energie.

35-Stunden-Woche, um mehr Mitbestimmungsrechte am Arbeitsplatz, um Erhaltung und Ausbau der verstaatlichten Industrie. Da muß man doch nicht seine Macht und Stärke gegen eine kleine Gruppierung demonstrieren, auch wenn es leichter ist als gegen die Industriellenvereinigung anzutreten.

Kollege Geiler vom Linksblock hat - so wurde mir berichtet -die Frage unserer Vertretung in der Landesleitung Wien zur Diskussion gestellt (obwohl er einer konkurrierenden Gruppe zugehörig ist). Es ist bedrückend, daß ihn kein einziger Kollege der sozialistischen Fraktion dabei unterstützte. Ich erwarte nicht, daß sozialistische Kollegen unsere Auffassungen teilen, aber das Recht, andere Auffassungen und Richtungen in der Gewerkschaft zu vertreten, sollte doch von jedem verteidigt werden. In den Gremien der Gewerkschaft sollte es doch eine offene,Kritische und von Fraktionszwängen unbeeinflußte Diskussion geben.

Überdenkt und revidiert bitte Eure Entscheidung !

Ich verbleibe mit besten Grüßen

Walter Stern

Brief vom 28. Februar 1989 an die Landesleitung der Gewerkschaft Metall, Bergbau, Energie.

Walter Stern
Ghelengasse 34/5/16
1130 Wien

Koll.
Walter Hartl
Landesleitung Wien MBE
Plösslgasse 14
1040 Wien

Wien, 28.2.1989

Lieber Walter !

Zu Beginn des Jahres 1988 habe ich in einer Landesleitungssitzung vorgeschlagen, daß in unserem Gewerkschaftshaus eine Gedenktafel für unsere Metallarbeiterkollegen, die Opfer der nationalsozialistischen Gewaltherrschaft wurden, angebracht werde.

Du hast darauf genatwortet, daß dies eine Angelegenheit der gesamten Organisation sei, und Du daher diesen Vorschlag weiterleiten wirst.

Bei einer Aussprache mit unserem Vorsitzenden Kollegen Nürnberger und dem Zentralsekretär, Kollegen Haas erinnerte ich nochmals an diesen Vorschlag, worauf Kollege Nürnberger antwortete, daß er zum ersten Mal davon höre. Es hat also den Anschein, daß Du auf die Weiterleitung dieses Vorschlags vergessen hast.

Auch wenn das "Bedenkjahr" vorbei ist, sollte uns das Andenken an jene Kolleginnen und Kollegen, die mit ihrem Leben dafür bezahlten, daß es wieder ein freies Österreich und vor allem eine freie Gewerkschaftsbewegung gibt, eine Gedenktafel in unserem Hause wert sein.

Ich verbleibe mit besten Grüßen

Walter Stern

Brief von Walter Stern an Walter Hartl vom 28. Febraur 1989.

Walter Stern
Ghelengasse 34/5/16
1130 Wien

Herrn
Bundeskanzler
Dr. Franz Vranitzky
Bundeskanzleramt

Ballhausplatz 1
1010 W i e n

Sehr geehrter Herr Bundeskanzler!

Anbei übersende ich Ihnen einen Ausschnitt aus den "Tullner Nachrichten", welche ich zufällig in die Hände bekommen habe.
Ich bin entsetzt, daß das österreichische Bundesheer unter Beteiligung des Bundesministers für Landesverteidigung, des niederösterreichischen Landeshauptmannes und sonstiger Prominenz eine solche "Feierstunde" abgehalten hat. Immerhin wurde dieser Fliegerhorst 1941 von der deutschen Wehrmacht geschaffen, als eben diese Wehrmacht ganz Europa mit Krieg überzog und schreckliches Elend anrichtete. Was meinte da Dr. Fasslabend, als er anläßlich dieser 50-Jahr-Feier sagte: "Alles, was hier getan wurde, wurde für unser Land, für unser Österreich getan." Im Gegenteil: Dieser Fliegerhorst wurde errichtet, um zu verhindern, daß Österreich wieder frei wird. Da gibt es für uns nichts zu feiern.
Wenn diese Geisteshaltung im Bundesheer richtig ist, dann bin ich vielleicht ein Anti-Österreicher, weil ich mich im Jahr 1942 freiwillig zur britischen Armee gemeldet habe, um für die Befreiung Österreichs zu kämpfen.
Da diese Entgleisung im Bundesheer leider keine Einzelerscheinung ist - siehe Löhr-Tafel oder Gedenktafel für Generalstabsoffiziere der deutschen Wehrmacht in der Hofburg-Kapelle, bei der das Bundesheer jährlich Kränze niederlegt -, ersuche ich Sie, Herr Bundeskanzler, dafür zu sorgen, daß sich unser Bundesheer endlich von jenen Offizieren trennt, die noch immer glauben, daß sie die Traditionen der deutschen Wehrmacht pflegen müssen, und der Hitler-Krieg unser Krieg gewesen ist.
Welchen Sinn haben Ihre gutgemeinten Erklärungen zu Österreichs Vergangenheit während des zweiten Weltkrieges, wenn Minister Ihrer

Brief von Walter Stern an Bundeskanzler Vranitzky (ohne Datum).

Regierung durch die Teilnahme an solchen "Festakten" die Glaubwürdigkeit Ihrer Regierungserklärung untergraben?
In Erwartung einer positiven Antwort verbleibe ich

hochachtungsvoll

Brief von Walter Stern an Bundeskanzler Vranitzky (ohne Datum).

BUNDESKANZLERAMT
Kabinett des Bundeskanzlers

Mag. Harald PERL

A-1014 Wien, Ballhausplatz 2
Tel. (0222) 66xxxx 53115/2762
Fernschreib-Nr. 1370-900
DVR: 0000019

Herrn
Walter STERN

Ghelengasse 34/5/16
1130 W i e n

Wien, am 29. August 1991

Sehr geehrter Herr Stern!

Der Herr Bundeskanzler hat Ihr Schreiben vom 20. August 1991 erhalten und aufmerksam gelesen. Ich muß in diesem Zusammenhang zunächst allerdings um Ihr Verständnis ersuchen, daß dem Herrn Bundeskanzler eine authentische Interpretation von Äußerungen von Regierungsmitgliedern nicht möglich ist. Ohne daher auf den konkreten Anlaßfall näher eingehen zu wollen, kann ich Ihnen hinsichtlich Ihres grundsätzlichen Anliegens versichern, daß sich der Herrn Bundeskanzler, auch im Rahmen des gegenwärtigen Reformprozesses im Bereich der militärischen Landesverteidigung, auch weiterhin dafür einsetzen wird, daß falsch verstandener Traditionspflege innerhalb des österreichischen Bundesheers von vornherein der Nährboden entzogen wird.

Mit freundlichen Grüßen

Brief des Bundekanzieramtes an Walter Stern vom 29. August 1991.

Walter Stern
Gheleng. 34/5/16
1130 Wien

Wien, am 19. Oktober 1995

Sehr geehrte Frau Dr. Petrovic!

Sie wollen "Schwarz-Blau" verhindern. - Das will ich auch.
Sie wollen 10 % der Wählerstimmen erreichen. - Einverstanden.
Aber Ihren Aufruf, Vranitzky abzuwählen, halte ich für kontraproduktiv. Wer Vranitzky abwählen will, wählt Haider oder Schüssel. Mit Ihrem angestrebten Stimmenanteil allein werden Sie "Schwarz-Blau" nicht verhindern können!
Lassen Sie sich von Haider keinen Personenwahlkampf aufzwingen! Die "Grünen" sollten einen Wahlkampf mit Inhalten führen. Erklären Sie den Wählern, warum sie "Grün" wählen sollen. Warum man die anderen Parteien nicht wählen kann, wissen zumindest 30 % Nichtwähler.
Betroffen war ich über Ihre pauschal abfällige Bemerkung über die "Gemeindebauwähler". Ich habe zwar keine Gemeindebauwohnung, fühle mich jedoch den Menschen im Gemeindebau mehr verbunden als den Villenbesitzern. Dennoch würde ich mir kein pauschal abwertendes Urteil über Villenbesitzer anmaßen. Ich möchte Sie daran erinnern, daß so mancher Gemeindebaumieter 1934 sein Leben verlor, als er die Demokratie verteidigen wollte. In Favoriten werden Sie kaum einen alten Gemeindebau ohne Gedenktafel für ein oder mehrere Opfer der Nazidiktatur finden. - Also bitte etwas mehr Hochachtung für arbeitende Menschen, wenn Sie Ihr Wahlziel erreichen wollen.

Es grüßt Sie mit vorzüglicher Hochachtung
ein wahrscheinlich noch "Grün" wählender

Brief von Walter Stern an Frau Dr. Petrovic vom 19. Oktober 1995.

Klubobfrau
MMag. Dr. Madeleine Petrovic

DER GRÜNE KLUB
IM PARLAMENT

Walter Stern

Ghelengasse 34/5/16
A-1130 Wien

Wien, 1. Dezember 1995

Sehr geehrter Stern!

Herzlichen Dank für Ihr Schreiben vom 19. Oktober 1995. In Ihrem Brief kritisieren Sie meinen Aufruf, Vranitzky abzuwählen. Dieser Aufruf hat seinen Grund darin, daß ich Bundeskanzler Vranitzky vorwerfe, sich von Haider zwar verbal klar abzugrenzen und gleichzeitig aber durch seine Politik den Aufstieg der FPÖ zu begünstigen. Viele "arbeitende Menschen" fühlen sich von der SPÖ - zu Recht! - nicht mehr ausreichend vertreten. Natürlich ist es eine Illusion, daß die Haider-FPÖ die Partei der "kleinen Leute" ist. Eine ähnliche Illusion hat es in diesem Jahrhundert ja schon einmal gegeben!

Wenn Sie meine Bemerkung über die "Gemeindebauwähler" als abfällig empfunden haben, möchte ich mich bei Ihnen dafür entschuldigen. Die Kommunalpolitik der SPÖ in der Zwischenkriegszeit war sicherlich vorbildlich! Vor dem heldenhaften Kampf der Arbeiterschaft zur Verteidigung der Demokratie 1934 empfinde ich größten Respekt.

Ich würde mich sehr freuen, wenn Sie uns am 17. Dezember 1995 (nicht nur "wahrscheinlich", sondern sicher) ihre Stimme geben.

Mit herzlichen Grüßen

DER GRÜNE KLUB IM PARLAMENT
A-1017 Wien, Telephon (0222) 40110-6690, Telefax (0222) 40110-6793, DVR 0543888

Brief von Dr. Madeleine Petrovic an Walter Stern vom 1. Dezember 1995.

Walter Stern

Probleme der Mitbestimmung im betrieblichen Alltag

Mitbestimmung ist im Begriff, ein Modeschlagwort zu werden, welches jedermann nach seinen Vorstellungen, insbesondere jedoch nach seinen Bedürfnissen auslegt. Mitbestimmung als Demokratisierung von Wirtschaft und Betrieb ist nicht nur eine Angelegenheit von Gesetzen und Novellierungen, sondern bedarf der täglichen Arbeit und Erziehung jener, die ihre Träger sein sollen, nämlich der Arbeiter und Angestellten. Im folgenden soll versucht werden, die **aus der Praxis des Betriebsrates** anfallenden Probleme anhand theoretischer Überlegungen mit dem Konzept einer Demokratisierung des Betriebes in Beziehung zu setzen bzw. nachzuweisen, welche Probleme sich für einen Betriebsrat daraus ergeben, daß im Betrieb eine Demokratisierung bisher **nicht** eingeführt wurde.

Die Entwicklung der Technik bringt eine immer größer werdende Konzentration der Wirtschaft mit sich. Der Jahresumsatz mancher internationaler Konzerne übersteigt das Jahresbudget kleinerer und mittlerer Staaten um ein Vielfaches. Diese wirtschaftliche Macht bedeutet gewaltige politische Macht, die jedoch außerhalb der demokratischen Kontrolle steht und die nur einigen wenigen zugute kommt. Der Einfluß dieser Macht dringt über die Publizistik, das Erziehungswesen und die Massenmedien in alle Bereiche des gesellschaftlichen Lebens. Demokratie in Politik und Gesellschaft wird daher erst möglich, wenn die wirtschaftliche Machtkonzentration gebrochen und demokratisch kontrolliert wird.

Demokratie in der Wirtschaft soll dazu führen, daß die durch die Arbeit entstandenen gewaltigen Werte nicht von einigen Technokraten mißbraucht werden, sondern daß jene, die die Werte geschaffen haben, in die Lage versetzt werden, über ihre Verwendung zu entscheiden. Das soll natürlich in organisierter Form vor sich gehen, durch die eine dem Gemeinwohl dienende Weiterentwicklung ermöglicht wird und die den kulturellen und gesellschaftlichen Reichtum ständig vergrößert. Gewiß, wenn die „Mehrheit" entscheidet, muß nicht automatisch immer das „Vernünftigste" beschlossen werden. Es können auch Fehlentscheidungen getroffen werden. Dann tragen aber die Folgen dieser Fehlentscheidungen eben jene, die sie getroffen haben. Beim gegenwärtigen Zustand — bei dem übrigens das so vielgerühmte **„Unternehmerrisiko"** weitestgehend auf andere abgewälzt wurde — tragen die Folgen einer Fehlentscheidung auf wirtschaftlichem Gebiet nicht immer jene, die sie getroffen haben, sondern meistens die, die von der Entscheidung ausgeschlossen sind.

Wenn man von Mitbestimmung spricht, so denkt man in erster Linie an eine solche im Betrieb. Doch auch hier gibt es zwei verschiedene Arten.

Wenn Mitbestimmung bedeutet, daß die im Betrieb Beschäftigten durch ihre **Mitarbeit** dazu beitragen, daß sich der **Reichtum des Unternehmers** vergrößert, wird sich kaum ein Unternehmer oder

69

Beitrag von Walter Stern in der Broschüre „Wo bleibt die Mitbestimmung?

Direktor gegen ein solches Mitbestimmen oder Mitreden der Belegschaft verwahren. Verbesserungsvorschläge in dieser Richtung sind immer willkommen und einige „fortschrittliche" Unternehmer lassen die Vertreter der Belegschaft sogar in sozialen Belangen wie Garderobe, Werksküchen usw. mitreden, um die in der Firma Beschäftigten bei guter Laune zu erhalten. Solange die Interessen die gleichen sind (alle wollen, daß der Betrieb floriert), dürfte es keine wesentlichen Schwierigkeiten bei der Mitbestimmung geben.

Kluge Unternehmer haben schon lange erkannt, daß es günstiger ist, die „Privatinitiative" des Unternehmers durch die kollektive Initiative der Beschäftigten zu ergänzen. Mitbestimmung, die sich darauf beschränkt, dem Betriebsinhaber Ratschläge zu erteilen, wie er den Betrieb besser und ertragreicher gestalten kann, wird heute nur noch bei Unternehmern und Direktoren, die geistig im vorigen Jahrhundert stehengeblieben sind, auf Widerstand stoßen. Wenn diese Art der Mitbestimmung für die Arbeiter und Angestellten nicht unwichtig ist, so ist sie aber keineswegs das Wesentliche, worauf es ankommt.

Die Probleme werden dort auftauchen, wo es um die andere Variante der Mitbestimmung geht, bei der eine **Interessenskollision** unvermeidlich ist. Die Schwierigkeiten werden also dann auftreten, wenn es nicht um die Frage geht, daß der Betrieb **gut** geht, sondern auf **wessen Kosten** er floriert. Darunter fallen Fragen wie die Festsetzung der Leistungsnormen, die Höhe der Löhne und Gehälter, Auswüchse der Betriebshierarchie usw.

Bei all diesen Fragen hat sich zumeist eine **„nichtinstitutionalisierte" Form der Mitbestimmung** entwickelt, die bei uns jedoch erst in embryonalen Ansätzen vorhanden ist, nämlich die **Kampfaktion,** mittels derer die Arbeiter und Angestellten ihren Standpunkt durchzusetzen vermögen. Manchmal ist es jedoch auch möglich, die mittels Kampfaktionen angestrebten Ziele auf dem Verhandlungswege zu erreichen, und zwar dann, wenn die Direktion weiß, daß bei ergebnislosen Verhandlungen oder bei Nichtverhandeln eben solche Kampfaktionen als weitere Maßnahme folgen würden.

Heute geht es aber den Lohnabhängigen um mehr als nur um die Erreichung kurzfristiger Ziele oder die Lösung sie unmittelbar betreffender Probleme wie Leistungsnorm, Bezahlung, Gestaltung des Arbeitsplatzes und Gesundheitsschutz. **Es geht um das „Menschsein" am Arbeitsplatz.** Das Betriebsrätegesetz bietet bescheidene Ansätze, um sich in diesen Fragen einzuschalten. Wie weit diese Ansätze jedoch in den einzelnen Betrieben seitens der Lohnabhängigen und deren Betriebsräte genützt werden, bzw. ob und wieweit darüber hinausgegangen wird, hängt von der Einsatzbereitschaft der Beschäftigten selbst und ihrer gewählten Vertreter ab.

Keinerlei Ansätze jedoch bietet das Betriebsrätegesetz für eine **echte Mitentscheidung bei grundsätzlichen Fragen der wirtschaftlichen Betriebsführung,** wodurch letztlich aber auch die Mitentscheidung bei der Gestaltung der Löhne und Gehälter sowie anderer sozialer Aufwendungen betroffen wird. Aber auch die praktische Ausrichtung des ÖGB nimmt diese Problematik noch nicht wahr.

Man muß hier gar nicht auf jene Beispiele verweisen, wo Betriebe durch schlechte Leitung zugrunde gegangen sind und die Belegschaft ihre Arbeitsplätze verlor und darüber hinaus auch auf die Realisierung ihrer erworbenen Ansprüche verzichten mußte. So etwas ist unter Umständen auch denkbar, wenn der Betriebsrat oder ein anderes Organ der Belegschaft mitzuentscheiden gehabt hätte. Aber der vorhin beschriebene Mangel äußert sich schon bei weitaus weniger krassen Beispielen.:

Betriebe, die sich **im Eigentum von Banken** befinden, leiden oft an chronischem Kapitalmangel und zahlen Jahr für Jahr horrende Summen an Zinsen an die eigene Bank, weil es dieser offensichtlich genehmer ist, die Erträgnisse in dieser Form und nicht in Form einer

Beitrag von Walter Stern in der Broschüre „Wo bleibt die Mitbestimmung?

Dividende aus dem Betrieb zu ziehen. Den Betriebsräten wird dann an Hand der Bilanz nachgewiesen, daß für die Belange der Belegschaft kein Geld da ist, ja oft nicht einmal die erforderlichen Investitionen vorgenommen werden können.

Aus diesem Grund gewähren die Banken an eigene notleidende Unternehmungen wesentlich bereitwilliger Kredite, als daß sie weitere Kapitalanteile des entsprechenden Betriebes übernehmen, weil ihnen eben der Zinsendienst, den der Kreditnehmer leisten muß, als risikoloser Ertrag willkommener ist als ein Erträgnis aus einer direkten Kapitalbeteiligung, auf das aber mitunter einige Zeit lang verzichtet werden müßte, wenn der Betrieb noch nicht ertragreich genug wirtschaftet.

Diese Praxis der Bankenpolitik hat in der internationalen **Entwicklungshilfe** eine deutlich ausgeprägte Prallele. Die hoch industrialisierten Staaten Westeuropas und Nordamerikas sind auch nur zu jener Form der Entwicklungshilfe bereit, durch die ihnen entsprechende Erträgnisse garantiert werden. So werden keine direkten Kapitalhilfen an die Entwicklungsländer vergeben, die diese nach selbstgewährten Prioritäten verwenden können, sondern es werden mit staatlicher Unterstützung des Landes, welches Entwicklungshilfe gewährt, in dem zu entwickelnden Land Industriebetriebe und andere Projekte errichtet, die sich zwar belebend auf die Wirtschaft eines Entwicklungslandes auswirken und die auch nach einiger Zeit Erträgnisse abwerfen, welche jedoch nicht im Lande bleiben, sondern in das Land des Kapitalgebers wieder zurückwandern. Dadurch wird unter dem Vorwand der Entwicklungshilfe die alte Politik der internationalen Ausbeutung in anderen Formen fortgesetzt.

Die Frage der Mitbestimmung wird durch diesen Sachverhalt insoferne berührt, als dadurch der Kapitalexport in jene Länder, die durch Unternehmens- und Betriebsverfassungen die Mitbestimmung verankert haben, zunächst einmal eine Beeinträchtigung erfahren wird. Aus diesem Grunde müßte die Arbeiterschaft aller Länder ein großes Interesse daran haben, daß in allen Ländern möglichst gleichzeitig wirksame Mitbestimmungsmöglichkeiten für die Lohnabhängigen durchgesetzt werden können.

Doch wieder zurück zu jenen Problemen und Zielkonflikten, die sich im engen, nationalen Bereich bzw. innerhalb des Betriebes ergeben.

In Österreich gibt es zahlreiche Betriebe **ausländischer Unternehmungen,** die Verkaufsorganisationen in vielen Ländern der Erde unterhalten. Diese Unternehmungen haben eine beachtliche Praxis dahingehend entwickelt, ihre Gewinne mittels besonderer Preisnachlässe für ihre eigenen Auslandsunternehmungen (womöglich in Liechtenstein, der Schweiz, den Bahamas, Panama oder anderen Steuerparadiesen) zu transferieren. Auch dadurch werden die tatsächlichen Gewinne verschleiert, und man kann an Hand der offiziellen Leistungsnachweise eines Betriebes (Bilanz und Gewinn- und Verlustrechnung) den Vertretern der Beschäftigten, vor denen man die anderen Zusammenhänge zu verschleiern versteht, einreden, daß für eine Beteiligung der Lohnabhängigen an dem erwirtschafteten Erfolg nichts übrig geblieben ist.

In den beiden skizzierten Fällen könnte eine echte Mitbestimmung der Organe der im Betrieb Beschäftigten dafür Sorge tragen, daß die im Betrieb erarbeiteten Gewinne auch hier verbleiben und entsprechend genutzt und verteilt werden können.

Oder ein anderes Beispiel aus der Praxis, welches die Notwendigkeit einer Mitbestimmung demonstrieren soll:

In den Betrieben kommt es immer wieder zu **Kapazitätsüberschüssen an menschlicher Arbeitskraft.** Sei es durch Auftragsrückgang, Rationalisierung oder andere Gründe. Das klassische Lösungsmittel der Unternehmer ist einfach: Eine der Überkapazität entsprechende Anzahl von Arbeitskräften wird abgebaut — uninteressant, ob der betreffende Arbeiter oder Angestellte eine andere Beschäftigung findet, unwichtig, wieviel

71

Beitrag von Walter Stern in der Broschüre „Wo bleibt die Mitbestimmung?

der Betroffene in den vergangenen Jahren zum Ertrag der Firma beigetragen hat. Auch dann, wenn das Problem auf Kosten eines Teiles des Ertrages gelöst werden könnte, zum Beispiel durch Verkürzung der Arbeitszeit bei Lohnausgleich.

Natürlich könnte ein geringerer Ertrag dazu führen, daß innerbetriebliche Lohnerhöhungen nicht im selben Ausmaß durchzusetzen oder überhaupt nicht möglich sind wie in den vergangenen Jahren, weil eben ein Teil des erwarteten Ertrages vorübergehend durch die Arbeitszeitverkürzung geschluckt wurde. Aber gerade in einem solchen Fall wäre — nach eingehender und wahrheitsgemäßer Information — die Arbeiter- und Angestelltenschaft berufen, eine demokratische Entscheidung zu treffen: Solidarität mit allen im Betrieb beschäftigten Dienstnehmern, bei einem eventuellen Verzicht auf innerbetriebliche Lohnerhöhung, oder Abbau von Dienstnehmern.

Wobei zu bemerken ist, daß bei den gegenwärtigen Verhältnissen um eine **innerbetriebliche Lohnerhöhung auch bei hohem Ertrag** neuerlich noch zu kämpfen wäre, da ja die Unternehmer nach wie vor allein über die Verteilung des Ertrages verfügen.

Die Entscheidung über ein solches Problem wird sicher nicht in allen Fällen die gleiche sein, sie hängt natürlich von den Umständen, aber auch von dem gesellschaftlichen Bewußtsein der jeweiligen Belegschaft ab.

Zusammenfassend muß festgestellt werden: Es ist nicht gleichgültig, **wie** der Ertrag erwirtschaftet wird (das heißt unter menschlichen oder unmenschlichen Bedingungen); und es ist auch nicht egal, **was** mit dem erwirtschafteten Ertrag geschieht — ob er positiv angelegt wird oder ob er, wie seinerzeit durch die Alpine-Montan, zur Finanzierung einer „Heimwehr" gegen die Arbeiter verwendet wird. Daraus ergibt sich, daß vor allem in diesen Belangen das alleinige Entscheidungsrecht des Eigentümers, Managers oder Staatsbeauftragten aufgehoben werden muß.

Die Feststellung, **daß** „mitbestimmt" werden soll, allein genügt nicht. **Wie** und in welcher Form soll diese Mitbestimmung vor sich gehen?

Unter Mitbestimmungsfreunden herrscht gegenwärtig die Ansicht vor, daß die Mitbestimmung über die derzeit bestehenden Organe der Belegschaft, die **Betriebsräte,** erfolgen soll. Das ist für den Anfang durchaus richtig, muß jedoch in späteren Entwicklungsphasen keineswegs so bleiben. Wenn auch den Betriebsräten eine wesentliche Rolle im gesamten Mitbestimmungskonzept zukommt, so ist dies nicht gleichbedeutend damit, daß die Mitbestimmung **ausschließlich** über den Betriebsrat zu verwirklichen ist und daß er ausschließliches Mitbestimmungsorgan sein soll.

Es wäre durchaus denkbar, daß **aus dem Kreise der Arbeiter- und Angestelltenschaft ein Organ (Aufsichtsrat) bestellt wird, dem die Direktion für ihre Tätigkeit verantwortlich ist.** Dieses Organ muß der Vollversammlung Rechenschaft ablegen. Der Betriebsrat, dem vor allem die Wahrung der **sozialen** Interessen der Belegschaft obliegt, müßte natürlich auch in diesem „Aufsichtsrat" vertreten sein; vor allem als Gegengewicht zu allfälligen „technokratischen Tendenzen", die **nur** auf Rentabilität und Wachstum des Betriebes ausgerichtet sind und dabei allzuleicht die menschlichen Belange der Arbeitenden nicht beachten.

Zweifellos würde es auch bei Einführung einer echten Mitbestimmung einer **Direktion** bedürfen, die der Belegschaft gegenüber für das wirtschaftliche Geschehen im Betrieb und der Öffentlichkeit gegenüber für die Qualität der Produkte und die Gestaltung der Preise verantwortlich sein muß. Der **Betriebsrat** hingegen hätte der Belegschaft gegenüber dafür verantwortlich zu sein, daß bei aller Notwendigkeit einer rationellen Fertigung die **menschlichen Aspekte** nicht außer acht gelassen werden.

Die Einhaltung bzw. Errichtung von Arbeitsschutzvorschriften, die Ausgestal-

Beitrag von Walter Stern in der Broschüre „Wo bleibt die Mitbestimmung?

tung des Arbeitsplatzes nach den persönlichen Bedürfnissen des Arbeitenden, die Regelung des Produktionstempos, die Einhaltung sanitärer Vorschriften, die Festlegung von Arbeitspausen und -erleichterungen sind jedes für sich genommen nur winzig kleine Mosaiksteinchen, durch die **allein** die Lage des arbeitenden Menschen im Betrieb nur teilweise berührt wird. In der Gesamtheit aber kann aus all diesen aufgezeigten Detailfragen und Teilgebieten ein ganz bedeutender Einfluß auf die Vermenschlichung der Arbeitsbeziehungen ausgeübt werden.

Dafür ist jedoch zunächst einmal eine **allumfassende Information** über Finanz- und Entwicklungsplanung sowie Kalkulation und Betriebsabrechnung **nicht nur des Betriebsrates, sondern auch der Belegschaft** unabdingbare Voraussetzung.

Das **Betriebsgeheimnis** hat heute angesichts dessen, daß ein einziger Konzern, der sich multinational organisiert hat, nicht nur eine, sondern sogar schon mehrere Branchen beherrscht, seine ursprüngliche Bedeutung verloren. Es dient nicht mehr dem Schutz vor der Konkurrenz, sondern meistens nur noch als **Vorwand,** die in den Betrieben an der Basis Tätigen von den Informationen über wesentliche Vorgänge im Betrieb auszuschließen.

In einer Zeit, in der die Aufsichtsräte der verschiedenen Unternehmungen entweder von den einzelnen Hausbanken majorisiert werden oder in denen die Vertreter dieser Banken unter dem Vorwand, die Interessen vieler Kleinaktionäre vertreten zu müssen, die ziemlich handfesten Interessen ihres Bankinstitutes vertreten, wird ja über so betriebsspezifische Dinge wie Produktions- und Investitionspläne, Betriebsziele usw. in den meisten Fällen von Menschen entschieden, die dem Betrieb gar nicht angehören, sondern an ihm nur ein bestimmtes Interesse haben.

Aber selbst bei perfekter Mitbestimmung im Betrieb würden wir bald bemerken, daß diese zur Demokratisierung unseres Wirtschaftslebens nicht ausreichen würde. Allzubald könnten sich „Technokraten" der einzelnen Betriebe mit „ihren" Aufsichts- oder Betriebsräten arrangieren und wichtige Monopolbetriebe würden dann durch Preisdiktat auf Kosten schwächerer Betriebe oder der Konsumenten besonders hohe Erträge erzielen.

Daraus ergibt sich die absolute Notwendigkeit einer **überbetrieblichen Einflußnahme der Gesellschaft auf die einzelnen Betriebe.** Diese Einflußnahme der „freien Marktwirtschaft" allein zu überlassen, wäre keineswegs zielführend. Das wurde bereits unter Verhältnissen, in denen es überhaupt keine innerbetriebliche Mitbestimmung gibt, festgestellt, und das würde sich auch unter Verhältnissen einer „nur" innerbetrieblichen Mitbestimmung nicht viel besser entwickeln.

Es bleibt jedoch noch zu untersuchen, ob eine Form der Mitbestimmung, wie sie hier nur kurz angedeutet wurde, unter den gegenwärtigen Eigentumsverhältnissen überhaupt durchführbar ist. Ob eine Mitbestimmung, die den im Betrieb Beschäftigten bzw. gesellschaftlichen Organisationen Rechte einräumt, die gegenwärtig nur der „Eigentümer" besitzt, nicht unser ganzes gegenwärtiges Wirtschaftssystem in Frage stellt? Es ist nicht Aufgabe dieses Beitrages, diese Untersuchung anzustellen, doch ist anzunehmen, daß die Eigentümer an Produktionsmitteln oder jene, die an den Schalthebeln der Wirtschaft sitzen, **nicht freiwillig auf Privilegien verzichten werden.**

Es ist aber mit dem Kampf um mehr Mitbestimmung ähnlich wie mit dem Kampf um soziale Reformen. Ihre schrittweise Verwirklichung verleitet zu Illusionen und verschleiert unter Umständen die wahren Verhältnisse. Dennoch soll man sich um die Demokratisierung der Wirtschaft bemühen. Wenn man die Mitbestimmung nicht isoliert betrachtet und ihren Sinn und Zweck nicht aus den Augen verliert, dann bringt sie uns doch einen Schritt näher zur Vermenschlichung der Gesellschaft.

73

Beitrag von Walter Stern in der Broschüre „Wo bleibt die Mitbestimmung?

Gedanken zur gewerkschaftlichen Linken

Walter Stern repräsentiert einen Typ von Aktivist der historischen Arbeiterbewegung, der – sei es jüdischer oder nicht-jüdischer Herkunft – ziemlich selten geworden ist. Solche politischen und gewerkschaftlichen Funktionäre waren und sind häufig allgemein sowie politisch gebildet, ohne kopflastig und realitätsfern zu sein.
Austrofaschismus und Nationalsozialismus, aber auch der Stalinismus, schwächten diese politisch bewussten und engagierten Kader der Arbeiterbewegung. Die harten Prüfungen auf Grund der Erfahrung von Verfolgung und Vertreibung sowie der Verlust vieler Kampfgefährten durch nationalsozialistischen Terror verhärteten manche, machten sie aber auch ausdauernd und trugen zu mehr Lebensweisheit bei. Viele waren gewohnt, persönliche Interessen hinter Erfordernisse politischen und gewerkschaftlichen Einsatzes zu stellen.
Diese besondere Bereitschaft zu politischem Engagement und unbedingte Loyalität zu den Intentionen der ArbeiterInnenbewegung hat sie freilich dann und wann selbst problematische Praktiken der Politik hinnehmen lassen. Insbesondere Nachgeborene wie ich fragen sich manchmal, wie konnte es passieren, dass intelligente, anständige und sensible Menschen auf das skrupellose und brutale stalinistische Regime hereinfielen. Eine in ihrer Generation zumeist verbreitete autoritäre Erziehung, eine quasireligiöse Identifikation mit Partei und Führung, ein Mangel an wirklichen Alternativen für überzeugte Sozialisten und Kommunisten waren Gründe für das Festhalten an der Partei. In Folge der Schwäche sozialdemokratischen Widerstands gegen den Nationalsozialismus verblieb vielen nur die kommunistische Option.
Überdies ist es unumgänglich, sich in die Dynamik des politischen Geschehens des 20. Jahrhunderts mit seinen wichtigen Weichenstellungen hineinzuversetzen. Historisch gesehen gab es ja nicht nur den späteren Leninschen und den Stalinschen Terror, sondern auch das politische Versagen großer Teile der europäischen Sozialdemokratie, die entgegen vorheriger Ankündigung in den Chor der jeweiligen nationalen Begeisterung für den Ersten Weltkrieg einstimmten. Mitte der 1930er Jahre kam es nicht nur zum Höhepunkt des Stalinschen Terrors und zum Hitler-Stalinpakt, sondern auch zum selbstmörderischen Friedensschluss der bürgerlichen politischen Führungen Großbritanniens und Frankreichs mit Hitler-Deutschland 1939 in München. Die Nichtinterventionspolitik der französischen Volksfrontregierung unter Führung des Sozialisten Léon Blum während des spanischen Bürgerkriegs ließ die Chance ungenützt, das von Hitler-Deutschland und Mussolini-Italien unterstützte Franco-Regime – die gemeinsam einen erfolgreichen Probelauf

für den darauffolgenden Zweiten Weltkrieg absolvierten – abzuwehren und zu überwinden. Die Unterschätzung der Weltwirtschaftskrise 1929/31 und ihrer Folgen durch viele Sozialdemokraten und Kommunisten, die sich von einer derartigen wirtschaftlichen und sozialen Katastrophe eine Stärkung ihrer jeweiligen Bewegung erhofften und sogar mit einem Zusammenbruch des Kapitalismus rechneten, war fatal. Hinzu kam noch jene agitatorische Phase des Kommunismus, in der die Sozialdemokratie zum Hauptfeind erklärt wurde.

Nach dem ruhmreichen Sieg der sowjetischen Roten Armee über Hitler-Deutschland in großen Teilen Mittel- und Osteuropas war die Dankbarkeit gegenüber der Stalinschen Führung sehr groß. Meldungen von systematischen millionenfachen Säuberungen wurden als bürgerliche oder trotzkistische Verleumdungen abgewehrt oder als notwendige Sanktionen gerechtfertigt gegenüber Verrätern am Sozialismus.

Das System des Kapitalismus und Imperialismus hatte durch die Blutbäder beider Weltkriege seine Existenzberechtigung verwirkt. Dutzend millionenfache Zerstörung von Existenzen in der Weltwirtschaftskrise und der dem Kapitalismus inhärente Faschismus sollten durch eine sozialistische Alternative ein für alle Mal verhindert werden. Geschlossene Weltbilder, die in der Auseinandersetzung mit Kapitalismus und Sozialdemokratie keine Nuancen zuließen, beförderten lange Zeit die Erhaltung vereinfachender Feindbilder. Der Kalte Krieg ließ auf beiden Seiten der realen und mentalen Kampflinien nur wenig Differenzierung zu.

Nach der bedeutenden Rolle österreichischer Kommunisten im insgesamt recht schwachen antinazistischen Widerstand Österreichs konkurrenzierten sich SPÖ und ÖVP heftig um das breite Lager ehemaliger und größtenteils unbelehrbarer Nationalsozialisten. ÖVP und SPÖ waren sich außerdem darin einig, dass möglichst wenige Juden in die Nachkriegsrepublik zurückkehren sollten. Der Antisemitismus war in Österreich ziemlich ungebrochen weiter existent. Die Sozialdemokratie und die von ihr dominierten Gewerkschaften lehnten sich an die weltweite Hegemonialmacht USA an. Diese wurde zum Inbegriff eines neu gestärkten Kapitalismus. Räume für Zwischenpositionen wurden im Kalten Krieg sehr eng. Selbst der Sozialdemokrat Otto Leichter befürchtete eine Restauration des Kapitalismus mit Hilfe des – in der Folge sich durchaus positiv auswirkenden – Marshall-Plans.

Die alten und neuen Kolonialkriege Frankreichs, der Niederlande, Belgiens, Spaniens, Portugals, aber auch der USA, die das durch ihre Herrschaft und ungerechte Austauschverhältnisse massenhaft erzeugte Unrecht strukturell in Form eines Neokolonialismus verewigen wollten und auch konnten, ließen die westlichen Mächte und ihre auch häufig sozialdemokratischen Rechtfertiger nicht überzeugend erscheinen. So nahmen viele österreichische

Kommunisten Gewalttaten der sowjetischen Befreiungs- und Besatzungsmacht in Kauf.

Die beginnende Autonomisierung der starken Kommunistischen Partei Italiens, die Geheimrede Chruschtschows gegen den Stalinschen Personenkult auf dem 20. Parteitag der KPdSU schufen in Europa ein Klima, das Kritik und Skepsis vieler Kommunisten gegenüber dem Staatssozialismus wachsen ließ. Im Falle des relativ bedeutenden intellektuellen Milieus innerhalb und im Umkreis der KPÖ hatte die Initiative Ernst Fischers für den Franz-Kafka-Kongress 1963 im böhmischen Liblice Bedeutung in der Ablösung vom Stalinismus. Franz Kafka und sein Werk boten zahlreiche Metaphern zur Beschreibung schwerwiegender staatsbürokratischer Deformationen des „realen Sozialismus". Die kulturpolitische Monatszeitschrift der KPÖ, das „Tagebuch", und ihre öffentlichen Diskussionsveranstaltungen in Wien boten Gelegenheit, kritische kommunistische Stimmen aus Ost und West zu lesen und zu hören.

Der Einmarsch der Sowjets 1956 in Ungarn, die militärische Intervention der Staaten des Warschauer Pakts in die ČSSR 1968, das Kriegsrecht in Polen 1981, die weltweiten Bewegungen rund um 1968 mit ihren sehr unterschiedlichen Voraussetzungen, Erfolgen und auch Fehlern sowie der sowjetische Überfall auf Afghanistan schufen Voraussetzungen für eine mehr oder weniger radikale Ernüchterung und Öffnung bei vielen bis dahin überzeugten und engagierten Kommunisten/innen.

Die Neigung der US-Außenpolitik und des Pentagon, den Teufel mit dem „Belzebuben" auszutreiben, war auch im Zuge der Afghanistanpolitik zu beobachten. Im Kampf gegen die UdSSR wurde auf die Vorläufer der Talibans, auf die Mudschahedins, gesetzt. In Paranthese: Der Westen unterstützte als Gegenmacht gegen den Kommunismus und den arabischen Nationalismus weltweit das feudal-absolutistische und theokratische Saudi-Arabien. Wieder einmal rief man Geister, die man so bald nicht los wird.

So manche engagierte ehemalige Kommunisten und Kommunistinnen resignierten. Viele, wie Walter Stern, setzten, skeptischer geworden, ihr Engagement als unabhängige kritische Linke und später als linke Grüne fort. Als konsequente und neuerungsorientierte sozialdemokratische Gewerkschafter/innen, von innen wie von außen, bildeten wir in vielen Fragen solidarische politische Plattformen: Qualität von Arbeit und Leben, für mehr Gewerkschaftsdemokratie, Frauengleichstellung, Umweltfragen, Solidarität mit sozialistischen und demokratischen Dissidenten im staatssozialistischen Mittel- und Osteuropa sowie Unterstützung von Befreiungsbewegungen in der Dritten Welt waren solche gemeinsamen Informations- und Aktionsfelder. Die „Briefe an die Genossen", die Monatszeitschrift, das „Neue Wiener Tagebuch", FÖJ-Akin, die „Mitbestimmung", die Zeitschrift „Alternative" der Fraktion Gewerkschaftliche Einheit im ÖGB (GE), heute AUGE, waren und sind kleine, wenn auch nicht unbedeutende Foren parteiunabhängiger Information und Diskussion.

Die Strukturkrise nicht nur sozialdemokratischer Gewerkschaftspolitik, die ihre negativen Höhepunkte im Debakel und Ruin des österreichischen Konsums und im BAWAG-Skandal fanden, zeichnete sich durch viele Frühsymptome ab. Es ist nicht späte Besserwisserei, uns half auch die Distanz zur organisatorischen Macht, klarere Einsichten in grundlegende Schwächen gewerkschaftlicher Organisationen und deren Politik zu gewinnen. Größere Wirkmächtigkeit im Sinn nachhaltiger Veränderungen wäre uns sicher lieber gewesen, als mit bloßen Warnungen recht zu behalten. Im Wahlkampf für die kritisch-christliche Präsidentschaftskandidatin Gertraud Knoll begegneten wir einander wieder sowie bei vielen innenpolitischen und international orientierten Aktivitäten.

Der globale und unverändert ausbeuterische sowie gewaltsame Charakter des Kapitalismus macht eine radikal-demokratische und diverse Linke so notwendig wie eh und je, insbesondere seit im einwohnerstärksten Staat der Welt, China, ein Hybrid aus Staatssozialismus und rabiatem Kapitalismus eine in vielem furchterregende Perspektive bildet. Das beeindruckende Engagement und die kontinuierliche gewerkschaftliche Praxis von Kollegen/innen wie Walter Stern und seiner Frau halte ich – trotz mancher vermutlich unvermeidbarer Verirrungen – für richtungweisend im Sinne einer praktizierten sozialen Demokratie. Die kleinen Schritte in lokalen Bereichen sind es, die den Durchmarsch neoliberaler Globalisierung zu stören vermögen.

Peter Kreisky